ENERGY AND TRANSPORTATION
INDUSTRY CREDIT RISK RESEARCH REPORT
FOR 2024

2024年度能源交通行业信用风险研究报告

广州普策信用评价有限公司

张子范 陶金志 郑跃飞◎编著

经济管理出版社
ECONOMY & MANAGEMENT PUBLISHING HOUSE

图书在版编目（CIP）数据

2024 年度能源交通行业信用风险研究报告 / 张子范，
陶金志，郑跃飞编著. -- 北京 : 经济管理出版社，
2025. -- ISBN 978-7-5243-0242-1

Ⅰ. F426.2；F512.6

中国国家版本馆 CIP 数据核字第 2025AG1441 号

组稿编辑：张馨予
责任编辑：张馨予
责任印制：张莉琼
责任校对：蔡晓臻

出版发行：经济管理出版社
　　　　　（北京市海淀区北蜂窝 8 号中雅大厦 A 座 11 层　100038）
网　　址：www.E-mp.com.cn
电　　话：（010）51915602
印　　刷：北京厚诚则铭印刷科技有限公司
经　　销：新华书店
开　　本：787mm×1092mm/16
印　　张：17
字　　数：380 千字
版　　次：2025 年 4 月第 1 版　　2025 年 4 月第 1 次印刷
书　　号：ISBN 978-7-5243-0242-1
定　　价：68.00 元

序　言

　　我国正处于实现中华民族伟大复兴的关键时期，能源与交通作为现代化基础设施体系的重要组成部分，对我国经济高质量发展至关重要。能源是人类文明进步的基础和动力，攸关国计民生和国家安全；交通是国民经济中的基础性、先导性、战略性产业，是构建新发展格局的重要支撑和服务人民美好生活、促进共同富裕的坚实保障。本书分为两篇，分别分析能源与交通两个行业的运行状况及行业内企业的信用情况，旨在从评级角度为我国能源转型及建设交通强国尽绵薄之力。

　　在能源方面，我国是世界上最大的能源生产国和消费国，"富煤、贫油、少气"的资源禀赋特点使我国长期以来形成了以化石能源为主的能源消费结构。2020 年以来，我国大力发展新能源，能源绿色低碳转型取得重大进展。2023 年光伏发电装机容量超过水电，成为第二大电源，可再生能源发电装机容量占全国发电装机容量的比重历史性地超过了 50%。随着经济的发展，能源消费总量突破 57 亿吨标准煤，化石能源消费总量仍在增长，原油、天然气对外依存度不断增加，资源相对丰富的煤炭也频现阶段性、结构性供应紧张的现象，我国能源供给安全及能源结构转型仍存在较大压力。

　　在交通方面，我国作为交通大国，交通运输网络已基本完善，综合交通网络总里程突破 600 万千米，高速铁路对百万人口以上城市的覆盖率超过 95%，高速公路对 20 万人口以上城市的覆盖率超过 98%，民用运输机场覆盖 92% 左右的地级市。但是，我国综合交通运输仍存在诸多问题，布局不够均衡，结构不尽合理，衔接不够顺畅，智能交通技术应用深度和广度有待拓展，交通运输安全形势仍然严峻，交通大国转向交通强国的道路仍面临挑战。

　　随着我国能源转型及交通强国建设步伐的加快，行业内企业的信用也在不断变化。本书运用科学、客观、具有前瞻性的分析方法，对煤炭、石油、燃气、电力等能源相关子行业和铁路、公路、机场、航空、港口、城市轨道等交通相关子行业的政策环境、运行情况进行分析，并在行业分析的基础上，对重点样本企业的经营和财务状况进行解析，对各类企业的信用水平及其变化作出判断，为投资者、债权人和监管机构等相关方提供有价值的参考。

　　本书对研究对象信用状况的表述和判断仅可用于相关决策参考，并非某种决策的结论和建议。本书不对任何人使用或者引用本书所产生的任何后果负责，也不对任何投资者的投资行为和投资损失负责。

广州普策信用评价有限公司

2024 年 5 月 30 日

目　录

能源篇

能源篇

　　能源行业涉及电力、煤炭、天然气、石油等产品的生产供应，对保障经济社会发展、增进人民福祉具有不可替代的作用。随着我国经济持续快速发展，能源消费量保持增长，能源消费结构也发生着深刻变革。近年来，国家围绕能源绿色转型、安全保障、管理体制改革等不断完善政策体系，推动和引领能源行业的可持续、高质量发展。未来，天然气、一次电力及其他能源的消费量将增长，煤炭作为支撑性能源，消费量将保持基本稳定，而石油消费的增速将不断下降。随着行业环境的变化，能源企业的业务和财务状况在总体向好的同时，也表现出一定的差异性。

一、能源消费格局

　　随着我国经济社会的持续、快速发展，能源消费量保持较快增长，由于各种能源在资源禀赋和技术水平等方面的差异，能源消费结构近年来出现深刻变化，以清洁能源为主的一次电力及其他能源和天然气在能源消费中所占比重逐步增长，石油消费占比保持稳定，煤炭消费占比持续下降（见图1）。

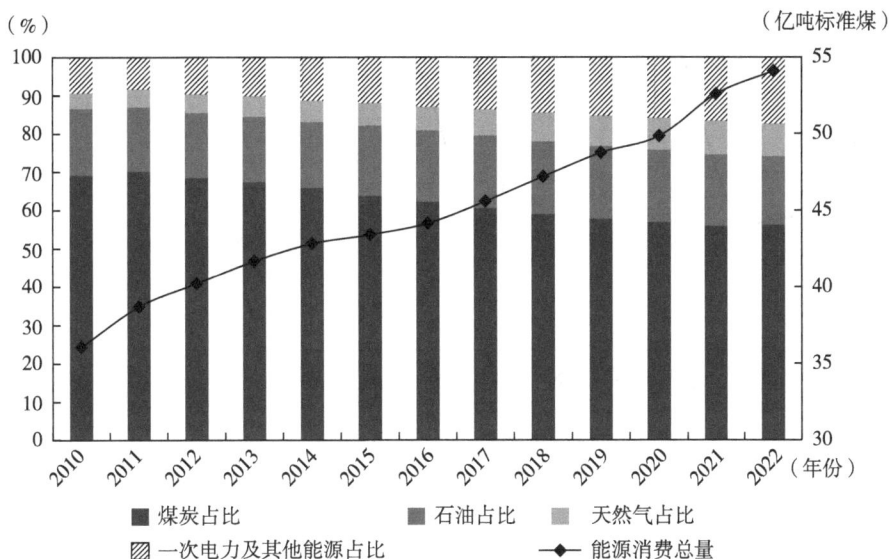

图1　我国能源消费结构和能源消费总量

资料来源：国家统计局。

　　我国一次电力及其他能源主要为水电、风电、光伏发电、核电等清洁能源。我国水力资源丰富，但开发已接近饱和，可开发空间已经不大；核电发展需综合考虑安全、环境、资源、技术等因素，规模扩张较慢；我国风电和光伏发电经过多年的发展，技术已处于国际领先水平，发电成本不断下降，未来发展空间广阔。总体来看，一次电力在能源消费中所占比重持续提升，但规模和绝对份额仍然较小。预计随着风电和光伏发电的快速增长，我国一次电力及其他能源的占比将会继续提升。

我国能源禀赋"富煤、贫油、少气"的基本特征，决定了煤炭在中国基础能源体系中的战略地位。近年来，绿色发展、低碳转型作为国家战略目标不断得到深化，天然气、可再生能源对煤炭的替代效果逐步体现，煤炭占我国能源消费总量的比重持续下降，但仍接近 60%。我国煤炭资源较丰富，进口占比较小。煤炭为火力发电、钢铁、建材和化工等众多行业提供了原燃料。火力发电由于装机规模大且运行稳定，在电力供应中发挥着支撑和调节作用，对煤炭的需求很大。钢铁行业总体运行平稳，粗钢产量在 2020 年达到近年高点后开始有所回落。化工行业处于上升周期，对煤炭的消耗需求稳中有升。受房地产行业下行等影响，水泥等建材行业不景气，近些年产销量出现下滑。尽管部分下游行业用煤需求放缓，但我国经济稳定向好的基本方向没变，随着经济活力的恢复，电力等主要耗煤行业将保持稳步发展（见图 2）。

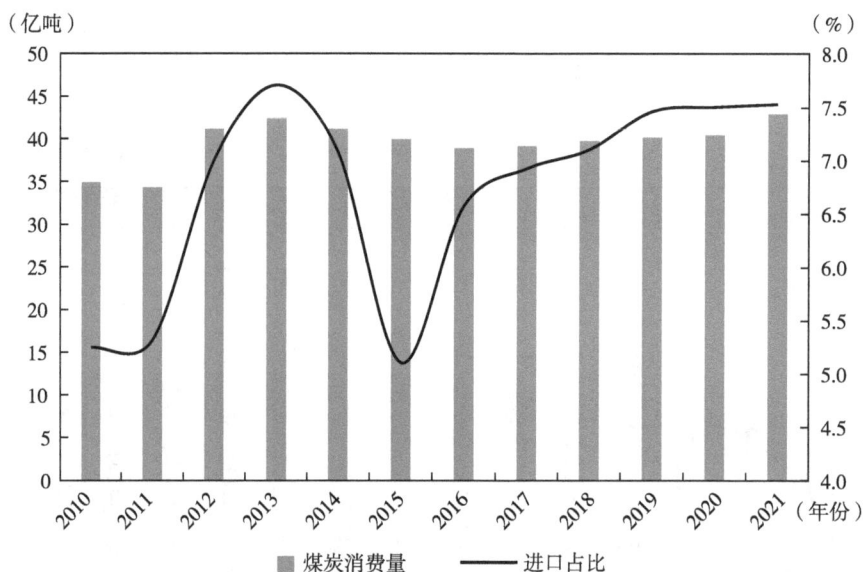

图 2　我国煤炭消费量

资料来源：国家统计局。

我国是世界第二大石油消费国，主要消费领域为化工原料和交通燃料。伴随石油化工、交通运输行业的发展，我国石油消费量持续增长，占能源消费总量的比重保持基本稳定。我国大型油气田主要隶属于中石油、中石化及中海油等企业，形成了寡头垄断竞争局面。我国石油资源较贫乏，随着石油消费量的增加，进口石油占石油消费量的比重增长至很高水平，对外依存度现已超过 70%（见图 3）。现今，我国石油化工和交通运输行业对石油的需求持续增长，但随着汽车等用能终端电气化水平的提升，我国石油消费量的增速将收敛。

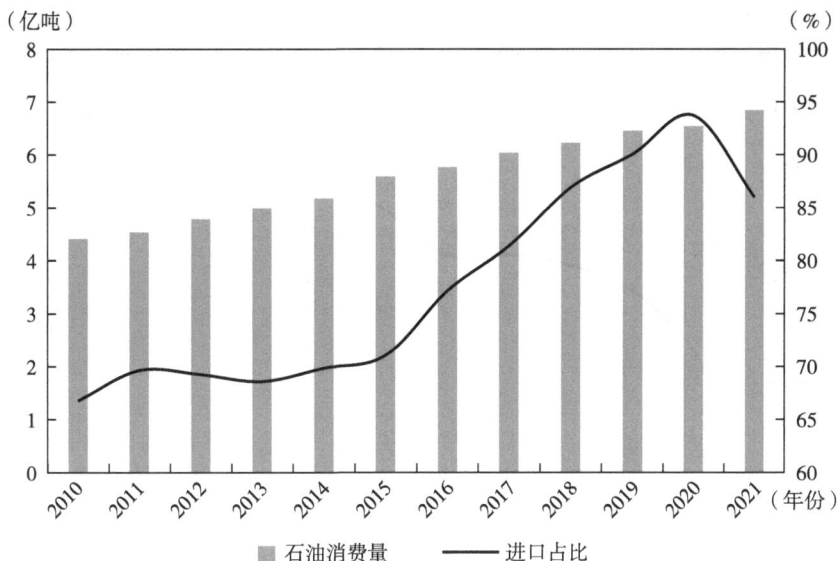

图3 我国石油消费量

资料来源：国家统计局。

我国天然气的主要应用方向大致可分为城市燃气、工业燃料、天然气发电、化工四类，由于天然气具有清洁、低碳、高效的优势，因此其已成为能源绿色转型的重要方向之一，消费量持续快速增长。我国天然气主要分布在西部地区，截至2022年末，全国天然气已探明储量6.57万亿立方米①，四川、重庆、陕西、新疆、内蒙古五省份的天然气储量占全国总储量的近八成。我国天然气生产能力保持增长，但供给增速仍明显不及需求增速，供需缺口不断加大，依赖进口气源补充缺口。2019年以来，我国天然气消费对外依存度维持在40%以上，进口气源主要来自澳大利亚、卡塔尔、马来西亚、土库曼斯坦和俄罗斯（见图4）。预计随着我国加快构建能源安全体系和促进能源绿色转型，未来我国将继续增加天然气生产和进口规模。

二、能源政策环境

能源对保障经济社会发展、增进人民福祉至关重要，国家发布能源绿色低碳转型、安全保障、体制改革相关重要政策，规范、引导能源行业可持续、高质量发展。本书认为，上述政策对促进我国供给侧结构性改革，提升经济发展质量和效益具有重要意义。

---

① 资料来源《2022年全国矿产资源储量统计表》。

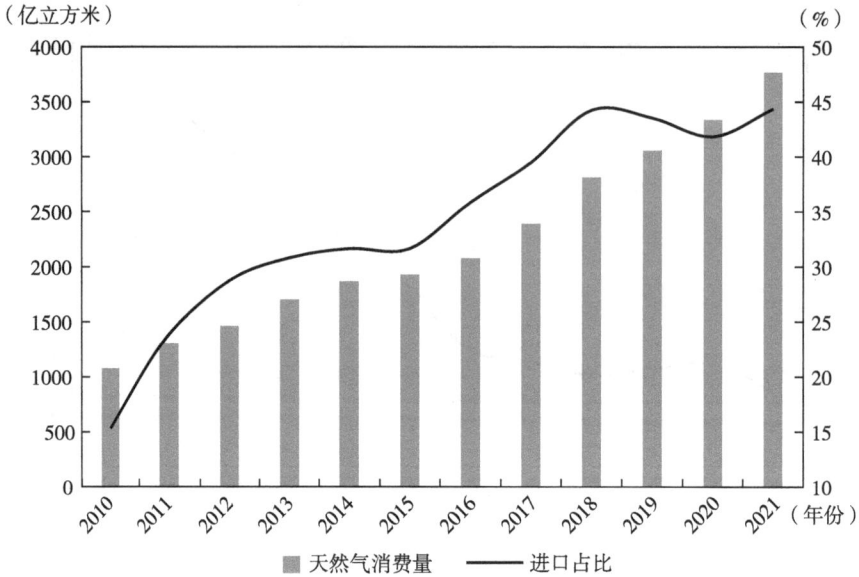

图 4　我国天然气消费量

资料来源：国家统计局。

　　近年来，国家围绕"双碳"目标持续作出能源绿色转型相关要求。2021 年 9 月发布的《中共中央　国务院关于完整准确全面贯彻新发展理念做好碳达峰碳中和工作的意见》要求 2030 年实现碳达峰及 2060 年实现碳中和。同年 10 月，国务院发布《2030年前碳达峰行动方案》，要求大力发展新能源，到 2030 年，风电、太阳能发电总装机容量达到 12 亿千瓦以上。2022 年 1 月，国家发展和改革委员会、国家能源局联合发布《"十四五"现代能源体系规划》，提出到 2025 年非化石能源消费比重提高到 20%左右、非化石能源发电量比重达到 39%左右、灵活调节电源占比达到 24%左右。

　　当前，我国化石能源消费比重仍然很高，新能源由于规模基数小、技术不够成熟、相关配套设施不完善等原因，短期内不能对传统能源进行大规模替代，传统能源的安全保障对我国经济社会的稳定运行仍很重要。《"十四五"现代能源体系规划》提出，到 2025 年国内能源年综合生产能力达到 46 亿吨标准煤以上，原油年产量回升并稳定在 2 亿吨水平，天然气年产量达到 2300 亿立方米以上，发电装机总容量达到约 30 亿千瓦，能源储备体系更加完善，能源自主供给能力进一步增强。党的二十大提出，立足于我国能源资源禀赋，坚持先立后破，有计划、分步骤实施碳达峰行动，加强能源产供储销体系建设，确保能源安全。

　　能源体制方面的政策措施是优化资源配置、提高能源系统运行效率、促进能源高质量发展、维护能源安全的重要保障。2014 年，习近平总书记提出"四个革命、一个合作"能源安全新战略，要求推动能源体制革命。2016 年，《能源生产和消费革命战略（2016—2030）》围绕"推动能源体制革命，促进治理体系现代化"提出构建有效竞争的能源市场体系、建立主要由市场决定价格机制、创新能源科学管理模式、建立健全能源法治体系四个方面的重点举措。能源体制改革中电力市场化改革的相关政策力度较大,改革进行得较为顺利,我国陆续发布了《关于积极推进电力市场化交易 进一步完善交易机制的通知》《关于进一步深化燃煤发电上网电价市场化改革的通知》《关于加快建设全国统一电力市场体系的指导意见》等文件支持火力发电和清洁能源发电的市场化交易,我国市场化交易电量占比从 2016 年的不到 17%上升到 2023 年的超过 61%。

三、未来发展

随着宏观经济、政策、资源、技术等的变化,不同类型能源企业的经营和财务状况将有不同的发展。光伏发电、风电、燃气企业的业务规模将持续扩张,水电、煤炭、石油企业的业务规模将比较稳定。水电企业的杠杆率、现金流、债务保障等情况趋好;煤炭企业的经营和财务状况发生大幅波动的风险可控;石油企业整体具有很强的偿债能力,上游油气开发企业及中下游大型炼化企业的信用风险将维持很低水平,小型炼化企业的偿债能力随盈利能力的降低将有所弱化。

从电力行业来看,不同细分行业未来发展情况明显不同。火电行业未来将继续发挥支撑和调节作用,随着政策持续发力,推动燃煤机组上网电价市场化,上游煤炭价格波动等不确定因素对火电企业经营造成的冲击将趋弱,未来火电企业的业务规模和盈利水平将趋于稳定。我国水力资源开发趋于饱和,水电企业逐步进入稳定经营期,财务杠杆水平有望降低,现金流整体状况有望持续向好,债务保障能力将进一步增强。风电行业的发展态势稳定向好,企业的盈利能力较强,财务杠杆率稳定在较高水平,现金流获取能力很强,债务保障能力较好且将进一步增强,行业违约风险处于很低水平。核电技术发展很快,未来发展潜力很大,装机规模和发电量均将保持快速增长态势。随着光伏利用技术的升级,光伏发电成本仍有下降空间,储能和电网等基础设施不断完善,西北等太阳能资源富集的地区将具备大规模开发的条件,是未来太阳能发展的重点地区,光伏发电规模将得到快速增长。

绿色低碳发展理念将对煤炭行业中长期发展产生深远影响,煤炭在能源结构中的比重正逐渐走低,但其在我国能源结构中的基础地位短期内难以替代,煤炭企业的持续发展仍面临良好的市场空间。近年来,煤炭行业继续推进结构性产能优化、产业升级和资源整合,煤炭产能不断向优质资源富集地区和优势企业集中,产业集中度不断提升。随着国家大型煤炭基地建设的推进,未来煤炭产业集群化趋势更为明显,头部企业的竞争地位将进一步巩固。在国家稳产保供、平抑煤价等措施的影响下,煤炭供应紧张局面有所改观,煤炭价格回落,煤炭产销规模增速下滑,库存压力有所加大。我国经济稳定向好的基本方向没变,将对煤炭需求形成支撑,有利于煤炭供求关系和价格保持稳定。综合分析,煤炭行业的经营基本面总体良好,经营和财务状况发生大幅波动的风险可控，主要煤炭企业的债务保障能力将总体保持稳定。

我国石油资源对外依存度很高，石油企业经营状况在上游易受国际油价波动的影响，而下游需求紧随国内经济形势变动，企业财务水平表现出一定的周期性。在国内宏观经济增长降速的背景下，石油企业整体增长降速、盈利承压。占有较多上游资源的大型油企盈利能力更加稳定，财务杠杆较低，融资渠道多元且通畅；中下游炼化企业规模与上游企业差距较大，利润空间受到挤压，经营稳定性更易受市场竞争影响，财务杠杆水平更高，偿债能力弱于大型油气开发企业。2025～2026 年，石油行业整体将具有很强的偿债能力，上游油气开发企业及中下游大型炼化企业的信用风险将维持很低水平；小型炼化企业偿债能力随盈利能力的降低有所弱化，但流动性风险较小，整体信用风险可控。

我国天然气行业目前仍处于调整期，受资源禀赋限制，仍面临天然气供不应求、地区发展不均衡的局面，对进口气源的依赖较强。西气东输、川气东送等重大项目的加速建设，将提升我国天然气资源供给保障能力，在一定程度上缓解部分地区用气紧张的局面并降低成本。虽然国际能源供应链仍有较大的不确定性，但随着基础设施建设的推进，行业整体的抗风险能力持续提升，发展前景良好。

第一部分　2024年度煤炭行业信用研究报告[*]

一、行业概况

我国煤炭资源储备丰富，煤种齐全，但结构性问题突出，部分煤种较为稀缺，地域分布不均衡且赋存条件相差很大，煤炭资源分布与消费中心错位，增加了煤炭采选企业的经营挑战及下游用煤行业的成本压力。

煤炭是地球上蕴藏量最丰富、分布地域最广泛的化石燃料。我国煤炭资源丰富、品种多样，从低变质程度的褐煤到高变质程度的无烟煤都有储存。根据煤的煤化程度和工艺性能我国煤炭把煤划分成大类，再根据煤的性质和用途进一步细分。按煤的干燥无灰基挥发分等指标，可将其分为无烟煤、烟煤和褐煤三大类，三者煤化程度依次递减。对于无烟煤和褐煤，按其煤化程度和工业利用的特点，可分别分为3个和2个亚类。烟煤再细分为12个类别，如表1-1所示。

表1-1　我国煤炭品种分类及其主要用途

大类	细分	基本特点	用途
无烟煤	无烟煤一号、无烟煤二号、无烟煤三号	煤化程度最高，挥发分低，含碳量最高，燃点高，是较好的民用燃料和工业原料	无烟煤块煤主要作为化工原料，用于生产化肥（氮肥、合成氨）、陶瓷、制造锻造等；无烟粉煤主要用作冶金行业高炉喷吹煤，还可用于水过滤净化处理等
烟煤	贫煤、贫瘦煤、瘦煤、焦煤、肥煤、1/3焦煤、气肥煤、气煤、1/2中黏煤、弱黏煤、不黏煤、长焰煤	煤化程度依次降低，挥发分逐渐变高	炼焦烟煤的洗精煤主要用于炼焦，烟煤主要用作动力煤或气化用煤，它们的洗精煤可作为高炉喷吹用煤
褐煤	褐煤一号、褐煤二号	煤化程度最低，发热量最低，一般用作燃料使用	褐煤主要用于直接燃烧发电，也可用作化工原料、催化剂载体、吸附剂或用于净化污水和回收金属等

资料来源：根据公开资料笔者整理所得。

---

[*] 本部分作者为陶金志。陶金志，曾就职于中国农业银行、大公国际资信、平安证券等国内知名金融或投资服务机构，其间在财务审计领域也有从业经历；长期专注于信用评级理论研究和实务工作，有数十个评级项目的实践积累及数百个评审项目的经验积淀，熟悉各行业和主要产品门类的信用评级方法体系，尤其擅长生产制造、房地产建筑、商业银行等领域的信用风险识别及财务风险甄别。

按照用途和使用目的，煤炭可分为动力煤、炼焦煤和化工用煤（主要是无烟煤）三大类。其中，动力煤指作为动力原料的煤炭，狭义上主要指用于火力发电的煤，热值和挥发分要求低于化工用煤；炼焦煤作为世界范围内的稀缺性资源，主要用于炼制焦炭，为钢铁冶炼等行业提供主要生产原料。无烟煤因其煤化程度高，主要用作化工用煤，也是稀缺性的煤炭资源，特别是优质无烟煤，在我国分布极少。

我国煤炭资源储备居世界前列，但分布极不均衡（见图 1-1）。根据自然资源部 2023 年 6 月发布的《中国矿产资源报告（2023）》，到 2022 年末，中国煤炭探明储量为 2070.12 亿吨；分地区来看，我国煤炭资源富集地区主要集中在西北、西南及中部的部分地区，山西、内蒙古、新疆、陕西及贵州的煤炭储量稳居全国前五，合计占全国煤炭储量的 80%以上；长三角、珠三角等沿海地区，以及京津等经济发达地区资源储量极为贫乏；山东、河南、安徽等作为经济大省，虽保有一定的煤炭资源和生产能力且煤质优良，但随着多年来煤炭资源的开发利用，剩余可采煤炭资源多面临赋存条件复杂、矿井埋藏过深、开采难度加大等问题，资源供给能力受到限制。我国煤炭资源赋存丰度与地区经济发达程度呈逆向分布的特点，煤炭资源中心远离煤炭消费中心，煤炭资源就地转化程度仍然不高，长距离、跨地区运输成为行业常态。另外，部分地区赋存条件转差导致开采成本增加，会增加消费端煤炭使用成本，并面临运力调配等方面的挑战，这使国外进口煤炭在经济上具备了替代空间。

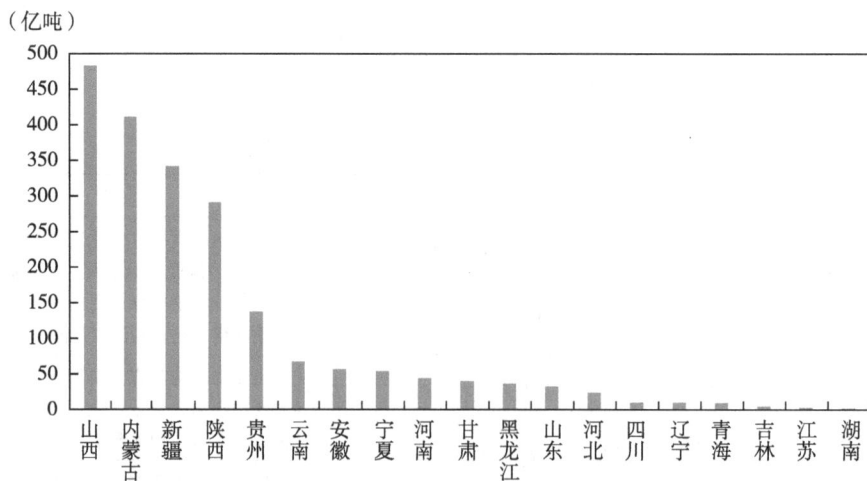

图 1-1　2022 年末全国煤炭资源探明储量分布情况
资料来源：自然资源部、国家统计局。

二、行业政策环境

煤炭在国家能源体系中地位突出，国家重视对煤炭行业的监督管理和政策引导，近年来围绕绿色发展、化解过剩产能、优化产能布局、稳产保供、价格运行管理及安全环保等方面不断完善政策体系。本书认为，上述政策在稳定煤炭供求关系、优化产业结构及确保安全稳定运行等方面起到了良好的推动作用。

煤炭行业是典型的资源型行业，行业的稳定高效运行对国民经济和社会发展影响重大，但煤矿企业也是安全事故和环保问题的易发单位。因此，国家历年来高度重视对煤炭产业的政策引导和企业运行的规范监督，在探采矿权管理、矿井建设、安全生产、职工劳动保护、环境保护与治理等方面形成了健全的法规制度体系和配套的实施办法，推动了行业的健康可持续发展。

煤炭行业"去产能"是近年来供给侧结构性改革重点任务之一，国家先后多次发布相关政策意见和发展规划，对各阶段"去产能"工作进行规划部署和督促落实。自2012年起，伴随经济增速趋势性下滑，部分传统重工业的产能过剩问题开始凸显，2015年底的中央经济工作会议将"去产能"作为供给侧结构性改革重点任务之一，开启产能过剩行业"出清"之路。2016年初，国务院下发《关于煤炭行业化解过剩产能实现脱困发展的意见》，拉开了大规模淘汰落后产能的序幕，将煤炭行业"去产能"提上重要高度。该意见作为此后我国推动煤炭行业脱困升级的行动指南，对煤炭行业"去产能"的任务目标和时间进度进行了明确，主要措施包括从当年起3年内原则上停止审批新建煤矿项目、新增产能的技术改造项目和产能核增项目；对13类落后小型煤矿等要尽快依法关闭退出；对产能小于30万吨/年且发生重大及以上安全生产责任事故的煤矿，要在1~3年内淘汰；对长期亏损、资不抵债的煤矿，长期停产、停建的煤矿，以及资源枯竭、资源赋存条件差的煤矿，通过给予政策支持等综合措施，引导其有序退出；鼓励大型煤炭企业兼并重组中小型企业，培育一批大型煤炭企业集团。此后，《煤炭工业发展"十三五"规划》《煤炭深加工产业示范"十三五"规划》等文件陆续发布，在推进"去产能"工作的同时，提出建立现代煤炭工业体系、推进产业升级等目标。

在阶段性"去产能"任务目标提前完成后，2018~2020年国家连续发布《关于做好重点领域化解过剩产能工作的通知》，进一步推动化解煤炭过剩产能，处置"僵尸企业"，将煤炭行业的工作重点，从总量去产能转向结构性去产能、系统性优化产能，在淘汰落后产能的同时有序释放先进产能，提高供给质量。2021年5月，《煤炭工业"十四五"高质量发展指导意见》提出，到"十四五"末，国内煤炭产量控制在41亿吨左右，全国煤炭消费量控制在42亿吨左右，年均消费增长1%左右；全国煤矿数量控制在4000处以内，大型煤矿产量占85%以上。在强调构建清洁低碳、安全高效的能源体系的背景下，煤炭行业政策法规越发强调向高质量、清洁低碳方向转型，通过总体发展规划或专项指导意见等形式，对绿色低碳开发和清洁高效利用作出安排，提高煤矿工作安全性和规范性，促进行业朝高质量、清洁化、智能化方向发展成为当前政策法规的主导思想。

在近年煤炭供应趋紧、煤价攀升的背景下，国家能源局于2022年3月印发《2022

年能源工作指导意见》，指出加强煤炭煤电兜底保障能力；统筹资源接续和矿区可持续发展，有序核准一批优质先进产能煤矿；加快推进在建煤矿建设投产，推动符合条件的应急保供产能转化为常态化产能。在广泛征求意见的基础上，国家发展和改革委员会、国家能源局于 2024 年 4 月发布《关于建立煤炭产能储备制度的实施意见》，煤炭产能储备制度正式落地。该意见强调充分发挥市场在资源配置中的决定性作用，更好地发挥政府作用；以大型现代化露天煤矿和安全保障程度高的井工煤矿为实施重点，在新建和在建煤矿项目中优选一批产能储备煤矿，积极稳妥组织实施；大力提升绿色生产素质，保持煤炭产能合理充裕，增强煤炭供给弹性和灵活度，有效应对煤炭供应中的周期性和季节性波动等情形。计划到 2027 年，初步建立煤炭产能储备制度，有序核准建设一批产能储备煤矿项目，形成一定规模的可调度产能储备。到 2030 年，产能储备制度更加健全，产能管理体系更加完善，力争形成 3 亿吨/年左右的可调度产能储备，全国煤炭供应保障能力显著增强，供给弹性和韧性持续提升。在价格管理方面，国家发展和改革委员会于 2022 年 2 月发布《关于进一步完善煤炭市场价格形成机制的通知》，指出基于多年市场运行情况，秦皇岛港下水煤（5500 千卡）中长期交易价格每吨 570~770 元（含税）较为合理，明确了山西、陕西和内蒙古相应煤炭出矿环节中长期交易价格合理区间，并于 2022 年 5 月 1 日开始执行。国家发展和改革委员会还于 2022 年 4 月发布《关于明确煤炭领域经营者哄抬价格行为的公告》，明确国内动力煤领域经营者（包括从事煤炭生产、贸易的经营者）有捏造涨价信息、散布涨价信息、囤积居奇、无正当理由大幅度或者变相大幅度提高价格的行为之一的属于哄抬价格。

此外，煤矿安全与环保一直是煤炭行业政策法规强调的重点。2022 年 1 月，国家矿山安全监察局发布《关于深化煤矿安全专项整治三年行动推进治本攻坚的通知》，强调煤矿安全专项整治行动治本攻坚需落实提高煤矿企业办矿能力、落实安全生产主体责任、强化安全培训、查清隐蔽致灾因素、强化重大灾害防治、合理部署采掘接续、建立健全风险管控和隐患排查治理双重机制、严惩严重违法违规行为、落实监管监察责任等。2022 年 1 月，国务院安委会办公室发布《关于严厉打击盗采矿产资源违法活动和矿山严重违法违规生产建设行为的通知》，指出要正确处理好能源保供与安全生产的关系，科学合理核定产能、有序释放优质产能。

三、行业运行状况

煤炭具备能源和工业原料的双重属性，随着绿色低碳发展等理念的深化及利用技术的进步，煤炭在能源结构中的比重逐渐走低，但在我国能源结构中的基础地位仍难以替代。随着近年来经济活力的恢复，主要耗煤行业稳步发展，煤炭消费需求稳中向好。本书认为，尽管近年来部分下游行业用煤需求放缓，但我国经济稳定发展的基本方向没变，煤炭行业具有较稳定的支撑。

我国能源禀赋"富煤、贫油、少气"的基本特征,决定了煤炭在中国基础能源体系中的战略地位,煤炭在我国一次能源构成中的比重长期保持在70%左右。近年来,绿色发展、低碳转型作为国家战略目标不断得到深化,天然气、可再生能源等在国内一次能源构成中的占比逐年提升,对煤炭的替代效果逐步体现。同时,各行业通过技术创新降低排放、减少煤耗,煤炭在一次能源构成中的比重逐步下降至75%以下。本书认为,为实现碳达峰碳中和的承诺,未来我国节能减排及低碳转型力度将不断加大,煤炭在我国能源结构中的地位会持续下降。但是,我国的资源禀赋决定了煤炭在我国能源安全体系中具有重要作用,而且煤炭是钢铁、化工等产业的重要原材料,具备能源和工业原料的双重属性,涉煤行业众多,煤炭需求量巨大,是支撑我国国民经济稳定发展的重要基础,其重要地位仍将持续较长时期。

煤炭为众多行业提供原燃料,煤炭消耗量排前四位的行业分别是电力(火力发电)、钢铁、建材和化工,其中电力行业消耗量占到50%以上。电力是国民经济和社会发展的基础产业和先行产业,电力行业的运行状况是反映经济发展的"晴雨表"。近年来,我国经济总体保持较快增长,用电需求不断攀升,电力供需总体处于紧平衡状态。尽管近年来水电、风电、核电等绿色能源建设投资快速增长,特别是水电、风电等可再生能源,得到了国家政策的大力扶持,装机容量快速扩容,但由于水电出力不足等,火力发电量仍保持较快增长,对煤炭的需求持续旺盛。钢铁行业粗钢产量在2020年达到近年高点后,后续增长乏力,但总体运行平稳;化肥行业近年来处于上升期,合成氨产量保持增长,对煤炭的消耗有所上升;受房地产行业下行等影响,水泥等建材行业不景气,近两年产销量出现下滑(见图1-2)。本书认为,尽管近期部分下游行业用煤需求放缓,但我国经济稳定向好的基本方向没变,随着经济活力的恢复,电力等主要耗煤行业将保持稳步发展,煤炭行业具有较稳定的支撑。

随着煤炭"去产能"的推进,煤炭供求关系得到扭转,在经济恢复过程中下游需求增加,进口受阻的情况快速拉高了国内煤炭价格,煤炭产能加快释放,产量不断增加在国家稳产保供、平抑煤价等措施的影响下,煤炭供应紧张局面有所改观,煤炭价格回落,煤炭产销规模增速下滑,库存压力有所加大。本书认为,煤炭产能释放已较为充分,短期内产量增幅将进一步缩小,有利于稳定煤价预期,但进口煤炭的增长或将对煤价带来一定的影响。

2016年开启的大力度化解过剩产能,使煤炭供应能力在短期内大幅降低,煤炭供求关系逆转,煤炭价格快速上涨。此后几年,煤炭行业化解过剩产能的过程兼顾了总量压降和结构性优化,煤炭产业结构得到优化,供需关系基本保持稳定,行业进入数年的平稳运行周期,产销规模平稳增长,主要煤炭价格保持相对稳定。2020年,煤炭消费需求转弱,致使煤炭价格向下波动。此后,随着新冠疫情防控转段后经济的逐步恢复,下游需求快速反弹,在煤炭进口受阻的情况下,2021年中后期开始出现煤炭供应紧张的局面,煤炭价格加快增长,并创造出历史新高(见图1-3)。此后,国

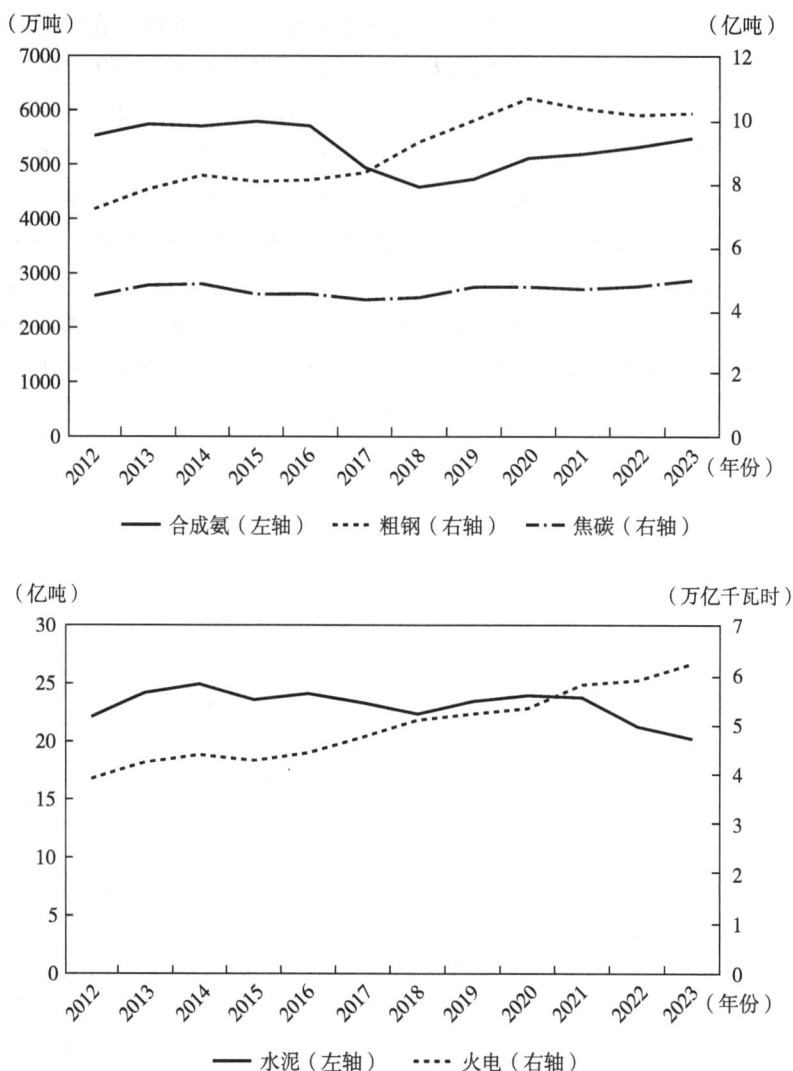

图 1-2　我国发电量及其他主要耗煤产品产量情况

资料来源：国家统计局、Wind。

家出台稳产保供、平抑煤价等政策措施，企业产能加快释放，煤炭产销量显著上升，并超过 2013 年创下的高点。2022 年，宏观经济增速放缓，房地产、基建、化工等行业发展不及预期，加之经济结构调整等因素的影响，煤炭需求走弱，库存压力增加，煤炭价格逐步回落，但总体仍处于高位。2023 年以来，煤炭进口渠道得到恢复，煤炭进口量远超此前几年同期水平，对国内煤炭的替代作用有所增加，在一定程度上缓和了国内煤炭供应偏紧的局面。

　　经过 2016 年的产量低谷后，我国原煤产量保持稳步增长态势，特别是国家推出稳产保供、平抑煤价等政策措施后，煤炭产量增速进一步加快（见图 1-4）。2023 年，我

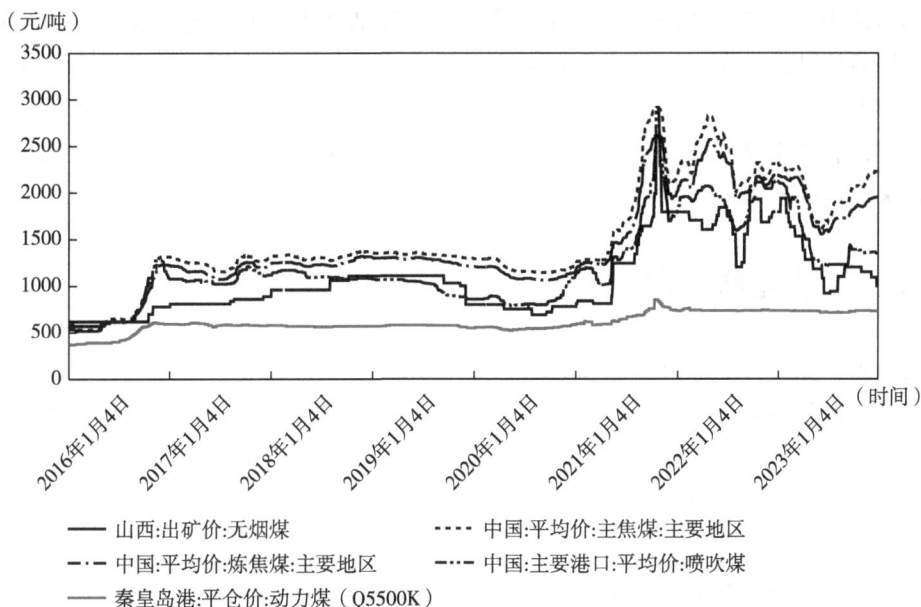

图 1-3 国内主要炼焦煤、无烟煤、动力煤价格走势

注："山西：出矿价（无烟煤）"产品规格为小块，A16-17%，V9-10%，S<1.5%，Mt<5，FC70-75，Q6700-7200，阳泉产。

资料来源：钢之家钢铁网、秦皇岛煤炭网、Wind。

国规模以上企业生产原煤 46.6 亿吨，同比增长 2.9%，增幅有所放缓。分煤种看，2023 年我国动力煤、炼焦煤、无烟煤产量分别为 37.7 亿吨、4.9 亿吨和 4.0 亿吨，同比增速分别为 1.3%、-0.3% 和 4.5%。同期，我国进口煤炭 4.74 亿吨，同比增长 61.8%，增长显著。

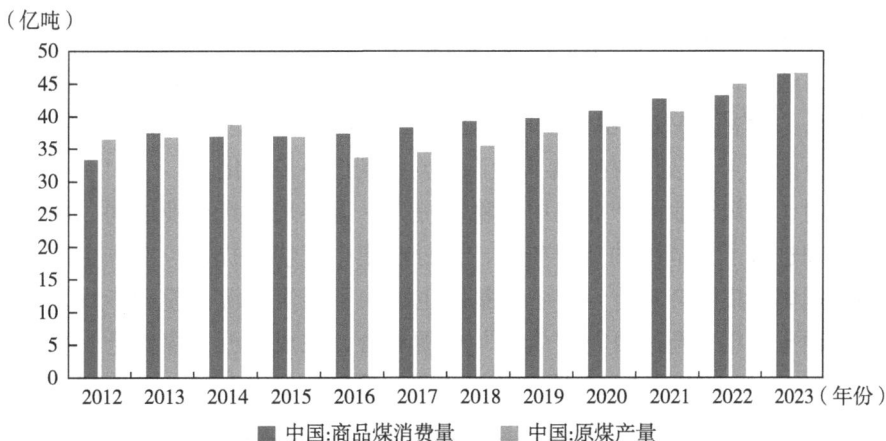

图 1-4 中国原煤产量和商品煤消费量

资料来源：国家统计局、中国煤炭市场网、Wind。

注意到

本书认为，随着我国经济基本面的修复，煤炭消费需求总体趋于稳定。煤炭行业近期产能释放已较为充分，未来中短期内煤炭产量增长空间有限。随着国家煤炭储备制度的探索实施，以及稳产保供、平抑煤价等措施的推进，未来煤炭价格总体趋于合理及稳定，有利于煤炭企业可持续经营，但近年来煤炭进口增长较快，将对煤炭价格稳定带来一定的不确定性。

四、行业竞争格局

近年来，煤炭行业继续推进结构性产能优化、产业升级和资源整合，煤炭产能不断向优质资源富集地区和优势企业集中，产业集中度不断提升，煤电联营成为重要发展趋势。本书认为，随着国家大型煤炭基地建设的推进，未来煤炭产业集群化趋势更为明显，头部企业的竞争地位将进一步巩固。

煤炭开采作为资源型基础行业，其产业链上游主要为采煤机械设备及相关的智能化系统提供商，这些相关行业普遍规模较小，多依附于煤炭开采企业获得生存空间，在整个产业链条中的影响力很小。煤炭企业的下游包括电力、钢铁冶炼、化工及建材等传统耗煤大户，以电力行业为主。近年来，随着煤炭行业大力度"去产能"效果的显现，煤炭供需关系发生扭转，电煤价格市场化形成与传导机制逐步理顺，上下游行业在产业链中的关系总体趋向均衡。

我国煤炭开采领域曾长期处于"小而散"的局面，小型煤矿企业众多，产业集中度较低，存在大量低效落后产能。2016 年以来，煤炭行业推进供给侧结构性改革，加速淘汰落后、过剩产能，大力整合煤炭资源，先进产能不断增加，煤炭生产结构得到优化，转型升级取得实质进展。截至 2022 年末，全国煤矿数量由十年前的约 13000 处下降至不足 4400 处，年产 120 吨以上的煤矿数量由约 850 处增加到 1200 处以上，其产量占全国的比重由 65%左右提高到 85%左右；年产千万吨级的生产煤矿由 33 处增加至79 处，产能由 4.5 亿吨/年提高到 12.8 亿吨/年；安全高效煤矿数量明显增加，智能煤矿从无到有，达到 572 处；全国煤矿平均单井（矿）产能由 38 万吨/年左右提高到 120万吨/年以上，人均生产效率由 750 吨/年提高到 1800 吨/年。到 2023 年末，全国煤矿数量进一步下降到 4300 处左右，煤炭生产结构得到进一步优化。①

与此同时，煤炭行业的产业集中度稳步提升，近年来煤炭企业之间、煤炭企业与电力企业之间进行了大范围的重组整合，使行业集中度快速提高。在央企层面，原神华集团与中国国电集团合并重组，中煤集团也加快了煤炭资源的整合步伐。在地方国企层面，山西省近年来经过数轮"煤改"资源整合，在成立五大煤炭企业集团的基础上，于 2020 年将其中的原同煤集团、晋煤集团和晋能集团及其他相关资产进一步整合为晋能控股集团；山东省将省内主要煤炭企业合并重组，成立了山东能源集团；河南

---

① 以上参考煤炭工业协会《2022 年煤炭行业发展年度报告》。

省煤炭资源整合也取得了初步成效，重组成立了平煤神马集团、河南能源集团两家主要的煤炭资源经营主体。在经过新一轮的重组整合后，煤炭产业基本布局及竞争格局基本确立，近年来保持相对稳定，企业间直接市场竞争压力一般。表1-2为2019年和2023年我国煤炭产量前10位企业集团变化情况。2019年，我国煤炭产量"十强"企业的市场份额合计为46.01%，产量超过2亿吨的企业仅有2家。2020年，产量"十强"企业的市场份额提升到52.43%，产量超过2亿吨的企业增加至4家。2023年，产量十强企业的份额略有下降，但头部企业仍保持很强的规模优势。据中国煤炭工业协会统计与信息部初步统计，2023年全国原煤产量超亿吨企业为8家，比上年增加1家，即华能集团。8家企业原煤产量合计约21.4亿吨，占全国总产量的45.4%。①

表1-2 2019年和2023年我国煤炭产量前10位企业集团

2019年	原煤产量（万吨）	占比（%）	2023年	原煤产量（万吨）	占比（%）
国家能源集团	51477	13.74	国家能源集团	61665	13.24
中煤集团	20975	5.60	晋能控股集团	43747	9.39
原同煤集团	17928	4.79	山东能源集团	27366	5.88
陕煤集团	17823	4.76	中煤集团	26948	5.79
原兖矿集团	16602	4.43	陕煤集团	24714	5.31
山东能源集团	11110	2.97	山西焦煤集团	18486	3.97
山西焦煤集团	10482	2.80	华能集团	10800	2.32
原晋能集团	9219	2.46	潞安化工集团	10495	2.25
原阳煤集团	8377	2.24	国电投集团	8095	1.74
山西潞安集团	8346	2.23	淮河能源集团	7575	1.63
前10合计	172339	46.01	前10合计	239891	51.50
行业总计	374553	100	行业总计	465838	100

注：行业统计口径为规模以上煤炭企业。

资料来源：中国煤炭工业协会。

从各省（区）情况来看，2022年原煤产量超过1亿吨的省（区）有6个，比2012年减少3个，但贡献原煤产量比2012年增加15.2亿吨，达到39.6亿吨。从各地区原煤产量占全国比重的变化看，西部地区占比由54.4%上升到60.7%，中部地区占比稳定在33.7%左右，东部地区占比由7.2%下降到3.2%，东北地区占比由4.7%下降到2.4%。从主要产煤省（区）原煤产量的变化看，山西、陕西、内蒙古、新疆4省（区）原煤产量由25.4亿吨增加到36.9亿吨，占全国的比重由64.3%提高到80.9%；山西、内蒙古原煤年产量超过10亿吨。其中，鄂尔多斯、榆林年原煤产量分别由6.39亿吨、3.18亿吨增加到7.22亿吨、5.82亿吨，两市原煤产量占全国的比重由24.2%提高到28.6%。2023年，原煤产量过亿吨的省（区）达到7个，原煤产量共计41.8亿吨，占全国的

---

① 以上参考相关企业信用评级报告，募集说明书、年度报告等公开资料。

88.7%。同年西部、中部地区所占比重继续提升,东部、东北地区占比均进一步下降。

近年来,国家出台政策进一步加大煤电联产的支持力度,煤炭企业积极向下游延伸产业链,不断扩大燃煤发电装机容量,特别是一些动力煤生产企业,已具备较强电力业务运营实力,在一定程度上可以规避煤炭价格大幅波动对经营业绩可能带来的冲击,有利于稳定收入和利润规模。同时,电力企业也积极落实"后向一体化"的发展思路,不断增加煤炭资源储备和开采能力,有效缓冲煤炭价格大幅波动对火力发电业务的冲击。

根据《煤炭工业"十四五"高质量发展指导意见》,"十四五"期间我国将进一步控制并压减煤矿数量,推进资源整合,提高大型煤炭企业和大型煤炭基地的产量份额,培育 3~5 家具备全球竞争力的世界一流煤炭企业。本书认为,随着我国高质量发展任务的深入,未来几年煤炭企业集中度将呈稳中有升态势,特别是头部企业优势地位将进一步提高,行业产能也将加快向资源富集地区集中。

五、企业运营状况

本书根据国家统计局数据,对规模以上煤炭开采企业的主要财务指标进行了比较分析,同时选取 26 家样本煤炭企业,对其财务状况及信用表现进行了研究。26 家样本企业主要为证券市场存续公开债券(含非金融企业债务融资工具)且信息披露正常的以煤炭开采为主要业务的企业集团,并剔除了同一集团合并范围内下属子企业样本,具体企业名单如表 1-3 所示。

表 1-3 2022 年样本煤炭企业原煤产量、煤炭收入及占比情况

企业简称	原煤产量（万吨）	产量占比（%）	煤炭销售收入（亿元）	收入占比（%）	企业简称	原煤产量（万吨）	产量占比（%）	煤炭销售收入（亿元）	收入占比（%）
国家能源集团	60109.00	13.37	4697.12	11.68	平煤神马集团	3451.00	0.77	410.98	1.02
山东能源集团	26516.00	5.90	2270.68	5.65	开滦集团	3100.68	0.69	194.42	0.48
陕煤集团	20900.00	4.65	2033.47	5.06	榆林能源集团	2155.82	0.48	354.38	0.88
晋能煤业集团	20402.00	4.54	992.27	2.47	皖北煤电集团	2134.59	0.47	162.84	0.40
山西焦煤集团	18200.00	4.05	1333.58	3.32	徐州矿务集团	2002.00	0.45	91.93	0.23
中国中煤能源	11917.00	2.65	1909.18	4.75	甘肃能化集团	1494.02	0.33	114.98	0.29
山西潞安集团	10082.75	2.24	885.74	2.20	昊华能源股份	1490.26	0.33	85.65	0.21
晋能电力集团	9634.42	2.14	571.05	1.42	兰花煤炭集团	1213.93	0.27	121.85	0.30
淮南矿业集团	7406.29	1.65	413.25	1.03	阳城阳泰集团	1002.23	0.22	76.58	0.19
伊泰股份	7014.00	1.56	493.73	1.23	郑煤集团	871.00	0.19	52.67	0.13
晋能装备集团	6471.06	1.44	503.08	1.25	济宁矿业集团	734.00	0.16	163.67	0.41
华电煤业集团	4523.79	1.01	258.55	0.64	江西能源集团	292.00	0.06	17.74	0.04
冀中能源集团	4453.23	0.99	385.84	0.96	合计	231637.06	51.52	19006.13	47.25
华阳科技集团	4065.99	0.90	410.98	1.02	行业总计	449584.00	100	40222.20	100

资料来源:Wind 及相关公开资料。

　　产销规模的快速增长带动了煤炭行业流动资产及资产总额的加速上升，资产结构也发生较大变化，非流动资产占比有所下降。本书认为，未来煤炭行业新增产能有限，产量增长进一步趋弱，煤炭行业资产规模增速将趋于平缓，资产结构继续保持稳定。

　　伴随煤炭供给侧结构性改革的推进，煤炭行业新增固定投资连续多年下降，资产规模进入低速增长时期。2021年以来，随着煤炭行业产销规模的快速提升，煤炭企业资产总量出现较快增长，其增量主要来自应收账款、其他应收款及货币资金等流动资产的增长，固定资产、在建工程等非流动资产增幅不大，资产结构中的流动资产占比明显上升，但非流动资产仍是煤炭企业资产的构成主体。

　　如表1-4所示，样本煤炭企业资产构成中的非流动资产始终占有很大比重，但近几年非流动资产规模增势平缓；同期流动资产规模上升较为明显，所占比重也持续提高，其中货币资金、其他应收款、应收账款均有增长，而存货出现下降趋势。本书认为，样本企业资产规模的增长趋势及资产结构的变化情况，与行业销售扩张、煤价上涨大势基本相吻合。

表1-4　2018~2023年样本企业年末资产结构　　　　　单位：亿元

年份	2018	2019	2020	2021	2022	2023
货币资金	5406.40	5047.83	6270.42	8242.77	9524.53	8360.65
应收账款	1521.12	1751.25	1820.85	2339.93	2762.32	2676.49
存货	2340.58	2450.20	2884.20	2895.54	2460.38	2394.05
其他应收款	2026.09	2195.26	2694.47	3085.33	4164.44	4256.81
其他流动资产	4215.51	4127.97	4198.79	4924.51	5836.33	5980.64
流动资产	15509.69	15572.52	17868.74	21488.09	24748.01	23668.65
非流动资产	41181.57	42527.10	47011.66	48209.71	50495.92	53968.96
总资产	56691.27	58099.62	64880.40	69697.80	75243.93	77637.61

资料来源：Wind及相关公开资料。

　　煤炭行业近年来融资需求减缓，债务规模基本稳定，财务杠杆水平不断下降。本书认为，煤炭行业2025~2026年固定资产投资将保持平稳，财务杠杆水平将呈现稳中有降的态势。

　　煤炭产业属于资本密集型产业，煤炭勘探、开发等固定投入大，且营运资金花费较大。同时，煤炭开采作为资源型行业，上游产业链很短，经营性负债规模较小，资金腾挪空间相对有限，对债务融资有一定的依赖性，债务负担相对较重。近年来，主要煤炭企业依靠资源整合重组实现产能规模的扩张，固定资产投资力度减弱，在主业经营向好的条件下，融资需求减缓，财务杠杆水平多年来保持稳中有降的态势。2021年，随着行业盈利状况的大幅提升，经营积累增加，所有者权益快速增长，债务规模稳中有降，资产负债率开始进入下降态势，其中 2022 年下降 4.2 个百分点。

从样本企业近几年情况看，2020 年债务规模出现较大幅度的上升。一方面原因在于煤炭行业销售回款转差，营运资金需求被动增加，债务融资上升；另一方面原因在于部分煤炭企业完成合并重组后，合并口径的扩大使债务规模上升。2021~2022 年，样本企业债务规模保持稳定，但营运资金需求增加，固定资产投资等中长期融资需求下降，导致债务结构产生变化，短期债务占比小幅上升（见图 1-5）。2023 年，部分样本企业投资支出有所增加，样本企业的长期债务规模和占比均有所提升，其中国家能源集团、山东能源集团增幅较大。在债务规模趋稳、权益资本增长的背景下，样本企业平均财务杠杆比率呈下降趋势。本书认为，煤炭行业固定资产投入仍将维持低位增长，行业的财务杠杆水平和债务负担总体将呈稳中有降态势。

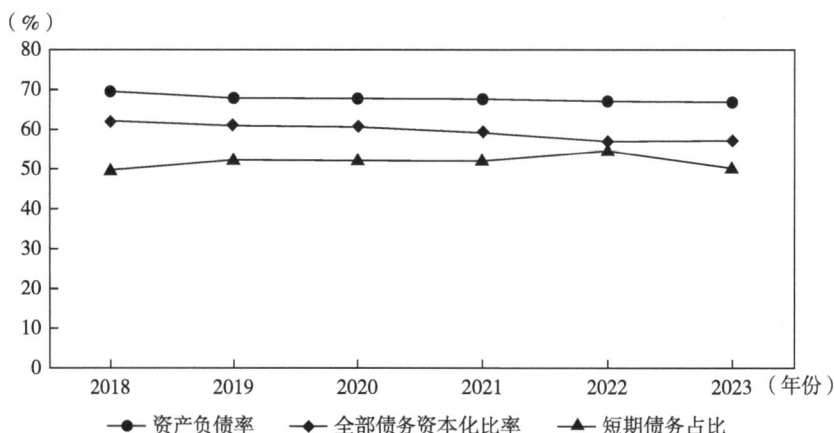

（％）

图 1-5　2018~2023 年样本企业年末资产负债率、全部债务资本化比率、短期债务占比
资料来源：Wind 及相关公开资料。

在煤价高企的影响下，煤炭行业近年来营业收入持续增长，毛利率等盈利指标持续向好，但自 2023 年以来，在煤价回调及销售趋冷的影响下，盈利状况有所下滑。本书预计，未来 1~2 年煤炭行业盈利能力将总体保持稳定。

随着煤炭行业供给侧结构性改革的推进及低碳政策的实施，近年来煤炭销售受到一定影响，特别是在新冠疫情冲击下，煤炭开采与洗选行业 2020 年营业收入出现明显的下降（见图 1-6）。随着经济逐步恢复，煤炭销售规模上升，同时煤价快速上涨，2021 年和 2022 年该行业营业收入持续大幅增长。2023 年，煤炭产销保持基本稳定，但煤价回落明显，行业营业收入同比下降较多。同期，行业毛利率也出现较大变化，总体呈先升后降态势，2022 年毛利率处于近几年的最高点，2023 年有所回落，但总体仍处于较高水平。受融资规模变化及市场利率下降等因素影响，行业财务费用率保持稳中有降，对行业盈利产生了正面影响。在毛利率提高、成本费用率下降等因素的影响下，行业利润总额的变动方向与收入的变动方向基本趋同。

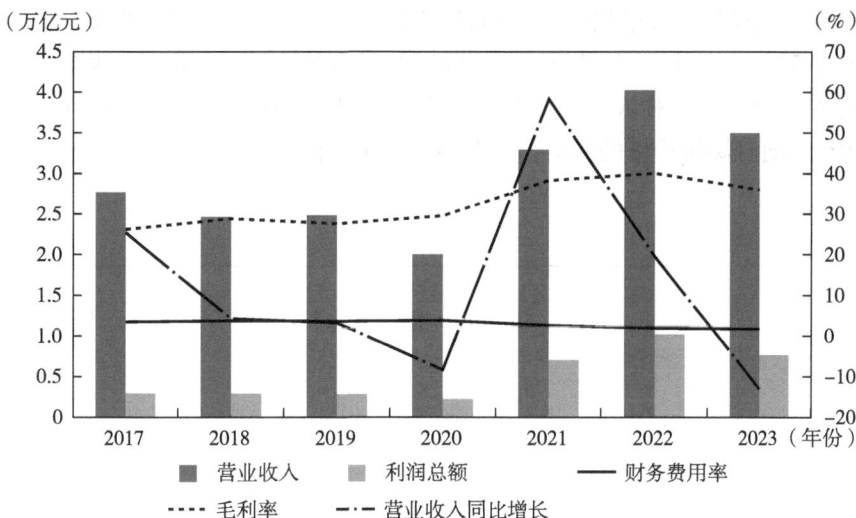

图 1-6 煤炭开采与洗选行业收入及盈利指标

资料来源：国家统计局、Wind。

从样本企业情况来看，26 家企业的营业收入总和保持增长态势，但煤炭收入①变化轨迹与行业的波动趋势基本一致，其中 2020 年收入小幅下降，2021 年以后均呈较快增长。

综合来看，自煤炭行业进行供给侧结构性改革以来，煤炭供过于求的状况得到扭转，对煤价形成了较强的支撑，成本控制方面也取得了较好成效，煤炭行业近年来盈利状况总体较好，特别是近两年以来煤价大幅上涨，煤炭企业盈利空间明显扩大。近年来，受国家稳产保供、平抑煤价等措施，煤炭产能较快释放后供应能力增加，以及进口煤炭的替代效果有所显现的影响，煤价呈回落态势，煤炭企业盈利高位回落。本书认为，未来 1~2 年煤炭价格进一步下跌的空间不大，煤炭企业盈利空间总体将趋于稳定。

煤炭企业总体的现金流获取能力较好，流动性相对充沛，短期和中长期的现金流债务保障能力均表现良好。本书认为，未来煤炭企业整体的债务规模将稳中有降，现金流对债务的保障水平有望得到进一步提升，但部分企业短期债务规模偏大，将面临一定的集中偿付压力。

作为资源型行业，煤炭企业经营付现压力相对较小，尽管部分企业在产品销售中存在一定资金沉淀，拉低了整体的销售获现比率，但行业整体的经营获现能力很强，特别是在近几年煤价高企的情况下，现金回笼情况进一步好转，经营活动现金净流入规模明显增加。从样本企业最近 6 年经营现金流情况看，除江西能源集团在 2019 年和 2020 年出现净流出之外，其他企业的经营活动现金流均保持净流入，其中 2021 年和

---

① 煤炭收入是指企业自采煤炭的销售收入，不含大宗煤炭贸易类收入。

2022 年净流入规模很大且增幅明显，2023 年净流入量接近或超过 200 亿元的企业有 9 家（见图 1-7）。2023 年，在煤价回落等因素的影响下，样本企业经营现金净流入有所减少（见表 1-5）。本书认为，煤炭企业整体获现能力很强，但净现金流波动大，2015~2016 年随着煤炭价格的回落，行业经营现金净流入将有所回落。

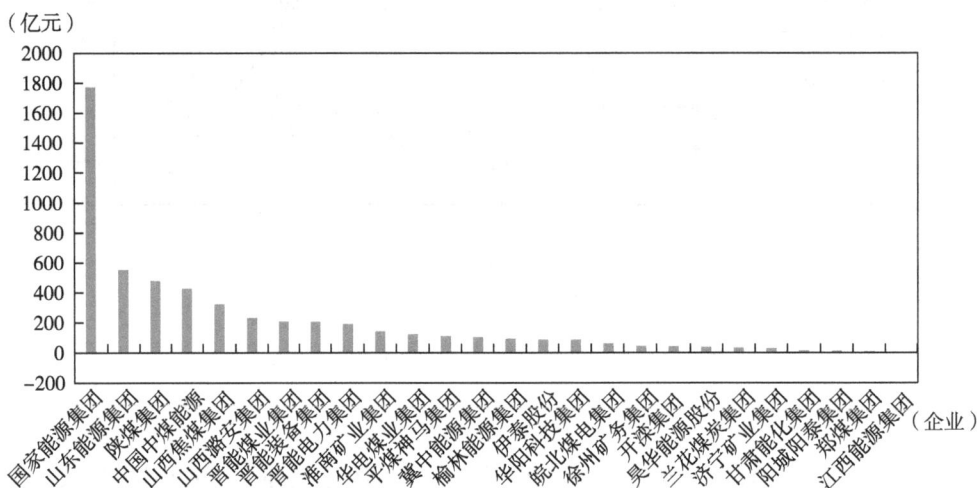

图 1-7 样本煤炭企业 2023 年经营活动净现金流

资料来源：Wind 及相关公开资料。

表 1-5 2019 年以来样本企业现金流情况 单位：亿元

年份	2019	2020	2021	2022	2023
销售商品、提供劳务收到的现金	29761.12	34115.84	41745.52	46706.62	43685.07
购买商品、接受劳务支付的现金	20077.68	24199.36	28238.88	29857.19	29126.65
经营现金净流入	3695.73	3908.86	6393.90	7535.47	5435.63
投资活动现金流入	1689.79	2093.24	8505.75	2775.59	2752.09
投资活动现金流出	4191.79	4427.78	11365.13	5910.92	6445.85
购建固定资产、无形资产和其他长期资产支付的现金	2013.34	2276.91	2252.70	3032.65	3902.54
投资活动净现金流	-2502.00	-2334.54	-2859.39	-3135.32	-3693.76
筹资活动现金流入	18725.18	22313.29	23112.03	22618.81	22611.24
筹资活动现金流出	20283.93	23346.28	24867.65	26263.24	25435.28
筹资活动净现金流	-1558.76	-1032.98	-1755.62	-3644.44	-2824.03
现金及现金等价物净增加额	-362.64	537.56	1768.35	777.63	-1075.56

资料来源：Wind 及相关公开资料。

在投资活动方面，煤炭行业作为资本密集型行业，投资回收期偏长，投资活动常年处于大额净流出状态。近年来，煤炭行业受到供给侧结构性改革等政策的影响，固定资产投资受到管控，煤矿建设等项目资金投入较少，净流出规模一般。从样本企业看，近几年投资活动的现金流入和流出规模总体处于低位波动状态，其中2021年由于国家能源集团开展了大规模的投资理财业务，导致当年投资活动现金流入和流出规模均明显偏离常年水平且呈现大幅增长。在筹资活动方面，近几年煤炭行业投资需求下降，得益于良好的经营获现情况，资金面总体宽松，流动性较为充沛，债务融资需求较弱，债务规模总体稳定，筹资活动维持净流出态势。本书认为，未来1~2年煤炭行业投资增速将处于低位，资金面将维持相对宽松，不存在持续增加债务融资的预期，筹资现金流或将维持净流出态势。

从债务保障指标来看，近年来煤炭企业资金面大幅好转，短期和中长期债务保障指标均有较大改善（见图1-8）。其中，全部债务/EBITDA一直处于较好水平，2021年和2022年得到进一步提升。煤炭企业债务结构中短期债务占比偏大，导致近年来现金短债比、全部现金/短期债务等短期偿债指标相对偏低，2021年和2022年上述指标得到明显改善，但仍有改进空间。因此，部分煤炭企业的短期债务偿付保障仍有赖于外部债务融资的接续，其中比较突出的企业包括冀中能源集团、淮南矿业集团、江西能源集团、平煤神马集团、郑煤集团等，部分企业近年来面临不利的融资环境，外部融资能力及资金接续面临较大挑战。此外，河南能源集团受下属子公司债务违约事件等影响，2020年公开市场信用评级被大幅调降，近年来处于信用修复过程，外部融资受到较大限制，资金面一直较为紧张；该企业自2023年8月以来信息披露中断，近期财务状况有待关注。

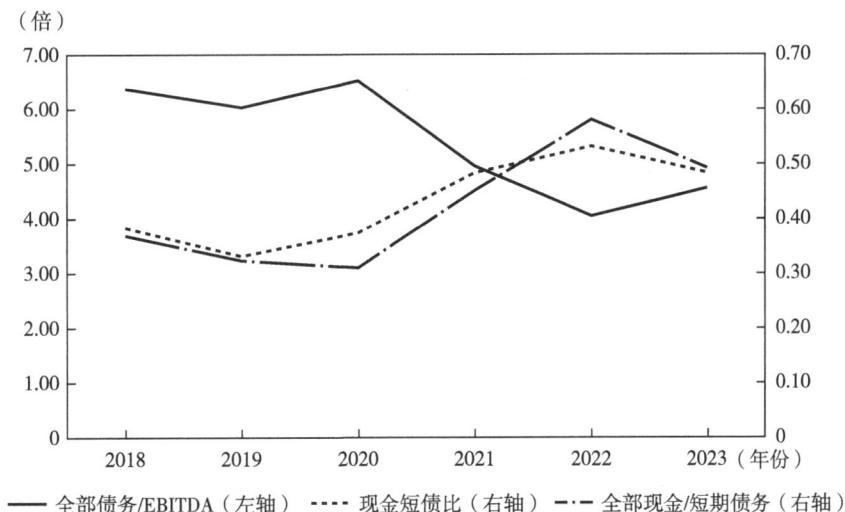

图1-8　2018~2023年样本煤炭企业债务保障指标

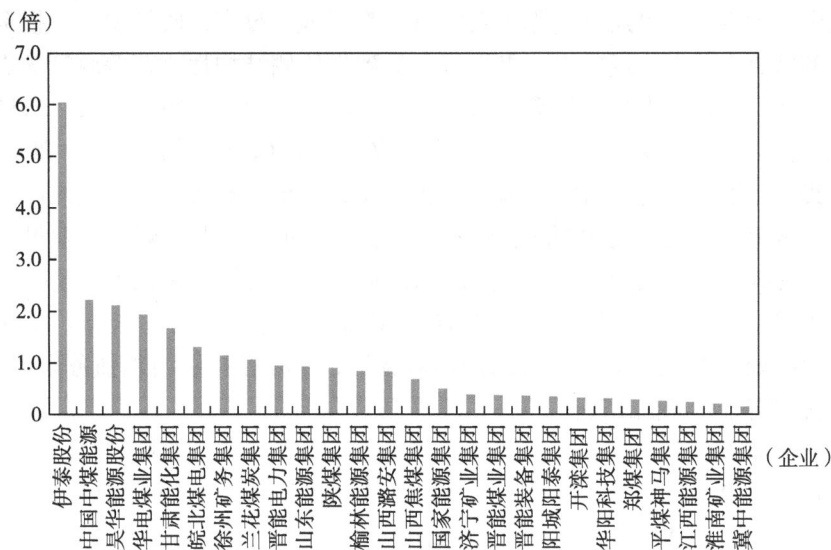

（倍）

图 1-8　2018~2023 年样本煤炭企业债务保障指标（续）

资料来源：Wind 及相关公开资料。

六、总结

　　煤炭具备能源和工业原料的双重属性，是国民经济的重要支柱产业之一。近年来，国家围绕绿色发展、化解过剩产能、优化产能布局、稳产保供等方面不断完善政策体系，这些政策对扭转煤炭供求关系、优化产业结构及保障安全稳定运行等产生了良好的推动作用。同时，绿色低碳发展理念将对行业中长期发展产生深远影响，煤炭在能源结构中的比重正逐渐缩小，但其在我国能源结构中的基础地位难以替代，煤炭企业的持续发展仍面临良好的市场空间。

　　煤炭资源分布极不均衡，煤炭生产地与消费地错位，就地转化利用程度仍然较低，各地区煤炭产业发展状况很不均衡，各地煤炭企业经营状况有很大差异。近年来，煤炭行业继续推进结构性产能优化、产业升级和资源整合，煤炭产能不断向优质资源富集地区和优势企业集中，产业集中度不断提升。随着国家大型煤炭基地建设的推进，未来煤炭产业集群化趋势将更为明显，头部企业的竞争地位将进一步巩固。

　　近年来煤炭需求增长平稳，在煤炭供给侧结构性改革、淘汰落后产能等措施的影响下，煤炭供应持续偏紧，煤价总体处于高位，特别是经济恢复增长后，煤炭需求有所增加，进口受阻导致煤炭供需缺口加大，煤炭价格大幅上涨，煤炭开采企业产能得到充分释放，收入及盈利水平明显提高，整体流动性显著改善，债务压力及财务负担有所减轻，整体的债务偿付保障水平持续增强。但是，企业之间存在较大差异，部分企业短期债务压力较大。近几年在国家稳产保供、平抑煤价等措施的影响下，煤炭供应紧张局面有所改观，煤炭价格回落，煤炭产销规模增速下滑，库存压力加大。另外，我国经济稳定向好的基本方向没变，将对煤炭行业形成支撑，有利于煤炭供求关系和价格保持稳态。综合分析，本书认为煤炭行业的经营基本面总体良好，经营和财务状况发生大幅波动的风险可控，主要煤炭企业的债务保障能力总体保持稳定。

七、附件

附表 1-1　我国煤炭行业近年来发布实施的主要政策法规

日期	政策或文件名称	核心内容
2016 年 12 月	《煤炭工业发展"十三五"规划》	到 2020 年，基本建成集约、安全、高效、绿色的现代煤炭工业体系
2017 年 2 月	煤炭深加工产业示范"十三五"规划	鼓励煤炭行业紧抓供给侧结构性改革的重要契机，重点开展煤制油、煤制天然气等 5 类模式及通用技术装备的升级示范
2018 年 4 月	关于做好 2018 年重点领域化解过剩产能工作的通知	化解煤炭过剩产能 1.5 亿吨左右，确保去产能目标实现三年"大头落地"，处置"僵尸企业"，提高南方地区煤矿产能退出标准
2019 年 9 月	关于加大政策支持力度进一步推进煤电联营工作的通知	鼓励支持煤炭、电力企业采取煤电一体化、煤电交叉持股、煤电企业合并重组等形式开展煤电联营
2020 年 2 月	关于加快煤矿智能化发展的指导意见	提出坚持新发展理念，坚持以供给侧结构性改革为主线，坚持以科技创新为根本动力，推动智能化技术与煤炭产业融合发展，提升煤矿智能化水平
2020 年 6 月	关于做好 2020 年重点领域化解过剩产能工作的通知	确保去产能任务在 2020 年底前全面完成
2020 年 8 月	煤炭矿区总体规划管理规定（修订征求意见稿）	规划总规模 1000 万吨/年以上的矿区，其总体规划由国家发展和改革委员会审批，规划总规模 1000 万吨/年以下的矿区，其总体规划由省级煤炭矿区规划管理部门审批，报国家发展和改革委员会备案
2021 年 5 月	煤炭工业"十四五"高质量发展指导意见	到"十四五"末，国内煤炭产量控制在 41 亿吨左右，全国煤炭消费量控制在 42 亿吨左右，年均消费增长 1%左右。全国煤矿数量控制在 4000 处以内，大型煤矿产量占 85%以上
2021 年 12 月	《国家矿山安全监察局综合司关于进一步加强煤矿防灭火和瓦斯防治工作的通知》	严厉打击通风系统不健全、防灭火措施落实不到位、瓦斯超限作业等行为
2022 年 1 月	《国家矿山安全监察局关于深化煤矿安全专项整治三年行动推进治本攻坚的通知》	强调煤矿安全专项整治行动治本攻坚需提高煤矿企业办矿能力、落实安全生产主体责任、强化安全培训、查清隐蔽致灾因素、强化重大灾害防治、合理部署采掘接续、建立健全风险管控和隐患排查治理双重机制、严惩严重违法违规行为、落实监管监察责任等
	《国务院安委会办公室关于严厉打击盗采矿产资源违法活动和矿山严重违法违规生产建设行为的通知》	指出要正确处理好能源保供与安全生产的关系，科学合理核定产能、有序释放优质产能
2022 年 2 月	《关于进一步完善煤炭市场价格形成机制的通知》	指出基于市场运行情况，秦皇岛港下水煤（5500 千卡）中长期交易价格每吨 570~770 元（含税）较为合理，明确了晋陕蒙相应煤炭出矿环节中长期交易价格合理区间，并于 2022 年 5 月 1 日开始执行

续表

日期	政策或文件名称	核心内容
2022 年 3 月	《国家能源局关于印发〈2022 年能源工作指导意见〉的通知》	指出加强煤炭煤电兜底保障能力；统筹资源接续和矿区可持续发展，有序核准一批优质先进产能煤矿；加快推进在建煤矿建设投产，推动符合条件的应急保供产能转化为常态化产能；以示范煤矿为引领，加快推进煤矿智能化建设与升级改造
2022 年 4 月	《关于明确煤炭领域经营者哄抬价格行为的公告　2022 年第 4 号》	明确国内动力煤领域经营者（包括从事煤炭生产、贸易的经营者）有捏造涨价信息、散布涨价信息、囤积居奇、无正当理由大幅度或者变相大幅度提高价格的行为之一的属于哄抬价格
2024 年 4 月	《国家发展改革委　国家能源局关于建立煤炭产能储备制度的实施意见》	计划到 2027 年，初步建立煤炭产能储备制度，有序核准建设一批产能储备煤矿项目，形成一定规模的可调度产能储备。到 2030 年，产能储备制度更加健全，产能管理体系更加完善，力争形成 3 亿吨/年左右的可调度产能储备，全国煤炭供应保障能力显著增强，供给弹性和韧性持续提升

资料来源：根据公开资料，笔者整理所得。

附表 1-2　企业简称与全称对照

简称	全称	简称	全称
国家能源集团	国家能源投资集团有限责任公司	平煤神马集团	中国平煤神马能源化工集团有限责任公司
山东能源集团	山东能源集团有限公司	开滦集团	开滦（集团）有限责任公司
陕煤集团	陕西煤业化工集团有限责任公司	淮北矿业集团	淮北矿业（集团）有限责任公司
晋能煤业集团	晋能控股煤业集团有限公司	榆林能源集团	陕西榆林能源集团有限公司
山西焦煤集团	山西焦煤集团有限责任公司	皖北煤电集团	安徽省皖北煤电集团有限责任公司
中国中煤能源	中国中煤能源股份有限公司	徐州矿务集团	徐州矿务集团有限公司
山西潞安集团	山西潞安矿业（集团）有限责任公司	甘肃能化集团	甘肃能源化工投资集团有限公司
晋能电力集团	晋能控股电力集团有限公司	昊华能源股份	北京昊华能源股份有限公司
淮南矿业集团	淮南矿业（集团）有限责任公司	兰花煤炭集团	山西兰花煤炭实业集团有限公司
伊泰股份	内蒙古伊泰煤炭股份有限公司	阳城阳泰集团	阳城县阳泰集团实业有限公司
河南能源集团	河南能源集团有限公司	郑煤集团	郑州煤炭工业（集团）有限责任公司
晋能装备集团	晋能控股装备制造集团有限公司	济宁矿业集团	济宁矿业集团有限公司
华电煤业集团	华电煤业集团有限公司	江西能源集团	江西省能源集团有限公司
冀中能源集团	冀中能源集团有限责任公司	淮河能源集团	淮河能源控股集团有限责任公司
中国华能集团	中国华能集团有限公司	兖矿集团	兖矿集团有限公司
国家电投集团	国家电力投资集团有限公司	晋能集团	晋能集团有限公司
中煤集团	中国中煤能源集团有限公司	阳煤集团	阳泉煤业（集团）有限责任公司
同煤集团	大同煤矿集团有限责任公司	晋能控股集团	晋能控股集团有限公司
华阳科技集团	华阳新材料科技集团有限公司		

第二部分 2024 年度石油行业 信用研究报告[*]

一、行业概述

石油是世界上最重要的化石能源之一，也是工业生产中的关键原材料。未经加工处理的石油被称为原油，原油可从不同方面进行分类，一般为工业（商品）分类和化学分类。国际石油市场常用的计价标准是按比重指数 API 分类和含硫量分类，其中按比重指数可分为轻质原油、中质原油、重质原油和特重原油，按含硫量可分为低硫原油、含硫原油和高硫原油。

全球石油资源分布极不平衡，已探明的石油储量地区分化严重。根据《世界能源统计年鉴 2023》对 2020 年全球石油探明储量的统计，中东储量 8359 亿桶，占全球总储量的 48.3%，欧洲（除独联体国家）储量 136 亿桶，在全球总储量中的占比仅为 0.8%。从国家分布来看，前两大储油国委内瑞拉和沙特的储量分别为 3038 亿桶和 2975 亿桶，分别占全球总储量的 17.5% 和 17.2%，前十大储油国石油储量 14965 亿桶，占全球总储量的 86.4%。

石油产品主要分为石油燃料、润滑剂、沥青、石油蜡、石油焦、溶剂和化工原料六大类。其中，石油燃料[②]主要包括汽油、柴油、煤油、燃料油等，化工原料主要包括生产乙烯的裂解原料、石油芳烃等（见图 2-1）。根据 2023 年我国石油产品产量与石油加工量数据计算，汽油、柴油、煤油、燃料油、石脑油、石油焦、石油沥青、液化石油气的产出率分别为 22%、30%、7%、7%、11%、5%、5%、7%，成品油合计为 66%。

---

[*] 本部分作者为杨志远。杨志远，清华大学工学学士，香港理工大学理学硕士，拥有证券、基金执业资格和法律职业资格，现为广州普策信用评价有限公司分析师，曾就职于国机集团和清华大学。在从事评级工作期间，曾完成河钢集团、中信特钢、比亚迪、首开股份、许平南高速等十余家企业的主动评级。在信用研究方面，曾主编《普策 2024 年度再生资源行业研究报告》、参编《普策 2023 年度住宅房地产行业研究报告》等。

② 下文分析中如无另加说明，以成品油代称石油燃料。成品油有时代指汽油、柴油、煤油或仅含汽油、柴油，若口径不同，文中另加说明。

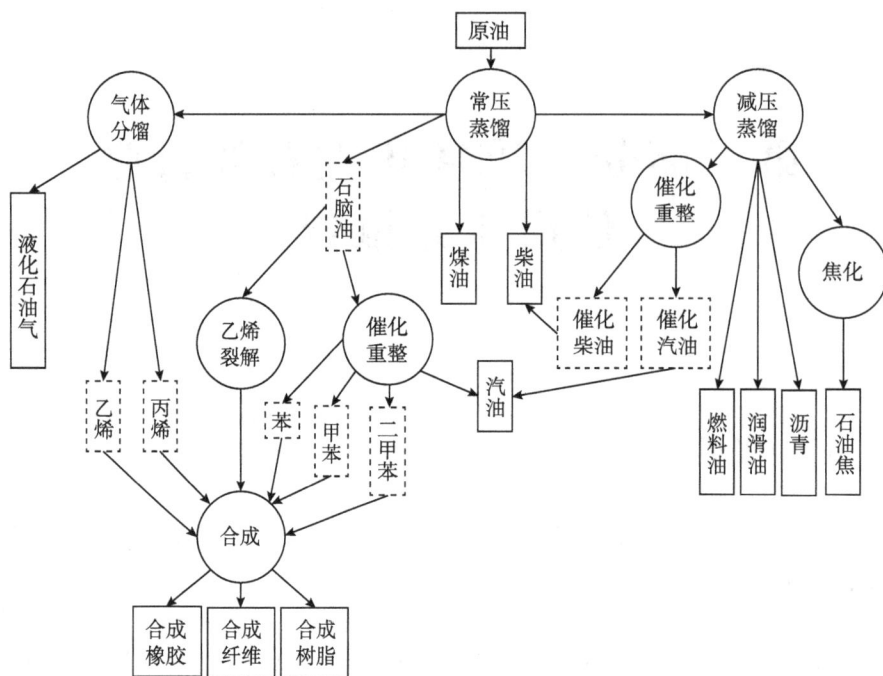

图 2-1　主要石油产品及石油化工产品产业链

资料来源：上海国际能源交易中心。

二、全球石油市场运行状况

本书认为，受供需、金融及地缘等多种因素叠加影响，2024 年国际油价仍将延续宽幅震荡态势，全球石油市场库存去化将降速，供需紧平衡的态势在 2024 年仍将延续。

石油期货价格是石油交易定价的基准，石油贸易一般采用基准价加升贴水的方式结算价格。洲际交易所（ICE）与纽约商品交易所（NYMEX）为全球两大主要原油期货交易中心，ICE 的布伦特原油期货和 NYMEX 的西得克萨斯中质原油期货（WTI）分别是欧洲和美国原油贸易的主要基准。另外，迪拜商品交易所上市的阿曼原油期货也是重要的基准合约，但其交易活跃度远不及前两者。21 世纪以来，美国的技术革命使其能源相对独立，WTI 原油的全球定价基准地位逐渐区域化，加之国际原油价格由于套利活动呈现紧密联动，因此布伦特原油价格成为全球最重要的原油基准价。

原油价格不仅由基本供需决定，还受国际资本市场短期投机交易、汇率变动、利率变动等金融因素，以及地缘政治因素与突发事件的影响。在 21 世纪初全球经济高速发展的阶段，国际油价整体处于增长期，此期间的油价有几次较大幅度的波动（见图 2-2），2001 年美国"9·11"事件引发市场动荡，市场避险情绪扩散导致油价下跌。

2002 年委内瑞拉政局动荡导致油价开始上涨。2003 年伊拉克战争与 2005 年卡特里娜飓风灾害事件继续拉高油价。2006 年下半年油价经历短暂下调，2007 年受美国暴雪、伊核问题等事件的催化以及国际游资炒作的影响，国际油价一路升至历史高点，随后全球金融危机导致油价大跌。2008 年底美国联邦储备系统（以下简称"美联储"）推出量化宽松政策及 7200 亿美元财政刺激计划，随后全球货币政策和财政政策集体走向宽松，在全球经济复苏的背景下，油价进入新的上涨周期，其间"阿拉伯之春"、利比亚内乱、克里米亚事件等对油价造成波动。随着美国页岩革命带来产油量大增，美联储退出量化宽松政策，以及大型对冲基金与银行深入原油市场投机，2014 年油价大跌。2016 年，各国新一轮货币和财政宽松政策开启全球经济复苏周期，同时 OPEC+①达成联合减产协议，带动油价开启新一轮上涨周期。2020 年全球经济活动大规模停滞，油价大跌后随经济复苏逐渐回升。2022 年初，俄乌冲突爆发继续拉升油价，此后美国和 IEA 均宣布大规模释放战略储备②，加之美联储开启连续加息周期，油价下跌。2023 年，沙特宣布从 7 月起进行额外减产，拉升了年中油价，年末的巴以冲突和红海局势导致地缘形势紧张，全年油价波动较大。

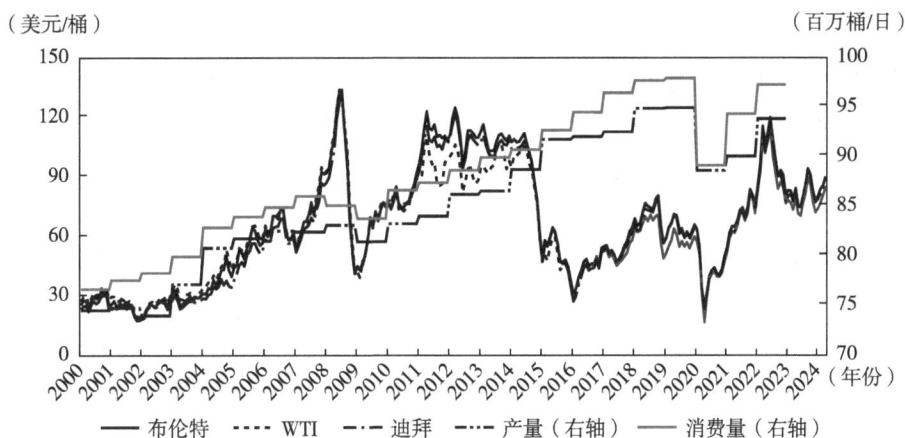

图 2-2　国际原油价格走势与产量情况

注：产量口径包括原油、页岩油、油砂、凝析油与天然气凝析液，不包括生物燃料、煤和天然气的合成衍生物等；消费量口径包括原油、页岩油、油砂、凝析油与天然气凝析液、煤和天然气的合成衍生物等，不包括生物燃料。下文同资料来源的图统计口径相同。

资料来源：世界银行、《EI 世界能源统计年鉴 2023》。

---

① OPEC（Organization of the Petroleum Exporting Countries，石油输出国组织）与 EIA（Energy Information Administration，美国能源信息署），IEA（International Energy Agency，国际能源署）并称世界三大能源组织。截至 2023 年末，OPEC 包括阿尔及利亚、刚果共和国、赤道几内亚、加蓬、伊朗、伊拉克、科威特、利比亚、尼日利亚、沙特阿拉伯、阿拉伯联合酋长国、委内瑞拉 12 个产油国，OPEC+指 OPEC 成员国加上俄罗斯、墨西哥、阿塞拜疆、阿曼、巴林、文莱、哈萨克斯坦、马来西亚、南苏丹、苏丹、巴西等产油国。

② 2022 年 3 月 31 日，拜登政府宣布了美国历史上最大规模的战略石油储备释放计划，在随后 6 个月里，日均在市场上增加 100 万桶战略石油储备释放，合计释放 1.8 亿桶。2022 年 4 月 7 日，IEA 表示其成员国将协调释放 1.2 亿桶石油，为 IEA 历史上最大的油储释放量，其中一半来自美国。

2000~2022 年，全球石油日产量出现四次下降，主要原因分别为 2002 年 OPEC 保价限产、2007 年沙特减产、2009 年金融危机影响、2020 年新冠疫情影响；日消费量出现三次下降，分别为 2008 年、2009 年金融危机影响、2020 年新冠疫情影响；其他年度产量和消费量均保持增长态势，22 年的复合增长率均为 1.1%。2021 年以来，全球石油供需快速修复，本书认为，未来 1~2 年石油供需增长动能仍将持续，但增速将回归到新冠疫情前的稳定水平。

根据全球主要库存指标，2020 年中旬至 2023 年末，全球石油库存处于去化周期。随着 2022 年国际油价冲高回落，去化模式由被动去库转为主动去库。IEA 月度库存数据显示，OECD 国家原油库存在 2020 年末达到 5.74 亿吨，为 2019 年以来的最高点，2020~2022 年库存量呈下降态势，2023 年末降至 4.62 亿吨。EIA 发布的美国石油库存数据显示，原油和石油产品总库存在 2022 年 7 月初达到历史最高的 21.18 亿桶，之后持续下降至 2023 年末的 16.06 亿桶，其中自 2022 年 3 月以来大规模石油战略储备释放对去库延续起到了主要推动作用。2024 年 1~5 月，美国原油和石油产品总库存量进入水平震荡区间。本书认为，全球石油市场库存去化将降速，供需紧平衡的态势在 2024 年仍延续。

在石油生产区域分布方面，根据《世界能源统计年鉴 2023》的统计数据，2022 年中东石油日产量 30.7 百万桶，其产量占全球总产量的 32.8%。在国家分布方面，美国为全球第一大产油国，石油日产量 17.8 百万桶；然后为沙特与俄罗斯，石油日产量分别为 12.1 百万桶与 11.2 百万桶；前十大产油国石油日产量 69.3 百万桶，占全球总产量的 73.8%；最大储油国委内瑞拉石油日产量 0.7 百万桶，仅占全球总产量的 0.8%。产量与探明储量对比可见，美国与俄罗斯对探明储量的开发程度较大，中东地区开发程度相对较弱。

在石油消费区域分布方面，2022 年亚太地区石油日消费量 35.3 百万桶，占全球总量的 36.3%，北美与欧洲合计占全球总量的 38.6%。在国家分布方面，美国与中国的石油消费量合计 33.4 百万桶，占全球总量的 34.4%，大幅领先于其他国家。从整体上看，地区石油消费量与经济体量密切相关。

在国际原油贸易方面，根据 OPEC 发布的 *Annual Statistical Bulletin* 2023，2022 年全球原油日出口量合计 43.5 百万桶，其中 OPEC 出口量占比 49.2%；中东为全球最大出口地区，日出口量为 18.2 百万桶，主要出口目的地为中国；非洲与俄罗斯也为主要原油出口地区，日出口量均为 4.8 百万桶。中国为全球最大原油进口国，2022 年日进口量 10.2 百万桶。欧洲①也是主要原油进口地区，2022 年日进口量为 2.1 百万桶，进口来源地较为分散。北美地区原油贸易量较大，但主要体现为加拿大向美国出口。

---

① 不包括阿塞拜疆等被 OPEC 归类为 Eurasia 的国家，也不包括俄罗斯。

三、我国石油行业运行状况

2019 年开始全面开放国内石油产业链上游勘探开采市场。自 2016 年以来，原油进口配额量大幅提升，对非国营贸易背景的地炼企业发展起到了极大的促进作用，同时炼油行业政策持续推动产业优化升级。国内成品油实行政府指导价，在现行调价政策下，国内石油企业具有合理利润空间。

我国石油资源集中分布在渤海湾、松辽、塔里木、鄂尔多斯、准噶尔、珠江口、柴达木和东海陆架八大盆地。根据《2023 年中国自然资源公报》，截至 2023 年末全国石油剩余技术可采储量 38.5 亿吨，约占全球储量的 1.6%，排名第 13 位。我国大型油气田主要隶属于中国石油天然气集团有限公司、中国石油化工集团有限公司、中国海洋石油集团有限公司等企业。中石油所属油田包括大庆油田、长庆油田、延长油田、新疆油田、辽河油田、吉林油田、塔里木油田等，中石化所属油田包括胜利油田、中原油田、江汉油田等，中海油拥有渤海油田等。根据自然资源部 2022 年公布的数据，新疆、甘肃、陕西、黑龙江、吉林、辽宁、山东与河北是我国石油集中的地区，其中新疆、甘肃与陕西的石油储量分别为 6.7 亿吨、4.8 亿吨、3.5 亿吨，合计占该年度全国储量的 39.5%。不归属于各省份的石油储量为 8.0 亿吨，主要为海上石油储藏。

国内石油产业链上游的主要探矿权与采矿权长期集中于中石油、中石化、中海油、延长石油四家国有企业[1]。国家积极推动油气勘探开发的市场化改革，2019 年以前在产业链上游开放方面进行过多次试点探索[2]。中曼石油 2018 年 2 月取得新疆温宿区块 1086.26 平方公里的探矿权，为第一家取得油气探矿权的民营企业。2019 年，我国开始全面开放油气勘查开采市场，允许民营企业、外资企业等进入油气勘探开发领域。同年 4 月，中共中央办公厅、国务院办公厅印发《关于统筹推进自然资源资产产权制度改革的指导意见》，明确有序放开油气勘查开采市场，完善竞争出让方式和程序，制定实施更为严格的区块退出管理办法和更为便捷合理的区块流转管理办法。本书认为，行业上游放开有利于促进市场竞争和提高资源配置效率，但原油勘探开采对资金和技术的要求较高，中小企业难以进入，外资进入规模的扩大尚需配套政策的完善，行业上游的垄断格局仍将长期存在。

我国原油产量近年来保持稳定，年产量处于 2 亿吨左右，为世界上的产油大国。我国原油对外依存度很高，2018 年以来对外依存度超过 70%，进口规模在 2020 年之前的十年保持增长，2021~2023 年有所波动（见图 2-3）。我国石油贸易分为国营贸易[3]

---

[1] 企业全称参见下文"四、行业竞争格局"部分脚注[1]，下文处理方式相同。另外，中海油全称为"中国海洋石油集团有限公司"。

[2] 例如，2013 年塔里木盆地竞争性出让油气探矿权，2015 年石油天然气勘查区块探矿权进行公开招标出让，2017 年塔里木盆地柯坪西区块等 5 个油气勘查区块探矿权以挂牌方式公开出让。

[3] 中国中化集团有限公司、中石油、中石化、中海油、珠海振戎有限公司 5 家企业具有原油国营贸易进口经营权。

和非国营贸易，仅对非国营贸易实行配额管理，范围包括原油进口、燃料油进口、成品油（汽、柴、煤油）出口、低硫燃料油出口等。原油进口在石油贸易中规模最大，配额管理的限制作用最为明显，对产业链中游炼化企业的发展规模起到关键作用。2015 年，国家发展和改革委员会、商务部分别下发《国家发展改革委关于进口原油使用管理有关问题的通知》和《关于原油加工企业申请非国营贸易进口资格有关工作的通知》，明确对符合条件的地方炼厂放开进口原油使用权和原油非国营贸易进口权，非国有企业可分别向国家发展改革委和商务部申请进口原油使用权和进口原油的配额。2010～2015 年，我国原油非国营贸易进口允许量（以下简称"进口配额"）稳定在原油进口总量的 9%～11%，其中 2011～2014 年进口配额均为 29.10 百万吨。2016～2021年，进口配额由 87.60 百万吨逐渐增至 243.00 百万吨，在原油进口总量中的占比由23% 提升至 47%。2021～2024 年，进口配额保持不变。2016 年以来，我国原油进口配额大幅提升，对非国营背景的炼化企业的快速发展起到了极大的促进作用。

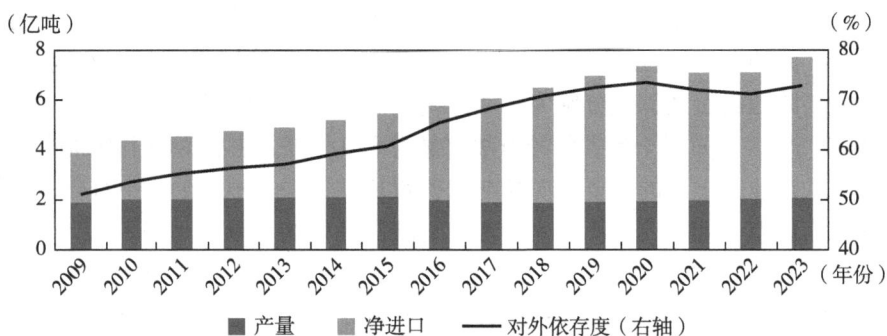

图 2-3 我国原油供应情况

资料来源：国家统计局、海关总署。

我国是世界第二大石油消费国，消费领域主要为工业、交通运输业、农业、商业和生活消费等，其中工业消费量占全国消费总量的 50% 以上，交通运输消费量仅次于工业，占 25% 左右。石油消费增长情况与宏观经济增速联系紧密，根据《世界能源统计年鉴 2023》数据，2011～2019 年我国石油消费量增长平稳，由 4.56 亿吨/年增至6.67 亿吨/年。2020～2022 年，在宏观经济增速波动与新能源汽车渗透的背景下，我国石油消费受到抑制，2020～2022 年石油消费量增速分别为 1.3%、2.3% 和 -4.7%，2022消费量为 6.59 亿吨。

我国炼油厂分为两种，一种是中石化、中石油、中海油及其他央企等所拥有的主营炼厂，另一种是地方炼厂或独立炼厂（以下简称"地炼"）。我国地炼在发展早期存在大量盗采偷炼等违规经营现象，1999 年国务院办公厅发布《关于清理整顿小炼油厂和规范原油成品油流通秩序意见的通知》，重塑了我国炼油行业格局。此后，我国地炼发展主要经历了三个阶段：中国加入世界贸易组织后，燃料油进口先推动了广东地炼的发展；2008 年左右，山东地炼在直馏燃料油的带动下得到快速发展；2015 年以来，恒力石化、浙江石化等民营企业的大炼化项目①产能迅速提升。2023 年 10 月，国家发展和改革委员会、国家能源局、工业和信息化部、生态环境部四部门发布《关于促进炼油行业绿色创新高质量发展的指导意见》，要求到 2025 年国内原油一次加工能力控制在 10 亿吨以内，千万吨级炼油产能占比 55% 左右；强调严格执行《产业结构调整指导目录》，新建炼厂的常减压装置规模不得低于 1000 万吨/年；各地要依法依规推动不符合国家产业政策的 200 万吨/年及以下常减压装置有序淘汰退出；炼油行业政策端严控新增炼油产能，加快淘汰落后产能，持续推动产业优化升级。

　　2016 年 1 月，国家发展和改革委员会发布《石油价格管理办法》，规定原油实行市场调节价，成品油除向国家储备和新疆生产建设兵团供应按政府定价外均实行政府指导价。具体规定为，原油价格低于每桶 40 美元时，按原油价格每桶 40 美元、正常加工利润率计算成品油价格；每桶 40~80 美元时，按正常加工利润率计算成品油价格；每桶 80~130 美元时，开始扣减加工利润率，直至按加工零利润计算成品油价格；高于每桶 130 美元时，按照兼顾生产者、消费者利益，保持国民经济平稳运行的原则，采取适当财税政策保证成品油生产和供应，汽、柴油价格原则上不提或少提。从国内成品油最高零售价的调整情况来看，指导价在 2016 年与 2020 年国际油价两次探底时对国内成品油价格的限制明显宽松，而在 2022 年国际油价高企时对国内成品油价格情况限制收紧程度较大。自 2022 年国际油价由高峰跌落以来，国内石油加工企业利润空间打开。自 2024 年以来，布伦特原油价格围绕每桶 80 美元宽幅震荡，本书认为在现行调价政策下，国内石油企业仍具有合理利润空间，同时伴随较大波动性（见图 2-4）。

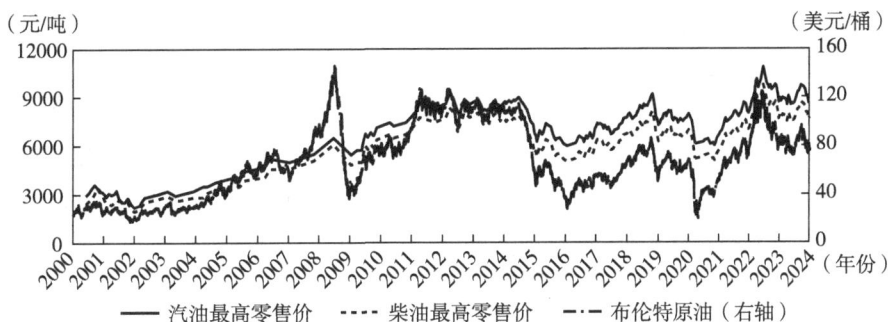

图 2-4　我国成品油最高零售价情况

资料来源：国家发展和改革委员会、ICE。

---

① 大炼化项目特点为"小炼油、大化工"，主要区别于狭义的传统独立炼厂。

四、行业竞争格局

国内油气资源开发与炼油产能集中于中国石油、中国石化与中国海油三家企业及其所属集团，延长石油等企业也占有一定油气开采份额，独立炼厂炼能集中于华东与东北地区。本书认为，石油行业竞争格局相对稳定，未来 1~2 年受炼油装置限制政策的影响，国内整体炼油能力提升将明显降速。

本书结合 13 家[①]覆盖石油产业链上游勘探开发与中下游炼化业务的企业，对行业竞争格局进行简要分析，并在下文进行财务分析。覆盖全产业链的综合性石油企业有三家，基于数据之间的可比性，我们主要分析中国石油、中国石化与中国海油三家上市公司，其中中石油和中石化为发债企业，作为补充分析来参考。业务聚焦产业链上游的分析对象包括发债企业延长石油、上市公司中曼石油与洲际油气，后两者规模较小，洲际油气的油气资产主要位于国外。在中下游炼化业务方面，本书选取荣盛石化、恒力石化、恒逸石化、东方盛虹四家上市公司作为分析对象，均为民营大炼化企业。此外，发债企业中化能源主营业务为石油贸易，其炼化业务规模较大，也被纳为分析对象。

我国油气资源集中于中石油、中石化、中海油三大石油企业，中石油、中石化与中海油的油气储、产量数据基本可以反映我国石油产业链的上游格局。在原油已探明储量方面，三家企业差距明显。中国石油原油储量大幅领先，相比中国石化，中国石油的产业链定位更加上游。在天然气已探明储量方面，中国石油处于主导地位，但天然气开发占探明储量的比例较低，待开发储备丰富。油气产量规模与探明储量规模大致正相关，但中国海油因油气资源位于海上，开发难度较大，开发程度相对较低。同时我们注意到，中石油油气产量大幅超过中国石油，表明集团在上市公司之外仍拥有大量油气资源，而中石化的油气资产基本归属于上市公司。

2021~2023 年，中石油与中海油的原油产量持续提升，中国石化基本稳定，三家油企的天然气产量均持续提升。除前三大石油企业之外，延长石油也是我国大型石油开发企业，2020~2022 年原油产量基本稳定，2022 年产量为 1148 万吨，与前三大石油企业差距较大（见表 2-1）。中曼石油与洲际油气拥有油气资源较少，中曼石油 2021~2023 年原油年产量由 17 万吨提升至 68 万吨，洲际油气 2019~2023 年原油年产量由 104 万吨逐年降至 75 万吨。

---

① 企业简称情况如下：中国石油天然气集团有限公司（中石油，中国石油母公司）、中国石油化工集团有限公司（中石化，中国石化母公司）、中国石油天然气股份有限公司（中国石油）、中国石油化工股份有限公司（中国石化）、中国海洋石油有限公司（中国海油）、中曼石油天然气集团股份有限公司（中曼石油）、洲际油气股份有限公司（洲际油气）、陕西延长石油（集团）有限责任公司（延长石油）、中化能源股份有限公司（中化能源）、荣盛石化股份有限公司（荣盛石化）、恒力石化股份有限公司（恒力石化）、恒逸石化股份有限公司（恒逸石化）、江苏东方盛虹股份有限公司（东方盛虹）。

表 2-1　油气开发企业资源储量与生产数据

指标	原油储量（万吨）		天然气储量（亿立方米）		原油产量（万吨）			天然气产量（亿立方米）		
	已探明	已开发	已探明	已开发	2021 年	2022 年	2023 年	2021 年	2022 年	2023 年
中石油	—	—	—	—	17944	18204	—	1692	1772	—
中国石油	85192	71781	20622	11723	12163	12414	12837	1252	1324	1397
中国石化	27438	24342	2638	2133	3832	3847	3851	340	354	379
中国海油	66322	—	2603	—	6056	6559	7105	183	205	229
延长石油					1134	1148				

注：储量数据为 2023 年度数据；表中 1 吨按 7.3 桶换算，日度数据按一年 365 日换算，下文同。

资料来源：各公司公告。

在炼油方面，隆众资讯数据显示，2023 年国内炼厂的原油一次加工能力约为 9.84 亿吨/年。其中，前三大石油企业一次加工能力约为 5.85 亿吨/年，加上其他国有或中央背景炼厂，主营炼厂一次加工能力合计 6.00 亿吨/年，占全国总炼油能力的 61%。从地区分布来看，山东是我国地炼企业最集中的区域之一，同时在华东地区经济发达、港口运输便利的条件下民营炼化企业较集中，使得华东地区炼能最大，原油一次加工能力占全国总炼油能力的 44%。东北地区炼厂主要依附当地丰富的油田供给，炼能为全国第二集中区域，占比为 17%。

在前三大石油企业中，中石油与中石化的炼化业务集中于其上市公司，而中国海油的炼化业务则归属于其上市公司之外的经营主体。样本炼化企业原油加工量均高于其原油产量，其中中国石化的原油加工量远高于其产量规模，反映出了其以石油化工为核心业务的产业链定位。主营炼厂成品油产量在 2022 年出现不同程度的下降，2023 年成品油产量得以恢复，超过 2021 年水平。中国石油与中国石化通过旗下品牌加油站销售自产及外购石油产品，截至 2023 年末两者分别拥有加油站 22755 座与 30958 座，成品油销量受产量影响有所波动，中国石化在成品油产销方面处于国内龙头地位。相较中国石油与中国石化，延长石油原油加工量超出产量的幅度较小，其炼化原材料的对外依存度较低，稳定的自产原油保障了其成品油产量规模。中化能源业务以石油贸易为主，2022 年销售规模为 666 万吨（见表 2-2）。在样本企业中有 4 家大炼化企业并非以炼油为核心业务，但其炼油产品有较大规模。各企业 2023 年年报数据显示，恒力石化原油加工能力为 2000 万吨/年，荣盛石化成品油设计产能为 1366 万吨/年，恒逸石化成品油参控股产能为 565 万吨/年（炼油项目位于文莱），东方盛虹炼油产品产量为 434 万吨。

表 2-2　部分石油企业成品油生产与销售数据

指标	原油加工量（万吨）			成品油产量（万吨）			成品油销量（万吨）		
	2021 年	2022 年	2023 年	2021 年	2022 年	2023 年	2021 年	2022 年	2023 年
中国石油	16781	16612	19162	10871	10535	12274	16331	15065	16580
中国石化	25528	24227	25752	14621	14015	15600	22079	20674	23905
延长石油	1323	1399	—	1028	1069	—	—	—	—
中化能源	—	—	—	734	671	—	744	666	—

注：中化能源成品油产销数据仅为自产自销炼化产品部分，不含其贸易采购销售部分。

资料来源：各公司公告。

在前文分析中已提到我国已明文规定优化炼油产能，推动 200 万吨/年及以下常减压装置淘汰工作，这将使各地小型独立炼厂面临加速整合的局面。同时，严禁新建 1000 万吨/年以下的常减压装置，这将对小型独立炼厂产能扩充造成很大限制。本书认为，未来 1~2 年国内整体炼油能力扩张将明显降速。

五、企业财务状况及信用表现

近年来，油气开采企业的营业收入受国际油价影响波动较大，财务杠杆整体呈下降态势。炼化企业营业收入增长降速，盈利能力在 2023 年有所回升，财务杠杆很高。本书认为，未来 1~2 年石油行业整体具有很强的偿债能力，上游油气开发企业及中下游大型炼化企业的信用风险维持很低水平；中小型炼化企业偿债能力有所弱化，但流动性风险较小，整体信用风险较低。

2019~2023 年，在样本企业中，主要油气开采企业营业收入的变化与国际油价走势一致，企业营收规模在 2020 年由低谷反弹，2023 年又转为下降。营业收入保持持续增长的只有延长石油，中曼石油在 2023 年营业收入仍保持增长，两家企业以量补价，在油价下跌时形成了对收入规模的支撑。主要油气开采企业在 2021 年、2022 年均实现修复式增长，营业收入增速较快；延长石油则保持低速增长，其营收增速波动较小。中国海油是营业收入规模增长较快的大型油企，2018~2023 年复合增长率为 12.8%，其中 2021 年、2022 年营业收入增速分别达到 58%、72%。小型油企中曼石油因低基数的营收规模，2018~2023 年复合增长率达 21.8%（见表 2-3）。

表 2-3　石油企业经营数据与财务指标情况

指标	营业收入（亿元）		毛利率（%）			总资产报酬率（%）			总资产周转率（%）		
	2023 年	增长率（%）	2021 年	2022 年	2023 年	2021 年	2022 年	2023 年	2021 年	2022 年	2023 年
中石油	31608	2.9	23.0	24.9	26.4	4.4	6.4	6.6	0.7	0.8	0.7

续表

指标	营业收入（亿元）		毛利率（%）			总资产报酬率（%）			总资产周转率（%）		
	2023年	增长率（%）	2021年	2022年	2023年	2021年	2022年	2023年	2021年	2022年	2023年
中石化	32454	2.0	19.6	16.0	16.6	5.1	5.0	4.6	1.2	1.4	1.2
中国石油	30110	4.9	20.8	22.0	23.5	7.0	8.9	9.3	1.0	1.3	1.1
中国石化	32122	2.1	19.1	15.0	15.6	6.5	5.5	4.9	1.5	1.7	1.6
中国海油	4166	12.8	50.6	53.1	49.9	13.0	22.7	17.6	0.3	0.5	0.4
延长石油	3850	4.6	18.5	20.9	18.3	2.9	3.2	4.2	0.8	0.8	0.8
中曼石油	37	21.8	32.3	45.8	45.7	3.8	11.9	14.2	0.3	0.5	0.5
洲际油气	27	-3.9	62.2	67.5	61.8	-2.4	-0.3	20.9	0.2	0.2	0.2
中化能源	4582	0.1	5.0	3.3	2.9	8.2	-0.5	2.6	4.0	4.3	4.0
荣盛石化	3251	28.9	26.5	10.8	11.5	11.9	2.8	2.3	0.6	0.6	0.9
恒力石化	2349	31.4	15.4	8.2	11.2	12.2	3.0	5.2	1.0	1.0	0.9
恒逸石化	1361	9.1	5.7	2.3	3.8	6.3	1.3	3.2	1.3	1.4	1.2
东方盛虹	1404	43.3	16.7	7.7	11.3	7.3	1.6	2.1	0.5	0.4	0.8

注：营业收入增长率为2018~2023年5年复合增长率。

资料来源：Wind。

2019~2023年，四家炼化样本企业营业收入规模表现各异。营业收入规模较大的恒力石化与荣盛石化均保持增长，但恒力石化营收增速持续下降，荣盛石化营收增速自2022年转为下降。恒逸石化营业收入在2023年出现收缩，增速于2021年达到最高的49.2%。东方盛虹在2023年产能释放，营业收入增速达119.9%。

在盈利能力方面，石油产业链上游企业普遍高于下游炼化企业。其中，中国海油在前三大石油企业中毛利率水平最高，中国石油毛利率水平高于中国石化。中化能源因其主营贸易业务，毛利率水平较低。在炼化企业中，恒逸石化毛利率水平较低，四家样本企业的毛利率在2021年之后均出现下降。在营运效率上，中国海油、中曼石油、洲际油气等因炼化业务占比小，总资产周转率明显低于其他油气开采企业。从总资产报酬率来看，中国海油远高于其他企业，延长石油总资产报酬率在大型油企中相对较低，2018~2021年均低于3%，但之后逐年提升；中曼石油总资产报酬率于2021年由负转正，已逐年提升至较高水平；洲际油气总资产报酬率于2021年转为亏损，在2023年有所恢复；炼化企业总资产周转率在2021年整体较高，但之后两年明显下滑，整体低于上游油气开采企业；中化能源因以石油贸易业务为主，毛利率低于其他样本企业，但资产周转率相对较高，总资产报酬率在2022年转为亏损，在2023年有所恢复。

从资产规模来看，前三大石油企业处于绝对领先地位，2023年末资产总额均超万亿元，中石油资产总额达 4.5 万亿元，在石油行业内居首位（见表 2-4）。在炼化企业中，荣盛石化与恒力石化资产总额相对领先。主要石油开发企业在 2020 年资产规模收缩后保持逐年增长，主要炼化企业则呈持续增长态势。

表 2-4　2023 年末石油企业资产负债结构情况

指标	资产总额（亿元）	流动资产占比（％）	油气资产占比（％）	固定资产占比（％）	在建工程占比（％）	负债合计（亿元）	流动负债占比（％）	应付账款占比（％）	短期借款占比（％）	长期借款占比（％）	资产负债率（％）	总资产复合增长率（％）
中石油	44756	36	23	14	6	18668	78	23	5	3	41.7	1.6
中石化	27162	33	7	24	7	13885	65	20	10	13	51.1	3.7
中国石油	27527	24	31	17	7	11221	61	26	3	11	40.8	2.5
中国石化	20267	26	0	34	9	10680	61	22	6	17	52.7	4.9
中国海油	10056	25	58	1	0.2	3377	37	18	1	3	33.6	7.9
延长石油	4855	16	29	28	6	3103	58	9	16	28	63.9	5.6
中曼石油	91	35	33	23	5	63	64	14	17	24	68.7	16.2
洲际油气	128	17	60	1	0	48	28	1	0	13	37.2	-2.7
中化能源	1105	47	0	37	2	647	68	35	14	23	58.6	4.9
荣盛石化	3749	24	0	59	11	2802	55	18	16	45	74.7	25.3
恒力石化	2606	25	0	50	19	2006	62	8	33	35	77.0	15.8
恒逸石化	1081	34	0	42	9	761	73	9	54	19	70.4	12.6
东方盛虹	1902	17	0	65	10	1547	49	10	27	44	81.3	54.1

注：总资产复合增长率为 2018~2023 年的 5 年复合增长率。

资料来源：各公司公告。

在资产负债率方面，炼化企业大幅高于油气开采企业；炼化企业资产负债率很高，2023 年末均超 70％，其中东方盛虹为 81％；延长石油、中化能源、其他小型油企等杠杆水平也高于前三大石油企业；中国海油资产负债率较低，2023 年末为 34％。在三大石油上市企业中，中国石油与中国海油资产负债率自 2019 年以来持续下降，而中国石化资产负债率从 2020 年起逐年提高。在四家炼化企业中，荣盛石化与东方盛虹的资产负债率在 2020 年之后逐年提高，恒逸石化在 2023 年有所回落，恒力石化 2020 年以来则呈波动态势。

从样本企业 2023 年末资产结构来看，石油企业固定资产与油气资产占比普遍较大。在三大石油企业中，中国海油油气资产占比 58％，中国石化油气资源以固定资产核算。炼化企业以固定资产为主，其中东方盛虹 2023 年末固定资产占比为 65％，恒逸石化固定资产占比相对较低。

在在建工程方面，近年来石油开采企业相对稳定，其中中国海油 2023 年末在建工程占比仅 0.2％。受产能扩张及项目竣工投产的影响，炼化企业近年来在建工程占比波动较大。2021~2022年荣盛石化在建工程占比由32%降为7%；2019~2020年恒力石化在建工程占比由14%降为2%后一路提升，2023年末已达19%；2021~2022年东方盛虹在建工程占比很高，2023年末由前一年的48%降至10%；恒逸石化在建工程占比相对稳定；2019~2020年中化能源在建工程占比由22%降为11%，此后保持在1%~2%左右。

在货币资金方面，前三大石油企业2023年末货币资金占比均在8%及以上，中国海油达15%。中曼石油与洲际油气2023年末货币资金占比均超10%，延长石油货币资金占比最小，2023年末为4%。炼化企业货币资金占比在2023年均有所下降，荣盛石化货币资金最为紧张，占比仅为3%，恒逸石化则相对充裕，占比为13%。

在其他资产方面，炼化企业与石油贸易企业存货占比较高，2023年末四家炼化企业与中国石化均超过10%，中化能源达17%。中国石油、中国石化、恒逸石化2023年末的长期股权投资占比均超10%。中石油因下属金融企业资金拆借较多，2023年末拆出资金占比为6%。中石化借出资金给其关联企业规模较大，导致其他非流动资产占比仅为8%。中国石油与中国石化从集团内部租借较多，2023年末使用权资产占比分别为5%与9%。中化能源与中曼石油的应收票据及应收账款较多，占比分别为15%与8%。洲际油气投资性房地产占比在2019年达11%，此后逐年下降，2023年末已无投资性房地产项目，但因权益工具投资，2023年末其他非流动金融资产占比为16%。

从样本企业2023年末负债结构来看，长期借款与短期借款是炼化企业与多数油气开发企业主要的债务融资方式。此外，中国海油债券融资规模很大，2023年末应付债券占比为23%。中石油与中石化作为集团企业，债券融资规模大于其主体上市公司，公开发债是中石化主要的债务融资方式，2023年末应付债券占比为10%。中化能源应付账款占比为35%，洲际油气仅有很少的应付账款。合同负债、其他应付款等也是中石化与中国石化的主要负债项目。中国石油与中国石化具有较高的租赁负债。对于油气开发企业而言，油气资产计提的"弃置义务预计负债"也是重要的负债项目，中国海油与洲际油气该项目占比较高。此外，中石油的吸收存款及同业存放项目、洲际油气的递延所得税负债与应付利息项目占比也较高。

从2023年末数据来看，以石油贸易业务为主的中化能源资产流动性最好，流动资产占比47%。中石油、中石化等集团企业因业务更加多元，流动资产占比大幅高于其下属上市公司主体；延长石油流动资产占比大幅低于其他大型油气开发企业。在小型油企方面，中曼石油流动性资产占比较高，而洲际油气流动资产占比仅为17%。在炼化企业样本中，恒逸石化流动资产占比较高。2023年末，在样本企业中国海油的流动负债占比较低；中石油因金融板块业务较大，拉高了流动负债占比；以石油贸易业务为主的中化能源流动负债占比很高。炼化企业流动负债占比分化明显。东方盛虹与荣盛石化流动负债占比较低，而恒逸石化流动负债占比高达73%。在大型油气开发企业中，中国石油与中国石化流动负债占比相同，延长石油流动负债占比较低。小型油企洲际油气流动负债占比最低，为28%。整体来看，石油企业近年来资产与负债的流动性均出现较大波动，炼化企业资产流动性有所转弱。

截至 2024 年 3 月末，样本企业存续债合计 162 笔，其中海外债约占一半，存续海外债发行规模超过境内债。综合性油企海外融资渠道通畅，其中中国海油自 1999 年成立以来发债融资全部采用海外债方式，中石化存续债以海外债为主，中石油存续债以境内债为主（见表 2-5）。从存续境内债数量上看，以中期票据与公司债为主，但中期票据发行金额约为公司债的两倍，存续境内债发行数量与金额最多的企业均为延长石油。与其他石油企业相比，中石油发债具有单笔大额集中的特点，在 7 笔境内存续债中，6 笔发行规模为 100 亿元，1 笔为 90 亿元。除综合性油企与大型油气开发企业外，其他企业发债融资方式各异。中化能源与荣盛石化存续债均为公司债，恒力石化为短期融资券，恒逸石化与东方盛虹均为可转债，小型石油企业中曼石油与洲际油气无存续债。

表 2-5 2024 年 3 月末样本企业存续债发行金额情况

类型	中石油	中石化	中国石油	中国石化	中国海油	延长石油	中化能源	荣盛石化	恒力石化	恒逸石化	东方盛虹	汇总
短期融资券（亿元）				140		60			10			210
中期票据（亿元）	490	31	125	95.5		445						1186.5
企业债（亿元）	200					45						245
公司债（亿元）		17	110			410	65	20				622
可转债（亿元）										50	50	100
海外债（亿美元）	29	393.5		32.5	140.9							595.9
境内债汇总（亿元）	690	48	235	235.5		960	65	20	10	50	50	2363.5

注：空格表示无存续债，超短期融资券纳入短期融资券统计。

资料来源：Wind。

本书对样本企业 2023 年 1 月 1 日~2024 年 3 月 31 日在境内的新发债情况进行了统计。其中，2023 年 3 家企业发行 28 笔债券，发行规模 575 亿元，分别为延长石油发行 25 笔合计 515 亿元，中化能源发行 2 笔合计 50 亿元，恒力石化发行 1 笔 10 亿元。2024 年第一季度，3 家企业发行 11 笔债券，发行规模 320 亿元，分别为延长石油发行 8 笔合计 170 亿元，中国石化发行 2 笔合计 140 亿元，中石油发行 1 笔 10 亿元人民币的海外债。以上发债主体信用级别均为 AAA。从样本企业 2023 年 1 月 1 日~2024 年 3 月 31 日境内债券发行利差[①]来看，恒力石化发行利差最大，为 177BP；中国石化发行利差最小，两笔债券利差分别为 19BP 和 45BP；延长石油发行利差均值为 66BP，最大值为 121BP；中化能源两笔债券发行利差分别为 76BP 和 83BP。

在偿债指标方面，综合性油企的 EBITDA 利息保障倍数、全部债务/EBITDA、经营

---

① 利差基准为中国国债收益率同发行日期、同发行期限的历史数据。

性净现金流/短期债务、现金短债比四大指标均明显优于炼化企业，中石油、中石化、中国石油、中国石化、中国海油 5 家样本企业的偿债能力极强（见表 2-6）。其中，中国海油的偿债指标大多领先于其他企业；中国石油与中国石化的 EBITDA 利息保障倍数弱于其所属集团，但其他偿债指标基本超过其集团表现。中曼石油偿债指标弱于前三大油企，但大幅强于其他样本企业。洲际油气在 2019~2022 年偿债指标表现较弱，但 2023 年大幅改善。中化能源 EBITDA 对债务本息的覆盖能力好于炼化企业，但因其现金流表现较差，货币资金充足性较弱，整体上经营性现金流与货币资金对短期债务的保障在样本企业中较弱，企业流动性风险大于其他企业。在炼化企业中，荣盛石化与恒力石化的偿债指标较好，东方盛虹的偿债指标较弱且逐年下降。整体来看，油气开采企业的 EBITDA 偿债指标在 2020 年处于较弱位置，之后三年大幅改善，经营性现金流与货币资金对短期债务保障的能力在 2021 年达到近年较高点后有所下降，流动性风险有所提升。炼化企业经营性现金流与货币资金对短期债务的保障能力变化不大。

表 2-6 样本企业偿债指标状况

指标	EBITDA 利息保障倍数（%）					经营性净现金流/短期债务（%）					全部债务/EBITDA（%）	现金短债比（%）
	2019 年	2020 年	2021 年	2022 年	2023 年	2019 年	2020 年	2021 年	2022 年	2023 年	2023 年	2023 年
中石油	16.2	14.2	19.8	25.7	28.0	1.3	0.7	1.4	1.4	1.7	0.9	1.0
中石化	22.7	21.1	29.3	25.0	—	0.9	0.9	1.6	0.7	0.8	2.6	0.9
中国石油	10.9	10.3	18.4	19.6	19.8	2.0	2.2	4.3	2.9	2.4	0.9	1.4
中国石化	13.6	10.6	16.8	13.6	11.6	1.3	2.9	3.2	1.1	1.3	2.2	1.4
中国海油	23.9	15.0	29.6	50.9	46.4	8.1	6.6	8.9	8.3	8.7	0.5	6.2
延长石油	3.4	3.4	4.6	4.7	—	0.1	0.1	0.3	0.3	0.2	6.7	0.2
中曼石油	6.0	-1.8	5.7	12.6	11.1	0.2	0.1	0.3	0.4	0.8	2.4	0.6
洲际油气	2.2	2.4	0.0	0.6	7.4	0.0	0.0	0.1	0.2	2.9	0.5	5.2
中化能源	7.0	8.4	13.1	4.4	—	0.2	0.2	0.9	-0.2	0.5	4.3	0.2
荣盛石化	1.4	4.5	5.9	2.9	—	-0.1	0.3	0.6	0.4	0.4	8.7	0.2
恒力石化	4.2	5.7	6.7	3.2	4.0	0.3	0.4	0.2	0.3	0.3	7.1	0.2
恒逸石化	4.2	4.1	4.0	1.8	—	0.0	0.2	0.2	0.1	0.1	9.5	0.3
东方盛虹	6.9	2.6	3.2	1.1	1.8	0.5	0.2	0.2	0.0	0.2	14.9	0.2

资料来源：各公司公告。

本书认为，因我国石油资源对外依存度很高，石油企业经营状况在上游易受国际油价波动影响，而下游需求紧随国内经济形势变动，企业财务水平表现出一定的周期性。在国内宏观经济增长速度的背景下，石油企业整体增长降速、盈利承压。对于石油行业，企业规模对偿债能力水平具有重要影响。占有较多上游资源的大型油企，盈利能力更加稳定，财务杠杆较低，融资渠道多元且通畅；中下游炼化企业规模与上游企业差距较大，毛利率相对较小，经营稳定性更易受市场竞争影响，财务杠杆水平更高，偿债能力弱于大型油气开发企业。本书认为，未来 1~2 年石油行业整体具有很强的偿债能力，上游油气开发企业及中下游大型炼化企业的信用风险维持很低水平；小型炼化企业偿债能力随盈利能力降低而有所弱化，但流动性风险较小，整体信用风险较低。

六、总结

石油是世界上最重要的化石能源之一，也是工业生产中的关键原材料，石油产品种类繁多，成品油是其主要产品门类。全球石油资源及其生产、消费分布极不平衡，前十大储油国石油储量占全球总储量的 86.4%，中东地区占全球储量的近一半，单一储量最大的国家是委内瑞拉。但是，从产量和储量对比看，美国与俄罗斯对探明储量的开发程度较大，美国保持第一大产油国地位，中东产量占全球总产量的 32.8%，地区开发程度较弱，委内瑞拉产量不及全球的 1%。从国际贸易看，OPEC 原油出口全球占比近半，中国为最大原油进口国和石油消费国。我国石油储量约占全球储量的 1.6%，产量近年来保持稳定，近几年受经济增速波动影响，石油消费量下滑。

本书认为，受供需、金融及地缘等多种因素的叠加影响，2024 年国际油价仍将延续宽幅震荡态势，全球石油市场库存去化将降速，供需紧平衡的态势在 2024 年仍将延续。我国 2019 年开始全面开放上游市场，但国内石油产业链上游勘探开采垄断性很强的特点仍将长期存在。2016 年以来原油进口配额量得以大幅提升，对非国营贸易背景的地炼企业发展起到极大促进作用。同时，炼油行业政策持续推动产业优化升级，国内成品油实行政府指导价，现行调价政策下，国内石油企业具有合理利润空间，同时伴随较大波动性。国内油气资源开发与炼油产能集中于中国石油、中国石化与中国海油三家企业及其所属集团，延长石油等企业也占有一定的油气开采份额，独立炼厂炼能集中于山东与华东等地区。本书认为，石油行业竞争格局相对稳定，未来 1~2 年受炼油装置限制政策影响，国内整体炼油能力提升将明显降速。

2019~2023 年，综合性油企营业收入规模大幅波动，炼化企业营业收入高速增长但在 2022 年、2023 年有所降速。石油开发企业盈利能力相对稳定，炼化企业盈利能力经历 2022 年下滑后 2023 年有所回升。石油开采企业资产负债率整体呈下降态势，炼化企业财务杠杆很高，大幅高于油气开采企业。石油企业近年来资产与负债的流动性均出现较大波动，炼化企业资产流动性有所转弱。大型石油企业海外融资渠道通畅，存续境内债以中期票据为主，延长石油新发债规模较大。大型石油企业偿债指标很好，小型油气开发企业偿债指标分化明显，炼化企业偿债指标弱于综合性油企。

第三部分 2024年度城市燃气行业
信用研究报告[*]

一、行业概述

（一）燃气种类

燃气包括天然气、液化石油气和人工煤气等应用于工业及民用的可燃气体。天然气是存在于地下岩石储集层中以烃为主体的混合气体的统称，在应用中可分为管道天然气（PNG）、压缩天然气（CNG）和液化天然气（LNG）。液化石油气（LPG）是对天然气或者石油进行加压降温液化所得到的一种无色挥发性液体，具有污染少、发热量高、易储运、压力稳定等优点。人工煤气是由煤、焦炭等固体燃料或重油等液体燃料经干馏、汽化或裂解等过程所制得的气体的统称。

本书所研究的城市燃气企业主要从事外购天然气等燃气，进行输配并向用户销售，燃气接驳业务，长输管网、城市配送管网、LNG接收站等燃气基础设施建设，以及输配和使用过程中的维修和管理等业务。

我国城市燃气主要来自管道天然气、管道人工煤气与瓶装的液化石油气。近年来，天然气的消费占比持续上升，2022年城市供气总量中的天然气占比最高。因此，本书在气源方面的分析研究以天然气为主。

（二）天然气产业链情况

天然气产业链可分为勘探开采、输配仓储和消费应用三个环节，我国天然气产业链发展相对完善，目前已基本形成"X+1+X"的市场体系，上中下游集中度差异很大。本书认为，随着天然气行业市场化改革的持续进行，上游开放程度有望提升。根据"全国一张网"的战略规划和特许经营权评估管理办法的持续调整，中下游的集中度将继续增长。

---

[*] 本部分作者为谢思迪。谢思迪，在地产、金融领域工作五年，曾任职于百强房企石榴置业集团有限公司。进入评级行业以来深入研究房地产等行业，完成珠海华发、中交地产、龙湖集团、广州粤海等多家公司的主动评级，撰写东莞实业、佛燃能源、中国燃气、新奥股份、深圳燃气、上海大众、重庆燃气、万科等多家公司的企业简评，参与房地产、燃气、机场等行业的模型搭建与评级方法撰写，对天津市及浙江省地方政府信用风险、城市燃气行业信用风险、地区生活垃圾焚烧发电发展情况有深入研究。

　　天然气产业链的上中下游主要包括勘探开采、输配仓储和消费应用三个环节。天然气行业的上游主要包括天然气勘探开采及天然气贸易（进口管道天然气、进口液化天然气），以大型国有油气公司为主导、多种经济成分共同参与的新油气勘查开采体系正在加速形成。油气勘探开采行业壁垒极高，2018年以前国内天然气勘探开采受政策限制，基本由中国石油天然气集团有限公司（以下简称"中石油"）、中国石油化工集团有限公司（以下简称"中石化"）和中国海洋石油集团有限公司（以下简称"中海油"）三家大型国有企业运营。为落实油气勘探开采的市场化改革，鼓励社会资本进入，2018年新疆维吾尔自治区国土资源交易中心首次挂牌出让石油天然气勘查区块探矿权，中曼石油天然气集团股份有限公司以8.67亿元成功竞得新疆温宿区块1086.26平方千米探矿权，成为国内第一家通过挂牌方式获得常规石油天然气探矿权的民营企业。近年来，随着油气勘探区块市场化改革探索的不断推进，油气探矿权的出让频率和力度进一步加大，民营、外资等企业的加入使油气勘采领域的多元化程度有所增强。2017~2022年，在规模以上工业企业中，从事石油和天然气开采的非国有控股企业年末资产总计占行业整体资产总计的比例由5.00%提升至15.87%。根据《"十四五"现代能源体系规划》，能源市场准入将有所放宽，油气勘探开发领域市场化和能源领域国有企业混合所有制改革将持续推进。本书认为，随着我国能源领域市场化改革的深入，上游市场化程度将进一步提升，另外天然气勘探开采属于战略性的资源型行业，国有企业仍将占据主导地位。

　　天然气产业链中游主要为油气资源的输配仓储，包括通过长输管网、省级运输管道等。国内天然气管网主干管线由成立于2019年的国家石油天然气管网集团有限公司（以下简称"国家管网"）管理，国家管网以统一全国管网高效集输、推动上下游多元开放为组建目标，主要从事油气干线管网及储气调峰等基础设施的投资建设和运营，负责干线管网互联互通及其与社会管道联通，以及全国油气管网的运行调度等。该集团自成立以来持续与三大石油公司协调对接，推进国有资产整合。截至2022年末，该集团天然气管道总里程5.47万千米，约占全国天然气管道总里程的45%，管网覆盖全国30个省（区、市）及香港特别行政区，直辖市及省会城市双气源、双通道的覆盖率达到87%，地级市和县级行政单位的覆盖率分别达到85%和63%。该集团管网连接18个主要国内气源和进口管道气源，以及14座LNG接收站和14座地下储气库，已建成西北、东北、西南和海上进口天然气"四大战略通道"和"三纵三横"骨干管网，"全国一张网"骨架初步形成。未来该集团将持续通过市场化方式融合地方天然气管网建设运营主体，油气"全国一张网"的战略目标将得到持续推进。

　　天然气产业链下游主要是城市输配和燃气应用，主要采用管道输送或公路运输（液化天然气和压缩天然气）方式供给直接用户或销售给城市燃气分销商，然后通过自建的城市管网、运输车等对城市内的终端用户进行销售。下游企业数量较多，主要是拥有各个城市燃气特许经营权的燃气公司及其下属区域子公司，经营主体较多，市场化程度相对较高。根据业务分布范围及经营规模大致可以分为三类，头部企业主要是跨省（区）的全国综合性全产业链燃气集团；中部企业以地方性城市燃气企业为主，业务范围覆盖全省大多数城市或超大型城市的大部分区域；尾部企业主要为片区型城市燃气企业，业务范围包括一个或多个普通城市下属部分县域或城市的局部片区，分布零散。近年来各地陆续出台燃气特许经营评估，促进城镇燃气企业整合重组。本书认为，未来燃气终端消费市场分销商的市场集中度将有所提升。

（三）天然气资源分布

截至2020年末，全球已探明天然气储量188.1万亿立方米，主要分布在亚太地区、中东地区及北美地区的少数国家，俄罗斯、伊朗、卡塔尔、土库曼斯坦、美国和中国的天然气储量分别占全球储量的19.88%、17.07%、13.11%、7.23%、6.71%、4.47%，合计占全球天然气储量的近70%，集中度很高。中国的天然气主要分布在西部地区，探明储量集中在渤海湾、四川、松辽、准噶尔、莺歌海-琼东南、柴达木、吐-哈、塔里木、渤海、鄂尔多斯10个大型盆地，其中四川盆地的四川气田、塔里木盆地的塔里木气田、鄂尔多斯盆地的长庆气田、柴达木盆地的柴达木气田为我国四大气田。截至2022年末，全国天然气已探明储量6.57万亿立方米，四川、重庆、陕西、新疆、内蒙古的天然气储量占比分别为25.19%、3.90%、17.92%、17.48%、15.40%，合计占全国总储量的近八成。

（四）全球天然气贸易情况

全球天然气储量资源集中度很高，近年来受俄乌冲突等事件的影响，产量与消费量总体呈小幅波动态势，价格快速攀升。本书认为，国际政治经济局势仍存在较多的不确定因素，未来天然气贸易规模及价格仍可能大幅波动。

在全球天然气供需方面，2018~2022年产量及消费量整体变动不大，供需规模呈小幅波动态势。2022年全球天然气需求下滑，总消费量同比下降3.1个百分点。美国、俄罗斯、伊朗、中国、加拿大、卡塔尔、澳大利亚、挪威、沙特阿拉伯、阿尔及利亚的天然气产量长期居于世界前列，美国、俄罗斯、中国、伊朗、加拿大、沙特阿拉伯、日本、墨西哥、德国、英国仍是全球天然气消费主力国家。从贸易类型上看，全球天然气贸易仍以液化天然气为主，2022年国际液化天然气贸易量占天然气贸易总量的56%，管道天然气贸易量下降明显。分地区来看，亚太地区更偏向液化天然气，欧洲地区则以管道天然气为主。液化天然气主要由中东地区、澳大利亚、美国运往亚太与欧洲地区；管道天然气主要由俄罗斯、挪威输往欧洲与亚太地区。2022年，俄罗斯管道天然气出口量虽然大幅下滑，但仍居世界首位。

在价格方面，自2020年起全球天然气价格快速攀升，2022年俄乌冲突对全球能源供应链造成进一步冲击，欧洲及亚洲天然气价格创下新高，其中欧洲天然气价格上涨近3倍，亚洲液化天然气现货价格上涨1倍，美国亨利枢纽价格上涨超过50%，为2008年以来的最高水平（见图3-1）。本书认为，国际政治经济局势仍存在较多的不确定因素，未来天然气贸易规模及价格仍可能大幅波动。

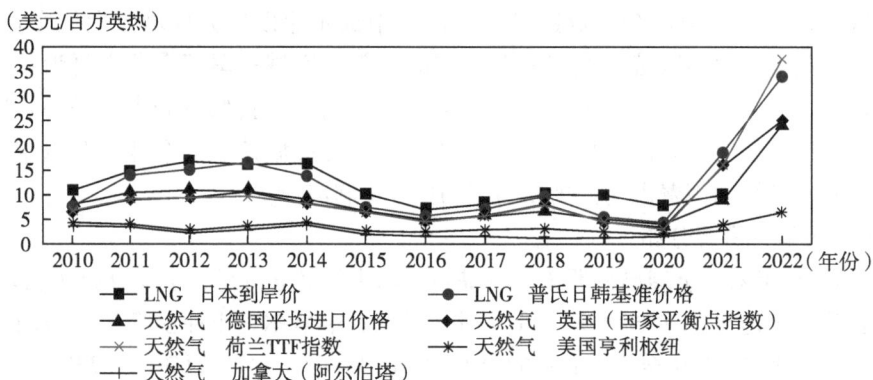

图 3-1　全球天然气价格变动趋势

资料来源：英国石油公司。

二、行业政策环境

近年来，中央各部门出台多项政策对燃气行业"产供储销"全环节加强监管，持续完善行业规划，推动重点项目实施，促进了行业的高速发展。本书认为，燃气行业的发展是我国能源革命的重要环节，对促进我国供给侧结构性改革，提升经济发展质量和效益具有重要意义，未来行业发展仍将得到持续的政策支持。

城市燃气行业实施特许经营制度，主要由住房和城乡建设部及国家发展和改革委员会管理。发展和改革委员会负责统筹制定中长期能源发展规划，以及行业法规、价格、管理措施等。住房和城乡建设部指导全国燃气经营许可管理工作，主要负责拟订规划、安全监管要求、燃气收费标准等，燃气经营许可须经所在地县级以上住建部门资质审查合格后方可批准。中国城市燃气协会是行业自律组织，协助政府推行燃气行业经济政策和组织实施有关法律法规。此外，燃气生产储运过程还受到应急管理部门、各地区交通运输管理部门等多个部门的监管。

我国具有"富煤、贫油、少气"的能源禀赋特征，传统能源结构以煤为主。近年来，随着环保要求的提高，对以天然气为主的清洁能源需求持续快速增加。在此背景下，中央出台多项相关规划，对能源行业建设发展提出指导纲要，并对各类重点项目建设做出规划。近年来，随着燃气行业的迅速发展，立法逐步完善，在项目建设、经营管理、输配定价等多个方面对行业运行作出具体要求。

中央各级政府多次出台文件强调推进天然气改革，提升供调储运能力的重大战略意义，并对改革方向作出指导。国家发展和改革委员会、国家能源局发布的《能源生产和消费革命战略（2016—2030）》对天然气发展提出指导，要求加大勘探开采力度，提升供给水平，防范市场风险，加快完善能源储调体系建设，提高调运效率；推动天然气和新能源融合发展，推进交通领域能源替代；加强天然气行业市场化改革，改革定价机制。

为贯彻落实以上政策，2017年5月国家发展和改革委员会、国家能源局发布《中长期油气管网规划》，提出加强油气管网建设，计划到2025年，中国油气管网规模将达到24万千米，其中原油管道、成品油管道、天然气管道分别为3.7万千米、4万千米、16.3万千米，年均增速分别为3.2%、6.7%和9.8%。2017年发布的《加快推进天然气利用的意见》提出，到2030年，将天然气在一次能源消费中的占比提高至15%左右，地下储气库形成有效工作气量350亿立方米以上，并提出实施城镇燃气、天然气发电、工业燃料升级、交通燃料升级等重点工程任务及政策保障、资源供应保障要求。2022年1月，国家发展和改革委员会、国家能源局印发《"十四五"现代能源体系规划》，提出到2025年，国内天然气年产量达到2300亿立方米以上，全国集约布局的储气能力达到550亿~600亿立方米，占天然气消费量的比重约13%；到2025年，全国油气管网规模达到21万千米左右。

在价格方面，政府多次出台文件，持续推进天然气定价机制市场化改革。国家先后出台《中共中央　国务院关于推进价格机制改革的若干意见》和《国家发展改革委关于全面深化价格机制改革的意见》等文件，明确要求按照"管住中间、放开两头"总体思路，加快推进天然气等能源产品价格市场化改革，放开天然气气源和销售价格，稳妥处理和逐步减少交叉补贴，还原能源商品属性。按照《国家发展改革委关于降低非居民用天然气门站价格并进一步推进价格市场化改革的通知》《国家发展改革委关于理顺居民用气门站价格的通知》《国务院关于促进天然气协调稳定发展的若干意见》要求，上游门站建立了反映市场供求变化，促进削峰填谷的非居民、居民门站价格季节性（采暖季、非采暖季）动态调整的机制，上游供气企业可在国家基准门站价格基础上调整门站价格，在下游城市终端销售价格方面，要求各地建立天然气上下游价格联动机制。

三、天然气行业运行状况

近年来，我国天然气需求持续高速增长，自给能力持续提升，但明显难以满足需求增长，对进口气源的依赖程度较大。2022年，国际市场的变化导致天然气进口总量减少，天然气消费总量和在一次能源消费总量中的占比均出现小幅下降。本书认为，随着国内保供能力的提升与国际能源供应链的调整恢复，天然气供需规模仍将进一步扩张；相关基础设施建设的推进将提升我国应对国际市场波动的能力。

在我国能源消费结构中，煤炭长期占据主导地位，但随着经济进入高质量发展阶段及环保要求的持续提高，我国能源消费结构处于转型阶段，石油消费整体稳定，煤炭占比持续下滑，逐步由天然气和一次电力及其他能源替代。在"工业煤改气""碳达峰""碳中和"等目标的影响下，天然气需求量快速攀升，其消费量在一次能源消费总量中的占比持续增大。2000~2022年，天然气在我国能源消费总量中所占的比重由

2.2%提升至 8.4%，年消费量由 247 亿立方米增至 3727.7 亿立方米。同期，年生产量由 274 亿立方米增至 2201.1 亿立方米（见图 3-2）。虽然我国天然气生产能力保持快速增长，但供给增速仍明显不及需求增速，供需缺口不断加大，依赖进口气源补充缺口，我国因此成为天然气净进口国。

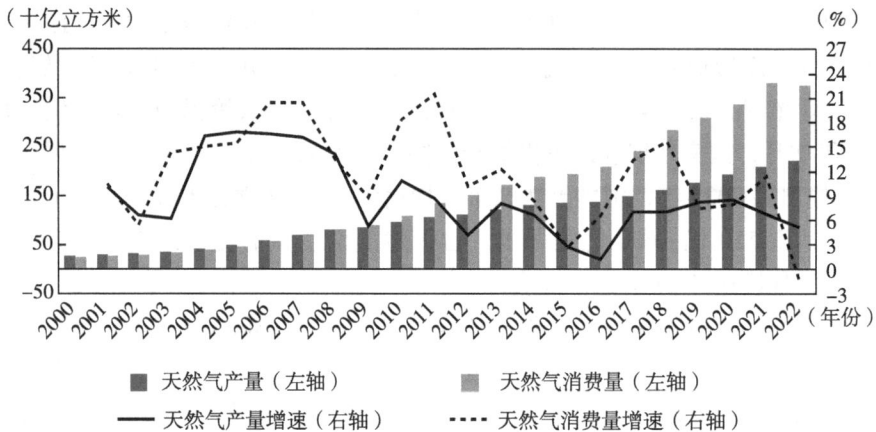

图 3-2　2000~2022 年中国天然气供需情况

数据来源：BP、Wind、国家统计局，中国能源统计年鉴等。

自 2018 年以来，我国天然气消费对外依存度维持在 40%以上，进口气源以液化天然气为主，管道天然气为辅；其中进口液化天然气主要来自澳大利亚、卡塔尔和马来西亚，也有少量来自俄罗斯、印度尼西亚、美国及其他国家；进口管道天然气主要来自土库曼斯坦和俄罗斯，也有少量来自哈萨克斯坦、缅甸、乌兹别克斯坦及其他国家。2022 年，我国液化天然气进口量占全球总量的 16%，仅次于日本；管道天然气进口量占全球总量的 8.13%，仅次于欧洲及美国。2022 年，俄乌冲突导致全球天然气供应紧张，价格高企，我国减少从澳大利亚和美国进口 LNG，虽然通过向卡塔尔进口 LNG 和向俄罗斯进口 PNG 有所弥补，但天然气进口总量仍然出现大幅下降。国内油气企业为提高自产水平，保障供给，加大勘探开发力度，当年投资规模同比增长 19%，全年天然气产量增长 6.0%，然而进口量的回落导致天然气消费总量和其在一次能源消费总量中的占比均出现小幅下降。2023 年，全球天然气产量达 4.28 万亿立方米，消费量为 3.96 万亿立方米，供需压力缓解，亚洲 LNG 进口量恢复增长。我国天然气消费量同比增长 6.6%，至 3917 亿立方米；产量同比增长 5.7%，至 2353 亿立方米，受小基数影响，进口量增速高达 9.5%，对外依存度同比提升 1.1%。总体上看，我国的天然气产量持续提升虽有助于自给能力增强，但仍然偏弱，对进口气源依赖依然较强。本书认为，持续提升天然气在我国能源结构中的战略地位，随着国内保供能力的提升与国际能源供应链的调整恢复，预计未来天然气供需规模仍将进一步扩张。另外，随着国内地下储气库和 LNG 接收站的持续建设投产，我国应对国际天然气市场价格波动的能力将有所提升。

受资源禀赋影响，我国天然气储量地理位置集中，生产与消费逆向分布特征明显。近年来，天然气配套基础设施建设持续推进，"全国一张网"的初步形成有利于实现全国统一的高效集输系统。本书认为，"西气东输""川气东送"等工程对缓解区域产需矛盾意义重大，随着相关基础设施建设的持续完善和勘探开采力度的不断增强，预计未来我国天然气区域产需不平衡的情况将有所缓解。

我国天然气主要应用方向大致可分为城市燃气、工业燃料、天然气发电、化工四类，用气规模占比分别为33%、42%、17%和8%。从天然气消费领域分布看，制造业，电力、热力、燃气及水生产和供应业，居民生活，交通运输、仓储和邮政业四大领域的天然气消费规模很大，需求快速增长，2021年消费总量占全国消费总量的90%以上（见图3-3）。从天然气消费的区域分布上看，东部经济大省需求旺盛，广东和江苏2022年消费量保持在300亿立方米以上，河北、山东和四川消费量处于200亿~300亿立方米，其中仅四川是天然气产量大省，广东天然气产量规模一般，其余三地天然气生产规模很小。辽宁、北京、山东、贵州、河北、甘肃、河南、安徽、湖北、江苏、广西、宁夏、湖南、浙江、福建、江西、云南、西藏等地区的天然气产量与消费量相比很少，对外来供气依赖很大，区域产需明显失衡。

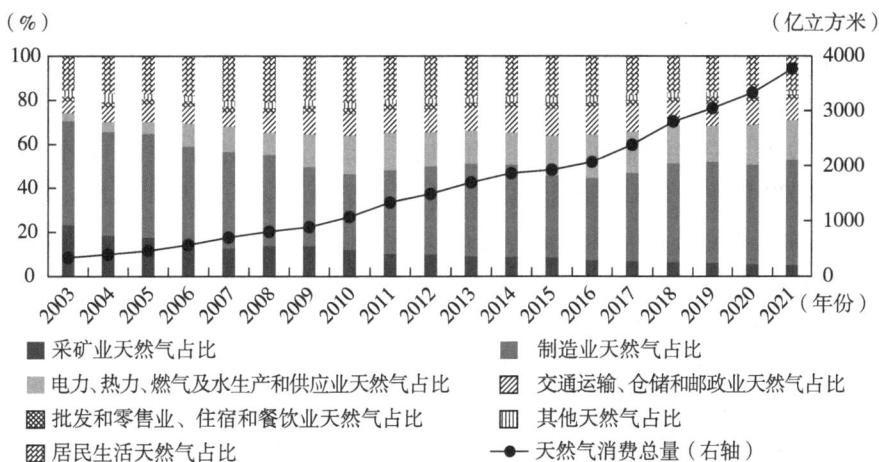

图 3-3　不同领域天然气消费情况

资料来源：国家统计局，中国能源统计年鉴等。

在管道建设方面，近年来西气东输三线、陕京四线、中俄东线（北段、中段）、中靖联络线、青宁线、天津深圳地区LNG外输管道等干线管道相继投产，天津、广东、广西、浙江等重点地区打通瓶颈，"西气东输"工程、"陕京线"工程、"川气东送"工程、"广东LNG"工程等重大项目的建设使我国中西部、东部及广东地区有了较为稳定的天然气供应条件，覆盖全国的天然气输送管网系统基本建立。在管网运输的管理方面，广东、海南、湖北、湖南、福建、浙江等省级天然气管网以多种形式融入国家管网。2021 年 3 月，国家管网正式接管原中国石油昆仑能源下属北京管道公司和大连 LNG 公司的股权，标志着中国油气主干管网资产整合全面完成，实现了国内全部油气主干管网并网运行。安隽博统计数据显示，截至 2024 年 3 月末，33 个省级行政区的天然气管道有效项目共计 6129 个，其中陆地管线包括国际/省际干线 74 条、省内干线 652 条、市域干线 4336 条、气田集输干线 851 条，主要分布在新疆、内蒙古、陕西、北京、天津、河北、山东、山西、河南、四川、重庆、江苏、浙江、广东等地；海域管线包括登陆干线 34 条、气田集输干线 182 条，主要分布在渤海、东海及黄海海域。

在储气设施建设方面，大港、吉林双坨子、长庆等地下储气库及中国海油江苏滨海 LNG 接收站等陆续投产，基本形成了以地下储气库和沿海 LNG 接收站储罐为主，以其他调峰方式为补充的综合调峰体系，在调节季节峰谷差、满足冬季高峰用气需求、保障重点地区供应等方面发挥了重要作用。安隽博统计数据显示，截至 2024 年 3 月末，辽宁、天津、河北、山东、湖北、湖南、江苏、上海、浙江、安徽、江西、福建、广东、广西、海南等 17 个省级行政区的 LNG 进口接收站和内河转运站有效项目共计 89 个，当前设计周转规模为 15270 万吨/年，近期增量及远期增量分别可达 15961.50 万吨/年、20900 万吨/年；当前 LNG 存储规模为 2051.80 万立方米，近期增量及远期增量分别可达 2912 万立方米、2472.02 万立方米，其中江苏、浙江、广东、山东仍是 LNG 基础设施扩容建设的重点地区。《中国能源报》报道，根据国家管网集团市场部副总经理杨安提供的数据，2024 年我国在运 LNG 接收站将达 33 座，总接卸能力 16304 万吨/年；2025 年，预计 6 座新建 LNG 接收站投产，2 座在运 LNG 接收站完成扩建，全国载运 LNG 接收站 39 座，总接卸能力 20144 万年/吨；"十五五"期间，预计 11 座 LNG 接收站投产，至 2030 年底，全国接卸能力或将新增 4353 万吨/年，接卸能力提升至 24497 万吨/年，预计未来全国 LNG 保供能力将持续得到提升。

本书认为，"西气东输""川气东送"等工程对调节能源流向、缓解区域供需矛盾意义重大，同时全国管网统一管理将对天然气资源配置统筹规划、提升储调能力、压降运输成本起到促进作用。随着相关建设的持续完善和勘探开采力度的不断增强，预计未来我国天然气区域供需不平衡的情况将有所缓解。

在价格方面，我国天然气终端售价受政策管制弹性不足，价格传导机制不畅。本书认为，随着天然气价格改革的持续推进，预计天然气定价的市场化程度将有所提升。

我国天然气终端销售价格主要由天然气出厂价格（门站价格）、长输管道的管输价格及城市输配价格（配气价格）构成，其中出厂价格及跨省管输价格①由国家发展和改革委员会制定，省内管输价格及终端销售价格由省级发展和改革委员会和物价管理部门制定，管道运输定价成本由折旧及摊销费、运行维护费构成，由相关部门审定，价

---

① 根据国家发展和改革委员会公告，自 2024 年起国家管网集团西北、东北、中东部及西南四个价区管道运输价格分别为 0.1262 元/千立方米·千米（含税）、0.1828 元/千立方米·千米（含税）、0.2783 元/千立方米·千米（含税）、0.3411 元/千立方米·千米（含税）。

格缺乏弹性。天然气采购协议多数依据"照付不议"① 原则签订，近年来天然气出厂价格受进口气源成本影响有所波动，但终端消费尤其是居民用气价格变动幅度相对较小（见图3-4）。为建立健全城镇燃气终端销售价格与采购成本联动机制，积极推进天然气上下游价格联动机制的建立，相关部门多次发布天然气定价调整改革政策，探索推进天然气终端销售价格市场化改革。目前，非居民用天然气领域已取得进展，供需双方可根据基准门站价格，在政策规定的浮动范围内协商定价。居民用天然气价格虽与非居民用气价格机制衔接，但其终端价格由地方政府综合考虑居民承受能力、燃气企业经营状况和地方财政等因素后统筹决定，通常采用阶梯定价模式。各地区发展和改革委员会可根据季节、上游供气企业对地区天然气门站价格的调整等，对居民用户阶梯价格及非居民用户最高限价进行联动调整，但整体上居民用气售价调整频次和幅度滞后，灵活度远弱于非居民用气，市场化价格传导机制有待理顺。本书认为，天然气价格传导机制的不合理将影响行业的可持续发展，天然气价格的市场化改革将得到持续推进，预计天然气定价的市场化程度将有所提升。

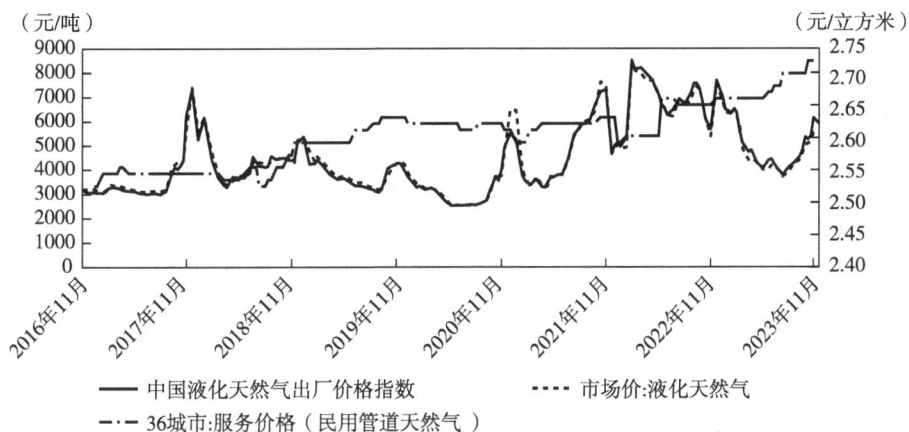

图3-4　中国天然气价格变动趋势

注：中国LNG出厂价格指数由上海石油天然气交易中心独家发布，重点监测国内14个地区的近50座LNG工厂和接收站，以交易中心的交易数据为基础，辅以交易中心股东单位、合作资讯机构的报价计算得出，主要反映国内市场LNG价格走势。液化天然气产品规格为甲烷含量≥75%，密度≥430kg/m^3，价格指的是经营企业的批发和销售价格，既包含出厂价格，也包含经营企业的流通费用、利润和税费等。

资料来源：Wind、国家发改委价格监测中心。

四、城市燃气行业运行状况

我国燃气普及情况整体良好，但仍存在城乡、地区发展不均衡的情况，天然气正

---

① 指在市场变化情况下，付费不得变更，用气方用气未达约定量仍需按约定量付款，供气方供应未达约定量需做出补偿。

逐步取代人工煤气与液化石油气成为我国城市燃气的主要来源。本书认为，随着天然气管网等基础设施建设的不断完善，天然气用量及占比将持续提升，其中燃气普及率不足的城市及县城将成为燃气企业竞争特许经营权的重要方向。

我国城市燃气主要来自管道天然气、管道煤气（主要为人工煤气中的干馏煤气与油制气）与瓶装液化石油气（LNG）。2022 年，我国城市燃气消费量占全国天然气消费总量的比例增至 33%，供气总量包括人工煤气 18.14 亿立方米、天然气 1767.70 亿立方米和液化石油气 758.46 万吨。截至 2022 年末，我国城市燃气用气人口共计 5.54 亿人，其中天然气、液化石油气、人工煤气的用气人口占比分别为 82.46%、16.85%、0.69%（见表 3-1）。从供气结构和用气人口来看，人工煤气已逐步淘汰，液化石油气规模波动下滑，天然气用气人口及供应规模持续快速增长，正逐步取代人工煤气与液态石油气，成为我国城市燃气的主要来源（见表 3-1）。

表 3-1　全国城市燃气用气人口及消费结构

年份	全国城市燃气用气人口						全国城市燃气供气总量					
	天然气		人工煤气		液化石油气		天然气		人工煤气		液化石油气	
	人口（千万人）	增速（%）	人口（千万人）	增速（%）	人口（千万人）	增速（%）	供气总量（亿立方米）	增速（%）	供气总量（亿立方米）	增速（%）	供气总量（亿立方米）	增速（%）
2000	2.58	—	3.94	—	11.11	—	82.15	—	152.36	—	1053.71	—
2001	3.13	21.15	4.35	10.27	13.88	24.92	99.52	21.15	136.91	-10.14	981.83	-6.82
2002	3.69	17.88	4.54	4.41	15.43	11.21	125.93	26.54	198.92	45.29	1136.39	15.74
2003	4.32	17.20	4.79	5.53	16.83	9.09	141.64	12.47	202.09	1.59	1126.35	-0.88
2004	5.63	30.28	4.65	-2.88	17.56	4.31	169.34	19.55	213.72	5.76	1126.71	0.03
2005	7.10	26.23	4.37	-6.12	18.01	2.59	210.50	24.31	255.83	19.70	1222.02	8.46
2006	8.32	17.10	4.07	-6.91	17.10	-5.07	244.77	16.28	296.45	15.88	1263.66	3.41
2007	10.19	22.49	4.02	-1.11	18.17	6.27	308.64	26.09	322.35	8.74	1466.77	16.07
2008	12.17	19.40	3.37	-16.21	17.63	-2.97	368.04	19.25	355.83	10.39	1329.11	-9.39
2009	14.54	19.54	2.97	-11.84	16.92	-4.02	405.10	10.07	361.55	1.61	1340.03	0.82
2010	17.02	17.03	2.80	-5.69	16.50	-2.49	487.58	20.36	279.94	-22.57	1268.01	-5.37
2011	19.03	11.79	2.68	-4.50	16.09	-2.48	678.80	39.22	84.73	-69.73	1165.83	-8.06
2012	21.21	11.46	2.44	-8.74	15.68	-2.55	795.04	17.12	76.97	-9.16	1114.80	-4.38
2013	23.78	12.14	1.94	-20.43	15.10	-3.70	888.24	11.72	62.80	-18.41	1109.73	-0.46
2014	25.97	9.21	1.76	-9.57	14.38	-4.79	964.38	8.57	55.95	-10.90	1082.85	-2.42
2015	28.56	9.96	1.32	-24.76	13.96	-2.94	1040.79	7.92	47.14	-15.75	1039.22	-4.03
2016	30.86	8.04	1.09	-17.93	13.74	-1.51	1171.72	12.58	44.09	-6.46	1078.80	3.81
2017	33.93	9.98	0.75	-30.69	12.62	-8.21	1263.75	7.85	27.09	-38.57	998.81	-7.42
2018	36.90	8.75	0.78	3.59	11.78	-6.61	1443.95	14.26	29.79	9.97	1015.33	1.65

年份	全国城市燃气用气人口						全国城市燃气供气总量					
	天然气		人工煤气		液化石油气		天然气		人工煤气		液化石油气	
	人口 (千万人)	增速 (%)	人口 (千万人)	增速 (%)	人口 (千万人)	增速 (%)	供气总量 (亿立方米)	增速 (%)	供气总量 (亿立方米)	增速 (%)	供气总量 (亿立方米)	增速 (%)
2019	39.03	5.75	0.68	-13.35	11.30	-4.12	1608.56	11.40	27.68	-7.07	1040.81	2.51
2020	41.30	5.83	0.55	-18.79	10.77	-4.69	1563.70	-2.79	23.14	-16.40	833.71	-19.90
2021	44.20	7.01	0.46	-16.86	10.18	-5.45	1721.06	10.06	18.72	-19.10	860.68	3.24
2022	45.68	3.36	0.38	-16.51	9.33	-8.33	1767.70	2.71	18.14	-3.09	758.46	-11.88

资料来源：国家统计局。

截至2022年末，我国城市燃气普及率98.06%，县城燃气普及率91.38%，城市燃气普及情况显著优于县城。但是，各省份城乡差异程度各不相同，黑龙江、青海、宁夏城乡差异最为显著，浙江、江苏则出现县城燃气普及率反超城市的情况。分地域来看，经济较为发达的华东地区表现突出，整体情况显著优于其他地区。华东地区的上海、浙江、江苏、福建、山东、安徽，华北地区的北京、天津、河北板块，中南地区的海南、湖北、广西和西北地区的陕西城市燃气最为普及，以上地区城市燃气普及率均在99%以上。燃气资源丰富的西南及西北地区燃气普及率明显偏低，西藏、云南城市燃气普及率均低于75%。各省城市天然气管道长度差异很大。山东与江苏作为自产能力极低的用气大省，同时也是拥有大额接收能力的沿海LNG接收站重点省份，城市天然气管道长度领先其他省份。西藏、甘肃、青海三个省份地理面积较大，但天然气管道长度很短，一方面是因为该区域地广人稀，槽车运输较管道运输更具有成本优势；另一方面也与该区域燃气普及程度相对较低有关。

本书认为，我国的燃气普及率已经处于较高水平，但区域发展不平衡，总体上看仍有增长空间，预计未来随着天然气管网等基础设施建设的不断完善，天然气用量及占比仍将持续提升，其中燃气普及率不足的城市及县域将成为燃气企业竞争特许经营权的重要方向。

五、城市燃气行业发展趋势

综合来看，我国城市燃气行业发展空间良好，随着勘探开采力度和技术的不断提升及储调设施的建设投运，我国天然气自给能力将持续提升，应对国际能源市场波动的能力也将有所提升。国家管网将继续通过收购、参股等多种方式整合地区管网企业，加强对天然气资源配置的统筹规划，随着"X+1+X"市场体系的持续完善，区域供需紧张的局面将有所缓解，运输成本有望压降。天然气价格联动机制的逐步完善有望增加城市燃气行业的利润空间，行业竞争格局将有所改善，燃气普及率不足的城市及县城将成为燃气企业竞争特许经营权的重要方向。从远期来看，由于我国天然气资源禀赋不足，进口依赖程度高，因此未来将大力发展可替代天然气的其他清洁能源，如氢能、核能等，城市燃气行业远期发展将面临一定挑战，存在转型需求。

六、企业运营状况

燃气企业类型丰富，行业整体发债规模较小，历史违约事件很少，信用水平普遍较高且基本稳定。业内公司规模水平差距很大，整体盈利能力一般，但近年来受成本激增影响呈下滑态势，2023 年有所好转。该类企业短期债务占比普遍偏高，少数企业到期债务保障能力一般，但 EBITDA 债务保障能力整体表现较好。本书认为，燃气企业的经营稳定性较高，信用风险整体较小。

由于统计年鉴数据披露口径为燃气生产和供应企业，考虑到燃气尤其是天然气生产对企业要求较高，燃气供应企业数量远超燃气生产企业，因此本书以燃气生产和供应企业进行近似代替分析。2022 年数据显示，规模以上的燃气生产和供应企业共计3429 家，资产总计 16977.9 亿元，利润总额 845.1 亿元，资产负债率、毛利率和三费占比分别为 59.51%、9.59% 和 5.15%。分类型来看，国有控股企业 985 家，资产总计8533.9 亿元，利润总额 328.9 亿元，资产负债率、毛利率和三费占比分别为 59.75%、7.47% 和 4.49%；私营企业 1072 家，资产总计 1984.5 亿元，利润总额 112.0 亿元，资产负债率、毛利率和三费占比分别为 66.10%、12.24% 和 6.50%；外资企业 666 家，资产总计 5650.6 亿元，利润总额 234.7 亿元，资产负债率、毛利率和三费占比分别为55.02%、8.94% 和 5.70%。燃气生产和供应业的企业性质多元化程度较高，在数量上私营企业领先，但与国有控股企业差距不大；在资产规模上国有企业占比过半，外资企业占比近三成，私营企业规模仍然偏小，相对零散；在经营情况方面，私营企业杠杆水平最高，但盈利能力最强。

从行业内企业国内发债数据来看，近年来共有 20 家城市燃气企业通过发行各类债券进行融资，发行总规模近千亿元，其中深圳市燃气集团股份有限公司（以下简称"深圳燃气"）与上海大众公用事业（集团）股份有限公司（以下简称"上海大众"）累计发债规模遥遥领先，分别为 350 亿元和 129 亿元，其余企业发债规模较小。债券类型以超短期融资债券、一般中期票据与一般公司债为主，利率区间主要集中在 2% ~ 5%，多数企业主体信用级别在 AA+ 及以上（见表 3-2）。

表 3-2　2019~2023 年城市燃气企业发债情况

发行年份	2019	2020	2021	2022	2023	总计
债券数量（只）	26	17	24	25	28	120
发债企业数量（家）	7	8	7	6	8	—
其中：A+	0	1	0	0	0	—

续表

发行年份	2019	2020	2021	2022	2023	总计
AA	1	1	1	0	1	—
AA+	3	2	3	3	2	—
AAA	3	4	3	3	5	—
发行规模（亿元）	119.00	89.73	207.70	170.05	347.20	933.68
其中：证监会主管 ABS	9.90	—	—	9.25	—	19.15
一般中期票据	12.00	23.50	47.00	37.00	126.00	245.50
一般公司债	38.10	8.00	30.40	7.00	32.50	116.00
私募债	8.00	—	5.00	—	—	13.00
一般短期融资券	13.00	15.00	15.00	—	30.00	73.00
超短期融资债券	38.00	39.00	91.00	106.00	120.00	394.00
可转债	—	4.23	19.30	10.80	38.70	73.03

资料来源：Wind。

截至 2023 年末，仍有存续国内债券的城市燃气企业共计 17 家，剩余 53 只债券，总规模 465.16 亿元，整体规模偏小，其中深圳燃气与北京控股集团有限公司（以下简称"北京控股"）分别为 115.00 亿元和 92.50 亿元，其余企业存续债规模较小，均不足 50 亿元。债券类型以一般中期票据、一般公司债与超短期融资债券为主，多数企业主体信用级别在 AA+及以上（见表 3-3）。2017 年、2018 年信阳市弘昌管道燃气工程有限责任公司（以下简称"信阳弘昌"）与金鸿控股集团股份有限公司（以下简称"金鸿控股"）名下债券分别出现实质违约，主体信用级别分别由 AA-、AA 降至 C。2019 年以来，行业内发债企业未出现实质违约事件，主体信用级别无变化。

表 3-3　截至 2023 年（部分年份）末城市燃气企业存续债券情况

发行年份	2013	2015	2016	2019	2020	2021	2022	2023	总计
债券数量（只）	1	1	1	3	4	9	12	22	53
发债企业数量（家）	1	1	1	1	4	5	4	8	—
其中：C	1	1	1						
A+	—	—	—		1				
AA	—	—	—				1	1	
AA+	—	—	1	1	2	3	2		
AAA					2	2	1	5	
发行规模（亿元）	7.00	5.20	3.80	1.96	32.00	70.55	62.45	282.20	465.16
其中：证监会主管 ABS	—	—	—	1.76	—		8.50	—	10.26
一般中期票据	—	—	3.80	0.20	20.00	31.00	37.00	126.00	218.00
一般企业债	7.00								7.00

发行年份	2013	2015	2016	2019	2020	2021	2022	2023	总计
一般公司债	—	5.20	—	—	8.00	30.40	7.00	32.50	83.10
私募债	—	—	—	—	—	—	—	—	—
一般短期融资券	—	—	—	—	—	—	—	10.00	10.00
超短期融资债券	—	—	—	—	—	—	—	75.00	75.00
可转债	—	—	—	—	4.00	9.15	9.95	38.70	61.80

资料来源：Wind。

本书选取 16 家从事城市燃气行业的上市或发债企业，通过分析其 2020～2023 年经营及财务数据来研究经营状况及信用风险变动情况，以上企业 2023 年燃气供应量部分数据尚未披露，2022 年燃气供应量合计 1940.88 亿立方米，占 2022 年全国天然气消费量的 53.23%，具有较强的行业代表性。在这 16 家样本企业中，有 4 家全国性城市燃气企业、9 家地方性城市燃气企业和 3 家片区型城市燃气企业。其中，上海大众同时在港股与 A 股上市，香港中华、中国燃气、华润燃气、北京控股与北京燃气为香港上市公司，新奥股份、深圳燃气、佛燃能源、贵州燃气、重庆燃气、百川能源、蓝天燃气为 A 股上市公司。从企业性质来看，3 家为民营企业，2 家为公众企业，1 家为外资企业，1 家其他企业，其余均为国企或央企，主要经营数据如附表 3-1 所示，主要财务数据如附表 3-2 所示。

从业务状况上看，不同类型的企业经营情况差距很大，全国性的城市燃气企业业务稳定性更高，行业整体待投资规模不大。全国性的城市燃气企业经营区域广泛，通常遍布全国多个省份。该类企业通过参股或自营方式拓展上下游产业链，对稳定气源的保障程度更强，同时拥有除城市燃气外的其他能源销售业务和管输业务，综合性更强。地方性的城市燃气企业业务主要聚焦于所在省份或直辖市，对管道设施的控制权很强，其他能源销售业务和管输业务规模与全国性企业相比较小，业务多样性和稳定性居中。片区型的城市燃气企业业务较为单一，主要为城市燃气业务与接驳安装业务。从披露的客户结构来看，全国性的城市燃气企业和地方性的城市燃气企业均以非居民用户为主，片区型的城市燃气企业则以居民用户为主。由于前两类企业的燃气销售部分客户为下游或异地的城市燃气公司，若以实际终端用户属性考量，那么前两类企业存在非居民用户占比被高估的情况。从已披露待投资规模来看，除深圳燃气外，其余企业待投资规模相比企业业务及资产规模均较小。一方面是因为在深圳燃气主要在建项目中深圳市天然气储备与调峰库二期扩建工程和清水河智慧燃气产业基地建设项目（新总部大楼）总投资规模很大且进展较慢，已投资规模很小；另一方面是因为在建项目还包括多个热电项目与太阳能光伏封装胶膜项目。

在资产和收入状况方面，近几年城市燃气企业整体规模稳步增长，收入规模上升态势明显。2022 年以来，头部全国性燃气企业积极拓展供应链上下游业务，投资大型燃气储运项目，扩张燃气供应覆盖范围，资产规模显著增长；部分地方性企业积极扩张跨省（区）特许经营范围，加强管道建设安装，接驳用户数量有所增长，天然气销量小幅增加；规模较小的地方性及片区型燃气企业由于实力欠缺，经营情况变动不大，规模小幅增长或与上年持平。在收入方面，多数企业近几年天然气销量小幅增长，叠加销售终端价格上调，收入规模大幅增加，促使行业整体业务规模在天然气消费总量小幅下降的情况下仍增长明显。

在盈利状况方面，2021~2022 年行业利润水平总体呈下滑态势，综合利润水平一般，2023 年随着天然气供需紧张的局面有所缓解，气源成本回调，叠加价格调整机制实施落地，部分企业盈利情况有所好转，但整体提升空间有限，稳定性有较好保障。2021~2022 年，样本企业的毛利率和总资产报酬率整体呈下滑态势，2023 年部分企业有所回升，净资产收益率在这三年波动很大。其中，全国性的城市燃气企业利润水平较高，盈利能力较强；地方性和片区型城市燃气企业盈利情况差距较大。本书认为，全国性城市燃气企业具有很大的规模和成本优势，在气源储备上有更强的议价能力，同时该类企业通常自营或参股 LNG 采购公司、自建相关储运基础设施，能够更好地压降成本，应对国际能源价格冲击，而且在拓展下游特许经营权方面也有很强的竞争实力。地方性和片区型的城市燃气企业受规模限制，业务范围主要集中在天然气供销和管道建安两大板块，经营状况与可获取的特许经营权覆盖范围关联紧密，导致盈利能力差异显著。总体来看，行业内多数企业综合毛利率水平一般，总资产报酬率和净资产收益率差异较大，行业整体盈利能力一般，调价机制带来的提升空间有限，但区域专营性强，稳定性有较好保障。

在负债与债务状况方面，行业整体杠杆水平一般，债务规模呈增长态势，短期债务占比较高，近期偿债压力较大，但整体偿债压力可控。2020 年以来，样本企业信用评级情况基本稳定。

样本企业近几年资产负债率水平主要集中在 50%~65%，杠杆水平一般，整体略有增高。近几年全部债务规模整体有所增长后基本稳定，2022 年全国性城市燃气集团因业务板块延伸拓展，大型项目建设投资增加，全部债务增长明显，远大于地方性和片区型城市燃气企业。2023 年，全国性燃气集团全部债务规模稳中有降，仅少数地方性和片区型城市燃气企业全部债务规模有所增加，其余企业全部债务规模基本与往期持平。在债务结构方面，2023 年末样本企业中短期债务占比低于 30% 的仅有 3 家，多数企业占比在 30%~70%，短期债务占全部债务的比例整体偏高。片区型企业债务结构稳健性显著弱于其余两类企业，经营实力限制融资能力整体较弱，严重依赖短期融资。本书认为，2022 年气源紧张导致全国性企业增加对上游供应链业务板块的投资力度，地方性企业反应则相对滞后，2023 年供需紧张缓解后，行业整体债务表现稳定，预计该情况短期内仍将维持。

在债务保障方面，行业整体上短期债务规模偏大，削弱了货币资金对其的覆盖力度，导致近期偿债指标表现普遍较差，但由于整体利润水平较高，且公用事业类型企业经营及回款相对稳定，行业整体偿债压力可控。

七、样本企业信用风险特征分布

本书以下述 16 家企业为样本，结合企业的业务状况、资产状况及债务状况，对其进行信用风险特征评价与分析，具体通过业务规模、核心竞争力、盈利能力、业务保障、业务发展、资产状况、债务状况、到期债务保障能力、外部融资能力、EBITDA 债务保障能力这 10 个要点来进行比较（见表 3-4）。

表 3-4 样本企业信用风险特征分布

企业	业务规模	核心竞争力	盈利能力	业务保障	业务发展	资产状况	债务状况	到期债务保障能力	外部融资能力	EBITDA 债务保障能力
新奥股份	+++	+++	+++	++	+++	++	/	+++	++	+++
北京控股	+++	+++	+	+++	+	+++	/	++	+++	+++
华润燃气	+++	+++	++	+++	+++	++	/	/	+++	+++
香港中华	+++	+++	++	+++	+++	+++	/	+	+++	+++
中国燃气	+++	+++	+++	+++	+++	+++	/	–	+++	+++
佛燃能源	++	++	+++	++	++	--	/	++	++	+++
百川能源	/	+++	++	++	++	---	/	+++	++	+++
陕西燃气	++	++	/	++	++	/	/	+	++	+++
重庆燃气	+	++	/	++	+	–	/	+++	++	+++
蓝天燃气	–	+++	+++	++	++	/	/	++	++	+++
深圳燃气	++	+++	++	++	++	+	/	–	+++	+++
上海大众	/	+++	--	++	+	/	/	/	++	++
江西天然气	/	++	--	++	++	–	/	++	++	++
贵州燃气	/	+++	/	++	++	–	/	/	++	+++
山西天然气	++	++	–	++	++	/	/	–	+	++
北京燃气	---	+++	---	+++	+	---	/	---	++	---

注："+"越多表示企业在该板块表现越好，"/"表示企业在该板块表现一般，"-"越多表示企业在该板块表现越弱。

资料来源：各公司公告。

在业务状况方面，五家头部样本企业表现突出，远超其余企业，其中北京控股作为国内最大的单体城市燃气供应商，在北京占据主导地位，也是中国燃气的少数股东之一，业务状况整体表现紧随四大全国综合性城市燃气企业之后，其余企业业务状况差异不大。从单项指标来看，样本企业业务规模与盈利能力差异很大，部分企业两大要素表现出现背离，如百川能源业务规模一般但盈利能力较好，山西天然气业务规模较大但盈利能力偏弱。百川能源因为规模较小，毛利率高的燃气接驳业务占比相对较大，债务压力较小，期间费用低。山西天然气在 2022 年以前天然气及煤层气购销业务毛利率较低且占比较大，管输业务占比偏小，拖累整体毛利率水平，债务负担很重，销售费用与财务费用较多，侵蚀利润；2022 年购销业务剥离导致相关政府补助下降，参股燃气企业盈利下滑，投资净收益亏损，对总资产报酬率与净资产收益率造成负面影响；2023 年燃气及电力业务收入规模出现大幅下滑，但盈利水平整体有所修复。样本企业核心竞争力普遍很强，佛燃能源、陕西燃气、重庆燃气、江西天然气、山西天然气核心竞争力相对较弱，前四家企业主要是因为特许经营权数量较少，山西天然气则是因为转向专营天然气管输业务，天然气购销业务剥离导致燃气购销量大幅度下降，稳定性下滑。样本企业业务保障方面整体表现良好，城市燃气上游气源供给主要来自"三桶油"，天然气行业采购普遍执行"照付不议"的长期协议模式，一定程度上保障了气源货量的稳定供应。在业务发展方面，部分企业（如北京控股、重庆燃气、蓝天燃气、上海大众、北京燃气）服务区域较为集中，对外拓展实力或动力不足，多样性有所欠缺，导致业务发展表现稍逊于其余企业，同时造成了企业议价能力普遍不足，购销失衡期间难以灵活调整的局面。除全国综合性燃气企业与个别实力强劲的地方性城市燃气企业采购规模大具备一定的议价能力，且能够通过直接采购进口气源压降成本以外，其他地方燃气企业面对气源成本调整则较为被动。

在资产状况方面，样本企业资产规模差异很大，头部企业规模远超其余公司，行业整体处于稳步追加投资阶段，固定资产与在建工程基本保持小幅增长态势。从结构上看，近几年样本企业非流动资产占比基本上均保持在 70% 以上，主要是固定资产与在建工程，部分企业（如华润燃气、北京控股、上海大众、北京燃气）通过参股异地燃气企业拓展业务范围与服务区域，长期股权投资规模较大，导致固定资产与在建工程占比合计偏低。截至 2023 年末，在非港股上市企业中，在建工程规模在 10 亿元以上的企业仅有新奥股份、深圳燃气、佛燃能源和江西天然气。除江西天然气外，其余企业在建工程规模基本与企业各自规模匹配，2023 年末江西天然气在建工程规模为 35.66 亿元，主要是赣州南支线（信丰）管网工程和樟树管网工程，根据项目建设进度，待投资规模不大，预计短期内将建成投产转入固定资产。

在债务状况方面，样本企业对外担保规模普遍较小，代偿风险较低。在偿债指标方面，城市燃气行业到期债务保障能力差异较大，外部融资能力与 EBITDA 债务保障能力普遍表现较好。城市燃气企业经营相对稳定，尤其是既有特许经营权区域范围内的居民业务板块，能给企业带来稳定的现金流入，受资本市场认可度很高，外部融资能力普遍较强。上海大众、江西天然气、山西天然气 EBITDA 债务保障能力相对较弱，北京燃气 EBITDA 债务保障能力最弱。其中，上海大众持有的多家股票类资产自 2022 年以来价格下跌显著，导致交易性金融资产与权益工具投资公允价值变动，净收益近两年持续出现大额亏损；江西天然气受地区价格政策限制，居民用气长期处于成本售价倒挂状态，盈利能力受到影响；山西天然气则是受前述多重因素影响所致；北京燃气2020 年因高管经济犯罪接受法证调查，确认逾 36 亿元金融及其他资产减值亏损，2022

年底完成重大资产重组，正处于恢复初期，各项指标仍表现较弱。

结合以上指标表现及后文对燃气行业历史违约企业的分析，本书对燃气行业风险特征进行总结归纳，具体如下：

居民用气价格联动机制尚未完善，价改滞后给企业盈利带来风险。近年来，天然气气源价格受国际局势影响波动剧烈，我国消费端尤其是居民端用气价格在全国范围内尚未完全实现联动调整，价改滞后，成本上升期间部分企业采购与销售价差缩窄甚至出现倒挂，对公司盈利能力造成不利影响。例如，中国燃气2021~2023财年全口径的天然气采购均价（不含税）分别为2.00元/立方米、2.45元/立方米、2.78元/立方米，公司城市与乡镇燃气项目对居民用户的销售均价分别为2.54元/立方米、2.65元/立方米、2.71元/立方米（不含税）；江西天然气，2020~2022年天然气采购成本分别为1.94元/立方米、2.33元/立方米、3.19元/立方米（含税），居民用气售价为2.78元/立方米、3.02元/立方米、3.01元/立方米（含税）。

在国有资本控股模式的主导下，燃气企业存在竞争活力不足，经营效率偏低的问题，部分样本企业三费支出过大，侵占公司利润空间。从样本企业信用级别来看，民营企业百川能源与蓝天燃气的经营情况及财务排名中等，信用风险低于部分地方性的国资燃气企业。一方面是因为民营企业对成本管控更为严格，盈利能力较强；另一方面是因为受规模资质限制，融资渠道不及国资燃气企业多元，债务压力较小。部分企业尤其是承担了地区燃气管网建设的地方国有企业，如江西天然气、山西天然气，对政府补贴有一定依赖。在三费支出方面，整体呈头尾占比偏高、中部费率一般的情况，北京控股、华润燃气、上海大众、山西燃气三费占比长期在10%左右，其余企业则主要集中在4%~7%，华润燃气、深圳燃气、山西天然气销售费用较多，北京控股、山西天然气、上海大众、贵州燃气、北京燃气管理费用较多，山西天然气、上海大众、北京燃气财务费用较多。以典型企业山西天然气为例，2021年公司销售费用和管理费用均包含较大规模的职工薪酬和折旧费用，自2022年起将油气管网管理费用和销售费用调整至成本核算后，销售费用占比有所下滑，但管理费用和财务费用占比仍持续增大。

非燃气业务带来的经营风险。城市燃气企业主营业务经营稳定，但部分企业非燃气业务板块经营情况波动很大，一定程度上给企业整体盈利的稳定性带来了不利影响。例如，上海大众金融创投业务板块以直接投资和通过参控股投资平台投资的方式，持有多家与燃气业务关联较弱的公司股权，2022~2023年公司持有的二级市场股票和私募股权基金等项目大幅亏损，公允价值变动净收益分别为-7.83亿元和-3.41亿元，对公司EBITDA债务保障能力造成了负面影响。

部分地区特许经营权划分不合理，基础设施利用效率低下，在管网资源整合过程中，可能面临一定的经营风险。受历史因素影响，我国部分城市燃气特许经营权片区划分割裂，经营管理混乱，存在特许经营权重复授予、管道重复建设、设施老化、安全事故频发等问题。近年来，多地开始推行燃气企业区域化整合，并加强燃气特许经营评估，促进城镇燃气企业整合重组。例如，2020年浙江省发展和改革委员会、能源局联合印发《关于印发 2020 年浙江省能源领域体制改革工作要点的通知》，明确浙江省网将以市场化方式并入国家管网，并出台了《浙江省管道燃气特许经营评估管理办法》，推动城镇燃气扁平化和规模化改革。截至 2022 年 12 月，浙江省各地上报有规模化改革任务的 18 个县（市、区）中，已有 13 个完成整合，4 个已签订整合框架协议。全省通过规模化（扁平化）改革减少管道燃气企业 22 家，已签订框架协议企业 10 家。此外，广东、河北、河南、广西等省（区）也陆续开始进行城市燃气企业区域化整合。长期来看，地区城市燃气企业扁平化整合有利于优化气源结构，提升管网效率，符合行业发展趋势，在"一城一企"政策性调整过程中部分小型片区型城市燃气企业可能面临兼并重组风险。

企业经营管理不规范，盲目扩张收购，投资激进，现金流不能及时回收，举债缓解压力侵蚀利润，导致现金流持续恶化。北京燃气由于高管涉嫌通过合并和收购活动及投资活动进行经济犯罪，给集团造成巨额损失，资产严重减值。2017 年、2018 年发生违约的信阳弘昌与金鸿控股两家企业，现金流情况恶化均与盲目扩张业务、建设投资的项目规模与自身经营实力不匹配有关。内控管理体系的漏洞是以上企业经营不善、债务高企、盈利下滑的重要原因，最终导致企业入不敷出，无法偿付债务。

八、典型企业案例分析

（一）中国燃气

中国燃气是中国最大的跨区域综合能源供应及服务企业之一，截至 2023 年 9 月末，单一第一大股东北京控股集团有限公司及其附属公司共同持有该公司 23.48% 的股权。中国燃气主要业务包括天然气销售、燃气接驳安装、液化石油气销售、增值服务、工程设计及施工，其中天然气销售与燃气接驳安装是公司主要的收入和利润来源。截至 2023 年 12 月 31 日，中国燃气在 30 个地区拥有 660 多个有专营权的管道燃气项目。2021 年 3 月~2023 年 3 月，随着公司规模扩张，天然气销售量持续提升。公司天然气采购集中度一般，近 80% 的采购为每年与省天然气管网公司（或其他管道公司）签订框架协议或直接在现货市场采购，剩余不足 20% 依靠中石油提供，中石化和中海油直接采购量占比很小。截至 2023 年 3 月末，公司主要在建项目预计总投资 30.52 亿元，尚需投资 10.28 亿元，待投资规模较小，流动性压力较小。公司近年来营业收入持续增长，毛利率、总资产报酬率与净资产收益率下滑明显，但仍处于较好水平，整体盈利能力很强。公司资产规模很大，随着新增管道燃气项目不断增加，截至 2023 年 3 月末，受限资产仅占当期末总资产的 3.87%。随着公司规模扩张，公司短期债务在 2022 财年大幅增加后基本稳定，长期债务在 2021~2023 财年持续增加，导致全部债务规模不断增大。近几年公司货币资金规模相对短期债务偏小，到期债务保障能力较弱。公司财务杠杆水平一般，全部债务资本化比率较低，融资成本很低，受市场认可度很高，外部融资能力很强。综合来看，公司的偿债能力极强。

（二）新奥股份

新奥股份由河北威远实业股份有限公司经过多次重组增资、股权分置改革及股权转让后组成，是继"三桶油"后第四家获得天然气进出口权的大型全国性燃气企业。公司积极参与国企改革，通过多种方式整合多家国有企业，增强自身综合实力，在全国范围内布局燃气供应业务，尤其重视广东、山东、河北、福建、浙江、江苏、安徽、湖南、河南等地区，成效显著，截至 2023 年末已取得 259 个特许经营权。公司积极构建自有储运设施体系，包括但不限于城市燃气高中压管网、天然气储配站、槽车及物流配送系统等，配送服务网络涉及数十个城市，还通过并购取得了新奥舟山接收站，整合了国家管网使用权资源，建立了相对完善、高效的基础设施网络，打通了上下游全产业链。除"三桶油"外，公司还与多家国际能源公司签订了长期的购销协议，提升了 LNG 自主采购与接收能力，增强了气源多样性，结合国内自有和托管 LNG 液厂资源及非常规资源等，加强了成本控制能力，对公司盈利水平起到了保障作用。公司工商业客户群体采购量占比很高，受环保政策影响，天然气、LNG、液化石油气及部分非常规能源的需求增速很快，也有大量的定制化综合能源供应服务业务需求，发展空间良好。基于合理的经营布局，公司盈利及获现能力很强，近几年毛利率持续下滑，总资产报酬率与净资产收益率有所波动，但整体仍处于较强水平。2023 年，公司受天然气批发业务及平台交易气业务拖累，营业收入出现下滑，但由于同期处置新能源矿业有限公司等，子公司出表导致资产规模缩小，全部债务规模显著下降，短期债务占比一般，到期债务保障能力较好，杠杆水平一般，全部债务资本化比率较低，融资成本较低且基本稳定，渠道畅通，信用风险极低。

（三）深圳燃气

深圳燃气是地方性国资燃气企业向市场化综合性能源企业转型的典型代表，除在深圳市行政区域内享有管道燃气业务的独家经营权外，近年来也持续收并购异地城市燃气企业，并在 2020 年通过收购东莞深燃天然气热电有限公司拓展热电联产业务，在2021 年通过大举收购进入光伏发电行业，控制生产光伏胶膜的江苏斯威克新材料股份有限公司（以下简称"斯威克"）50% 的股权、多家光伏发电公司及绿色交通光伏项目，综合能源业务板块持续扩张。截至 2023 年末，公司管道燃气业务经营区域覆盖包括深圳在内的 11 个省份的 57 个城市，深圳地区的燃气销售近半数供应给当地电厂，受深圳市天然气利用规程项目实施的影响，地区天然气瓶转管业务发展迅速，对公司燃气销售起到了推动作用。由于公司近年来收购频繁，扩张迅速，但投资支出压力较大，不断通过新增融资，尤其是新发行一般短期融资券、超短期融资债券及可转换公司债券来补充流动资金和偿还既有债务，全部债务规模迅速增长，债务期限结构显著恶化。截至 2023 年末，公司短期债务占全部债务的比例高达 71.67%，严重依赖借新还旧，到期债务保障能力较弱，但管道燃气业务盈利能力很强且 2023 年有所修复，利润总额有所增加。公司财务杠杆仍维持在一般水平，受资本市场认可度很高，融资渠道畅通，EBITDA 债务保障能力极强。综合来看，公司信用风险很小。

（四）上海大众

上海大众是典型的地区性燃气企业，经营情况稳定。公司是上海市南部地区和江苏省南通市市区唯一的管道燃气供应商，在上海和南通燃气销售市场的占比分别为近40%和100%。除自营燃气业务外，公司还参股上海松江燃气有限公司等其他城燃企业的燃气项目，并以BOT形式投资嘉定等地的污水处理项目。此外，公司城市交通板块、金融创投板块和市政环境板块收益（除BOT项目中的营业收入及污水处理相关的营业收入外）确认为投资收益，其他业务板块主要为下属子公司上海大众融资租赁有限公司负责的融资租赁业务。公司城市燃气业务服务区域稳定，缺少扩张动力，未披露既有在建拟建项目需要大量资金投入，债务压力主要来自借新还旧。公司营业收入近几年小幅增长，毛利率、总资产报酬率、净资产收益率有所波动，2023年总资产报酬率、净资产收益率回正，但整体仍处于较低水平，且受投资收益及公允价值变动的影响很大，稳定性较差。公司资产规模一般，以长期股权投资、固定资产、其他非流动金融资产为主，近几年受其他非流动金融资产公允价值下滑影响，整体规模持续小幅缩减。截至2023年末，公司受限资产仅占总资产的2.45%，与其他单纯提供燃气供应的企业相比，公司持有的股债权投资流动性更强。近几年，公司全部债务小幅波动，2023年筹资活动净流出规模显著增加，但年末短期债务占比仍然高达65.25%，到期偿债压力较大，另外公司经营及投资活动现金流净额规模较小，到期债务保障能力较弱，对借新还旧仍有依赖。公司财务杠杆水平一般，全部债务资本化比率一般，融资成本近三年有所下滑，市场认可度很高，外部融资能力较强。整体来看，公司偿债能力较好。

（五）重庆燃气

重庆燃气与上海大众类似，也是地区性的城市燃气企业，但业务结构与上海大众相比更为单一，专注于天然气销售与燃气安装业务。公司是重庆市重要的燃气供应企业，近年来不断加大县城、乡镇用气市场的开发力度，拓展区域特许经营权范围。截至2023年末，公司供区涉及重庆市近30个行政区、县（重庆市共38个行政区、县），销气量占重庆市天然气供气总量的近三成，其中非居民用户用气销量增长较快，单价远超居民用户，增速更快，对公司燃气销售收入的贡献超过60%，且持续提升。2020年政策调整导致初装费取消，叠加房地产市场下行，商品房竣工面积显著下滑，新安装客户数量持续下降，公司天然气安装业务板块收入下滑。公司资产规模与毛利率虽不及上海大众，但业务集中于城市燃气，总资产报酬率与净资产收益率表现远胜于上海大众，盈利能力整体较上海大众更强。公司债务规模较小且短期债务占比不大，由于货币资金充裕，到期债务保障能力和EBITDA债务保障能力均表现很好。公司在建项目均为自持管网工程，截至2023年3月底投资进度已至中后期，待投资规模不足10亿元，压力不大，预计短期内债务激增的概率很小，信用风险很低。

（六）信阳弘昌

信阳弘昌是河南省信阳市最大的综合性民营企业之一，主要从事燃气等基础能源行业的开发、建设和经营，占信阳市燃气市场份额的70%。2013年，公司发行债券"13弘昌燃气债"，融资规模 7 亿元，主要用于西气东输二线南信天然气管道工程和信阳燃气电厂工程建设。此外，公司还涉及风力发电、二甲醚及甲醇生产项目。公司在建项目投资支出压力很重，投产时间不确定，既有经营业务现金流不足以满足投资需求，通过发行一般企业债、银行借款、融资租赁等多种方式获取资金支持导致债务高企。公司预付规模很大，且存在与在建工程已投资进度不一致的情况，预付款中支付给武汉世纪鸿盛贸易公司的工程款占比较大，应收款项交易对象多为河南省民营企业，2014 年、2015 年审计报告延期披露，财务信息质量存疑。截至 2016 年 6 月 17 日，公司多笔银行借款及融资租赁款出现未如期兑付的情况，2017 年 6 月公司债券未能如期回售，出现实质违约。

（七）金鸿控股

金鸿控股前身吉林吉诺尔股份有限公司是家电类上市企业，2012 年通过收购中油金鸿天然气输送有限公司股权完成借壳上市，主营天然气综合利用，也经营少量环保工程业务，大规模收并购国营燃气公司与能源项目，上市五年期间收购公司 50 余家，同时也在能源及环保领域开展对外投资。由于收并购企业未能实现业绩承诺，对外投资出现亏损，公司在扩张过程中不断通过举债融资缓解资金压力，2018 年底公司债务杠杆高达 75.20%，较 2012 年提升 15.54 个百分点。2017 年，政府在深化石油、天然气体制改革方面多次出台调整政策，多方面加强监管与改革，导致天然气销售价格下滑，给公司盈利进一步带来不利影响。公司投资活动持续大额净流出，2016~2017 年投资活动净流出规模是经营活动净流入规模的 2 倍多，2017 年公司付息压力很大，筹资净留存规模较小，不能弥补投资缺口，导致货币资金大幅减少，公司偿债能力减弱，融资渠道受限。2018 年 5 月，同一实控人名下关联公司中国国储能源化工集团股份公司的违约事件对金鸿控股造成重大负面影响，主体信用评级持续下调，同年 8 月 23 日"15 金鸿债"发生实质违约。

九、总结

本书认为，我国燃气行业目前仍处于调整期，受资源禀赋限制仍面临天然气供不应求、地区发展不均衡的局面，对进口气源的依赖较高。"西气东输""川气东送"等重大项目的建设，将提升我国天然气资源供给保障能力，在一定程度上缓解部分地区用气紧张的局面，并降低成本。虽然国际能源供应链仍有较大的不确定性，但随着基础设施建设的推进，行业整体的抗风险能力持续提升，发展前景良好。

城市燃气企业的经营规模水平差距很大，整体盈利能力一般，头部企业多通过公开上市方式融资，发债企业整体经营实力很强，违约风险整体较小。值得关注的是，目前我国天然气行业居民用气上下游价格联动机制仍未完善，部分企业售价成本倒挂导致盈利水平偏低；在特许经营权竞争方面存在盲目"跑马圈地"现象，服务地区分散导致管理成本增加；部分企业对非燃气及关联业务的投资拓展并未发挥业务子板块的协同效用，非关联业务项目建设的大额待投资反而会加重企业资金压力，对公司主业带来不利影响。整体来看，行业虽然盈利水平一般，但经营稳定，获现能力很强，信用风险较小。

十、附件

附表 3-1 燃气行业样本企业经营数据

公司名称	公司简称	企业性质	主要业务	天然气销量*（亿立方米）	特许经营权数量（个）	城市燃气业务主要区域	客户结构	待投资规模
全国综合性城市燃气企业								
香港中华煤气有限公司	香港中华	外资企业	香港和内地天然气销售、炉具销售及保养维修、燃气报装；供水、石油、煤炭、生物质利用业务及其他	335.96	320	内地28省	住宅用户燃气销售收入占比16%，商业用燃气收入占比12%，工业用燃气收入占比43%	未披露
中国燃气控股有限公司	中国燃气*	公众企业	天然气销售、液化石油气销售、燃气接驳、增值服务、工程设计及施工	374.40	661	未披露	工商业用户为主，合计占公司通过城市燃气项目销售的天然气总销量的61.29%	截至2023年3月末，主要在建和拟建项目待投资10.28亿元
新奥天然气股份有限公司	新奥股份	民营企业	天然气销售、工程施工与安装、综合能源销售及服务、能源化工、增值业务、贸易、煤炭业务	376.40	259	20个省、自治区、直辖市，运营共计259个城市的燃气项目，且一半以上项目位于我国东部和南部沿海经济发达地区	工商业用户管道气销售量占燃气销售总量的78.54%	主要在建和拟建项目计划待投资42.13亿元
华润燃气控股有限公司	华润燃气	中央国有企业	燃气销售、燃气接驳、综合服务、燃气化工、设计及建设服务、加气站	369.82	276	25省，包括15个省会城市及76个地级市	工商业燃气销售量占总销气量的73.27%	未披露

续表

公司名称	公司简称	企业性质	主要业务	天然气销量*（亿立方米）	特许经营权数量（个）	城市燃气业务主要区域	客户结构	待投资规模
地方性城市燃气企业								
北京控股股份有限公司	北京控股	地方国有企业	管道燃气业务、环境业务和啤酒业务	207.28	—	中国城市燃气行业中最大的单体城市燃气供应商，在北京拥有垄断地位	未披露销售客户结构	未披露
深圳市燃气集团股份有限公司	深圳燃气	地方国有企业	城市燃气、燃气资源、综合能源、智慧服务	47.17	57	广东、广西、江西、安徽、湖南、江苏、浙江、云南、湖北、河北和四川	对深圳市商业、工业及电厂的供气量占地区供气总量的72.08%，异地销售结构未披露	截至2023年3月末主要在建项目计划待投资91.17亿元
陕西燃气集团有限公司	陕西燃气	地方国有企业	天然气销售和长输管道的投资建设与运营管理	74.06	11	陕西全省	未披露销售客户结构	在建主要项目待投资22.31亿元，未披露拟建项目待投资
山西天然气有限公司	山西天然气	地方国有企业	天然气及煤层气购销和管输业务，2022年4月购气与管输业务剥离	81.74	—	山西省全省	未披露销售客户结构	主要在建项目投资4.99亿元，未披露拟建项目待投资
上海大众公用事业（集团）股份有限公司	上海大众	其他企业	城市燃气、环境市政、城市交通、金融创投	13.68	—	上海市南部地区和江苏省南通市，在上海城市燃气市场的占有率近40%	上海地区非居民客户量占比50.47%；南通地区非居民客户销售量占比71.55%	未披露项目建设情况
佛燃能源集团股份有限公司	佛燃能源	地方国有企业	城市燃气、新能源、科技研发与装备制造、供应链及延伸业务	43.85	—	13个区域，以佛山市部分区为主	未披露销售客户结构	重要在建工程项目待投资10.78亿元
江西省天然气集团有限公司	江西天然气	地方国有企业	天然气销售、管道运输、CNG/LNG销售、接驳业务、成品油销售及其他	5.03	—	省内主干管网运营均由公司负责，拥有九江、新余、高安、抚州等18个城市的城市燃气业务特许经营权	在对内城市燃气销售中工商业客户销售量占比92.05%	截至2023年3月末公司在建长输管道待投资7.11亿元

续表

公司名称	公司简称	企业性质	主要业务	天然气销量*（亿立方米）	特许经营权数量（个）	城市燃气业务主要区域	客户结构	待投资规模
贵州燃气集团股份有限公司	贵州燃气	地方国有企业	天然气销售、天然气入户安装及其他	15.75	38	贵州省规模最大的燃气运营主体，在省内37个特定区域及1个省外特定区域取得了管道燃气特许经营权，业务范围覆盖贵州省主要城市、核心经济区和主要工业园区	未披露销售客户结构	在建项目待投资11.58亿元
重庆燃气集团股份有限公司	重庆燃气	中央国有企业	天然气销售、天然气安装及其他	32.93	26	重庆市内26个区、县	非居民客户销售量占比59.14%	2023年3月底公司主要在建天然气项目待投资8.73亿元
片区型城市燃气企业								
百川能源股份有限公司	百川能源	民营企业	燃气销售、燃气工程安装、燃气具销售	11.13	—	廊坊市、张家口市、沧州市、保定市、天津市武清区、安徽省阜阳市、湖北省荆州市	非居民燃气销售量占比48.91%	未披露项目建设情况
河南蓝天燃气股份有限公司	蓝天燃气	民营企业	管道天然气销售、城市天然气销售、燃气安装工程、代输天然气及其他	3.78	23	新郑市和驻马店中心规划区及部分县等23个特定区域	城市燃气业务板块在非居民销售量中的占比仍维持在50%以上	未披露项目建设情况
北京燃气蓝天控股有限公司	北京燃气蓝天	公众企业	天然气贸易及配送、城市燃气及其他相关产品、工业产品、天然气运输及其他	2.09	—	在山西省和吉林省等地区运营8个城市燃气项目	对非居民销售量占比47.10%	未披露项目建设情况

注：①*表示数据为三年加权平均值。②未有明确说明的，待投资规模为截至2022年末数据。③部分企业未披露2023年天然气销量，本书按同比上浮10%估算。
资料来源：各公司公告。

附表3-2 样本企业财务情况

公司简称	资产总额（亿元）			营业收入（亿元）			毛利率（%）			总资产报酬率（%）			净资产收益率（%）		
	2021 年	2022 年	2023 年	2021 年	2022 年	2023 年	2021 年	2022 年	2023 年	2021 年	2022 年	2023 年	2021 年	2022 年	2023 年
全国综合性城市燃气企业															
香港中华	1680.67	1684.69	1619.78	535.64	609.53	569.71	39.15	35.51	38.57	6.04	5.80	6.70	7.48	8.16	10.03
中国燃气	1407.21	1631.46	1572.91	699.75	882.25	919.88	25.87	17.84	13.08	12.15	7.87	4.74	22.89	13.27	7.07
新奥股份	1279.34	1361.97	1345.74	1159.20	1540.44	1437.54	16.74	15.15	13.95	12.09	12.05	12.51	35.72	36.06	34.40
华润燃气	1061.36	1120.52	1378.71	781.75	943.38	1012.72	23.40	19.17	18.22	11.24	8.19	7.58	16.50	11.75	13.04
地方性城市燃气企业															
北京控股	2228.22	2210.71	2044.55	804.35	922.97	823.13	15.27	13.31	13.03	5.89	4.84	4.24	10.97	8.15	6.77
深圳燃气	340.96	382.01	442.70	214.15	300.62	309.29	19.78	14.65	15.50	6.73	5.45	5.31	11.20	9.58	10.40
陕西燃气	194.59	266.18	—	111.92	170.10	0.00	10.12	13.39	0.00	3.56	4.52	0.00	5.42	6.95	0.00
山西天然气	290.26	260.71	230.93	125.58	97.81	64.47	18.17	13.95	21.42	2.93	2.74	3.18	-0.37	1.34	0.82
上海大众	240.75	235.83	228.35	54.18	57.68	63.03	15.07	13.07	14.35	3.41	0.00	2.72	3.50	-3.92	2.57
佛燃能源	139.37	147.92	175.57	135.31	189.23	255.38	11.98	9.91	7.67	9.13	7.38	9.27	15.24	13.25	14.11
江西天然气	95.42	113.12	129.43	70.51	102.07	112.22	6.36	5.51	5.22	2.48	2.86	3.32	0.63	1.70	3.49
贵州燃气	100.67	103.10	107.73	50.88	61.63	60.98	17.03	12.60	15.37	3.99	2.45	3.78	6.03	0.85	2.57
重庆燃气	90.80	101.41	103.47	78.10	87.39	102.05	10.71	8.87	8.70	5.77	4.74	5.89	9.92	8.28	9.65
片区型城市燃气企业															
百川能源	81.52	78.26	78.71	46.25	50.10	52.23	22.08	17.42	15.44	9.94	8.16	7.72	13.19	10.32	10.08
蓝天燃气	51.47	62.47	67.18	39.01	47.54	49.47	19.23	21.06	21.38	12.74	13.87	12.83	17.69	18.03	16.17
北京燃气	52.36	52.21	50.87	17.28	16.07	21.50	6.91	5.49	3.04	-2.78	2.96	5.84	-40.66	1.90	6.60

续表

公司简称	资产负债率（%）			全部债务（亿元）			短期债务（亿元）			现金短债比（倍）			全部债务/EBITDA（倍）		
	2021年	2022年	2023年	2021年	2022年	2023年	2021年	2022年	2023年	2021年	2022年	2023年	2021年	2022年	2023年
全国综合性城市燃气企业															
香港中华	51.31	55.40	56.16	551.11	593.04	577.69	182.55	196.81	170.53	0.58	0.67	0.53	4.21	4.40	3.87
中国燃气	57.46	55.83	58.81	509.76	578.64	616.40	177.53	225.22	223.62	0.47	0.44	0.47	2.90	3.92	5.88
新奥股份	63.91	62.14	56.50	360.84	397.57	350.12	185.95	113.86	130.59	0.62	0.81	1.28	2.03	1.97	1.63
华润燃气	49.09	53.11	54.03	119.91	229.73	228.68	114.28	126.48	50.37	0.66	0.51	1.98	0.84	1.83	1.65
地方性城市燃气企业															
北京控股	51.05	53.39	54.49	729.64	782.37	808.00	267.19	249.76	385.09	1.18	1.05	0.63	3.94	5.64	5.76
深圳燃气	58.74	59.70	60.98	103.75	127.30	167.01	76.08	119.35	119.69	0.42	0.28	0.49	3.48	3.85	4.46
陕西燃气	62.58	55.61	—	70.75	69.03	—	22.27	37.02	—	0.81	0.92	—	5.22	3.01	—
山西天然气	86.43	85.26	84.40	223.30	185.89	165.92	104.92	98.22	56.16	0.22	0.16	0.05	13.02	10.44	9.19
上海大众	58.40	59.39	57.36	88.81	91.89	84.81	49.95	62.43	55.33	0.41	0.48	0.58	7.55	24.29	8.04
佛燃能源	59.85	56.54	57.85	45.54	44.59	50.56	7.04	16.10	28.84	2.30	0.89	0.72	3.38	2.96	2.52
江西天然气	59.99	65.17	67.96	42.44	56.00	65.83	2.37	13.87	14.27	5.65	1.17	1.56	10.56	10.65	10.13
贵州燃气	62.58	64.16	62.50	48.09	50.99	50.37	32.04	33.57	26.92	0.45	0.29	0.27	6.83	8.70	6.62
重庆燃气	43.67	47.58	44.10	4.34	11.34	12.17	2.86	4.28	4.31	4.22	3.74	2.41	0.50	1.41	1.29
片区型城市燃气企业															
百川能源	50.13	51.08	51.72	16.51	17.42	18.89	4.80	7.31	7.33	2.30	0.81	0.94	1.62	2.00	2.25
蓝天燃气	43.46	40.69	41.94	8.42	7.67	13.59	7.85	6.42	4.61	1.51	1.89	3.72	1.20	0.80	1.32
北京燃气	86.61	68.79	68.04	46.22	26.21	27.32	35.80	17.60	16.55	0.06	0.30	0.24	-135.96	11.19	6.56

注：①中国燃气、华润燃气、香港中华、北京控股与北京燃气为港元计价。②中国燃气数据为2021财年（2020年3月31日~2021年3月31日）、2022财年（2021年3月31日~2022年3月31日）、2023财年（2022年3月31日~2023年3月31日），香港中华2023年未公开披露年度报告。③陕西燃气因存续债券摘牌，2023年未公开披露数据。

资料来源：Wind。

第四部分 2024年度电力行业信用研究报告[*]

一、行业概况

电力生产行业是我国社会的基础产业，在社会中具有极其重要的地位和作用，其重要性主要表现在以下几个方面：现代工商业几乎所有行业都需要电力支持，电力的稳定供应对于维持经济运转至关重要；电力用于照明、供暖、通信、交通等各方面，人们的生活品质与电力供应的可靠性密切相关；电力的生产方式逐步向清洁、低碳、可再生能源的方向发展，对改善环境质量具有重要意义；我国的煤炭、太阳能、水力、风力等电力生产所用到的资源丰富，提升电力在终端用能中的比例能降低对进口能源的依存度，提升国家能源安全；现代科技和信息化发展需要大量电力支撑，电力生产企业的发展为科技创新和数字经济提供了基础保障。因此，保障电力供应的稳定性，提高电力生产的效率和环保水平，对促进经济发展、改善人民生活、推动社会进步具

---

* 本章作者为孙菁、裴申鼎、靳跃林、吴昊。孙菁，从事财会金融领域的工作近十年，曾就职于普华永道中天会计师事务所和联合资信评估股份有限公司。在联合资信工作期间曾服务中国联通、京东方、海尔智家、建发股份、平高电气、通威股份、长飞光纤等几十家企业，有着丰富的评级经验，擅长高新制造、贸易、通信等行业的信用风险识别与评估，对高风险项目有一定的处理心得。

裴申鼎，本科毕业于兰州大学理论与应用力学专业，硕士毕业于美国科罗拉多州立大学土木工程专业，具有证券从业资格和中级工程师职称。专注于信用评级业务近三年，参与过近二十个评级项目，编写过房地产、水力发电、太阳能发电、城投、汽车等多个行业的研究报告，参与编制过汽车、造纸、商业地产、城投等多个行业的信用评级方法和模型。参与撰写的《我国住宅房地产行业进入深度调整期》发表于《中国外资》2023年第11期。此外，裴申鼎先生曾在中国电建从事水电工程建设工作三年，在电力和建筑行业有丰富的工程项目经验。

靳跃林，本科毕业于厦门大学测控技术与仪器专业，研究生毕业于中央民族大学政治经济学专业。靳跃林先生从事金融领域的工作近四年，曾在中国建设银行北京市分行的对公业务岗工作两年，后从事信用评级工作至今近两年。担任信评分析师期间，对金科股份、保利发展、洛阳建投、许昌投资、郑州城发等企业进行主动评级，有着丰富的案头工作经验；参与《普策2023年度住宅房地产行业研究报告》撰写，以及煤炭和化肥等行业评级模型的调整，并独立进行风力发电行业和城市轨道交通行业研究，擅长房地产、城投、风电等行业的信用风险识别与评估。

吴昊，本科毕业于山东大学金融学专业，取得证券从业资格。吴昊先生曾就职于平安银行股份有限公司广州分行。在从事评级工作期间修订担保及财险公司评级模型，并参与完成惠州仲恺城市发展集团有限公司、河南资产管理有限公司、中证信用融资担保有限公司等主动评级报告、火电及港口等行业的研究报告，目前着重研究广东发债企业评级。

有不可替代的作用。

电力生产包括火力发电、水力发电、风力发电、核能发电、太阳能发电等多种方式。火力发电是我国最主要的发电方式，但它对煤炭资源的消耗量大；水力发电利用水力资源进行发电，是一种清洁能源，我国在水力资源富集的西南地区建设了很多大型水电基地，当前全国水力资源开发接近饱和；核能发电具有高效、清洁的特点，但面临核废料处理等问题；近年来风力发电和太阳能发电发展迅速，是我国电力生产发展的方向。近年来，随着政策导向的变化和技术的不断进步，电力生产行业朝着绿色化的方向发展，电力生产企业不断提升设备效率、资源利用率，以适应市场需求和环保要求。

总的来说，电力生产行业在推动经济增长的同时，面临着供需平衡、环境保护、技术创新等挑战。未来，随着清洁能源的发展和能源转型的推进，电力生产行业将迎来更多机遇和挑战，需要不断提升技术水平，优化产业结构，以实现可持续发展。

二、行业政策环境

电力生产行业是国民经济和社会发展的基础产业，为经济运行和居民生活提供能源保障，安全、稳定和充足的电力供应是经济社会持续健康发展的前提条件。电力行业的重要地位使其在项目审批、电价调整、节能环保等方面均受到政府的严格监管，电力体制、定价机制、优先发电制度、新能源补贴等方面的政策对电力企业的经营状况和信用能力等都有重要影响。此外，煤炭产业、高耗电产业等相关领域的政策措施也会对电力生产行业产生重大影响。

（一）电力行业政策

近年来，我国围绕"双碳"目标不断完善电力行业政策体系，提高节能减排标准，大力发展非化石能源发电。本书认为，随着我国持续推进能源绿色低碳转型和电能替代，太阳能发电、风电、核电等非化石能源发电将得到快速发展。水电由于资源受限增长空间较小，但政策环境良好；火电将由主体性电源向提供可靠容量、调峰调频等辅助服务的基础保障性和系统调节性电源转型，增长空间受到限制。

国家围绕"双碳"目标出台了能源相关重大政策和规划，旨在控制化石能源消费，加快发展非化石能源，拓展电能替代。具体到电力行业，为推进火电作为支撑性、调节性电源，我国大力发展太阳能发电、风电，有序发展水电和核电。2021年3月发布的《中华人民共和国国民经济和社会发展第十四个五年规划和2035年远景目标纲要》（以下简称"十四五"规划）要求推进能源革命，建设清洁低碳、安全高效的能源体系，提高能源供给保障能力。加快发展非化石能源，大力提升风电、光伏发电规模，有序发展海上风电，加快西南水电基地建设，安全稳妥推动沿海核电建设。合理控制煤电建设规模和发展节奏，推进以电代煤。根据"十四五"规划要求，国家发展和改革委员会和国家能源局编制了《"十四五"现代能源体系规划》，对非化石能源消费比重、非化石能源发电量比重等方面提出了具体的发展目标和时间要求，推动可再生能源发电成为主体电源，同时要求加快推进煤电由主体性电源向提供可靠容量、调峰调频等辅助服务的基础保障性和系统调节性电源转型，充分发挥现有煤电机组应急调峰能力，有序推进支撑性、调节性电源建设。在终端用能方面，要求全面深入拓展电能替代，提高居民生活用能电气化水平。

国家在电力系统升级改造方面做了诸多的努力，以保障能源绿色低碳转型的顺利进行。"十四五"规划要求提高特高压输电通道利用率；加快电网基础设施智能化改造和智能微电网建设，提高电力系统互补互济和智能调节能力；加强源网荷储衔接，加快抽水蓄能电站建设和新型储能技术规模化应用，提升清洁能源消纳和存储能力。《"十四五"现代能源体系规划》要求增强电力系统资源优化配置能力，提升电网智能化水平，推动电网主动适应大规模集中式新能源和量大面广的分布式能源发展。加大力度规划建设以大型风光电基地为基础、以其周边清洁高效先进节能的煤电为支撑、以稳定安全可靠的特高压输变电线路为载体的新能源供给消纳体系。加快推进抽水蓄能电站建设，优化电源侧多能互补调度运行方式，提升电源调峰能力。

在电力体制改革方面，《"十四五"现代能源体系规划》要求加快构建和完善中长期市场、现货市场和辅助服务市场有机衔接的电力市场体系。深化燃煤发电、燃气发电、水电、核电等上网电价市场化改革，完善风电、光伏发电、抽水蓄能价格形成机制。有序推动工商业用户直接参与电力市场，通过市场化方式拓展非化石能源发电消纳空间，试点开展绿色电力交易。

（二）火电相关政策

本书认为，随着我国能源绿色低碳转型的推进，非化石能源发电成为重点发展方向；火电机组将向大容量、低排放的方向高质量发展，小容量的落后机组必将淘汰；上网电价及煤价等相关政策的调整将持续提升电力行业的市场化水平，有利于煤电企业应对煤价波动等对经营的冲击。

以燃煤发电为主的火力发电在我国电力供应中仍占据主导地位，是能耗大户和碳排放大户。随着节能减排工作的持续推进，近年来相关部门在持续出台政策抑制火力发电产能扩张的同时，不断提高环保和能耗标准。2017 年 7 月，国家发展和改革委员会等 16 个部门发布《关于推进供给侧结构性改革防范化解煤电产能过剩风险的意见》，严格执行环保、能耗等法律法规标准和产业政策要求，淘汰关停不符合要求的 30 万千瓦以下煤电机组（含燃煤自备机组），同时严控新增产能规模，加快机组改造提升；"十三五"期间计划停建和缓建（以下简称"停缓建政策"）煤电产能 1.5 亿千瓦，淘汰落后产能 0.2 亿千瓦以上，实施煤电超低排放改造 4.2 亿千瓦、节能改造 3.4 亿千瓦、灵活性改造 2.2 亿千瓦。2021 年 9 月《中共中央　国务院关于完整准确全面贯彻新发展理念做好碳达峰碳中和工作的意见》（以下简称"双碳"政策）发布。同年 10 月发布的《关于开展全国煤电机组改造升级的通知》，要求煤电机组进一步降低能耗，提升机组灵活性和调节能力。2022 年 1 月国家发展和改革委员会和国家能源局联合发布的《"十四五"现代能源体系规划》提出，到2025年单位GDP能耗五年累计下降13.5%，灵活调节电源占比达到24%左右；大力推动煤电机组节能降碳和灵活性改造，30万千瓦级煤电机组是改造重点，对于调峰困难地区研究推动60万千瓦亚临界煤电机组灵活性改造。本书认为，随着双碳政策的贯彻实施，我国将持续推动能源绿色低碳转型；火电机组的节能降碳及灵活性改造将持续推进，小容量的落后机组必将淘汰；火电与光伏、风电等新能源发电相比具有稳定性强、可靠性高的优势，未来在我国电力体系中将成为基础保障性和系统调节性并重的重要电源构成。

煤炭价格是影响火电企业成本的重要因素，煤炭价格的稳定关系到电力系统的稳定和安全。近年来，受国内煤炭产能未充分释放、国际能源价格仍处高位等因素影响，我国煤炭价格居高不下，对煤电企业的经营产生很大冲击。2021年10月，国家发展和改革委员会组织座谈会研究依法对煤炭价格实行干预措施，促进煤炭价格回归合理区间，并联合国家市场监管总局联合开展煤炭现货市场价格专项督查，对未严格落实煤炭保供稳价要求的地区和企业进行约谈。2022年2月，国家发展和改革委员会发布了《关于进一步完善煤炭市场价格形成机制的通知》，要求立足以煤为主的基本国情，综合运用市场化、法治化手段，引导煤炭（动力煤，下同）价格在合理区间运行，完善煤、电价格传导机制，保障能源安全稳定供应，推动煤、电上下游协调高质量发展。本书认为，煤炭价格不但在很大程度上决定了煤电企业的经营状况，而且还关系到国家能源安全。政府在煤炭市场大幅波动时采取适当措施引导价格回归合理区间，有助于煤电企业提升经营的稳定性，但很难在根本上改变其易受煤炭市场波动影响的风险特征。

为了推动煤电企业转变经营发展模式，保障电力稳定供应，近年来监管部门发布一系列政策调整煤电机组上网电价。2021年10月，国家发展和改革委员会发布《关于进一步深化燃煤发电上网电价市场化改革的通知》，要求有序放开全部燃煤发电电量上网电价，扩大市场交易电价上下浮动范围，将煤电市场交易价格浮动范围扩大为上下浮动原则上均不超过20%，高耗能企业市场交易电价不受上浮20%限制，电力现货价格不受上述幅度限制。2023年9月，国家发展和改革委员会、国家能源局发布了《电力现货市场基本规则（试行）》，构建了"能涨能降"的市场价格机制。同年11月，国家发展和改革委员会、国家能源局发布了《关于建立煤电容量电价机制的通知》，要求建立煤电容量电价机制，逐步构建有效反映各类电源电量价值和容量价值的两部制电价机制，将现行煤电单一制电价调整为两部制电价，其中电量电价通过市场化方式形成，灵敏反映电力市场供需、燃料成本变化等情况；容量电价根据转型进度等实际情况合理确定并逐步调整，充分体现煤电对电力系统的支撑调节价值，确保煤电行业持续健康运行。本书认为，政策将持续发力推动燃煤机组上网电价市场化，帮助煤电企业应对上游煤炭价格波动等不确定因素对其经营造成的冲击。

（三）水电相关政策

我国加快构建清洁低碳、安全高效的能源体系，积极推进水力发电市场化改革。本书认为，我国能源的绿色低碳转型将持续推进，水电行业将面临良好的发展环境。

随着电力体制改革的不断深化，水电市场化交易规模将持续扩大。

随着我国加快构建清洁低碳、安全高效的能源体系，监管部门持续出台政策保障水电优先上网和推动水电项目建设。2017 年 10 月，国家发展和改革委员会、国家能源局发布《关于促进西南地区水电消纳的通知》，提出加快规划内的水电送出通道建设等多项措施促进水电消纳。2021 年 3 月，国家能源局综合司发布《清洁能源消纳情况综合监管工作方案》，督促电网企业优化清洁能源并网接入和调度运行，实现清洁能源优先上网和全额保障性收购。2021 年 9 月发布的《中共中央　国务院关于完整准确全面贯彻新发展理念做好碳达峰碳中和工作的意见》（以下简称"'双碳'政策"），要求 2030 年实现碳达峰及 2060 年实现碳中和。同年 10 月，国务院发布《2030 年前碳达峰行动方案》，要求推动金沙江上游、澜沧江上游、雅砻江中游、黄河上游等已纳入规划、符合生态保护要求的水电项目开工建设，推进雅鲁藏布江下游水电开发，推动小水电绿色发展，计划"十四五""十五五"期间分别新增水电装机容量 4000 万千瓦左右，西南地区以水电为主的可再生能源体系基本建立。2022 年 1 月，国家发展和改革委员会和国家能源局联合发布《"十四五"现代能源体系规划》，提出到 2025 年非化石能源消费比重提高到 20%左右，非化石能源发电量比重达到 39%左右，灵活调节电源占比达到 24%左右。

我国水电站根据自身情况采用三种上网电价，分别为经营期上网电价、省内标杆上网电价、跨区域倒推上网电价。2001 年 4 月，原国家计划委员会发布《关于规范电价管理有关问题的通知》，将按发电项目还贷需要核定还贷期的还本付息电价改为按发电项目经营期核定平均上网电价。2014 年 1 月，国家发展和改革委员会发布《关于完善水电上网电价形成机制的通知》，规定 2014 年 2 月 1 日以后新投产水电站上网电价分为省内标杆上网电价和跨省跨区域倒推上网电价两种方式，对之前投产的水电站上网电价进一步规范管理，逐步简化电价分档。省内上网水电电价实行标杆电价制度，标杆上网电价以本省省级电网企业平均购电价格为基础，统筹考虑电力市场供求变化趋势和水电开发成本制定，由省级价格主管部门提出方案，报国家发展和改革委员会核准。国家明确为跨省、跨区域送电的水电站，其外送电量上网电价按照受电地区落地价扣减输电价格确定；落地价由送、受电双方按照平等互利原则，参照受电地区省级电网企业平均购电价格协商确定；跨省（区、市）输电价格由国家发展和改革委员会核定，跨区域电网输电价格由国家能源局审核，报国家发展和改革委员会核准。

近年来，我国加快进行电力市场化改革，部分地区水力发电逐步转为市场化交易。2018 年 7 月，国家发展和改革委员会、国家能源局发布《关于积极推进电力市场化交易进一步完善交易机制的通知》，提出有序放开水电参与电力市场化交易。2022 年 1 月，国家发展和改革委员会、国家能源局发布《关于加快建设全国统一电力市场体系的指导意见》，提出健全多层次统一电力市场体系，鼓励支持发电企业与售电公司、用户等开展直接交易。率先开展电力市场化交易的云南省 2023 年省内水电成交电量为 1437.70 亿千瓦时，已达省内水力发电量的 46.62%。

水力发电不消耗一次性资源，是无污染、无排放的可再生能源。本书认为，随着"双碳"政策的贯彻实施，我国将加快推动能源绿色低碳转型，大力发展非化石能源发电，水电行业将面临良好的发展环境。另外，短期内水电交易仍将以非市场化方式为主，但随着我国电力体制改革的不断深化，水电市场化交易规模将持续扩大。

（四）风电相关政策

近年来，我国支持风电产业发展的政策和规划相继出台，有力地推动了风电行业的快速发展。本书认为，风电行业发展的政策环境良好，未来随着电力消纳、新型储能等相关设施建设的推进和技术的进步，风电行业将长期面临良好的发展空间。

2006年，《中华人民共和国可再生能源法》颁布，从法律上确立了优先发展可再生能源的国家战略，强制性并网及全额收购和上网电价执行政府指导价等扶持措施对促进行业发展起到了关键作用。自此开始，有关风电的法律政策、规划文件陆续出台，行业进入高速发展阶段。2010年，国家能源局和原国家海洋局联合发布《海上风电开发建设管理暂行办法》，我国海上风电开始加速发展。在推动行业快速发展的同时，国家陆续出台项目规划和发展目标，以引导行业的有序健康发展。2014年，国务院办公厅公布的《能源发展战略行动计划（2014—2020年）》提出，重点规划建设酒泉、内蒙古西部、内蒙古东部、冀北、吉林、黑龙江、山东、哈密、江苏九个大型现代风电基地及配套送出工程；南方和中东部地区大力发展分散式风电，稳步发展海上风电；计划到2020年风电装机达到2亿千瓦，风电与煤电上网电价相当。《2030年前碳达峰行动方案》《"十四五"现代能源体系规划》等对风电装机目标作出了具体规划。根据《2024年政府工作报告》，我国将加快建设新型能源体系；加强大型风电光伏基地和外送通道建设，推动分布式能源开发利用，提高电网对清洁能源的接纳、配置和调控能力，发展新型储能，促进绿电使用和国际互认。

随着风电装机容量的快速增长，弃风限电成为制约行业发展的主要问题。2012年，国家能源局在《关于加强风电并网和消纳工作有关要求的通知》中提出要将风电并网运行情况作为新安排风电开发项目布局的重要参考指标，风电利用小时数明显偏低的地区不得进一步扩大建设规模。从区域分布来看，第二批风电项目拟核准方案中"三北"地区拟核准规模得到较合理控制，蒙西、吉林、黑龙江、蒙东、甘肃和新疆这六大千万千瓦级基地的常规风电核准项目均为零。2016年，国家能源局在《关于做好2016年度风电消纳工作有关要求的通知》中提出，鼓励弃风率较低和消纳市场落实的地区加快发展风电。2018年，国家发展和改革委员会、国家能源局发布《清洁能源消纳行动计划（2018—2020年）》，提出到2020年确保全国平均风电利用率达到国际先进水平（力争达到95%左右），弃风率控制在合理水平（力争控制在5%左右）。随着优化电源布局、控制开发节奏、完善电网基础设施、提升电力系统调节能力、发挥电力市场调节功能等一系列措施的推进，2023年我国风电弃风率降至2.7%的历史低位，弃风限电问题基本得到解决。

本书认为，在"双碳"政策的大背景下，国家鼓励风电行业发展的政策导向不会改变，预计未来风电行业仍将具有良好的政策环境。

为扶持风电行业发展，自 2006 年以来其上网电价执行政府指导价，2009 年以后根据不同资源区设定了差异化标杆电价。随着风电成本的持续下降，上网电价逐渐降低，2021 年新核准机组实现平价上网。本书认为，随着平价上网的推行及市场化竞争的加剧，风电行业利润空间面临下滑风险。

上网电价政策是行业扶持政策的重要内容之一，直接关系到风电运营企业的盈利状况，对风电产业的发展影响明显。近年来，随着风电行业的持续快速发展，风电电价政策也持续调整变化。

根据 2006 年《可再生能源发电价格和费用分摊管理试行办法》，风电上网价格执行政府指导价，电价标准由国务院价格主管部门按照招标形成的价格确定。2009 年，《关于完善风力发电上网电价政策的通知》提出按风能资源状况和工程建设条件，将全国分为四类风能资源区[1]，此后新建陆上风电项目的标杆电价分别为每千瓦时 0.51 元、0.54 元、0.58 元和 0.61 元，标杆电价高于当地脱硫燃煤机组上网电价的部分由政府补贴。随着风电装备制造技术的进步，风电机组生产成本大幅下降，行业发展对政府补贴的依赖程度不断降低，各资源区的标杆电价亦随之降低。2014 年发布的《关于海上风电上网电价政策的通知》鼓励通过特许权招标等市场竞争方式确定海上风电项目开发业主和上网电价，上网电价不得高于同类项目上网电价水平；对非招标的海上风电项目，区分潮间带风电和近海风电[2]两种类型确定上网电价，2017 年以前（不含 2017 年）投运的近海风电项目上网电价为每千瓦时 0.85 元（含税，下同），潮间带风电项目上网电价为每千瓦时 0.75 元。该电价调整制度沿用至今。

2021 年，国家发展和改革委员会发布《关于 2021 年新能源上网电价政策有关事项的通知》，对新核准陆上风电项目中央财政不再补贴，上网电价按当地燃煤发电基准价执行，可自愿通过参与市场化交易形成上网电价；新核准（备案）海上风电项目上网电价由当地省级价格主管部门制定，具备条件的可通过竞争性配置方式形成，上网电价高于当地燃煤发电基准价的，基准价以内的部分由电网企业结算；鼓励各地出台针对性扶持政策，支持陆上风电、海上风电等新能源产业持续健康发展。总体来看，2021 年新核准陆上风电项目全面实现无补贴平价上网，海风延后一年；虽然中央财政补贴已完全退出，但各地方政府仍有相关补贴。

---

① I 类资源区为内蒙古自治区除赤峰市、通辽市、兴安盟、呼伦贝尔市以外的其他地区；新疆维吾尔自治区乌鲁木齐市、伊犁哈萨克自治州、昌吉回族自治州、克拉玛依市、石河子市。II 类资源区为河北省张家口市、承德市；内蒙古自治区赤峰市、通辽市、兴安盟、呼伦贝尔市；甘肃省张掖市、嘉峪关市、酒泉市。III 类资源区为吉林省白城市、松原市；黑龙江省鸡西市、双鸭山市、七台河市、绥化市、伊春市，大兴安岭地区；甘肃省除张掖市、嘉峪关市、酒泉市以外其他地区；新疆维吾尔自治区除乌鲁木齐市、伊犁哈萨克自治州、昌吉回族自治州、克拉玛依市、石河子市以外其他地区；宁夏回族自治区。IV 类资源区为除上述资源区以外的其他地区。详见《关于完善风力发电上网电价政策的通知》。

② 潮间带风电指在沿海多年平均大高潮线以下至理论最低潮位以下 5 米水深内的海域开发建设的风电场。近海风电指在理论最低潮位以下 5~50 米水深的海域开发建设的风电场，包括在相应开发海域内无居民的海岛和海礁上开发建设的风电场。

近年来，我国加快进行电力市场化改革，新能源市场化交易电量占比不断提升。2018 年 7 月，国家发展和改革委员会、国家能源局发布《关于积极推进电力市场化交易进一步完善交易机制的通知》，提出支持电力用户与风电企业开展市场化交易。2022 年 1 月，国家发展和改革委员会、国家能源局发布《关于加快建设全国统一电力市场体系的指导意见》，提出健全多层次统一电力市场体系，鼓励支持发电企业与售电公司、用户等开展直接交易。2021~2023 年，新能源市场化交易电量占比逐年提升，分别为 28.28%、38.42%、47.3%。

本书认为，随着技术的进步，风电成本将呈现下降趋势，行业发展对政府补贴的依赖程度会越来越低，但不同风电项目的成本有所差异，尤其是海风成本仍偏高，平价上网的全面实行及未来市场化交易导致的上网竞争加剧，会使风电的利润空间面临下行风险。

（五）太阳能发电相关政策

近年来，国家不断出台政策推动太阳能发电行业的快速发展，以清洁能源发电优先上网、全额保障性收购为核心的政策体系不断完善。同时，随着太阳能发电技术的进步及规模效应的显现，行业发展已不再依赖政府补贴，2016 年补贴政策开始退坡，2021 年中央财政不再补贴。本书认为，未来国家鼓励太阳能发电行业发展的政策导向仍不会改变，行业仍具有良好的政策环境和发展空间。

随着我国加快构建清洁低碳、安全高效的能源体系，近年来监管部门持续出台政策推动太阳能发电行业的快速发展，包括保障太阳能发电优先上网和促进太阳能发电项目的建设等。我国实行可再生能源发电全额保障性收购制度，根据《中华人民共和国可再生能源法》，要求电网企业与依法取得行政许可或者报送备案的可再生能源发电企业签订并网协议，全额收购其电网覆盖范围内可再生能源并网发电项目的上网电量。2021 年 3 月，国家能源局综合司发布《清洁能源消纳情况综合监管工作方案》，督促电网企业优化清洁能源并网接入和调度运行，实现清洁能源优先上网和全额保障性收购。2021 年 9 月，国家发布"双碳"政策，成为太阳能发电行业的纲领性政策；此后，国家陆续发布《2030 年前碳达峰行动方案》《"十四五"现代能源体系规划》等，对太阳能发电装机目标、非化石能源消费比重和发电量比重等作出了具体规划。

2011 年 7 月，为促进太阳能发电产业发展，国家发展和改革委员会发布《关于完善太阳能光伏发电上网电价政策的通知》，规定太阳能光伏发电项目上网电价统一核定为每千瓦时 1.15 元。2013 年 8 月，国家发展和改革委员会发布《关于发挥价格杠杆作用促进光伏产业健康发展的通知》，规定了 I、II、III 三类太阳能资源区①光伏电站标

---

① I 类资源区包括宁夏，青海海西，甘肃嘉峪关、武威、张掖、酒泉、敦煌、金昌，新疆哈密、塔城、阿勒泰、克拉玛依，内蒙古除赤峰、通辽、兴安盟、呼伦贝尔以外地区。II 类资源区包括北京，天津，黑龙江，吉林，辽宁，四川，云南，内蒙古赤峰、通辽、兴安盟、呼伦贝尔，河北承德、张家口、唐山、秦皇岛，山西大同、朔州、忻州，陕西榆林、延安，青海、甘肃、新疆除 I 类外其他地区。III 类资源区包括除 I 类、II 类资源区以外的其他地区。

杆上网电价分别为 0.9 元、0.95 元和 1 元，分布式光伏发电的上网电价补贴标准为 0.42 元。补贴政策对我国光伏产业的快速发展起到了很大的促进作用，但随着光伏装机规模的持续增长，财政补贴缺口逐步增加；同时，光伏发电技术的快速提升导致光伏发电机组建设成本持续大幅下降，行业发展对政府补贴的依赖程度不断降低。因此，光伏发电的补贴政策进入退坡期。2016~2020 年，国家发展和改革委员会单独或会同其他部门陆续发布《关于调整光伏发电陆上风电标杆上网电价的通知》《关于 2018 年光伏发电项目价格政策的通知》《关于 2018 年光伏发电有关事项的通知》《关于积极推进风电、光伏发电无补贴平价上网有关工作的通知》《关于完善光伏发电上网电价机制有关问题的通知》《关于 2020 年光伏发电上网电价政策有关事项的通知》等文件，逐渐降低光伏发电上网电价，将Ⅰ~Ⅲ类资源区新增集中式光伏电站指导电价降至每千瓦时 0.35 元（含税，下同）、0.4 元、0.49 元（含税），将工商业分布式光伏发电项目的全发电量补贴标准降至每千瓦时 0.05 元（含税）。2021 年 6 月，国家发展和改革委员会发布《关于 2021 年新能源上网电价政策有关事项的通知》，正式宣布 2021 年起对新备案集中式光伏电站、工商业分布式光伏项目中央财政不再补贴，上网电价按当地燃煤发电基准价执行，新建项目也可自愿通过参与市场化交易形成上网电价。虽然广东、浙江、江苏、北京、上海等经济发达地区为了促进新能源产业发展仍持续出台对光伏发电的项目补助、发电补贴等扶持政策，扶持类型主要为分布式光伏发电，整体来看光伏发电行业已进入平价上网的新时期。

太阳能发电不消耗一次性资源，是无污染、无排放的可再生能源。本书认为，随着成本的持续下降，我国光伏发电行业的发展已不再依赖政府补贴，在技术进步的推动下行业仍能保持快速发展的态势。在"双碳"政策的大背景下，国家鼓励太阳能发电行业发展的政策导向不会改变，预计未来我国太阳能发电行业仍将具有良好的政策环境和发展空间。

（六）核电相关政策

由于其建设投资金额大、安全风险高、需持牌运营的特征，核电行业的政策导向性较其他电力细分行业更加显著，安全性是核电行业政策的重中之重。本书认为，核电行业由于其特殊性，发展速度受到较大限制，预计未来我国核电行业将保持平稳有序的发展节奏。

我国核电行业具有发展时间较短、政策驱动性强的特征。由于核电行业建设投资金额大、安全风险高、需持牌运营的特征，国家政策对核电行业发展的影响十分显著。为促进核电行业稳健有序发展，国家发展和改革委员会出台《核电中长期发展规划（2005—2020 年）》，提出到 2020 年，核电运行装机容量争取达到 4000 万千瓦；核电年发电量达到 2600 亿~2800 亿千瓦时，新投产核电装机容量约 2300 万千瓦。2011 年福岛核电站发生重大核安全事故，次年国家出台《核电安全规划（2011—2020 年）》和调整后的《核电中长期发展规划（2011—2020 年）》，强调安全是核电的生命线，明确规定，2020 年在运机组 5800 万千瓦、在建 3000 万千瓦的建设目标。中华人民共和国国民经济和社会发展第十四个五年规划和 2035 年远景目标纲要。2022 年，《"十四五"现代能源体系规划》细化了"十四五"规划提出的目标，随着"双碳"目标的提出，核电在能源领域的战略地位又有进一步提高。2024 年，国家能源局印发《2024 年能源工作指导意见》，提出稳步推进水电核电开发建设，积极安全有序推动沿海核电项目核准等。

在电价方面，我国核电电价执行《国家发展改革委关于完善核电上网电价机制有关问题的通知》，2013 年 1 月 1 日以后投产的核电机组实行标杆上网电价政策：①全国核电标杆上网电价确定为 0.43 元/千瓦时；②全国核电标杆上网电价高于核电机组所在地燃煤机组标杆上网电价（含脱硫、脱硝加价，下同）的地区，新建核电机组投产后执行当地燃煤机组标杆上网电价；③全国核电标杆上网电价低于核电机组所在地燃煤机组标杆上网电价的地区，承担核电技术引进、自主创新、重大专项设备国产化任务的首台或首批核电机组或示范工程，其上网电价可在全国核电标杆电价基础上适当提高。

三、行业运行状况

（一）电力行业整体运行情况

近年来，随着宏观经济的持续增长，我国用电量保持低速增长态势，增速有所波动，万元 GDP 电耗基本稳定，但电力消费量在终端能源消费总量中的占比逐步上升（见图 4-1、图 4-2）。本书认为，未来随着我国能源消费结构的持续优化，电力消费占终端能源消费的比重仍将不断提高，全社会用电量将随着我国经济的持续发展而保持增长态势。

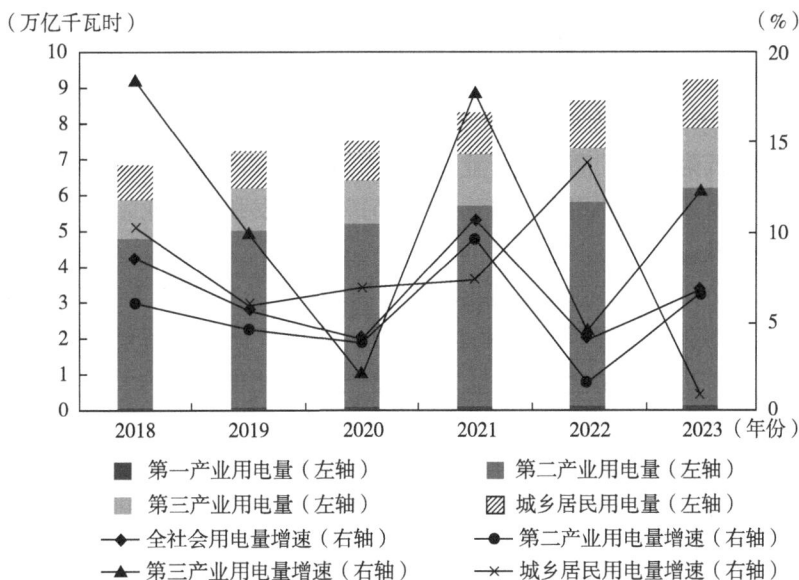

图 4-1　我国用电量情况

资料来源：中电联。

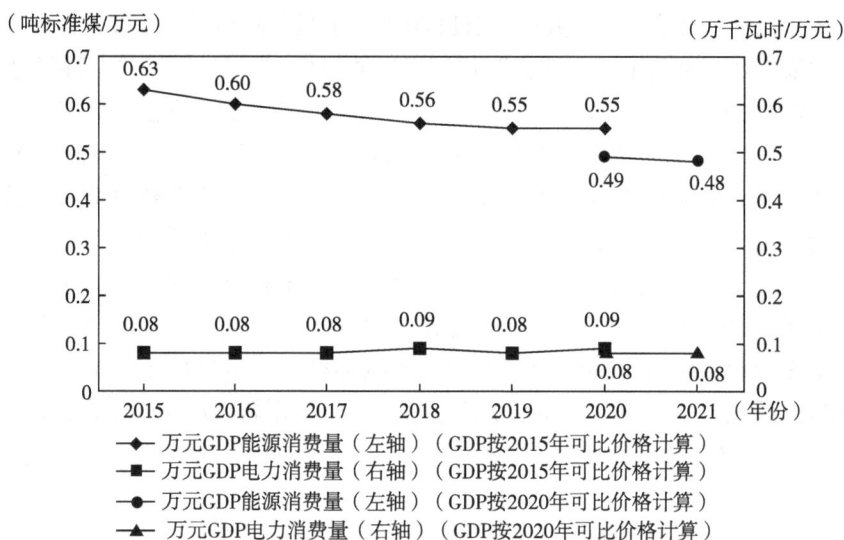

图 4-2 我国能耗及电耗情况

资料来源：国家统计局。

近年来，随着经济持续增长，我国的用电需求保持增长，同时用电增速随着经济结构的调整逐步放缓。2020 年我国用电增速进一步回落；2021 年随着宏观经济增速的快速回升，加之上年基数相对较小，2021 年用电量增速大幅回升；2022 年受新冠疫情等因素影响，电力消费增速又有所回落。2023 年以来，随着社会生产生活的加快恢复和经济回稳向好，全国电力消费增速有所上升。从用电结构来看，城市居民用电量占比相对较低，85%左右的用电需求来自第二、三产业，其中第二产业用电量占比最高，但保持小幅下降趋势，以新兴产业为代表的第三产业用电量占比保持较快增长。从具体细分行业看，2021 年制造业（包含有色金属和黑色金属冶炼、化学品制造、水泥制造、纺织等传统低附加值、高耗能行业）的用电量合计占比高达 50.95%，电力、热力等二次能源生产及采矿业的用电量占比为 15.51%，批发和零售业、住宿和餐饮业的用电量占比为 4.54%。

我国的用电负荷随季节变化呈现出较强的波动特点。每年的 7 月和 8 月较热月份、12 月和次年 1 月较寒月份是明显的用电波峰期，用电负荷明显高于其他月份，且负荷呈逐年上升态势，2 月的用电负荷也呈大幅上涨趋势，用电负荷的大幅变化导致电力系统调峰压力持续加大。

随着能源低碳转型的推进，近年来我国万元 GDP 能耗持续下降，但万元 GDP 电耗基本保持稳定，表明电力消费量在终端能源消费总量中的占比呈上升态势，这主要是因为电能在终端使用过程中具有高效率、无排放的优势。根据《"十四五"现代能源体系规划》，我国将提升终端用能的低碳化电气化水平，全面深入拓展电能替代。本书认为，未来随着我国能源消费结构的持续优化，电力消费占终端能源消费的比重仍将不断提高，全社会用电量将随着我国经济的持续增长而保持增长态势。

近年来，我国电源工程装机容量增长较快，其中光伏、风电装机容量及发电量增速很快，火电发电量占比仍保持在 70% 左右，用电负荷的大幅变化导致电力系统调峰压力持续加大，电力系统调峰灵活性仍有不足。本书认为，随着我国电力需求的持续增加，电源总装机容量仍将保持增长，电源结构仍将继续优化，但未来几年电力系统调峰仍面临一定挑战，电力供需情况总体仍呈紧平衡态势。

从供给端看，近年来我国电源工程装机容量增长较快，其中光伏、风电发展迅速，2023 年 3 月末光伏发电装机容量已超过水电，成为我国第二大电源（见图 4-3、图 4-4）。火电、水电、核电的装机容量增速较慢，其占比呈下降态势，2023 年末火电装机容量占比下降至 50% 以下。本书认为，随着我国用电需求的不断增长，未来电源工程装机容量仍将保持增长，新增装机容量仍将以光伏、风电等绿色能源为主，火电、水电及核电将保持低速发展。

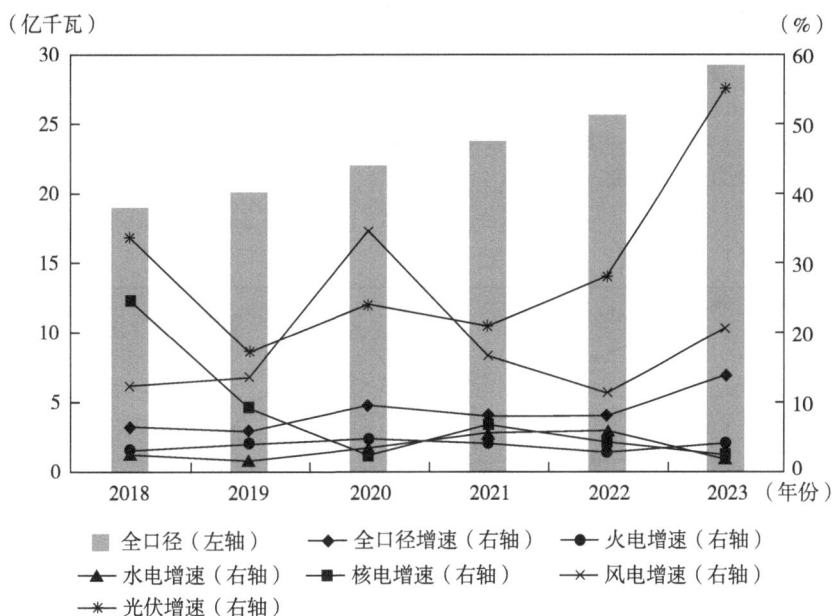

图 4-3　近年来我国装机容量情况

资料来源：中国电力企业联合会。

近年来，我国规模以上工业发电量保持低速增长（见图 4-5）。其中，火电发电量占比基本保持在 70% 左右，仍为主力电源，是我国电力供应的稳定器和调节器。水电机组出力情况受水文条件影响大，近年来水电装机容量保持增长，但部分年份受来水不足等影响，发电量出现负增长。风电、太阳能的发电量保持快速增长，但增速波动较大。核电装机容量较小，发电量贡献很小（见图 4-6）。

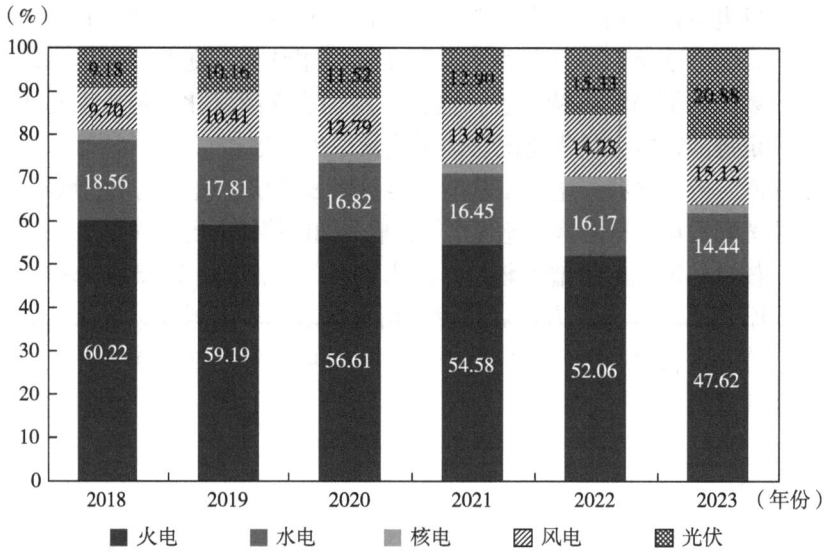

图 4-4 近年来我国装机结构情况

资料来源：中国电力企业联合会。

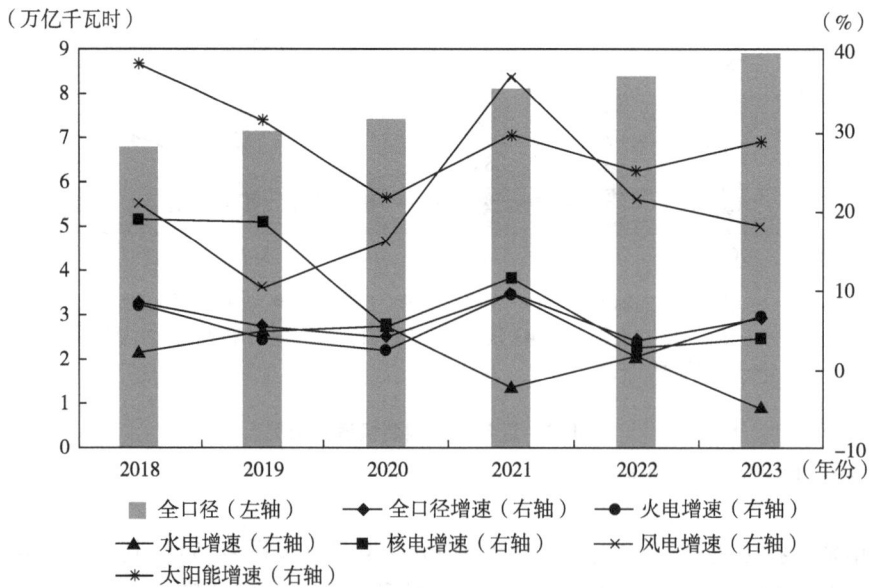

图 4-5 近年来我国规模以上工业发电量情况

资料来源：国家统计局。

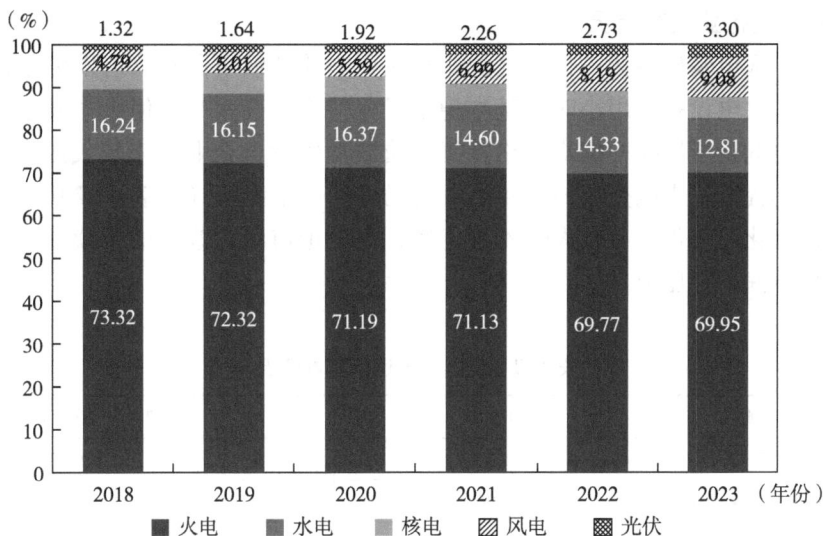

图 4-6　近年来我国规模以上工业发电量结构情况

资料来源：国家统计局。

从各发电机组利用小时数来看，核电机组极少参与调峰，绝大部分时间均满负荷状态运行，其机组平均利用小时数远高于其他各类机组，近年来发电机组利用小时数均超过 7000 小时。水电机组受季节及水资源影响较大，其平均利用小时数略低于火电机组，为 3500 小时左右。风电和光伏发电受环境影响较大，稳定性较弱，机组利用小时数相对较少。

综合来看，我国全社会发电量①变动态势与全社会用电量基本保持一致（见表 4-1）。我国需求端用电负荷持续增加，供给端新能源机组受天气、水文等影响出力不足，为满足"双碳"目标火电机组出力也受到限制，存在电力系统调峰灵活性欠缺等问题，电力供需总体呈紧平衡态势。本书认为，我国经济增长具备很强韧性，随着经济结构的转型，未来全社会用电量、发电量仍将保持增长，同时电力消费结构及电源结构将继续优化，但电力系统调峰仍将面临一定挑战，我国电力供需总体仍呈紧平衡态势。

表 4-1　我国电力供需情况

项目	2018 年	2019 年	2020 年	2021 年	2022 年	2023 年
全社会发电量（万亿千瓦时）	7.17	7.50	7.78	8.53	8.85	9.46
全社会用电量（万亿千瓦时）	6.84	7.23	7.51	8.31	8.64	9.22
发电量与用电量差额	0.33	0.27	0.27	0.22	0.21	0.24

资料来源：国家统计局。

———————————

① 全社会发电量和用电量统计口径存在差异：国家统计局统计的年度全社会发电量为全口径电量指标；中国电力企业联合会统计的全社会用电量是指某一区域内所有电力用户的用电量之和，包括全行业用电量和城乡居民生活用电量，是从用电的视角统计的全口径电量指标。

（二）火电行业运行情况

近年来，火电装机容量占比及电源工程投资占比持续下降；火电发电量占比及增速基本稳定，火电设备利用小时数基本稳定且保持在较高水平，但火力发电仍面临来自新能源发电的挤压风险；煤炭价格持续高位波动给发电企业带来较大成本压力，随着上网电价的提升，煤电企业的盈利下滑情况得到一定缓解（见表4-2）。本书认为，未来煤价的变化趋势仍具有较大的不确定性，但电价市场化改革的持续推进有望缓解煤电企业的利润下行压力。

表4-2 我国火电运行基本情况

项目	2018 年	2019 年	2020 年	2021 年	2022 年	2023 年
火电装机容量（亿千瓦）	11.44	11.91	12.45	12.97	13.32	13.90
火电装机容量增速（%）	3.06	4.11	4.53	4.18	2.70	4.35
火电新增装机容量（亿千瓦）	0.41	0.41	0.56	0.46	0.45	0.47
火电电源工程投资（亿元）	777	760	553	672	909	1029
火电电源工程投资占比（%）	28.56	18.72	10.55	12.15	12.61	10.64
火电规模以上发电量（万亿千瓦时）	4.98	5.17	5.28	5.77	5.85	6.23
火电规模以上发电量增速（%）	7.98	3.82	2.13	9.28	1.39	6.50
火电平均利用小时数（小时）	4361	4293	4216	4448	4379	4466
火电平均利用小时数增速（%）	3.61	-1.56	-1.79	5.5	-1.55	1.99

资料来源：国家统计局、国家能源局。

按发电燃料划分，我国火电主要分为煤电和气电两类，其他燃料占比很小，其中煤电一直占据绝大部分比重。截至2022年末，煤电机组装机容量11.2亿千瓦，占火电机组装机容量的比重约为84%。

随着我国能源结构低碳化转型加速推进，非化石能源发电装机规模持续增长，近年来火电装机容量占总装机容量的比重持续下降，但受能源结构、历史电力装机布局及保障电力供应稳定性的基本需要等因素影响，火电装机容量占比仍然最大，国内电源结构仍以火电为主。截至2023年12月末，我国火电装机容量达139032万千瓦。近年来，火电新增装机容量波动较大，在全部新增装机容量中火电的占比较小且呈下降趋势。本书认为，未来火电装机容量将保持低速增长，占比仍将保持下降趋势。

"十三五"期间火电电源建设受停缓建工程项目影响，火电电源工程投资额持续减少。2020年后，我国多地出现限电及电力供应紧缺现象，作为基荷电源的火电投资审批加速，火电电源工程投资规模有所回升。近年来，我国电源工程投资主要集中在风电、光伏等清洁能源上，火电投资额占电源工程投资总额的比重呈下降趋势。

近年来，随着我国用电需求的逐年上升，火电发电量也随之增加，但增速有所放缓。在电源构成中，火电发电量占比基本稳定在70%左右，充分发挥了兜底保供作用。

火电机组平均利用小时数有小幅波动，2018~2020年平均利用小时数受节能降耗政策影响呈下降态势；2021年极端天气增加，降水量不足导致水电出力有所不足，火电出力增加，机组平均利用小时数相应增加；经过2022年的小幅波动后，2023年受水电出力不足、多轮高温天气及动力煤供需格局逐步宽松等多重因素影响，2023年平均利用小时数又有所增长。火电作为保障电源，平均利用小时数维持在4000小时以上，设备利用水平仍然较高。本书认为，未来随着火电机组的节能升级及灵活性改造，火电机组平均利用小时数将稳定在较高水平。

2021年，国内需求复苏，"十三五"期间去产能任务导致煤炭供给不足，煤炭价格大幅上涨，动力煤价格由年初的600元/吨左右涨至10月的2000元/吨左右。同年10月，限价保供政策的出台导致煤价有所回落，但煤价仍处在较高水平，煤电企业成本仍然较大。为保障电力系统的稳定运行，2021年后国家发展和改革委员会出台系列电价市场化改革政策，随着市场化的持续推进，煤电企业上网电价有所提升。2022年后，俄乌冲突等国际形势的变化导致能源危机加重，能源需求仍具韧性，国际能源价格居高不下，我国煤炭价格仍处于历史高位。但随着火电机组灵活性增强，以及容量电价、电力现货市场构建等电价市场化政策的陆续出台，2022年火电上网电价涨幅明显，煤电企业盈利水平受煤价影响的下行压力得到缓解。2023年，煤炭价格有所波动，虽较上年整体有所下降，但煤炭价格仍处于较高水平。本书认为，未来煤价的变化趋势仍具有较大的不确定性，煤电企业的经营将持续承压，电价市场化改革的持续推进有效缓解其利润下行压力。

（三）水电行业运行情况

近年来，我国水电装机容量不断增加，水力资源的开发接近饱和，受来水偏枯的影响，2021~2023年全国水电发电量和水电机组利用小时数均低于2020年。本书认为，未来水电工程投资规模和新增装机容量将呈下滑态势，由于气候及来水情况难以预测，全国水电发电量及机组利用小时数等仍有波动可能。

近年来，我国水电装机容量持续增长，2018~2020年增速较低，2021年和2022年随着白鹤滩水电站、乌东德水电站、两河口水电站、苏洼龙水电站等大型水电站发电机组投产，水电装机容量增速较快（见表4-3）。水电电源工程投资规模在2020年达到峰值，之后随着在建大型水电站陆续竣工，投资规模持续下降。2005年全国水力资源复查结果显示，水力资源理论蕴藏量为6.94亿千瓦，技术可开发装机容量为5.42亿千瓦，经济可开发装机容量为4.02亿千瓦。截至2023年末，我国水电装机容量达4.22亿千瓦，已超过经济可开发装机容量，待开发水电站多位于海拔较高、位置偏僻的地区，开发难度大且经济性相对较低。《2030年前碳达峰行动方案》指出，计划"十四五""十五五"期间分别新增水电装机容量4000万千瓦左右，本书以2023年末水电装机情况测算，2023~2030年水电装机容量复合增长率约为0.95%。本书认为，水力发电虽然受到"双碳"等政策支持，但我国水力资源开发接近饱和，经济开发的剩余空间有限，新增装机容量和工程投资规模将有所下滑。

表 4-3　我国水电运行基本情况

项目	2018 年	2019 年	2020 年	2021 年	2022 年	2023 年
装机容量（亿千瓦）	3.52	3.56	3.70	3.91	4.14	4.22
新增装机容量（亿千瓦）	0.09	0.04	0.13	0.23	0.24	0.08
装机容量增速（%）	2.46	1.13	3.93	5.68	5.88	1.93
水电电源工程投资（亿元）	674.00	905.00	1077.00	988.00	863.00	991.00
水电电源工程投资增速（%）	8.36	34.27	19.01	-8.26	-12.65	14.83
发电量（亿千瓦时）	11027.50	11534.40	12140.30	11840.20	12020.00	11408.90
发电量增速（%）	1.93	4.60	5.25	-2.47	1.52	-5.08

资料来源：国家统计局，国家能源局。

我国大型水库的库容量和蓄水总量总体呈增长态势，截至 2022 年末大型水库容量和大型水库蓄水总量分别为 7979 亿立方米和 4181 亿立方米。2018~2020 年，水电发电量保持增长态势，但此后三年发电量均小于 2020 年，主要是因为平均降水量连续下降导致来水偏枯，2023 年全国平均降水量相比 2020 年下降 91.5 毫米。2021 年以来，全国水电机组利用小时数不断下降，从 2020 年的 3827 小时降至 2023 年的 3133 小时。由于气候及来水情况难以预测，本书认为全国水电发电量及机组利用小时数等未来仍可能出现明显波动。

我国通过西电东送工程将西南地区富余水电输送至沿海经济发达地区，由于执行不同的电价政策，水电企业之间的销售电价差异很大，整体上受电地区电价水平的影响较大，此外跨省区输电受输电价格的影响也较大。本书认为，随着我国水电市场化程度的提高，受电地区电价较高的水电企业的上网电价和盈利水平有望得到提升。

我国装机容量在 25 万千瓦以上的大型水电站主要分布在金沙江、长江上游、澜沧江、雅砻江、大渡河、怒江、黄河上游、闽浙赣、乌江、东北、湘西、黄河中游、南盘江红水河十三大水电基地，西南地区水电资源很丰富。但是，用电大省主要为广东、山东、江苏、浙江、河北、河南等东部经济发达的省份或中部人口密集的省份，这些省份的用电量明显高于发电量。我国西电东送工程解决了能源资源与电力负荷分布不均衡的问题，其中中部和南部通道将湖北、四川、云南等省的水电输送至长三角和珠三角地区的经济发达省份。以上受电地区的电价相对较高，因为通过西电东送传输电力有一定的电网输送成本。

由于国家对水电企业销售电价执行多种政策，且各省在国家政策框架下对省内不同水电企业执行不同的电价政策，因此水电企业之间销售电价差异很大。水电市场化交易程度整体较低，部分市场化交易通过中长期合同锁定未来一段时间的价格，单个企业的水电销售电价可以在较长时期内保持稳定。本书认为，随着水电市场化交易程度的提高，未来受电地区电价较高的水电企业的上网电价和盈利水平有望得到提升。

（四）风电行业运行情况

近年来，我国风电装机容量快速增长，风力发电量及装机容量占比不断上升，随着风电消纳问题逐步得到解决，风电机组运行效率呈稳中有升的良好态势（见表4-4）。本书认为，在我国"双碳"目标愿景下，未来风电装机容量及其在电源结构中的占比仍有上升空间，风电新增装机将向中东部地区分散式陆风和沿海地区海上风电倾斜。

表 4-4　2014~2023 年我国风电行业情况

年份	风电装机容量（万千瓦）	风电发电量（亿千瓦时）	总装机容量（万千瓦）	总发电量（亿千瓦时）	风电机组利用小时数（小时）	弃风率（%）
2014	9656.65	1597.63	137887.37	57944.57	1893.00	8.00
2015	13075.19	1855.91	152526.58	58145.73	1728.00	15.00
2016	14747.15	2408.61	165050.72	61331.60	1742.00	17.00
2017	16400.00	3046.00	178451.00	66044.47	1948.00	12.00
2018	18427.00	3658.00	190012.00	71661.33	2095.00	7.00
2019	20915.00	4053.00	201006.00	75034.28	2082.00	4.00
2020	28165.00	4665.00	220204.00	77790.60	2073.00	3.50
2021	32848.00	6556.00	237692.00	85342.48	2232.00	3.10
2022	36564.00	7624.00	256733.00	88487.12	2221.00	3.20
2023	42941.18	8090.00	291965.00	89091.00	2225.00	2.70

资料来源：中国电力企业联合会及相关公开资料。

2009~2023 年，我国风电装机容量高速增长，从 1760 万千瓦增至 42941 万千瓦。2016 年由于弃风率高企，风电新增装机受到限制，装机容量增速明显放缓。2020 年系陆风上网电价补贴最后一年（海风为 2021 年），风电企业出现抢装高潮，当年新增装机容量大幅上升。同时，风电累计装机容量在我国电力装机容量中的占比呈持续增长趋势。从电源工程投资情况来看，2009 年以来风电投资额低位波动，从 2019 年开始显著增长，风电投资额占电源工程投资总额的比重在 2020 年达到历史高位。

近年来，全国电力供需情况总体处于紧平衡状态，全社会发电量及用电量基本保持同步增长。火电依然是我国电源供给的主体，近年来在整体发电量中的占比在 70%左右，发挥着调峰保供的重要作用，但受"双碳"和"双控"不断落实的影响，其装机容量维持低速增长，发电量增速有所波动，在整体发电量中的比重不断下降。风电的装机容量和发电量占比不断提升，其中风电发电量在总发电量中的占比从 2009 年的不足 1%增长至 2023 年的 9.08%。

我国风电产业格局以"三北"等地的陆风为主，以沿海地区的海风为辅，为降低弃风率，"风电东进"逐渐兴起，分散式风电场得以快速发展。我国海风资源丰富，海上风力发电起步较晚，受政策利好推动，海风技术和装机容量发展迅速。本书认为，在海风技术进步及政策支持下，中东部及沿海地区风电开发仍有较大市场空间。

我国风电主要分布在"三北"、华东及广东等地区，"三北"地区以陆风为主，华东及广东等地区海上风电发展较快。我国陆上风电起步较早，自 1986 年山东荣成市的马兰风电场开始并网发电，经过近 40 年发展，已经形成以"三北"地区集中式风电场为主、以中部和东部分散式风电场为辅的格局。截至 2023 年末，内蒙古风电（陆风）累计装机容量最大，达 6961.10 万千瓦。海上风电发轫于 2010 年建成的上海东海大桥风电场，江苏、广东、山东、浙江等沿海省份发展较快。截至 2023 年末，江苏省的海风装机容量最大，占全国海风总装机容量的 1/3 左右。从累计装机容量看，我国风电一直以陆风为主，但近年来海风装机容量快速增长，所占比重持续提高，2023 年末海风装机容量已占到风电装机总容量的 8.3%（见表 4-5）。从海风装机容量的增速来看，2011 年以来除 2013 年低于陆风外，其余年份大多显著高于陆风。在新增装机容量方面，海风占比呈增长态势。

表 4-5 截至 2023 年末各省（区、市）风电累计装机容量

序号	地区	装机容量（万千瓦）	海风装机容量（万千瓦）	弃风率（%）	序号	地区	装机容量（万千瓦）	海风装机容量（万千瓦）	弃风率（%）
1	内蒙古	6961.10	0.00	3.3~6.8	17	黑龙江	1127.06	0.00	1.4
2	新疆	3257.78	0.00	4.2	18	湖南	972.44	0.00	0.3
3	河北	3140.88	30.00	5.7	19	湖北	836.48	0.00	1.0
4	甘肃	2614.10	0.00	5.0	20	四川	770.06	0.00	0.0
5	山东	2591.13	471.82	2.4	21	福建	761.72	340.49	0.0
6	山西	2499.67	0.00	1.1	22	安徽	721.94	0.00	0.0
7	江苏	2286.34	1183.25	0.0	23	贵州	607.00	0.00	0.3
8	河南	2177.92	0.00	3.2	24	浙江	583.73	438.46	0.0
9	广东	1657.00	1000.00	0.4	25	江西	573.25	0.00	0.0
10	云南	1531.00	0.00	0.0	26	重庆	204.78	0.00	0.0
11	宁夏	1463.61	0.00	2.2	27	天津	171.40	9.00	0.0
12	辽宁	1428.62	104.76	2.0	28	上海	106.98	66.89	0.0
13	陕西	1285.33	0.00	3.2	29	海南	35.70	35.70	0.1
14	广西	1269.00	—	0.0	30	北京	23.65	0.00	0.1
15	吉林	1267.90	0.00	4.0	31	西藏	17.95	0.00	0.0
16	青海	1185.28	0.00	5.8	合计	全国	44130.80	3680.37	3.2

注：弃风率=1-风电利用率，风电利用率为全国新能源消纳监测预警中心 2023 年数据。内蒙古分为内蒙古东和内蒙古西两部分，弃风率分别为 3.3% 和 6.8%。

资料来源：Wind、相关公开资料、全国新能源消纳监测预警中心。

根据《"十四五"可再生能源发展规划》，我国规划建设的7个重大陆上新能源基地均包含风电场建设：新疆新能源基地，结合哈密—郑州、准东—皖南特高压通道输电能力提升和哈密—重庆新规划外送通道建设，统筹本地消纳和外送消纳，在北疆以风电为主建设千万千瓦级的新能源基地；在南疆以光伏为主建设千万千瓦级的新能源基地，探索光伏治沙等新发展方式；在东疆风电、光伏发电、光热发电相结合，建设千万千瓦级新能源基地。黄河上游新能源基地，发挥黄河上游水电调节优势，重点在青海海西州、海南州等地区统筹推进光伏发电和风电基地化开发，并在甘肃庆阳、白银等地区建设千万千瓦级风电光伏基地。河西走廊新能源基地，依托甘肃省内新能源消纳能力和酒泉—湖南特高压直流输电能力提升，有序推进酒泉风电基地二期后续风电项目建设，重点在河西地区新增布局若干个百万千瓦级的新能源基地。除此之外，还有黄河几字弯新能源基地、冀北新能源基地、松辽新能源基地、黄河下游绿色能源廊道。

为应对陆风的消纳问题，除限制开发和加强电网设施建设外，风电新增装机逐渐向中东部转移。中东部多为低风速区，资源分布不连续，土地资源稀缺，为充分利用风能资源，分散式风电成为集中式风电的重要补充。根据中国可再生能源学会风能专业委员会数据，截至2022年底我国陆上分散式风电累计装机容量1344万千瓦，占陆风总装机容量的4%。《"十四五"可再生能源发展规划》提出"千乡万村驭风行动"，以县域为单元大力推动乡村风电建设，推动100个左右的县、10000个左右的行政村乡村风电开发。

我国海岸线长约18000多千米，可利用海域面积300多万平方千米，拥有岛屿6000多个，海风资源丰富，发展空间较大。根据此前风能资源普查的结果，我国5~25米水深、50米高度海上风电开发潜力约2亿千瓦，5~50米水深、70米高度海上风电开发潜力约5亿千瓦。《"十四五"可再生能源发展规划》提出，鼓励地方政府出台支持政策，积极推动近海海上风电规模化发展；开展深远海海上风电规划，推动深远海海上风电技术创新和示范应用；探索推进海上能源岛建设示范，建设海洋能、储能、制氢、海水淡化等多种能源资源转换利用一体化设施；加快推动海上风电集群化开发，重点建设山东半岛、长三角、闽南、粤东和北部湾五大海上风电基地。《加快电力装备绿色低碳创新发展行动计划》中提出重点发展13兆瓦以上海上风电机组，研发深远海漂浮式海上风电装备；突破超大型海上风电机组新型固定支撑结构、主轴承及变流器关键功率模块等。根据规划要求，各个沿海省份均提出了"十四五"海风建设规划的具体目标，未来海风尤其是远海风电的发展空间较大。

海上风电具有风速快且稳定，年利用小时数高、不占用陆地面积、对环境影响小、靠近电网负荷中心等优势。本书认为，随着风电装备、发电技术及电网设施的不断升级与创新，加之政策支持，未来风电尤其是远海海上风电及分散式陆上风电的成长空间巨大。

近年来，在我国风电上网电价逐渐下降的同时发电成本持续降低，风电毛利率大体呈"凸"形变化，2022 年开始的平价上网导致海风毛利率大幅下滑。本书认为，随着平价上网的全面推行，风电毛利率将承压。

风力发电成本主要包括机组成本、建安成本、接网成本和其他投资。陆风和海风的成本结构差别较大，陆风的机组成本占比 50%左右，其余成本占比较低，而海风的成本占比相对均衡，主要是因为海上恶劣的自然条件和环境条件（如盐雾腐蚀、海浪载荷、海冰冲撞、台风破坏等）对防腐维护要求更高，海底电缆、桩基和吊装等使得安装、运维等成本大幅增加。

近年来，随着风电机组成本的持续下降，以及大功率机组的新建和更新改造的完成，我国风力发电成本已大幅下降。根据国际可再生能源署发布的《2022 年可再生能源发电成本》，2022 年我国陆上风电度电成本较 2010 年降低 68.08%，达到 0.028 美元/度（约为 0.2 元/度），低于世界平均水平（0.033 美元/度）；海上风电度电成本十年降低 59.69%，达到 0.077 美元/度（约为 0.54 元/度），低于世界平均水平（0.081 美元/度）（见图 4-7）。技术进步是风电成本下降的主要原因之一。随着风机设计和工艺方面的改进，发电机组效率不断提高，制造成本逐步下降，运行和维护成本也有所减少。同时，行业快速发展带来的规模化生产效应也降低了平均生产成本。对于海上风电，风机大型化被认为是降低成本最有效的途径之一。因为这意味着更大的风速和轮毂高度，能在获取更多风能的同时摊薄成本。同时，大型风机也能减少风机点位，在减少风电机组安装和施工的同时还能减少后期运维费用。近年来，我国风电机组朝着大型化的方向不断推进，机组功率和叶片直径均呈上升趋势，其中海风机组标准高于陆风机组，发电成本仍存在下降空间。

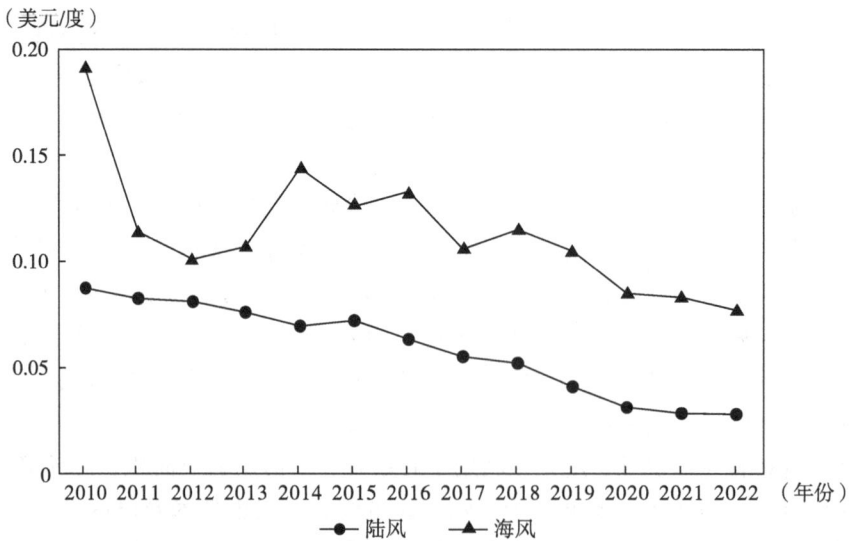

图 4-7　2010~2022 年我国风电度电成本

资料来源：国际可再生能源机构。

2014~2022 年，我国风电上网价格逐步走低，结合度电成本来看，我国风电毛利率呈现先升后降的变动态势，但海风毛利率始终低于陆风（见图 4-8、图 4-9）。2019年之前，虽然风电上网价格不断走低，但陆风毛利率不断增长，主要原因系风电设备成本不断降低所致。2020 年以来，随着补贴逐渐退坡，陆风上网价格延续降低态势，但风电设备成本下降空间有限，致使陆风毛利率开始下降。海风毛利率持续增长，2020 年增速变缓，主要系海风平价上网较陆风晚一年。2021 年，海风开始平价上网，新核准风电上网价格大幅降低，海风毛利率大幅下滑。本书认为，随着平价上网的全面推行，风电毛利率将继续承压。

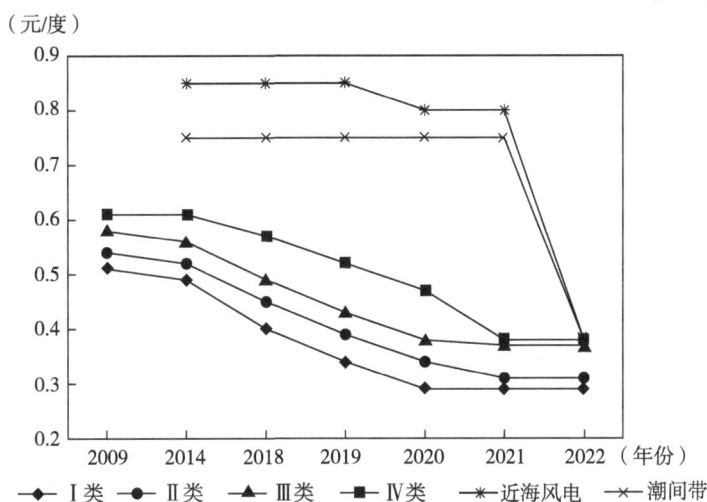

图 4-8　我国风电各资源区上网价格

注：①毛利率根据风电度电成本和各资源区风电上网价格计算得出，度电成本按照 1 美元 = 7 元汇率进行换算。

②2021 年和 2022 年陆风四类风能资源区上网价格分别采用内蒙古、甘肃、吉林、河南火电上网价格；2022 年海风上网价格采用Ⅳ类资源区火电上网价格（以河南为例）。

资料来源：国际可再生能源署及公开资料。

（五）太阳能发电行业运行情况

近年来，光伏制造技术不断更新迭代，光伏发电成本持续下降，光伏电池片及组件存在产能过剩现象，2023 年价格快速下跌。本书认为，未来 1~2 年光伏电池片及组件价格大幅回升的可能性较小，有利于光伏发电装机容量的快速提升。光伏电池及组件技术仍将不断提升，发电成本有望持续下降，有利于行业的持续发展。

随着我国光伏产业的发展，光伏电池及组件的技术不断提升，光伏发电度电成本持续下降。根据国际可再生能源署（IRENA）发布的 *Renewable Power Generation*

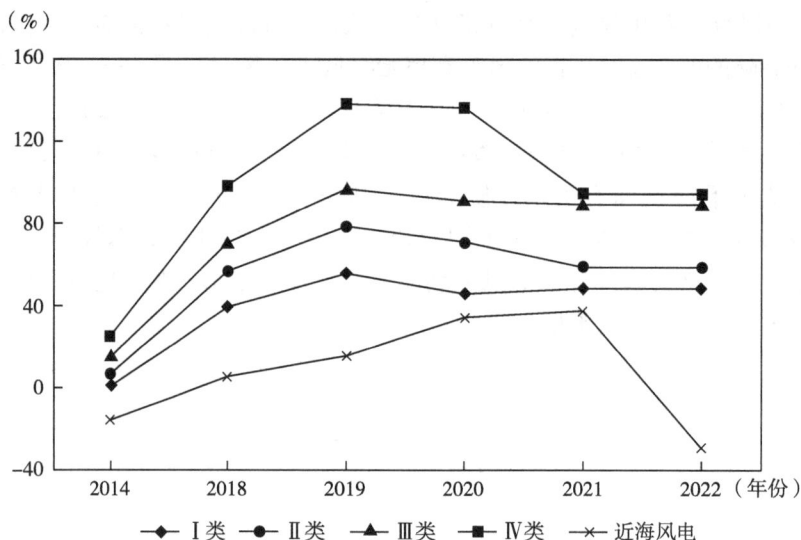

图 4-9 我国风电毛利率

注：①毛利率根据风电度电成本和各资源区风电上网价格计算得出，度电成本按照 1 美元 = 7 元汇率进行换算。

②2021 年和 2022 年陆风四类风能资源区上网价格分别采用内蒙古、甘肃、吉林、河南火电上网价格；2022 年海风上网价格采用Ⅳ类资源区火电上网价格（以河南为例）。

资料来源：国际可再生能源署及公开资料。

Costs in 2022，2022 年我国光伏发电平准化发电成本（LCOE）[①]下降至 0.0372 美元/千瓦时，以 2022 年底汇率计算为 0.26 元/千瓦时，低于火力发电成本的 0.28～0.32 元/千瓦时。国内主流光伏电池是 p 型单晶电池，其理论转换效率的极限为 24.5%，未来提升空间很小。n 型单晶作为新型技术，虽然技术难度较大，但光电转换效率较高，目前其电池产能正在迅速爬坡，市场占比将快速增长。据美国国家可再生能源实验室（NREL）最新认证报告，由隆基绿能科技股份有限公司自主研发的晶硅-钙钛矿叠层电池效率达到 33.9%，是目前全球晶硅-钙钛矿叠层电池效率的最高纪录。国家发展和改革委员会发布的《关于 2023 年国民经济和社会发展计划执行情况与 2024 年国民经济和社会发展计划草案的报告》指出，新型异质结光伏电池、钙钛矿光伏电池转化效率不断刷新纪录。本书认为，光伏电池能量转化效率仍有较大的提升空间，光伏发电成本有望进一步下降。

近年来，光伏制造行业存在产能过剩现象。截至 2022 年底，全球电池片和组件产能分别达 583.1 吉瓦和 682.7 吉瓦，分别同比增长 37.7% 和 46.8%。2022 年，全球新增光伏装机容量 235.8 吉瓦，组件需求量远小于光伏组件产能，一定程度上导致了供

---

① 平准化发电成本为对项目生命周期内的成本和发电量进行平准化计算得到的发电成本，即生命周期内的成本现值/生命周期内发电量现值。

需的失衡，尤其是能量转换效率较低的 p 型电池，存在产能过剩的情况。近年来，我国光伏制造头部企业纷纷扩大产能规模，随着在建项目逐步达产，光伏电池片及组件产量呈指数型增长。2022 年，电池片产量约为 318 吉瓦，同比增长 60.7%，以单晶电池为主；光伏组件产量达到 289 吉瓦，同比增长 58.8%。在价格方面，根据 SO-LARZOOM 统计，2019~2022 年光伏电池及组件价格指数平稳增长；2023 年起价格指数快速下行至 20 以下。

本书认为，未来 1~2 年在产能相对过剩的背景下，光伏电池片及组件价格大幅回升的可能性较小，光伏建设及发电成本将保持低位。随着技术水平高的 n 型电池等的市场占有率的提高，光伏发电新增装机整体的光电转化效率将不断提升。中长期来看，随着技术的不断进步，光伏发电成本仍有下降空间，有利于行业的持续快速发展。

受政策推动、技术提升、成本下降等影响，近年来我国光伏发电装机容量持续快速增长，2023 年已超过水电成为第二大电源，发电量随之快速提升，但机组利用小时数相对较少。本书认为，光伏发电作为绿色能源受到政策鼓励，装机容量将保持快速增长。随着电能存储设施和电网基础设施建设的推进，我国光伏发电的消纳能力将持续增强，发电量将持续上升，机组利用小时数也有望明显增长。

由于政策推动、技术提升、成本下降等多方面原因，近年来我国光伏发电电源工程投资和装机规模增长很快，截至 2023 年末全国太阳能发电装机容量达到 6.09 亿千瓦，较 2018 年增长 250%（见表 4-6）。火电、水电、风电、光伏等装机容量规模近年来均保持增长，其中光伏的增速最快，在发电装机总容量中的占比持续上升，2023 年 3 月末已超过水电成为我国第二大电源；火电、水电、核电的装机容量增速较慢，其占比呈下降态势。本书认为，随着我国用电需求的不断上升，未来电源工程装机容量仍将保持增长。火电、水电、核电受限于"双碳"行动、资源和技术等因素，其装机容量增速难有大的提升。太阳能的开发利用空间很大，光伏作为绿色能源，其发展受到政策鼓励，随着技术的进步，其成本优势也将越发明显，装机容量将保持快速增长的良好态势。

表 4-6　2018~2023 年我国太阳能发电运行情况

项目	2018 年	2019 年	2020 年	2021 年	2022 年	2023 年
装机容量（亿千瓦）	1.74	2.04	2.54	3.07	3.93	6.09
装机容量增速（%）	33.67	17.19	24.12	20.90	28.07	55.24
发电量（亿千瓦时）	894.50	1172.20	1421.00	1836.60	2290.00	2939.70
发电量增速（%）	38.15	31.05	21.23	29.25	24.69	28.37
平均机组利用小时数（小时）	1212.00	1285.00	1281.00	1281.00	1337.00	1286.00

资料来源：国家能源局、国家统计局。

随着装机容量的快速增长，我国太阳能发电量也保持高速增长态势，但增速波动较大，发电量占比仍很小。由于受到光照时间、光照条件等众多因素的影响，太阳能发电机组运行时间短、稳定性较弱，发电效率有较大折损，机组利用小时数明显低于其他电源。近年来，太阳能发电机组利用小时数整体趋于稳定，在 1300 小时/年左右小幅波动。

我国太阳能资源主要分布在西北地区，而用电负荷集中在东部和南部经济发达地区。光伏发电依赖太阳光照，缺乏主动调节能力。一旦电网的调峰能力与输送能力与光伏发电能力不匹配，光伏发电消纳不掉，容易导致很高的弃光率。我国西北地区由于调峰能力不足、供需不匹配、外送电网规划建设滞后等原因，弃光率曾经很高，2016 年陕西、甘肃、青海、宁夏、新疆五省（区）平均弃光率为 19.81%，其中新疆弃光率高达 32.23%。

为了降低弃光率，2017 年 11 月，国家发展和改革委员会、国家能源局发布《解决弃水弃风弃光问题实施方案》，要求各地区弃光电量逐年下降，到 2020 年在全国范围内解决弃光问题。2018 年 10 月，国家发展和改革委员会、国家能源局发布《清洁能源消纳行动计划（2018—2020 年）》，对全国平均弃光率要求低于 5%，将清洁能源消纳情况作为各地区新增清洁能源项目规模的前提条件。对弃光率的要求保障了光伏发电的上网消纳，但一定程度上也抑制了我国特别是西北地区光伏装机规模的增长。

为了从根本上解决光伏发电消纳问题，保障可再生能源的快速发展，国家在电力系统升级改造方面提出了诸多的要求。《"十四五"现代能源体系规划》要求加快储能装置特别是抽水蓄能电站建设，优化电源侧多能互补调度运行方式，提升电源调峰能力；加强建设以稳定安全可靠的特高压输变电线路为载体的新能源供给消纳体系；提升电网智能化水平，推动电网主动适应大规模集中式新能源和量大面广的分布式能源发展。抽水蓄能电站有上水库和下水库，发电高峰期通过电能将水抽至上水库蓄存转化为势能，在用电高峰期释放上水库储存的能量，将势能转化为电能。特高压输变电线路可以减小线路的电阻损耗和电感损耗，使输电距离更远。智能电网利用先进的优化算法和人工智能技术实现智能化的调度和预测系统，以提高电力系统的整体效率和可靠性，从而更好地协调可再生能源的发电和电力需求。根据《"十四五"现代能源体系规划》，我国计划到 2025 年抽水蓄能装机容量达到 6200 万千瓦，在建装机容量达到 6000 万千瓦。截至 2023 年底，全国在运抽水蓄能装机容量为 5064 万千瓦，在建超过 1.58 亿千瓦，预计将超额完成规划目标。国家电网计划"十四五"期间建成跨区输电通道提升输电能力 3527 万千瓦，建成 7 回特高压直流新增输电能力 5600 万千瓦；到 2025 年跨省跨区输电能力达到 3.0 亿千瓦，输送清洁能源占比达到 50%。

根据 2022 年 5 月国家发展和改革委员会、国家能源局发布的《关于促进新时代新能源高质量发展的实施方案》，我国加快推进以沙漠、戈壁、荒漠地区为重点的大型风电光伏基地建设，未来太阳能发电在该类光照时间长的地区的装机规模有望明显增加。根据国家发展和改革委员会《关于 2023 年国民经济和社会发展计划执行情况与 2024 年国民经济和社会发展计划草案的报告》，2024 年将加快推进大型风电光伏基地建设和主要流域水风光一体化开发建设，推动实施内蒙古西—京津冀、大同—天津南等特高压输电工程，开展一批特高压输电通道规划论证；推动分布式能源开发利用；因地制宜布局抽水蓄能电站，推动新型储能多元化发展；加强可再生能源消纳利用，实施可再生能源替代行动，完善新能源上网电价形成机制，进一步扩大跨省区绿电交易规模，提高电网对清洁能源的接纳、配置和调控能力，稳步提升可再生能源消费比重。

本书认为，随着我国加速布局长光照地区的太阳能发电，加快电能存储设施、特高压输变电线路和智能电网的建设，我国太阳能发电的消纳能力将持续增强，发电量将持续上升，机组利用小时数也有望明显增长。

随着技术的不断进步，光伏发电成本持续下降，上网电价呈下降态势，行业发展对政府补贴的依赖程度不断降低。2021年，国家全面取消了光伏发电补贴，上网电价按当地燃煤发电基准价执行。本书认为，随着光伏发电全面实行平价上网，行业发展将更多地依赖自身的技术进步，光伏发电成本仍有下降空间，电力市场化改革将促进其发挥成本优势。

近年来，我国光伏发电的上网电价总体呈下降态势。行业发展初期，光伏发电成本处于很高水平。为促进产业发展，2011年国家发展和改革委员会发布《关于完善太阳能光伏发电上网电价政策的通知》，规定光伏发电上网电价统一为每千瓦时1.15元，其中高于当地脱硫燃煤机组标杆上网电价的部分给予电价补贴。随着光伏制造技术的快速提升，光伏发电成本持续下降，光伏电站标杆上网电价也随之下降。2013年国家发展和改革委员会发布《关于发挥价格杠杆作用促进光伏产业健康发展的通知》规定，Ⅰ、Ⅱ、Ⅲ类太阳能资源区的光伏电站标杆上网电价分别为每千瓦时0.90元、0.95元、1.00元；对分布式光伏发电实行全电量补贴的政策，电价补贴标准为每千瓦时0.42元，自用有余的上网电量由电网企业按照当地燃煤机组标杆上网电价收购。从2018年开始，分布式光伏发电的补贴标准持续下降。2021年6月，国家规定中央财政对集中式和分布式光伏发电均不再补贴，上网电价按当地燃煤发电基准价执行，新建项目也可自愿通过参与市场化交易形成上网电价。随着我国加快推进电力市场化改革，市场化交易电量占比不断提升，2023年新能源市场化交易电量占比提升至47.3%。

本书认为，随着光伏发电行业全面实行平价上网，行业的持续快速发展将更多地依赖自身的技术进步，而不是政策扶持，行业发展的不确定因素因此减少。随着市场化交易、分时电价机制等电力市场化改革的深入，光伏发电的整体上网电价可能有所下降，技术的不断进步使光伏发电成本有持续下降空间，电力市场化改革有利于其发挥成本优势，行业将保持快速发展的良好态势。

我国西北等太阳能资源富集地区的光伏发电装机规模一般以集中式为主，机组利用小时数多，开发潜力很大，是未来太阳能发展的重点地区。本书认为，电力存储设施和电网基础设施将加快建设，光伏发电成本有望持续下降，西北等太阳能资源富集的地区将具备大规模开发光伏发电的条件，光伏发电规模将得到快速发展。

我国光伏发电以集中式电站为主，截至2023年9月光伏发电装机容量为5.2亿千瓦，其中集中式光伏电站装机容量占比 57%。从各省情况来看，山东、河北、江苏、河南等人口和经济大省的装机规模大且分布式光伏占比较大；青海、宁夏、甘肃、内蒙古、新疆等太阳能资源丰富地区以集中式光伏电站为主，但装机规模一般，这是由调峰能力不足、供需不匹配、外送电网规划建设滞后等原因所致（见表 4-7）。西北地区的太阳辐射量大，光照时间长，太阳能发电机组利用小时数高于全国平均水平，集中式光伏发电技术可开发规模很大，是我国光伏发电的重点建设地区。根据国家发展和改革委员会和国家能源局发布的《"十四五"现代能源体系规划》，我国大力建设新疆、黄河上游、河西走廊、黄河几字湾、冀北、松辽、黄河下游等风光新能源基地。预计随着我国电力存储和电网基础设施的不断完善和发电成本的不断下降，西北地区光伏发电规模将得到快速发展。

表 4-7 2023 年各省（区、市）光伏发电情况

地区	2023 年太阳能发电量（亿千瓦时）	2023 年 9 月末集中式光伏装机规模（万千瓦）	2023 年 9 月末分布式光伏装机规模（万千瓦）	2023 年 9 月末光伏装机总规模（万千瓦）
河北	232.05	2178.30	2166.00	4344.30
宁夏	231.93	1889.20	119.70	2008.90
青海	212.10	2128.00	16.60	2144.60
内蒙古	205.46	1650.50	161.10	1811.60
新疆	201.10	2332.00	17.80	2349.80
甘肃	185.36	1902.20	95.00	1997.20
山西	160.57	1555.70	596.10	2151.80
山东	153.72	1406.80	3821.70	5228.50
浙江	141.81	645.00	2455.30	3100.30
湖北	118.02	1594.10	604.90	2199.00
贵州	117.09	1439.00	26.00	1465.00
安徽	111.19	1183.60	1752.50	2936.10
陕西	110.89	1509.90	408.70	1918.60
江苏	104.88	1029.20	2393.60	3422.80
云南	89.88	1198.00	108.70	1306.70
广东	89.15	943.40	1244.10	2187.50
河南	67.70	643.80	2762.30	3406.10
江西	66.39	826.20	912.20	1738.40
黑龙江	56.64	383.50	149.20	532.70
广西	54.59	633.00	190.50	823.50
辽宁	48.25	503.40	364.00	867.40
四川	44.05	328.40	44.10	372.50

续表

地区	2023年太阳能发电量（亿千瓦时）	2023年9月末集中式光伏装机规模（万千瓦）	2023年9月末分布式光伏装机规模（万千瓦）	2023年9月末光伏装机总规模（万千瓦）
吉林	40.51	312.10	107.70	419.80
湖南	30.31	343.30	643.50	986.80
天津	22.78	236.70	157.40	394.10
海南	19.62	272.70	113.80	386.50
西藏	7.31	194.40	2.20	196.60
上海	5.10	39.80	216.30	256.10
福建	5.02	44.20	715.10	759.30
重庆	4.31	56.20	60.20	116.40
北京	1.92	5.10	99.50	104.60

资料来源：国家能源局、国家统计局。

（六）核电行业运行情况

核电是全球清洁电力的重要组成部分，我国核电装机容量持续提升，但核电发电量占比仍处于较低水平，机组利用小时数很多，电价较为稳定。核电行业进入门槛很高，我国核电行业呈现寡头垄断格局。本书认为，我国核电行业的发展空间广阔，随着核电技术不断进步，发电效率和质量将持续提升。

核电是全球重要的清洁、低碳、安全、高效的能源形式，是全球清洁电力的重要组成部分。核电站利用铀核裂变释放出的热能进行发电，在核裂变过程中中子撞击铀原子核，发生受控的链式反应，产生热能，生成蒸汽，从而推动汽轮机运转，产生电力。

近年来，我国核电装机容量持续提升，但增速较慢，截至2023年末，我国核电装机容量5691万千瓦，距离《"十四五"现代能源体系规划》要求的2025年核电运行装机容量达到7000万千瓦左右仍有一定差距，为达到规划容量，本书预计未来1~2年，核电运行装机容量复合增长率将达到10.91%，明显超过2019年以来的增速。近年来，我国核电行业电源工程投资完成额波动增长，其中受新冠疫情影响，2020年投资金额较小。2023年，我国累计核准10台核电机组，核电行业电源工程投资完成额949亿元，行业景气度处于较高水平。

2022年，核电在全球电力结构中的占比约为9.2%，核电发电量占全球总清洁电力发电量的比例为23.3%。近年来，我国核电发电量持续增长，但核电发电量占总发电量的比例不足5%，始终处于较低水平，随着装机量的持续增长，我国核电发电量占比或将提升至全球平均水平。核电具有长期连续稳定提供电力的特性，对保障能源供应具有重要的作用。我国核电的消纳顺序优先于火电，近几年一直保持较高的利用小时数，发电机组平均利用小时数在7500小时/年左右波动，远高于火电的4000小时/年。随着"双碳"目标的推进，核电可以较大规模地替代火电，起到能源保供作用。

核电行业基础设施建造周期较长，一般为 5~8 年。我国第一个核电站秦山核电站于 1991 年投产，迄今仅有 30 余年历史，发展时间相比欧美国家较短。截至 2023 年末，全国在运机组共 55 台，装机容量 0.57 亿千瓦。在电价方面，我国核电电价实行标杆上网电价政策，绝大多数核电机组执行当地燃煤机组标杆上网电价，电价较为稳定（见表 4-8）。

表 4-8   全国核电发电量情况

核电厂	机组	装机容量（亿千瓦时）	发电量（亿千瓦时）	上网电量（亿千瓦时）	平均利用小时数（小时）	机组能力因子*（%）	核准电价（元）
秦山核电厂	1 号机组	350.00	28.52	26.60	8147.38	94.68	0.4056
大亚湾核电厂	1 号机组	984.00	86.95	83.07	8836.80	99.64	0.4056
	2 号机组	984.00	64.59	61.82	6563.92	74.24	0.4056
秦山第二核电厂	1 号机组	670.00	58.17	54.61	8682.09	99.97	0.3998
	2 号机组	670.00	53.57	50.27	7995.75	94.99	0.3998
	3 号机组	670.00	55.18	51.84	8236.48	95.56	0.4153
	4 号机组	670.00	57.79	54.20	8624.68	99.96	0.4153
岭澳核电厂	1 号机组	990.00	82.43	78.99	8325.79	95.53	0.4143
	2 号机组	990.00	72.75	69.68	7348.37	84.56	0.4143
	3 号机组	1086.00	94.07	88.58	8662.06	99.99	0.4063
	4 号机组	1086.00	87.72	82.61	8077.35	93.15	0.4063
秦山第三核电厂	1 号机组	728.00	57.27	52.91	7867.10	91.74	0.4481
	2 号机组	728.00	62.26	57.37	8551.70	100.00	0.4481
田湾核电厂	1 号机组	1060.00	84.30	78.65	7952.50	93.18	0.4390
	2 号机组	1060.00	86.03	80.15	8115.63	100.00	0.4390
	3 号机组	1126.00	75.43	70.14	6698.69	84.98	0.3910
	4 号机组	1126.00	82.58	76.30	7333.71	92.35	0.3910
	5 号机组	1118.00	85.70	80.38	7665.46	89.98	0.3910
	6 号机组	1118.00	88.73	83.44	7936.40	93.70	0.3910
红沿河核电厂	1 号机组	1118.79	75.37	70.84	6736.48	80.53	0.3823
	2 号机组	1118.79	86.49	81.43	7730.37	92.47	0.3823
	3 号机组	1118.79	85.39	80.26	7632.14	90.83	0.3823
	4 号机组	1118.79	82.53	77.72	7376.97	88.80	0.3823
	5 号机组	1118.79	89.02	83.48	7956.63	99.86	0.3749
	6 号机组	1118.79	82.14	77.02	7341.91	86.98	0.3749

核电厂	机组	装机容量 （亿千瓦时）	发电量 （亿千瓦时）	上网电量 （亿千瓦时）	平均利用 小时数（小时）	机组能力 因子*（%）	核准电价 （元）
宁德核电厂	1 号机组	1089.00	78.93	73.85	7248.00	84.07	0.4153
	2 号机组	1089.00	92.92	87.23	8532.49	99.63	0.4153
	3 号机组	1089.00	89.80	84.40	8246.00	96.42	0.3916
	4 号机组	1089.00	83.17	78.11	7637.48	91.48	0.3590
福清核电厂	1 号机组	1089.00	95.25	89.58	8746.95	100.00	0.4153
	2 号机组	1089.00	84.68	79.60	7775.95	92.93	0.3916
	3 号机组	1089.00	82.50	77.63	7576.00	92.46	0.3590
	4 号机组	1089.00	61.69	58.02	5665.02	67.27	0.3779
	5 号机组	1161.00	91.08	85.36	7844.79	92.02	—
	6 号机组	1161.00	79.61	74.61	6857.14	80.91	—
阳江核电厂	1 号机组	1086.00	94.10	88.68	8665.28	99.61	0.4143
	2 号机组	1086.00	86.18	81.12	7935.23	94.04	0.4143
	3 号机组	1086.00	85.76	80.71	7897.06	91.93	0.4143
	4 号机组	1086.00	95.61	89.78	8804.06	99.99	0.4143
	5 号机组	1086.00	85.13	79.88	7838.46	92.34	0.4143
	6 号机组	1086.00	85.10	80.15	7835.67	90.91	0.4143
方家山核电厂	1 号机组	1089.00	88.89	83.65	8162.55	94.29	0.4153
	2 号机组	1089.00	94.25	88.82	8654.41	100.00	0.4153
三门核电厂	1 号机组	1250.00	106.66	99.79	8532.81	98.65	0.4203
	2 号机组	1250.00	99.63	93.09	7970.40	92.25	0.4203
海阳核电厂	1 号机组	1253.00	96.14	89.72	7672.84	90.40	0.4153
	2 号机组	1253.00	96.77	90.32	7723.38	89.81	0.4153
台山核电厂	1 号机组	1750.00	22.20	20.68	1268.57	15.45	0.4350
	2 号机组	1750.00	137.94	128.84	7882.29	91.33	0.4350
昌江核电厂	1 号机组	650.00	50.01	46.45	7693.16	90.83	0.4153
	2 号机组	650.00	55.00	51.11	8462.19	99.90	0.4153
防城港核电厂	1 号机组	1086.00	85.08	79.41	7834.41	91.84	0.4143
	2 号机组	1086.00	85.97	80.44	7916.07	90.78	0.4143
	3 号机组	1187.60	77.54	72.66	6529.34	98.20	0.4063
石岛湾核电厂	1 号机组	211.00	1.16	1.02	549.28	—	—

注：*是机组可用发电量与额定发电量的比值，以此来反映核电厂在优化计划停堆活动和降低非计划能量损失方面管理的有效性。

资料来源：中国核能行业协会及相关公开资料。

核电行业进入门槛很高，目前呈现寡头垄断格局。我国核电运营企业需要持牌经营，早期仅有中国核工业集团有限公司（以下简称"中核集团"）和中国广核集团有限公司（以下简称"中广核集团"）持有核电运营牌照。继 2015 年国家电力投资集团有限公司与国家核电技术有限公司重组获得第三张牌照后，中国华能集团有限公司于 2020 年获得第四张牌照。截至 2023 年末，我国持有核电运营牌照的公司共有四家，在运行核电项目中中核集团与中广核集团控股的核电站装机容量占比达 95% 以上，集中度极高。我国核电站均分布于沿海地区，主要核电机组位于浙江、江苏、福建、广东等经济大省，用电增速较快，为核电消纳起到了保障作用。本书认为，随着核电技术的发展和智能电网的建设，我国内陆地区核电发展潜力很大，装机规模和发电量均将保持快速增长态势。安全问题是核电行业发展的重中之重。近年来，我国运行核电厂严格控制机组运行风险，一回路压力边界完整性、安全壳完整性均满足技术规范要求，未发生国际核事件分级（INES）1 级及 1 级以上的运行事件，未发生一般及以上辐射事故，未发生较大及以上生产安全事故，未发生一般及以上突发环境事件，未发生职业病危害事故及职业性超剂量照射。

四、行业发展趋势

未来，全社会用电量将随着我国经济的持续发展而保持增长态势，包括光伏、风电在内的新能源发电量占比将随着技术的进步、成本的下降而不断提高，水电和核电将保持较稳定的发展态势。当前，我国火电发电量占比仍接近 70%，短期内仍将是我国主力电源，但从长期看将逐步转变为支撑调节电源。

近年来，我国经济持续增长，万元 GDP 能耗呈持续下降趋势，但万元 GDP 电耗基本保持稳定，我国不断提高终端用能电气化水平，电力消费量在我国能源消费总量中的占比呈逐步上升态势。根据《"十四五"现代能源体系规划》，我国将全面深入拓展电能替代，推动工业生产领域扩大电锅炉、电窑炉、电动力等应用，积极推动新能源汽车等。未来，随着我国能源消费结构的持续优化，电力消费占终端能源消费的比重将不断提高，全社会用电量将随着我国经济的持续增长而保持增长态势。

受政策推动、技术提升、成本下降等影响，近年来我国光伏发电和风电装机容量持续快速增长，发电量也随之快速提升。光伏发电和风电作为绿色能源受到政策鼓励，装机容量将保持快速增长。随着电能存储设施和电网基础设施建设的推进，我国光伏发电和风电的消纳能力将持续增强，发电量及占比将持续上升。当前，全国水力资源开发接近饱和，核能面临核废料处理等安全问题，水电和核电将保持较稳定的发展态势。受能源结构、历史电力装机布局及保障电力供应稳定性的基本需要等因素影响，火电装机容量占比仍然最大，短期内新能源对火电的替代作用有限，火电仍将是我国主力电源。从长期看，随着光伏发电、风电等新能源的快速发展，新能源发电的规模将超过火电，但火电仍将发挥调节电源的作用。

五、企业运营状况及债券市场表现

（一）债券市场表现

2019~2021 年，电力企业债券净融资规模较大，2021 年债券余额上升至近年来的峰值（见图 4-10、图 4-11）。2022 年，由于煤炭成本上升导致火电企业亏损，在保供政策指导下银行向火电企业提供了低成本贷款，电力企业整体在债券市场上的净融资额为负，债券余额略有下降。2023 年，电力企业债券净融资额很少，债券余额基本与 2022 年持平。

（亿元）

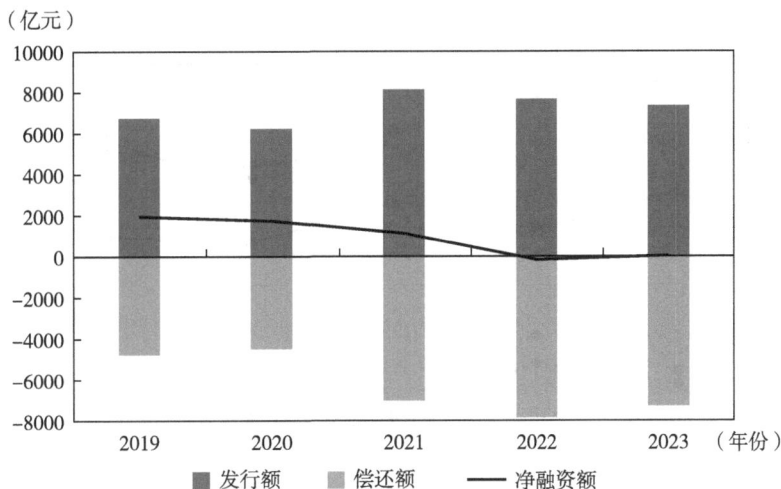

图 4-10　2019~2023 年电力企业债券融资情况

资料来源：Wind。

（亿元）

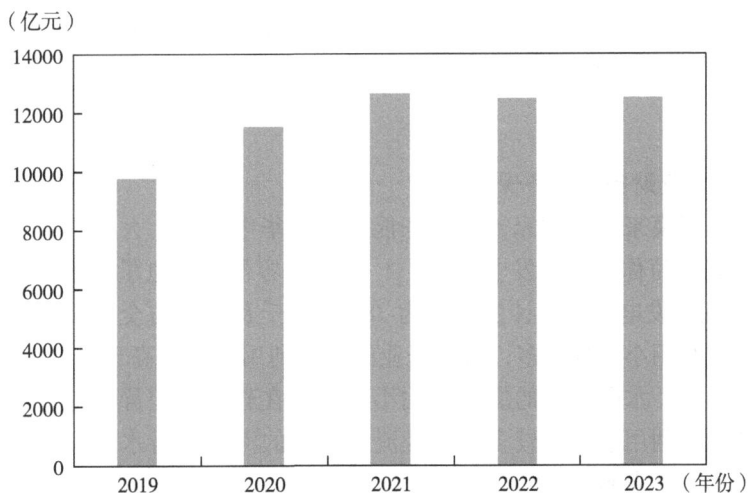

图 4-11　2019~2023 年电力企业债券余额

资料来源：Wind。

电力企业发行的债券的主体和债项级别以 AAA 为主，发行利率整体较低，近年来发行利率呈下降态势（见图 4-12）。2020 年，为降低新冠疫情对经济的冲击，我国加大货币政策宽松力度，中国人民银行实施了下调存款准备金率和超额存款准备金利率、定向降准、下调公开市场操作利率等多项政策，国债收益率大幅下降。电力企业在债券市场融资成本降低，3 年期中期票据和 3 年期公司债发行利率均有所下降，但发行利差有所上升。2021 年和 2022 年，在电力企业发行的 3 年期中期票据和公司债中信用级别为 AAA 的占比持续上升，信用风险下降，发行利率和利差均不断下降。2023 年，发行利率和利差出现上升，但仍处于很低水平（见图 4-13）。

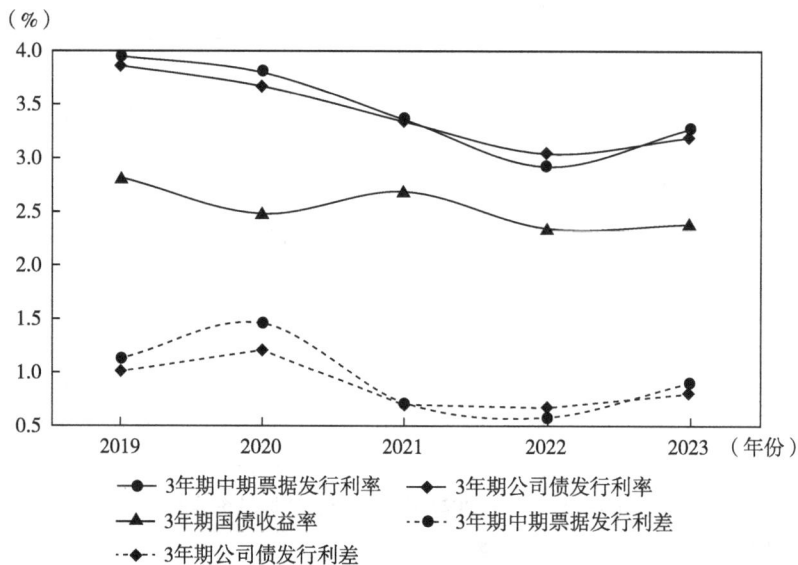

图 4-12 2019~2023 年电力企业债券发行收益率情况

注：利率、收益率、利差均为各年平均值。

资料来源：Wind。

（二）电力企业财务和债务保障情况

从样本企业规模来看，国家能投、华能集团、华电集团、大唐集团、国家电投五家火电企业（以下简称"五大发电集团"）的装机容量、发电量、收入远高于其他企业。2022 年，五大发电集团合计发电量为 38248 亿千瓦时，占全国发电量的 45.59%。核电企业的机组利用小时数最多；火电企业的机组利用小时数高于水电和太阳能发电，企业之间差距不大；水电企业的机组利用小时数存在较明显差异，进行流域梯级开发的水电企业的机组利用小时数较多，在径流量较小的河流进行水电开发的企业的机组利用小时数较少；受光照时间影响，太阳能发电企业的机组利用小时数最少。

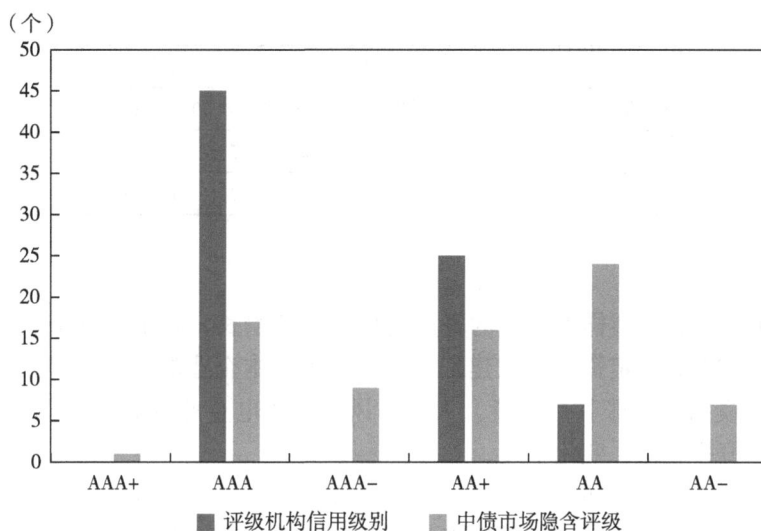

图 4-13　截至 2024 年 3 月 4 日发电企业信用等级和中债市场隐含评级

资料来源：Wind。

　　从盈利来看，2021～2023 年不同类型发电样本企业的收入均持续增长，毛利率、总资产报酬率、净资产收益率差异较大（见表 4-9）。火电企业的盈利情况整体相对较差，波动较大。2021 年，火电企业电煤采购价格持续攀升并涨至高位，火电企业燃料成本剧增，极大地挤压了企业的盈利空间，样本企业总体的毛利润、毛利率、净资产收益率均处于低位，2022 年和 2023 年火电企业盈利情况有所好转。水电企业的毛利率水平最高，总资产报酬率和净资产收益率均较高。风电企业由于存在相当一部分火电装机，盈利水平较差。核电企业的盈利情况很稳定，毛利率、总资产报酬率、净资产收益率均处于较高水平。

表 4-9　2021～2023 年样本企业财务和债务保障指标

指标	火电			水电			风电			核电		
	2021 年	2022 年	2023 年	2021 年	2022 年	2023 年	2021 年	2022 年	2023 年	2021 年	2022 年	2023 年
毛利率（%）	16.09	20.17	22.23	48.57	47.65	49.23	12.03	14.90	21.08	37.99	38.98	40.09
总资产报酬率（%）	3.26	4.38	4.44	6.85	6.37	6.59	2.40	3.33	4.52	6.25	6.22	6.15
净资产收益率（%）	2.23	5.74	7.31	9.75	8.81	9.47	0.78	3.38	7.16	11.13	10.85	11.50
资产负债率（%）	68.29	66.74	66.13	54.80	55.42	60.03	68.18	68.16	67.84	65.89	65.00	65.63
全部债务资本化比率（%）	62.36	60.60	59.71	49.96	50.89	55.56	62.88	63.29	62.81	61.65	60.47	61.16
全部现金债务保障（倍）	0.06	0.25	0.08	0.32	0.56	0.14	-0.26	0.08	-0.05	0.69	0.51	0.22
经营性现金债务保障（倍）	0.52	0.72	0.64	1.18	1.18	0.80	0.42	0.72	0.73	1.19	1.38	1.01
经营性现金流入债务保障（倍）	2.09	2.49	2.31	2.25	2.24	1.50	2.10	2.36	2.25	2.30	2.68	2.04

指标	火电			水电			风电			核电		
	2021 年	2022 年	2023 年	2021 年	2022 年	2023 年	2021 年	2022 年	2023 年	2021 年	2022 年	2023 年
全部债务/EBITDA（倍）	7.74	6.41	6.14	4.92	5.12	5.60	9.35	7.83	6.80	5.91	5.95	6.09
EBITDA 利息保障倍数	4.10	5.05	6.12	6.36	5.98	5.74	3.32	3.96	5.34	5.22	5.73	6.93

资料来源：Wind。

2021～2023 年，各类样本企业的资产规模均保持增长，其中风电企业增速相对较快。从资产结构看，固定资产和在建工程构成各类样本企业的主要资产，其中风电企业存在一定规模的应收账款和存货。火电、风电、核电企业的总体杠杆率水平相近，水电企业的杠杆率较低，变化不大。

2021～2023 年，火电和风电企业投资性现金净流出规模持续扩大，经营性净现金流不足以支持投资活动，需增加融资来弥补资金缺口。2023 年，各类发电企业的到期债务规模增长较多，导致全部现金债务保障等到期债务保障指标均出现一定程度的下降。各类样本企业的中远期债务保障指标整体很好，其中水电企业由于盈利能力很强，杠杆率在各类发电企业中最低，全部债务/EBITDA 指标表现最好。

（三）火电企业运营状况

我国火电行业由五大发电集团占主导、以地方电力集团为补充的竞争格局基本稳定，行业集中度很高，头部集团在行业内的优势地位持续巩固，但由于五大集团兼顾行业调峰职能，机组利用小时数低于地方电力企业。本书认为，短期内火电领域市场格局不会发生显著变化，但将面临其他电源结构的挤压挑战。

火电行业属于资本和技术密集型行业，项目投资规模、环保及装备技术要求均很高，导致行业具有很高的进入壁垒，行业内资源大多集中于大型国企手中。截至 2022 年末，五大发电集团的装机容量合计及发电量合计占全国的比重分别约为 49% 和 46%，在业务规模上占据绝对优势，行业集中度很高。本书选取装机容量以火电为主，且火电装机容量大于 500 万千瓦的 14 家企业作为样本企业。样本企业的火电装机容量合计 79422 万千瓦，占我国火电整体装机容量的比重约为 60%，包含 6 家业务覆盖全国多个省份的大型央企、7 家业务覆盖省内区域的省级能源投资集团及 1 家地市级能源投资集团。

在机组利用效率方面，2020～2022 年样本企业火电机组利用小时数呈波动态势。省级能源投资的三年平均利用小时数整体高于全国火电机组平均利用小时数，利用效率较高，但其中河南投资的火电机组三年平均利用小时数只有 3513 小时，北京能源的火电机组三年平均利用小时数只有 3600.23 小时（见表 4-10）。相较省级能源投资集团，五大发电集团火电机组分布区域更广，调峰任务更重，因此三年平均利用小时数在 4000～4500 小时，整体略低于省级能源投资集团。

表 4-10 2022 年（末）样本企业火电相关指标情况

公司	火电装机容量（万千瓦）	2022 年火电发电量（亿千瓦时）	2019~2022 年火电发电量复合增速（%）	2022 年火电机组利用小时（小时）	2020~2022 年火电机组利用小时均值（小时）
国家能投	19400.00	8400.00	1.49	—	—
华能集团	14006.00	5834.00	3.88	4307.00	4314.00
华电集团	12049.00	4854.51	4.41	4024.00	3955.33
大唐集团	10500.19	4245.08	1.67	4005.00	4111.67
国家电投	8333.63	3668.00	3.64	4304.00	4241.67
华润电力	3255.60	1460.00	13.22	4730.00	4573.67
广东能源	3279.94	1204.51	3.52	3682.00	3767.67
北京能源	1714.04	793.87	3.59	3468.39	3600.23
格盟国际	980.00	431.70	26.20	4405.00	4143.67
河南投资	898.00	306.18	7.74	3676.00	3513.00
晋能控股	880.00	420.80	11.14	4782.00	4760.67
安徽能源	821.00	411.88	5.16	4845.00	4494.00
山西国际	580.40	280.75	8.52	—	—
深圳能源	1087.40	411.12	18.34	4631.00	4549.67

注：国家能源投资集团有限责任公司简称"国家能投"，中国华能集团有限公司简称"华能集团"，中国华电集团有限公司简称"华电集团"，中国大唐集团有限公司简称"大唐集团"，国家电力投资集团有限公司简称"国家电投"，华润电力控股有限公司简称"华润电力"，广东省能源集团有限公司简称"广东能源"，北京能源集团有限责任公司简称"北京能源"，格盟国际能源有限公司简称"格盟国际"，河南投资集团有限公司简称"河南投资"，晋能控股山西电力股份有限公司简称"晋能控股"，安徽省能源集团有限公司简称"安徽能源"，山西国际电力集团有限公司简称"山西国际"，深圳能源集团股份有限公司简称"深圳能源"。华润电力的火电发电量为火电售电量数据。山西国际的火电发电量未包含气电数据。北京能源、华能集团、河南投资、广东能源的火电机组平均利用小时数为全部发电设备的平均利用小时数；深圳能源的火电机组平均利用小时数为煤电数；山西国际、国家能投无机组平均利用小时数数据。

资料来源：Wind。

火电行业近年来电源建设投资增长有限，资产负债平稳增长，资本结构和财务杠杆比率基本稳定，企业盈利状况受煤电价格波动影响较大，但现金及现金流对债务的保障水平总体较好。本书认为，火电企业在煤价回落后盈利状况将得到改善，未来债务保障水平稳中向好。

在盈利方面，2021 年电煤采购价格持续攀升并涨至高位，火电企业燃料成本剧增，极大地挤压了企业的盈利空间，样本企业在保持收入增长的同时，总体的毛利润、毛利率、净资产收益率均大幅下滑，9 家样本企业的火电业务出现亏损（见表 4-11）。大唐集团煤炭自给率较低，亏损较为明显。2022 年，国家发展和改革委员会发布的《关于进一步完善煤炭市场价格形成机制的通知》，引导煤炭价格在合理区间运行，加之国内煤炭产能进一步释放，煤炭价格回落，煤电企业成本得到有效控制。2021 年出台的电价市场化改革政策效果逐渐释放，2022 年煤电企业上网电价有所提升，盈利水平有所回升，亏损的样本企业中有 6 家毛利润由负转正。2023 年，煤价整体较上年回落，样本企业电力业务均处于盈利状态，整体盈利能力得到明显提升。从样本企业来看，自身拥有煤炭业务的企业因其成本控制能力很强，盈利水平相对更高，省级能源投资集团的盈利能力相对较弱。本书认为，近年来煤炭价格受政策影响虽得到一定程度的控制，但在 2023 年下半年有所回升，未来仍需观察多重因素影响下的煤炭价格变化趋势。当前，上网电价基本已达到规定浮动上限，未来电价大幅上涨的可能性不大，预计短期内煤电企业盈利水平将有所提升，但提升空间不大。

表 4-11 样本企业电力业务盈利相关指标情况

公司	2023 年电力营业收入（亿元）	2023 年电力营业收入三年复合增速（%）	2020 年电力毛利率（%）	2021 年电力毛利率（%）	2022 年电力毛利率（%）	2023 年电力毛利率（%）	2020~2023 年平均毛利率（%）
国家能投	7738.91	65.61	17.10	-0.05	7.89	29.98	12.61
华能集团	3582.51	21.86	21.43	7.82	12.03	19.52	13.12
华电集团	3158.15	27.30	16.60	-0.19	6.27	16.51	7.53
大唐集团	2331.42	29.58	10.23	-16.12	-3.62	11.93	-2.60
国家电投	2511.42	17.00	28.96	19.02	20.91	5.39	15.11
华润电力	416.71	21.13	21.51	-4.68	4.42	14.19	4.65
广东能源	775.23	30.44	22.81	-1.97	4.20	17.06	6.43
北京能源	566.35	26.64	25.21	16.66	25.13	26.50	22.77
格盟国际	160.41	21.73	14.87	-11.10	5.42	5.07	-0.20
河南投资	137.95	14.88	12.19	-13.05	-10.78	4.20	-6.54
晋能控股	154.69	26.70	22.37	15.31	12.19	11.94	13.15
安徽能源	200.39	30.51	9.72	-9.93	2.52	4.93	-0.83
山西国际	194.36	41.57	15.25	1.96	5.67	8.03	5.22
深圳能源	281.90	41.92	26.98	16.01	13.81	20.48	16.77

注：国家能源投资集团有限责任公司简称"国家能投"，中国华能集团有限公司简称"华能集团"，中国华电集团有限公司简称"华电集团"，中国大唐集团有限公司简称"大唐集团"，国家电力投资集团有限公司简称"国家电投"，华润电力控股有限公司简称"华润电力"，广东省能源集团有限公司简称"广东能源"，北京能源集团有限责任公司简称"北京能源"，格盟国际能源有限公司简称"格盟国际"，河南投资集团有限公司简称"河南投资"，晋能控股山西电力股份有限公司简称"晋能控股"，安徽省能源集团有限公司简称"安徽能源"，山西国际电力集团有限公司简称"山西国际"，深圳能源集团股份有限公司简称"深圳能源"。华电集团 2020~2022 年电力营业收入及成本数据为电力及热力业务数据，2023 年为主营业务收入数据；大唐集团 2020~2022 年电力营业收入及成本数据为火电业务数据，2023 年为电力及热力业务数据；华能集团 2020~2023 年电力营业收入及成本数据为发电及供热业务数据；国家能投 2020~2022 年电力营业收入及成本数据为常规能源业务数据，2023 年为主营业务数据；华润电力 2020~2023 年电力营业收入及成本数据为子公司华润电力投资有限公司电力业务数据；河南投资 2020~2023 年电力营业收入及成本数据为综合能源业务数据；广东能源 2020~2023 年电力营业收入及成本数据为电力及热力销售业务数据；格盟国际 2020~2023 年电力营业收入及成本数据为营业收入及营业成本数据。

资料来源：Wind。

在资产方面，样本企业 2022 年的资产总额增速有所下降。资产构成以非流动资产为主，其中固定资产和在建工程合计占资产总额的六成左右，符合电力行业特征。具体来看，火电企业的固定资产以发电机组、机械设备为主，根据中国电力企业联合会《煤电机组灵活性运行与延寿运行研究》数据，我国目前现役煤电机组平均服役时间为12 年，设备寿命相对较短，由于火电机组投资成本较高，因此该行业固定资产折旧率很高，资产改造成本也相对较高。在建工程主要是新建电源工程项目，2021 年出现缺电限电现象后，火电投资重新加速，在建项目规模增幅显著，但项目建设周期较长，难以较快转化为运营项目。截至 2023 年末，样本企业受限资产占资产总额的比重为5.09%，受限资产占资产总额的比重较低。在负债方面，样本企业的负债以银行借款为主，占负债总额的比重超过 50%。本书认为，火电企业的资产规模很大，受限比例较小，资产质量较好，但流动性一般。

近年来，受火电工程投资情况影响，样本企业平均资产负债率总体呈下降态势，但财务杠杆水平仍然较高，主要是因为火电企业前期投资成本很高，需要依靠外部融资来满足投资需求。从样本企业来看，省级能源投资集团资产负债率相对较低，基本处在 70% 以下，晋能控股的资产负债率高达 83%。

在现金流方面，受电价、煤价等相关政策影响，2021 年经营活动净现金流大幅下降后又在 2022 年大幅回升，且从现金收入比上看，样本企业盈利质量良好（见图 4-14、表 4-12）。样本企业多为综合性能源投资集团，为了响应国家加快建设现代能源体系的号召，样本企业在煤电新建机组建设的同时，加大了原有机组升级改造力度及新能源项目的投入，因此样本企业的投资活动现金流呈持续净流出态势，且规模逐年

（亿元）

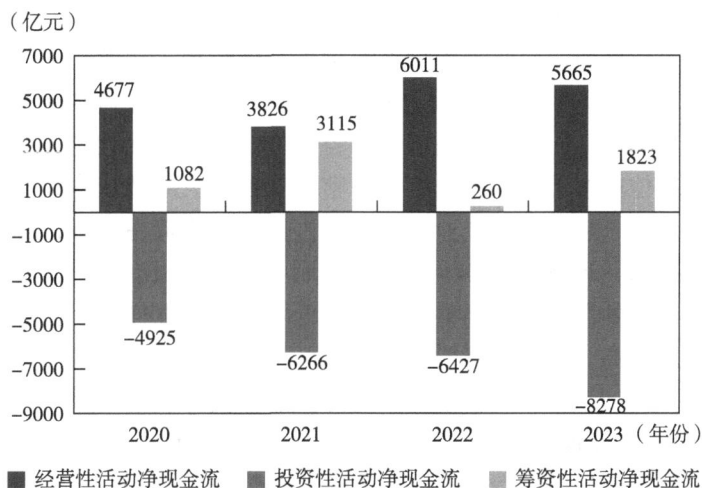

图 4-14　2020~2023 年样本企业整体现金流情况

注：华润电力控股有限公司为港股上市公司，其现金流数据用华润电力投资有限公司数据代替。

资料来源：Wind。

增长。2021 年，国家能投理财规模扩大，其投资活动现金流流出量较上年大幅增长约 6800 亿元，若剔除该因素，近年来样本企业投资活动现金流出情况基本稳定，其中用于购建固定资产、无形资产和其他长期资产的现金占有较大比重且呈增长态势。近年来，筹资活动现金流规模相对较小。本书认为，火电企业经营获现能力较强，经营活动净现金流可基本满足企业投资活动，企业外部融资需求相对较小。

表 4-12　2020~2023 年样本企业现金流情况

指标	2020 年	2021 年	2022 年	2023 年
经营活动现金流入（亿元）	21723.94	25644.79	30660.35	30391.27
销售商品、提供劳务收到的现金（亿元）	20036.48	24084.17	28259.98	28195.80
现金收入比（%）	107.06	105.66	108.61	106.82
经营活动现金流出（亿元）	17047.01	21818.79	24649.71	24726.77
投资活动现金流入（亿元）	2884.72	9141.92	3233.44	2981.70
投资活动现金流出	7809.57	15408.26	9660.16	11259.27
购建固定资产、无形资产和其他长期资产的现金（亿元）	4428.97	5254.52	6125.79	8082.88
筹资活动现金流入（亿元）	27205.74	33156.67	34652.66	33294.86
筹资活动现金流出（亿元）	26123.30	30042.05	34392.37	31471.86
现金及现金等价物净增加额（亿元）	826.89	646.81	-147.79	-784.68

注：华润电力控股有限公司为港股上市公司，其现金流数据用华润电力投资有限公司数据代替。

资料来源：Wind。

　　在债务保障方面，近年来火电企业债务规模保持小幅增长，但 2021 年煤炭价格上涨导致采购成本大幅增加，企业需增加外部融资来保障稳定运营，举债规模增长幅度大于往年；2022 年受煤炭价格回落及上网电价上涨影响，企业盈利能力回升，外部融资需求下降，举债规模又回归到小幅增长态势；2023 年样本企业整体投资加大，煤价整体回落虽带来单位成本下降，但发电业务整体规模扩大导致成本提升，举债规模增幅有所增长（见表 4-13）。样本企业短期债务占比大多维持在 30%，期限结构相对合理。在偿债指标方面，2023 年样本企业经营盈利情况整体虽有所好转，但其货币资金及现金流对到期债务的保障程度仍整体处于较低水平。火电样本企业均为大型央企或国企，市场认可度较高，企业融资能力很强，可从银行及资本市场获得较低成本的融资，短期偿债压力不大。从中远期来看，样本企业债务增长较为平稳，全部债务/EBITDA 及 EBITDA 利息保障倍数等指标表现很好且较为稳定，此外火电企业经营情况比较稳定，可持续获得规模较大的现金流来偿还利息及本金，总体来看偿债压力较小。截至 2022 年末，样本企业未使用授信额度超 7 万亿元，企业融资渠道畅通。综合来看，火电企业债务规模较大，但经营获现能力及融资能力很强，偿债能力普遍较强。

表4-13　2020~2023年样本企业整体债务及债务保障情况

指标	2020 年	2021 年	2022 年	2023 年
短期债务（万亿元）	1.25	1.36	1.37	1.47
长期债务（万亿元）	2.40	2.79	2.92	3.19
全部债务增速（%）	3.05	20.76	4.95	8.79
全部债务/EBITDA（倍）	6.09	7.70	6.40	6.57
全部现金债务保障（倍）	0.14	0.03	0.22	0.05
经营性现金债务保障（倍）	0.53	0.49	0.69	2.34
经营性现金流入债务保障（倍）	1.90	2.09	2.50	6.04

注：华润电力控股有限公司为港股上市公司，利用公开资料难以计算其债务情况，因此债务及现金流数据用华润电力投资有限公司数据代替。

资料来源：Wind。

（四）水电企业运营状况

水电企业业务规模差异较大，近年来小部分处于扩张期的水电企业业务规模增长较快，其余水电企业业务规模增长不明显。由于上网电价、水力资源、建造成本、发电技术、期间费用等的差异，水电企业盈利能力差异较大，但整体盈利能力较强。本书认为，随着我国水电企业业务扩张趋缓和电力体制改革的深化，样本企业盈利情况将趋于稳定。

本书选取发债企业和A股上市公司中装机容量以水电为主的发电企业作为样本企业，具体包括三峡集团、长江电力、国投电力、雅砻江水电、新华水电、川投股份、华电云南、大唐四川、澜沧江水电、桂冠电力、甘肃电投、闽东电力、黔源电力。除长江电力、澜沧江水电全部为水电机组外，其他样本企业均有部分火电、风电或太阳能发电机组。

三峡集团、长江电力、国投电力、雅砻江水电、澜沧江水电等进行流域梯级开发运营的水电企业的装机容量、发电量和收入等指标处于很高水平（见表4-14）。其中，三峡集团拥有三峡水电站等六座巨型梯级水电站，装机容量和发电量远高于其他企业。桂冠电力和华电云南分别负责红水河和金沙江中游梯级水电站的开发运营，业务规模在样本企业中处于中等水平。大唐四川、黔源电力、甘肃电投、川投股份、闽东电力在径流量较小河流进行水电站开发运营，这五家企业的业务规模在样本企业中相对很小。从样本企业业务规模的增长来看，新华水电、川投股份、三峡集团、雅砻江水电、国投电力增长较快，其余企业增长较慢，其中长江电力、甘肃电投、闽东电力的发电量出现明显下降。预计随着我国水电新增装机规模和工程投资的下降，水电企业的业务规模将趋于稳定。

表 4-14 水电企业业务状况

公司	2023 年营业收入（亿元）	2019~2023 年营业收入复合增速（%）	2022 年装机容量（万千瓦）	2019~2022 年装机容量复合增速（%）	2022 年水电机组发电量（亿千瓦时）	2019~2022 年水电发电量复合增速（%）	2022 年机组利用小时数（小时）
三峡集团	1518.65	11.42	7825.17	10.28	2739.51	2.83	3500.90
长江电力	781.12	11.87	4549.50	0.00	1588.81	-8.95	3492.27
国投电力	567.12	7.52	2128.00	8.28	991.93	4.71	4684.00
雅砻江水电	244.85	10.38	1920.00	9.31	885.47	5.82	4612.00
澜沧江水电	234.61	3.05	2356.38	0.54	1006.19	-1.22	4337.56
新华水电	96.58	30.37	269.08	15.71	102.14	14.73	3876.00
华电云南	95.45	8.40	688.49	-0.41	327.90	0.02	4757.07
桂冠电力	80.91	-2.74	1022.76	0.00	360.68	-0.03	3527.00
大唐四川	29.28	6.91	257.76	6.71	72.08	0.04	3019.00
甘肃电投	26.41	3.88	170.02	1.04	56.59	-8.38	3328.00
黔源电力	19.90	-2.19	323.35	0.00	88.47	2.33	2963.00
闽东电力	15.04	25.98	36.18	0.00	10.15	-4.90	2805.00
川投股份	14.82	15.31	122.70	16.70	46.98	13.29	3829.00

注：中国长江三峡集团有限公司简称"三峡集团"，中国长江电力股份有限公司简称"长江电力"，国投电力控股股份有限公司简称"国投电力"，雅砻江流域水电开发有限公司简称"雅砻江水电"，华能澜沧江水电股份有限公司简称"澜沧江水电"，广西桂冠电力股份有限公司简称"桂冠电力"，华电云南发电有限公司简称"华电云南"，新华水力发电有限公司简称"新华水电"，大唐四川发电有限公司简称"大唐四川"，贵州黔源电力股份有限公司简称"黔源电力"，甘肃电投能源发展股份有限公司简称"甘肃电投"，四川川投能源股份有限公司简称"川投股份"，福建闽东电力股份有限公司简称"闽东电力"。

资料来源：公开资料、Wind。

由于 2022 年来水量大，华电云南水电机组平均利用小时数在样本企业中最多。国投电力、雅砻江水电、澜沧江水电、三峡集团等企业的水电站库容量很大，且能发挥梯级联动的调度优势，减少来水变化对发电量的影响，机组利用小时数高于全国平均水平。甘肃电投、大唐四川、黔源电力、闽东电力等企业的水电站库容量相对较小，电站分布较分散，没有梯级联动的调度优势，机组利用小时数低于全国平均水平。

雅砻江水电、长江电力、新华水电、澜沧江水电、黔源电力等企业 2021 年以来的毛利率均超过 50%，这五家企业的水力发电装机容量收入占比总体高于其他企业（见表 4-15）。三峡集团、大唐四川、闽东电力的毛利率在样本企业中处于一般水平。桂冠电力、川投股份、甘肃电投三家企业毛利率相对较低。国投电力和华电云南收入中的火电占比相对较高，火电业务的毛利率较低导致这两家公司的毛利率落后于其他样本企业。2023 年，大部分样本企业毛利率呈下降态势，其中闽东电力、桂冠电力下降较为明显。

表 4-15　2021~2023 年水电企业盈利情况

公司	毛利率（%）			总资产报酬率（%）			净资产收益率（%）		
	2021 年	2022 年	2023 年	2021 年	2022 年	2023 年	2021 年	2022 年	2023 年
雅砻江水电	61.05	60.92	59.83	6.52	7.26	7.44	11.25	12.26	13.30
长江电力	62.06	57.29	57.83	11.29	9.33	10.04	14.37	11.22	13.70
澜沧江水电	54.63	56.43	56.36	6.46	6.99	6.81	9.68	10.70	11.73
新华水电	55.28	57.69	54.04	1.00	4.55	3.56	-11.54	7.79	5.86
黔源电力	53.73	55.93	51.60	5.87	7.81	5.28	7.50	12.53	6.89
三峡集团	48.46	46.61	49.61	6.88	5.60	5.64	9.74	7.43	7.27
川投股份	41.91	38.51	46.37	8.00	8.03	9.02	10.11	10.59	12.22
大唐四川	52.06	44.96	40.50	3.44	3.16	2.31	2.97	0.85	-1.31
甘肃电投	36.13	35.63	39.97	4.37	4.10	5.02	4.07	3.98	6.11
国投电力	29.26	32.04	36.08	4.65	5.81	7.03	6.07	8.45	12.42
闽东电力	46.52	43.03	32.86	3.83	5.30	8.47	5.80	8.41	9.64
桂冠电力	37.77	50.37	30.08	6.19	11.00	4.66	8.17	17.48	6.50
华电云南	23.38	29.89	25.47	3.26	3.41	4.76	1.79	2.31	5.47

资料来源：Wind。

大部分样本企业的总资产报酬率和净资产收益率大于 5%，整体盈利能力较强。2021 年，新华水电对亏损的小水电机组进行集中处置，计提大量资产减值损失和信用减值损失，导致其净资产收益率出现大幅下降，但在 2022 年净资产收益率由负转正。大唐四川的毛利率在样本企业中处于中等水平，较高的债务负担导致财务费用高企，盈利情况很差。

本书认为，水电企业可通过库容调节降低来水对发电的影响，水电上网电价波动小，进入稳定经营期的水电企业成本较固定，预计短期内部分火电占比相对较高企业的毛利率可能出现较大波动，大部分样本企业的毛利率将较为稳定。长期来看，随着我国两部制电价机制的逐步构建，火电毛利率波动将有所收敛，发电企业毛利率将整体趋于平稳，盈利水平也将基本稳定。

近年来，随着部分样本企业业务扩张，样本企业整体资产和负债规模增速较快，其中固定资产占比较大。本书认为，随着水电企业逐步进入稳定经营期，样本企业资产和负债规模的增速将会有所下降，资产负债率将保持稳定甚至有所下降。

2020~2023 年，样本企业资产和负债均不断增长（见图 4-15、图 4-16）。样本企业资产主要由固定资产、在建工程、无形资产、长期股权投资、货币资金、应收账款构成。固定资产主要为挡水建筑物、房屋及建筑物、机器设备。2020~2022 年，由于国投电力的两河口电站、杨房沟电站的投运和白鹤滩电站等大型水电站陆续投入运营，在建工程规模不断下降，固定资产增加较明显。除项目建设期需保持大量现金以投入建设外，水电企业在稳定经营阶段一般仅需保留较少现金，因此样本企业的货币资金在总资产中的占比较小。样本企业负债主要由长期借款、应付债券、一年内到期非流动负债、短期借款、其他应付款构成。2020~2023 年，水电企业长期借款不断增加，2023 年末长期借款在负债中的占比为 51.98%；短期借款规模相对较小，变化不大；其他应付款主要为待支付的工程款及其他待支付的款项。

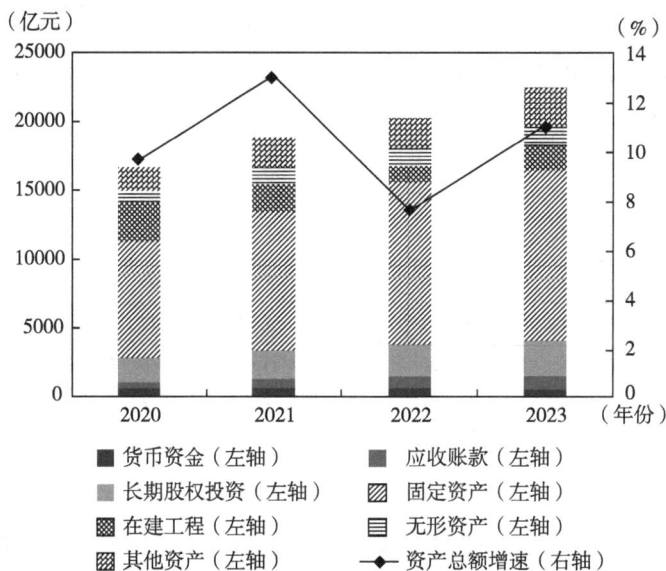

图 4-15　2020~2023 年样本企业整体资产情况

资料来源：Wind。

样本企业的现金流获取能力很强，经营活动净现金流入规模大，但在项目建设高峰期需依赖融资弥补建设资金缺口。样本企业到期债务保障指标稳定性较弱、中远期债务保障指标很好，总体来看债务保障能力处于很好水平。

2020~2023 年，随着样本企业收入的增长，经营活动现金流入也持续增加；现金收入比均大于 1，经营性现金流获取能力很强，经营活动净现金流呈现波动上升态势（见表 4-16）。近年来，随着水电项目的建设，样本企业投资活动现金净流出规模一直较大。2020 年，因建设乌东德、白鹤滩等大型电站，样本企业整体投资活动现金流出规模很大；随着两个项目的陆续竣工，2021 年和 2022 年投资活动现金流出规模持续下降；2023 年，由于澜沧江水电进行收并购等原因，投资活动现金流出规模上升较多。2023 年，由于三峡集团借款增加，样本企业整体的筹资活动净流入规模较大。近年来，现金及现金等价物净增加额规模较小。本书认为，未来水电行业可供开发空间有限，

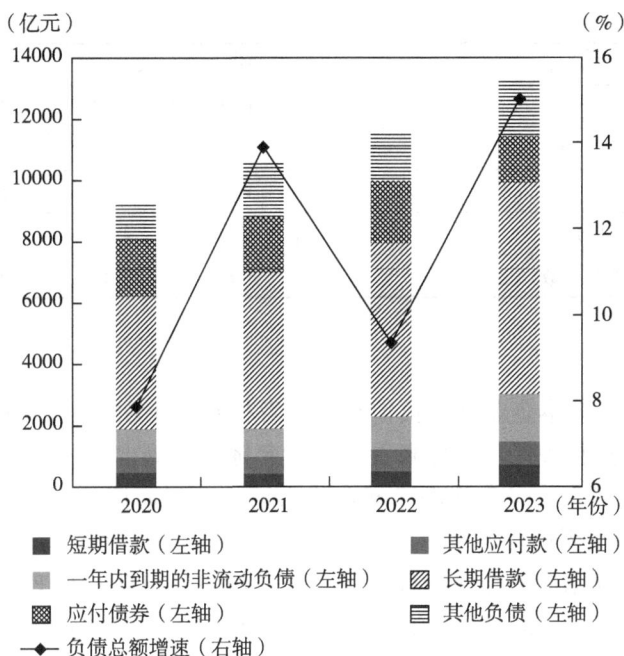

图 4-16　2020~2023 年样本企业整体负债情况

资料来源：Wind。

随着工程建设投资规模的下降，投资活动净现金流出将收敛；水电企业的经营性现金流获取能力很强，现金流情况将逐步改善。

表 4-16　2020~2023 年水电企业现金流和债务保障状况

项目	2020 年	2021 年	2022 年	2023 年
经营活动现金流入（亿元）	2272.63	2687.68	3165.98	3242.95
销售商品、提供劳务收到的现金（亿元）	2207.07	2584.50	2924.32	3142.82
现金收入比（倍）	1.08	1.09	1.11	1.16
经营活动现金流出（亿元）	1118.31	1665.77	1879.30	2005.28
投资活动现金流入（亿元）	1143.58	874.30	823.20	571.33
投资活动现金流出（亿元）	2767.36	2388.57	2017.07	2643.07
购建固定资产、无形资产和其他长期资产的现金（亿元）	1293.46	1135.68	1119.64	1488.09
筹资活动现金流入（亿元）	3926.89	4515.81	4130.31	4949.96
筹资活动现金流出（亿元）	3457.47	4001.39	4258.70	4192.07
现金及现金等价物净增加额（亿元）	-20.56	15.78	-27.42	-69.70
资产负债率（%）	55.75	56.18	56.82	59.15
全部现金债务保障（倍）	0.11	0.05	0.42	-0.09

续表

项目	2020 年	2021 年	2022 年	2023 年
经营性现金债务保障（倍）	1.16	1.03	1.15	0.80
经营性现金流入债务保障（倍）	1.91	2.13	2.30	1.67
全部债务/EBITDA（倍）	5.50	5.71	5.76	6.10
EBITDA 利息保障倍数（倍）	5.05	4.96	4.81	5.93
经营活动净现金流利息保障倍数（倍）	3.86	3.12	3.68	3.99

资料来源：Wind。

2020~2023 年，样本企业整体负债和所有者权益均不断增加，加权平均资产负债率略有增加。从到期债务保障指标来看，2022 年随着大型电站的竣工并投入运营，投资活动净现金流出减少，经营活动净现金流入增加，到期债务偿债指标均有所提升。2023 年，由于三峡集团投资支出增加，债务融资规模上升，样本企业到期债务保障指标下降明显。从中远期债务保障指标来看，全部债务/EBITDA 和 EBITDA 利息保障倍数均处于很好的水平，波动较小。2021 年，由于经营活动净现金流减少，加之利息支出增加，经营活动净现金流利息保障倍数下降较多，2022~2023 年情况持续改善。本书认为，受部分企业投资规模变化影响，水电企业到期债务保障指标稳定性较弱，但整体的盈利和经营性现金流情况很好，中远期债务保障能力很好。

（五）风电企业运营状况

1. 企业运营情况

我国风电市场集中度较高，五大发电集团和央属能源企业占据较大优势；各样本企业装机容量延续快速增长态势，风电机组利用小时数相对稳定，弃风率因项目分布不同差异较大；平均上网电价普遍较高，风电毛利率处于较高水平。本书认为，风电行业竞争格局趋于稳定，上网电价进入平价阶段后，电力补贴将逐渐退坡，风电企业毛利率面临下降风险。

我国风电开发运营企业主要有四种类型：①中央五大电力集团，即国家能源集团、国家电投集团、大唐集团、华能集团、华电集团，其风电装机容量合计占比在 50% 左右；②中央所属的其他能源企业，包括中广核风电、长江三峡、中国华润有限公司、中国电力建设集团有限公司、中节能风力等，其风电装机容量合计占比在 20% 左右；③省（区、市）所属的电力或能源国有企业，如京能集团、广东能源、鲁能集团、深圳能源、申能集团等，该类企业数量多，在各地风电场开发中拥有一定的资源和地位，风电装机容量合计占比在 25% 左右；④民营、港资及外资企业，如协合新能源集团有限公司、嘉泽新能源股份有限公司、金风科技股份有限公司等，约占 5% 的市场份额，相较前三类国有企业，该类企业的风电场项目相对较少，规模也不大。本书从中选取以风电为主要业务、装机容量排名靠前的九家企业作为样本企业进行分析，具体情况如表 4-17 所示。从风电装机容量和发电量来看，风电行业集中度较高。2022 年底，五大电力集团子公司的风电装机容量和发电量分别占样本企业总量的 58.52% 和 60.20%，其他央企子公司占比为 34.74% 和 33.08%，其余企业占比为 6.73% 和 6.72%。2022 年，样本企业总体装机容量增长 12.84%，其中中广核风电、京能清洁和中节能风力的增速超过 20%。

表 4-17　截至 2022 年末样本企业装机情况

企业全称	企业简称	总装机容量（万千瓦）	风电装机容量（万千瓦）	新能源装机容量占比（%）	风电装机容量占比（%）	职能地位
龙源电力集团股份有限公司	龙源电力	3110.78	2619.20	93.97	84.20	国家能源集团风电业务主体和新能源板块上市公司，全球最大上市风电运营商
中广核风电有限公司	中广核风电	2860.40	2219.74	100.00	77.60	中广核集团风电和光伏产业的唯一平台
华电新能源集团股份有限公司	华电新能	3490.84	2209.11	100.00	63.28	华电集团以风电和太阳能发电为主的新能源业务最终整合的唯一平台
中国三峡新能源（集团）股份有限公司	三峡新能	2652.14	1592.22	98.81	60.04	三峡集团旗下风电和光伏业务主体
中国大唐集团新能源股份有限公司	大唐新能	1419.34	1268.79	99.96	89.39	大唐集团港股上市子公司和重要风电平台
国家能源集团新能源有限责任公司	国新能源	1253.54	1205.57	100.00	96.17	国家能源集团主要新能源业务平台之一
中节能风力发电股份有限公司	中节能风力	523.47	523.15	99.94	99.94	中节能风电业务平台及重要上市子公司
北京京能清洁能源电力股份有限公司	京能清洁①	1371.93	506.63	62.67	36.93	京能集团港股上市子公司
天津中绿电投资股份有限公司	天津绿电	429.65	333.70	100.00	77.67	鲁能集团上市子公司

注：新能源装机容量包含风力、光伏、生物质能、潮汐、地热等能源发电的装机容量，下文相同。

资料来源：根据公开资料，笔者整理所得。

2019~2023 年，样本企业营业收入均保持增长态势，其中三峡新能、中广核风电增速较快，国新能源增速较慢，主要是因为近年国新能源风电装机速度放缓（见表 4-18）。在风电机组利用效率方面，样本企业风电机组利用小时数较为稳定，弃风率因项目分布及建设进度不同差异较大。样本企业风电机组利用小时数基本在 2000~2300 小时，2022 年受来风减弱影响，各企业机组利用小时数略有降低。在弃风限电方面，中节能风力的弃风率最高，2022 年有所降低，但仍在 8% 以上，远超全国 3.2% 的平均水

① 京能清洁装机容量最大的是燃气发电，2022 年末风电累计装机容量略低于燃气风电。

平，主要是因为其风电场项目大多分布在新疆、甘肃、内蒙古、青海、河北等消纳能力相对不足的地区。截至 2022 年末，中节能风力在 5 省（区）内蒙古、河北、青海、甘肃、新疆的装机容量之和占该公司风电总装机容量的 66.19%，而公司在 5 省（区）的弃风率均超过 10%。

表 4-18 样本企业业务状况

公司	2023 年营业收入（亿元）	2019~2023 年营业收入复合增速（%）	2022 年累计装机容量（万千瓦）	2022 年装机容量增速（%）	2022 年风电机组发电量（亿千瓦时）	2022 年风电发电量增速（%）	2022 年机组利用小时数（小时）	2022 平均上网电价（元/千瓦时）
龙源电力	376.42	8.20	2619.20	10.66	583.08	13.66	2296.00	0.481
中广核风电	275.43	23.99	2219.74	33.09	396.85	11.17	2051.00	0.55
华电新能	295.68	18.17	2209.11	5.87	441.59	8.16	2204.00	0.45
三峡新能	264.85	31.13	1592.22	11.58	339.48	48.97	2262.00	0.5136
大唐新能	128.02	11.36	1268.79	5.75	271.64	8.66	2262.00	0.499
国新能源	100.50	2.30	1205.57	4.70	260.70	3.28	2229.97	0.54
中节能风力	51.16	19.76	523.15	21.83	119.41	20.07	2276.00	0.4643
京能清洁	204.46	5.69	506.63	23.27	106.99	46.30	2222.00	——
天津绿电	36.91	7.60	333.7	4.71	66.82	5.90	2278.00	0.4638

注：复合增长率＝（当期数值／基期数值）$^{1/年数}$－1，天津绿电 2022 年主营业务变更为新能源发电，其增速为同比增速。

资料来源：根据公开资料，笔者整理所得。

2021 年以来，样本企业综合毛利率有所波动，但大多处于较好水平（见表 4-19）。三峡新能、中节能风力、华电新能、中广核风电的综合毛利率基本保持在 50% 以上的较高水平，龙源电力、大唐新能、京能清洁的综合毛利率相对较低。龙源电力 2022 年毛利率明显降低，主要系推动"以大代小"风电技改，对固定资产计提减值 13.75 亿元，以及对龙源电力乌克兰南方风电有限公司等在建项目计提减值 5.14 亿元所致。国新能源 2023 年营业收入大幅降低（样本企业中降幅最大），致使综合毛利率明显减小，主要系电力市场改革、电价下滑以及补贴款谨慎判断等多方面影响所致。天津绿电 2022 年主营业务由房地产变更为新能源发电，综合毛利率大幅提升，2022 年和 2023 年均处于较高水平。京能清洁为北京最大的燃气电力供应商，电力业务中燃气发电装机容量占比近 40%，风电装机容量占比低于其他风电企业，故毛利率相对最低。2023 年，国新能源综合毛利率明显下滑。

表4-19　2021~2023年样本企业盈利情况

公司	综合毛利率（%）			总资产报酬率（%）			净资产收益率（%）		
	2021年	2022年	2023年	2021年	2022年	2023年	2021年	2022年	2023年
龙源电力	36.46	34.43	36.36	6.50	5.41	5.15	10.41	7.98	8.30
中广核风电	52.75	51.00	49.01	5.53	5.05	5.14	7.30	7.41	9.30
华电新能	55.51	54.37	51.99	6.59	5.73	5.25	15.37	12.83	12.12
三峡新能	58.41	58.40	55.13	5.27	5.48	4.55	9.89	10.19	9.02
大唐新能	39.79	44.00	39.07	5.04	6.37	5.36	7.78	11.90	8.81
国新能源	52.12	49.84	33.02	7.64	7.23	3.57	11.01	10.42	3.20
中节能风力	59.08	58.00	53.64	5.69	6.97	6.12	11.00	12.48	9.29
京能清洁	19.93	21.62	21.26	5.76	6.26	5.86	8.85	9.73	9.63
天津绿电	29.03	53.42	53.54	-0.13	2.58	3.13	-9.38	4.61	5.33

注：复合增长率＝（当期数值/基期数值）$^{1/年数}$－1，天津绿电2022年主营业务变更为新能源发电，其增速为同比增速。

资料来源：根据公开资料整理所得。

从总资产报酬率和净资产收益率看，样本企业的盈利能力也较强，但部分企业指标值有所波动。样本企业总资产报酬率在5%左右，净资产报酬率在9%左右。天津绿电因为主营业务变更，指标值均较低，其他企业差别较小。华电新能2021年由于新机组建成投运、收购新能源机组等原因，利润总额和净利润均增长70%以上，当期盈利指标值明显上升。中广核风电2021年和2022年大幅计提资产减值损失，2021年大量增资扩股（所有者权益增长115%），导致其盈利指标下滑。不同于综合毛利率，京能清洁的其他盈利指标表现较好，总资产报酬率三年均值排名第三，净资产收益率排名第五，主要是因为政府补贴规模较大（占利润总额的20%左右），其中燃气发电业务的补贴高于新能源发电业务，所以其指标表现好于多数以新能源发电为主的样本企业。

2021年，新核准的陆风项目实行平价上网，2022年新核准的海风项目实行平价上网，风电上网电价未来将进一步下行。本书认为，在电价补贴逐渐退坡的行业环境下，样本企业盈利状况面临下降风险。

2. 资产负债情况

近年来，风电装机容量持续较快增长，样本企业总体的资产和负债规模不断攀升，占比较大的分别是固定资产和长期借款，总体财务杠杆率处于较高水平，各企业差别相对较小。本书认为，随着风电行业持续发展，行业资产和负债规模将保持增长，财务杠杆率将稳定在较高水平。

2018~2023年，样本企业总体资产和负债均持续增长，波动较大（见图4-17、图4-18）。样本企业资产主要由固定资产、在建工程、应收账款、货币资金和长期股权投资等组成。其中，固定资产占总资产比重近60%，呈现出电力行业的普遍特征，主要包括通用设备和电力专用设备、房屋及建筑物两类。行业陆续开展"以大代小"风电技改，对小容量、老旧风电场进行技改、扩容，致使计提资产减值损失增加。随着近年来风电场持续扩张，在建工程不断增加，2022 年其有所回落系转入固定资产所致。应收账款近 5 年的年均增速达 37%，主要系应收新能源补贴电费增加所致。货币资金占总资产的比重约为 5%，受限比例较小。2021 年存货由近 600 亿元减至 16 亿元，系天津绿电业务变动、567 亿元存货转出所致。样本企业负债主要由长期借款、短期借款、应付票据及账款、一年内到期的非流动负债和应付债券等组成，各项均持续增加，占比较为稳定。其中，长期借款占总负债的比重最高，约为 50%；其次是短期借款，占比在 10% 左右。截至 2023 年底，样本企业总体资产和负债水平进一步增长，主要系风电项目不断推进，固定资产和长期借款继续增加所致。

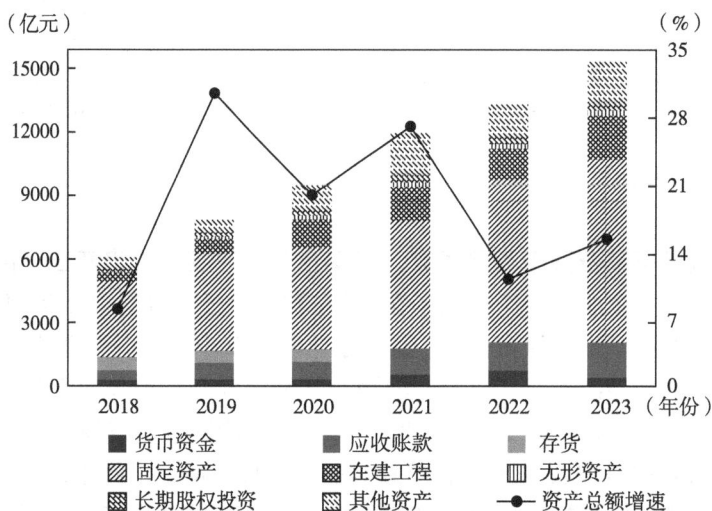

图 4-17　2018~2023 年样本企业总体资产状况

资料来源：Wind。

近年来，风电行业财务杠杆率基本稳定。2018~2023 年，样本企业总体所有者权益不断增加，总体资产负债率和全部债务资本化比率[①]分别稳定在 65% 和 60% 左右。近年来，样本企业资产负债率大多在 50%~70%，不同企业有所差异。天津绿电因主营业务变更，2022 年资产负债率大幅下滑。国新能源的资产负债规模相对较小，资产负债率为样本企业最低，近年来在 51% 左右。截至 2023 年底，行业财务杠杆水平保持稳定，天津绿电和中节能风力资产负债率进一步降低，国新能源有所上升。

---

① 总体所有者权益=所有者权益总和，总体资产负债率=负债总和/资产总和×100%，总体全部债务资本化比率=全部债务总和/（全部债务总和+所有者权益总和）×100%。

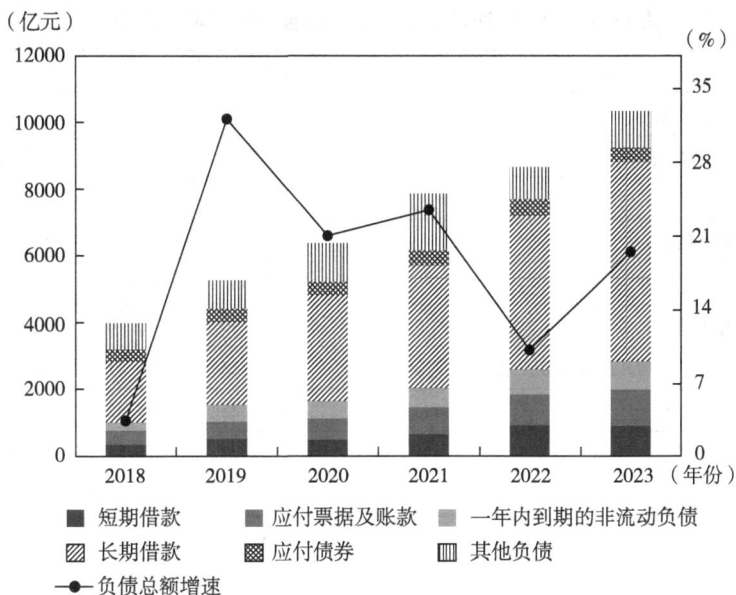

表4-18 2018~2023年样本企业总体负债状况

资料来源：Wind。

本书认为，风电行业仍处于快速发展阶段，技改扩容及海上风电发展空间较大，样本企业资产和负债规模将保持增长态势，但由于风电场运营日渐成熟，样本企业财务杠杆率有望维持稳定。

3. 现金流及债务保障情况

样本企业的现金流获取能力很强，经营活动现金净流入规模很大，但受风电建设投入规模扩大、电价补贴到位不及时等影响，仍需要筹资活动弥补建设资金缺口；样本企业总体的近期债务保障指标表现一般、中远期债务保障指标良好，总体来看债务保障能力处于较好水平。本书认为，风电建设规模仍将增长，筹资活动仍是重要的现金流来源；随着风电运营日渐成熟，经营活动现金流有望持续改善，样本企业的债务保障能力将不断增强。

风电企业经营性现金流获取能力很强。2020~2023年，样本企业总体经营活动现金流入①总体呈增长态势，2022年增长明显系前期集中装机的风电补贴到账所致（见表4-20）。现金收入比与近年风电建设节奏变动情况相反，2023年有所回落，2022年显著提升。经营活动净现金流始终为正且呈上升趋势，2022年大幅跃升近一倍。从补充资料看，2021年样本企业盈利提升，在风电场技改扩容下旧小风电场折旧及资产减值计提增加，经营性应收和应付及应收的风电补贴均显著增长，当期经营活动现金流量净额同比增长逾20%。2022年，样本企业盈利情况继续大幅提升，经营性应收项目大幅减少，当期经营活动现金流量净额快速增长。

----

① 总体经营活动现金流入＝经营活动现金流入之和，以下现金流分析均为样本企业总体范畴。

表 4-20 2020~2023 年风电企业现金流和债务保障状况

指标	2020 年	2021 年	2022 年	2023 年
经营活动现金流入（亿元）	1287.90	1575.52	2135.41	2029.06
销售商品、提供劳务收到的现金（亿元）	1137.14	1366.72	1894.42	1602.12
现金收入比（倍）	0.88	0.88	1.15	0.92
经营活动现金流出（亿元）	774.15	949.22	898.98	1125.55
投资活动现金流入（亿元）	57.95	90.71	330.10	259.82
投资活动现金流出（亿元）	1310.90	1546.10	1928.71	2242.98
购建固定资产、无形资产和其他长期资产支付的现金（亿元）	1224.25	1316.51	1672.86	2030.14
筹资活动现金流入（亿元）	3659.25	5459.52	4960.31	5392.31
筹资活动现金流出（亿元）	2907.79	4417.54	4516.99	4552.83
现金及现金等价物净增加额（亿元）	12.60	213.17	81.27	−239.63
资产负债率（%）	2083.75	2639.31	3095.80	4143.97
全部债务资本化比率（%）	61.32	58.52	60.68	63.68
全部现金债务保障（倍）	−0.41	−0.48	0.14	−0.25
经营性现金债务保障（倍）	0.76	0.88	1.36	0.91
经营性现金流入债务保障（倍）	1.48	1.76	2.05	1.56
EBITDA 利息保障倍数（倍）	4.15	4.56	5.00	—
全部债务/EBITDA（倍）	5.86	5.79	5.73	6.63

资料来源：Wind。

近年来风电装机容量持续较快增长，样本企业投资活动现金净流出规模持续扩大。其中，用于购建固定资产、无形资产和其他长期资产支付的现金占投资活动流出现金的比重很大，约为85%。

样本企业筹资规模较大，且增长较快，但在2022年波动明显。自2020年出台风电陆续平价上网政策开始，当期风电装机容量增速攀升，2020~2021年样本企业筹资活动净现金流明显增长。2022年，风电集中装机动能逐渐释放，上网电量持续增长，且电价补贴陆续到位，经营现金流表现很好，筹资需求有所降低。2023年，样本企业现金及现金等价物净增加额显著减少，主要系龙源电力应收电力补贴款增加，投资规模增长，现金及现金等价物净增加额同比减少逾280亿元。

从近期债务保障指标看，2020年由于风电大规模投资建设的影响，投资支出和经营活动现金流出相应增加，当期现金流保障指标均出现明显下滑；2021年，投资规模继续增长，全部现金债务保障继续小幅降低，但风电企业盈利能力增强，加之电力补贴逐渐到位，经营性现金债务保障和经营性现金流入债务保障均有所回升；2022年，三项指标增长明显，2023年有所回落。从中远期债务保障指标看，2020~2023年样本企业总体的全部债务/EBITDA 和 EBITDA 利息保障倍数分别为 5.7~6.7 和 4~5 且持续向好。整体来看，2020 年以来，样本企业近期债务保障指标表现一般，但中远期指标表现良好。

本书认为，风电行业仍处于扩张期，投资支出仍将保持较大规模，筹资规模仍将保持较高水平。风电行业经营稳定、盈利水平较高，经营性现金流获取能力很强，随着在建机组的不断建成投运，经营性现金流入规模将持续增加，样本企业债务保障能力有望不断增强。

（六）太阳能发电企业运营状况

我国光伏发电装机容量较为集中，11 家大型发电集团占比很高，其中国家电投的规模远高于其他企业；光伏发电的毛利率很高，整体较为稳定。

为了研究电力企业的光伏发电业务，本书选取能够查询到公开资料的 11 家大型发电集团①，对其光伏发电业务的装机情况进行分析，并选取三峡新能源、华电新能源、中节太阳能、浙江新能源、金开新能源② 5 家可获得光伏发电相关财务数据的企业，对其光伏发电的收入及毛利率等情况进行分析。

我国光伏发电企业的集中度较高，截至 2022 年末国家电投等 11 家发电集团的光伏发电合计装机容量为 1.55 亿千瓦，占全国光伏总装机容量的 39.57%。国家电投的光伏发电装机容量远大于其他企业，华能集团、国家能源、华电集团、三峡集团、中核集团、中广核的光伏发电装机规模在 1000 万~2000 万千瓦，其他企业的装机规模相对较小。各家企业发电总装机容量中的光伏发电的占比均不高，中核集团的占比最高，但仍不超过 40%，由于光伏发电机组利用小时数远低于其他机组，因此企业发电总量中光伏发电量的占比较低。从 11 家大型发电集团披露的主要在建光伏项目来看，装机规模大的项目主要分布在新疆、内蒙古、青海等地区，雅砻江柯拉光伏项目作为水光互补项目，规模较大，云南临沧光伏二期、云南茂兰光伏、贵州平塘乐阳光伏等农光互补项目规模较小（见表4-21）。

表4-21　截至 2022 年末 11 家大型发电集团主要在建光伏项目

项目名称	所属企业	装机容量 （万千瓦）	总投资 （亿元）	已投资 （亿元）
青海海南基地共和县 100 万千瓦光伏项目	国家电力投资集团有限公司	100	61.25	20.00
蒙西基地库布其 200 万千瓦光伏治沙项目	中国长江三峡集团有限公司	200	111.09	24.20

① 其中，国家能源投资集团有限责任公司简称国家能源、国家电力投资集团有限公司简称国家电投、中国华能集团有限公司简称华能集团、中国华电集团有限公司简称华电集团、中国长江三峡集团有限公司简称三峡集团、中国核工业集团有限公司简称中核集团、中国广核集团有限公司简称中广核、中国大唐集团有限公司简称大唐集团、中国节能环保集团有限公司简称中节能、国投电力控股股份有限公司简称国投电力、华润电力控股有限公司简称华润电力。

② 三峡新能源为中国三峡新能源（集团）股份有限公司的简称，华电新能源为华电新能源集团股份有限公司的简称，中节太阳能为中节能太阳能股份有限公司的简称，浙江新能源为浙江省新能源投资集团股份有限公司的简称，金开新能源为金开新能源股份有限公司的简称。

续表

项目名称	所属企业	装机容量 （万千瓦）	总投资 （亿元）	已投资 （亿元）
三峡能源昔阳 30 万千瓦"光伏+储能"发电项目	中国长江三峡集团有限公司	30	17.37	0.09
蔚县阳原光伏项目	中国大唐集团有限公司	—	25.84	16.93
雅砻江柯拉光伏	国投电力控股股份有限公司	100	53.40	17.05
甘肃敦煌光伏	国投电力控股股份有限公司	4	2.21	0.90
海南文昌光伏	国投电力控股股份有限公司	10	6.42	3.71
贵州平塘乐阳光伏	国投电力控股股份有限公司	10	4.64	2.01
贵州平塘新塘光伏	国投电力控股股份有限公司	10	4.77	1.68
云南临沧光伏二期	国投电力控股股份有限公司	18	9.18	5.64
云南茂兰光伏	国投电力控股股份有限公司	20	9.69	2.33
新疆伊吾储能光伏	国投电力控股股份有限公司	10	5.71	1.97
阿克塞光热光伏	国投电力控股股份有限公司	75	50.75	5.24
合计	—	587	362.32	101.75

资料来源：根据公开资料整理所得。

2021~2023 年，三峡新能源、华电新能源、中节太阳能、浙江新能源、金开新能源五家企业的光伏发电收入整体处于增长态势，其中三峡新能源、华电新能源、金开新能源的收入增长很明显，主要是因为装机规模的快速增长（见图 4-19）。在电价补贴退坡后，存量项目仍可在全生命周期合理利用小时数，在补贴年限内继续获得补贴，

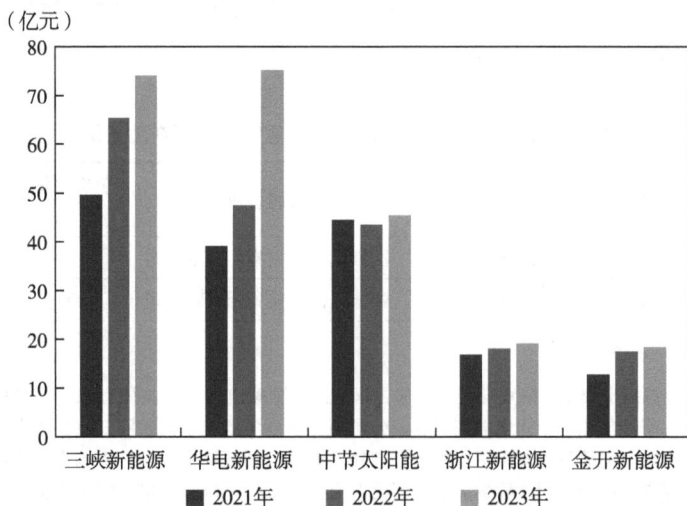

图 4-19　2021~2023 年部分发电企业光伏发电板块收入

资料来源：Wind。

因此中节太阳能和浙江新能源两家新增光伏装机规模不大的企业的毛利率变化很小（见图4-20）。三峡新能源、华电新能源、金开新能源三家业务规模增长较快的企业毛利率下降明显，但各家企业毛利率均处于很高水平，整体较为稳定。

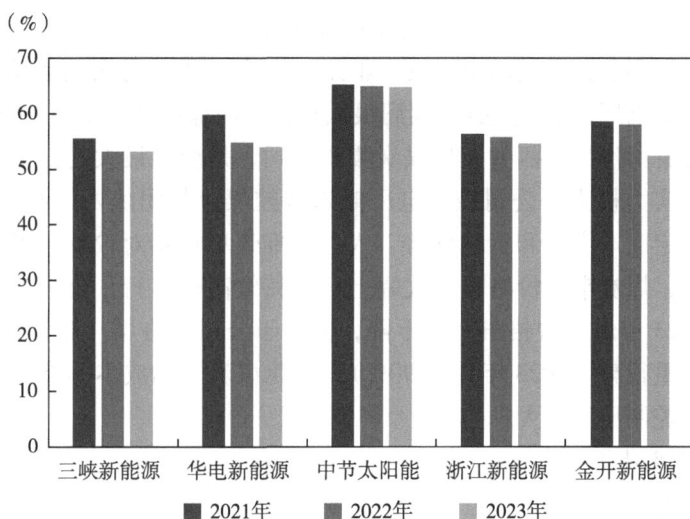

图4-20　2021~2023年部分发电企业光伏发电板块毛利率

资料来源：Wind。

六、典型企业案例分析

（一）晋能控股山西电力股份有限公司2024年简评报告

晋能控股山西电力股份有限公司（以下简称"公司"）于1997年在深圳证券交易所挂牌上市（股票代码：000767.SZ，股票简称：晋控电力），主营业务为电力及热力业务，涉及燃料采购、电力及热力生产销售等多个板块。公司控股股东为晋能控股煤业集团有限公司（以下简称"晋控煤业集团"），持股比例为29.43%，实际控制人为山西省人民政府国有资产监督管理委员会（以下简称"山西省国资委"）。

1. **业务状况**

2020~2022年，公司营业收入规模逐年增长，但受燃料成本增长影响，营业成本持续增长且超过收入增长幅度，热力业务持续亏损。2023年，公司主营业务之一的发电业务平均利用小时数较上年下滑，发电量同比减少，发电业务收入同比下降，致使2023年公司营业收入规模有所减少。同年，煤炭价格有所下降导致燃煤采购成本同比减少，热力业务亏损程度得到一定缓解，营业成本降低。2020~2023年，虽然财务费用对整体利润的侵蚀较为严重，但公司费用控制能力整体有所增强，在这期间费用率逐年下降。公司盈利指标表现不佳，电力毛利率及公司综合毛利率均逐年下降，2023

年热力业务毛利率虽有所上升，但毛利率仍为负，热力业务亏损程度仍然较大，2021～2023 年公司净资产收益率均为负。

2. 燃料采购板块

公司的电力及衍生的热力业务离不开燃料采购，因此为了优化原材料采购端的成本控制，公司于 2019 年成立了晋控电力山西煤炭配售有限公司，负责主要用于自用的燃料配售业务（公司公开披露的煤炭板块业务）。上游主要为母公司晋控煤业集团，下游主要为公司下属电厂，因此业务毛利润很低且存在内部抵消。山西省煤炭资源丰富，母公司晋控煤业集团作为山西省大型煤炭集团公司，是全国最大的煤炭生产销售企业之一，煤炭竞争实力极强。公司控股电厂毗邻晋控煤业集团陕西、河南等煤矿产区，燃煤采购具备一定成本优势和运输优势，入厂标准煤单价相对较低，燃煤供应保障程度很好。近年来，煤炭市场价格整体大幅上涨并持续高位运行，公司煤炭采购成本整体快速上升，2023 年煤炭价格虽有所下降，但由于公司长协煤（煤炭长期采购协议）占使用煤量的比重很高（2023 年约为 90%），因此煤炭采购成本不能充分压降。整体来看，公司成本控制压力较大。

3. 电力生产及销售板块

公司的核心业务为发电业务，以火电（截至 2023 年末，控股的火电厂全部为煤电厂）为主的同时积极发展水电、风电及光伏发电。2020～2023 年，公司发电业务营业收入规模呈增长趋势。2021 年，公司百万机组投产带动控股装机容量明显提升，发电能力提升带动发电量提升，加之国家上网电价相关政策的出台，发电业务营业收入规模同比增长显著。2021 年，年中投产机组于 2022 年常态化运行，机组平均利用小时数明显提升，加之上网电价政策效应进一步释放，发电业务营业收入进一步增长。2023 年，受全省新能源装机及发电量增加的影响，火电机组调峰备用时间增加，火电发电量减少，加之山西省现货交易规则修订后公司电力现货交易价格同比下降，导致发电业务收入出现一定下滑。

截至 2023 年末，公司控股装机容量 1092.79 万千瓦，上网电量 413.96 亿千瓦时，其中火电机组多为热电联产机组，装机容量 880 万千瓦，火电仍保持主导地位。整体来看，公司发电业务规模很大。

公司是山西省电力市场的供应主体之一，同时是山西省最大的上市发电公司之一，对地区工业及经济发展的拉动作用很大。公司下属电厂主要分布在山西省的大同、原平、长治、河津、永济、临汾和怀仁等地，所属区域经济状况相对较弱；清洁能源装机占比小于 20%，电源结构相对单一。近年来，机组平均利用小时数虽有所波动，但仍高于山西省平均水平。公司具备一定的核心竞争力。山西省是传统输电大省，临近京津冀等需外购电力的地区，因此公司的电网及销售保障能力较强，加之公司燃煤供应保障程度很好，整体来看，公司电力业务发展具备较好保障。

2023 年，公司主要在建项目剩余合计装机容量 47.5 万千瓦，整体建设规模不大，面临的资金支出压力相对较小。

从盈利能力方面看，公司发电业务的主要成本为燃料费及资产折旧。2020~2023年，公司燃煤供应保障程度虽很好，但煤炭成本整体快速上升。2023年，煤炭成本压力虽有所缓解，但煤炭价格仍然较高，加之行业普遍存在的资产高折旧，公司毛利率、总资产报酬率、净资产收益率均呈下降趋势，发电业务盈利能力下降，发电业务却仍处于持续盈利状态。

4. 热力板块

由于公司大部分火电机组均具备供热能力，因此衍生出热力业务。公司售热业务集中于山西地区，主要供热对象为公司所属各电厂所在地区的重点企业及居民。2020~2022年，公司供热量稳步增加，供热业务收入持续增长，但由于冬季供热具备民生属性，供热价格由政府主导定价，因此定价相对较低，加之持续上涨的燃料成本，供热业务处于持续亏损状态。2023年，煤炭价格下降导致供热业务亏损状态有所缓解，但仍未扭亏为盈。

5. 财务分析

2020~2022年，公司资产规模持续增长。2023年，受使用权资产中机器设备原值减少及公司货币资金减少影响，公司资产规模有所缩减。截至2023年末，公司资产以固定资产、长期股权投资、在建工程、无形资产及使用权资产等非流动资产为主，固定资产占资产总额的比重为55.89%，流动资产主要包括货币资金、应收账款、存货等。在公司的非流动资产中，固定资产主要为机器设备、房屋及建筑物，折旧率高；长期股权投资主要为对煤矿及电厂的投资；在建工程主要为在建火电机组；无形资产主要为土地使用权；使用权资产主要为租赁使用的机器设备。应收账款主要为对国家电网的电力销售款及应收关联方燃煤销售款，前五大欠款方为国家电网及晋控煤业集团下属子公司，合计欠款占期末应收账款账面余额的65.76%，集中度较高，账龄超过一年的应收账款占比为64.68%，整体回收风险较大。存货主要为煤炭燃料。截至2022年末，公司货币资金受限比例很小，但全部受限资产占总资产的比例为15.89%，受限占比较高，明显高于上述样本企业。整体来看，公司资产流动性较弱，资产质量一般。

公司负债由长期借款、一年内到期的非流动负债、应付账款、短期借款、长期应付款、应付票据等构成，长短期借款占负债总额的五成左右，应付账款及应付票据主要是煤炭采购款。公司短期债务占比呈下降趋势，债务期限结构有所改善。公司经营取得的现金不足以支持项目建设，因此需依靠筹资弥补资金缺口。本书认为，随着计划在建项目装机容量减少，未来1~2年内公司债务规模或将减小。

在或有事项方面，截至2023年末，公司对外担保5.71亿元，占同期末净资产的比重为5.28%，担保对象主要为关联方同煤漳泽（上海）融资租赁有限责任公司，公司担保代偿风险可控。

2020~2022年，公司经营活动现金持续净流入，但净流入规模持续下降，2023年转为净流出，主要是因为电力及热力业务规模的扩大、平均上网电价的提高所带来的流入增加量小于煤炭燃料成本上涨所带来的流出增加量。在该时期现金收入比虽有所波动，但整体来看公司回款情况良好。由于在建发电项目的持续投入，公司购建固定资产、无形资产等的现金支出保持一定规模，远高于公司同期取得的投资收益，投资活动现金持续净流出，但随着在建发电项目投入的减少，净流出规模持续下降。2020~2023 年，公司债务本息偿付金额较大，建设支出也保持一定规模，因此为弥补资金缺口，公司继续通过以银行借款为主的方式筹资，筹资活动现金持续净流入。

相较短期债务规模，公司的现金等价物及投资现金规模很小，到期债务保障能力很弱。公司全部债务资本化比率和资产负债率很高，较高的资产负债率使公司债权融资空间相对有限，其银行可用授信额度较小，间接融资渠道一般，但作为 A 股上市公司，公司具备股权融资条件。综合来看，公司外部融资能力一般。2020~2022 年，公司有息债务规模保持上升，全部债务/EBITDA 虽保持上升态势，但仍处于较好水平。2023 年，公司有息债务随着筹资减少而有所减小，全部债务/EBITDA 较上年略有下降；2020~2023 年，EBITDA 能较好地覆盖本息。整体来看，公司中长期债务保障能力较强。

（二）中国长江电力股份有限公司 2024 年简评报告

中国长江电力股份有限公司（以下简称"长江电力"或"公司"）主营业务为水力发电。截至 2023 年末，第一大股东为中国长江三峡集团有限公司，持股比例为49.13%，实际控制人为国务院国有资产监督管理委员会。

1. 业务状况

公司主要业务为水力发电，2023 年营业收入为 781.12 亿元，其中水电业务收入为690.46 亿元。截至 2023 年 3 月末，公司已运营的水电站共三峡、葛洲坝、溪洛渡、向家坝、乌东德、白鹤滩 6 个电站，其中乌东德和白鹤滩电站是公司 2023 年第一季度收购三峡金沙江云川水电开发有限公司股权时纳入的电站。装机容量达 7169.50 万千瓦，占全国水电装机容量的 17.01%，2023 年发电量 2762.63 亿千瓦时，占全国水力发电量的 24.21%。

公司发电机组均为水电，属于国家规定的优先上网的清洁能源。截至 2023 年 3 月末，公司在湖北的装机容量为 2523 万千瓦，占比 35.19%；在四川的装机容量为 4646万千瓦，占比 64.81%。湖北、四川两省经济总量较大，人口众多，公司电站可通过特高压输电网将电力外送至长江下游经济发达地区，整体上看公司电源分布较好。公司电站调节性能极强，2022 年平均机组利用小时数为 4493.04，高于全国水电平均水平。

近年来，公司毛利率均高于 55%，所属电站均处于运营阶段，日常管理费用低，债务负担较轻，财务费用相对较少，总资产报酬率、净资产收益率在行业内处于极好的水平。整体来看，公司盈利能力极强。

公司电站库容量大，均位于长江上游，能通过六库联调和跨季度调节来减少气候和时间对发电的影响，调节能力极强。在政策上国家要求对清洁能源进行保障性收购，电力消纳的环境很好。公司电站位于四川和湖北，地区经济实力强，用电量需求较大，公司电站大多为西电东送重要能源基地，在国家能源部门协调下通过建成的特高压电网送至经济发达地区。整体上看，公司电力销售较有保障。

当前，我国水电开发接近饱和，公司无在建水电项目，已运营水电业务很稳定。公司拓展新能源板块，研究建设金沙江下游水风光储一体化基地，在建项目有张掖抽水蓄能电站。风电和光伏发电是我国能源转型的重点方向，政策支持力度加大，发展空间广阔，抽水蓄能对新能源电源发挥了配套调节的功能。整体上看，公司业务稳定性良好，业务增长方向发展环境好，空间广阔。

2. 财务分析

截至 2023 年末，公司资产总额为 5719.43 亿元，由于收购三峡金沙江云川水电开发有限公司（以下简称"云川公司"），因此较 2022 年末总资产有大幅增长。公司资产主要为固定资产和长期股权投资，其中固定资产主要为大坝建筑物，占总资产的 77.78%；长期股权投资主要为对国投电力控股股份有限公司等发电公司的投资，占总资产的 12.53%。公司应收账款规模小且大部分为电网等国企，损失风险很小，投资的企业经营情况整体较好，公司资产减值风险整体较小。总体上看，公司资产质量较好，资产减值风险小，但资产的流动性偏弱，符合行业特点。

截至 2023 年末，公司负债规模为 3596.44 亿元，由于收购云川公司进行融资，因此总负债较 2022 年末大幅增长。负债以短期借款、一年内到期的非流动负债、长期借款、应付债券为主。其中，长期借款占负债总额的 51.91%，同期短期债务占比为 32.39%。公司对外担保规模很小，无重大诉讼事项，或有债务风险小。公司无大规模扩张计划，经营性现金净流入规模大，不断用于偿还债务，预计未来 1~2 年公司债务总规模将有所下降。

2023 年，由于收购云川公司两座电站，公司经营活动现金流入大幅增长，经营活动净流入规模总体较大，但也导致筹资活动净流出规模增加较多。

公司投资规模较小，经营性现金流入规模大，短期债务规模较小，到期债务保障指标较好。公司盈利能力极强，EBITDA/利息保障倍数和全部债务/EBITDA 均处于极好水平。公司资产负债率、全部债务资本化比率一般，融资渠道多样，外部融资能力较强。

公司现金流对债务的保障能力一般，但外部融资能力较强，能够对近期偿债能力形成很强支撑。公司综合经营实力很强，EBITDA/利息保障倍数和全部债务/EBITDA 表现极好，远期偿债能力极强。综合分析，公司偿债能力极强。

（三）金开新能源股份有限公司 2024 年简评报告

2021 年，天津劝业场（集团）股份有限公司进行重大资产重组，变更为金开新能源股份有限公司（以下简称"公司"），主营业务变更为光伏、风电等多种形式的新能源电站投资、建设及运维。截至 2023 年末，公司第一大股东为天津金开企业管理有限公司，持股比例为 9.47%①，实际控制人为天津市人民政府国有资产监督管理委员会。公司控股股东持股比例较低，需关注控制权转移风险。

1. 业务状况

2021~2023 年，公司营业收入逐年增长，毛利率处于较高水平。2023 年，公司核准装机容量达到 6448 兆瓦，并网容量达到 4480 兆瓦，其中光伏发电项目并网容量3097 兆瓦，风电项目并网容量 1257 兆瓦，储能及生物质发电项目并网容量 127 兆瓦，年发电量为 71.48 亿千瓦时，较上年增长 13.86%。在平均利用小时数方面，由于自然条件不同，各地机组利用小时数差距较大。公司发电机组全部为新能源机组，符合国家战略要求，项目主要分布在新疆、山东、河北、山西、宁夏、湖北、广西等经济较发达或风光资源优良的区域，电源分布较为合理。截至 2023 年末，公司在建项目容量161.91 兆瓦，未来 1~2 年预计资本支出较大，将面临一定的筹资压力。

2. 财务分析

近年来，公司资产规模持续增长，以固定资产为主，截至 2023 年末固定资产占比达 58.87%，主要为发电及通用设备。公司流动资产主要包括货币资金和应收账款。2021 年以来，随着在建项目的陆续完工及运营，公司应收账款增幅明显，截至 2023 年末公司应收账款 58.90 亿元，主要是应收电网公司电费等，坏账损失风险较小，但仍需关注回款进度。2023 年，公司应收账款周转率仅为 0.59，应收账款对公司营运资金占用明显。截至 2023 年末，公司商誉规模 15.08 亿元，主要系公司溢价收购电站所致，若未来其运营情况出现变化，公司商誉存在一定的减值风险。截至 2023 年末，公司受限资产合计为 175.32 亿元，主要为固定资产融资抵押，受限资产占总资产的比例为54.90%，受限资产占比高。总体上看，公司的资产规模一般，流动性偏弱，资产质量一般。

公司负债主要由长期借款构成，截至 2023 年末长期借款占比为 76.75%。整体上看，公司负债结构以长期为主，期限结构良好。随着公司拟建和在建项目的推进，预计未来 1~2 年公司债务总规模仍会增加。受益于未分配利润的累计，公司所有者权益规模逐年增长。

近年来，公司经营活动净现金流逐年增长，主要系新能源发电业务规模扩大所致。同期，公司购建固定资产、无形资产等项的现金支出保持较大规模，投资活动现金流持续净流出。由于公司项目资金需求较大，筹资活动现金流持续净流入。

截至 2023 年末，公司全部债务 203.44 亿元，较上年末变化不大。在债务结构方面，短期债务占 13.01%，长期债务占 86.99%，以长期债务为主。从债务指标来看，截至 2023 年末公司资产负债率和全部债务资本化比率分别为 70.58% 和 68.41%，公司

---

① 天津金开企业管理有限公司持有公司股份占公司总股本的 9.47%，天津津融国信资本管理有限公司持有公司股份占公司总股本的 2.75%，天津津诚财富投资管理有限公司-天津津诚二号股权投资基金合伙企业（有限合伙）持有公司股份占公司总股本的 3.34%，三方签署《一致行动协议书》，合计持有公司股份 310698980 股，占公司目前总股本的 15.56%。

债务负担重。2023年，EBITDA对利息支出和全部债务的保障能力处于较好水平，但现金短债比水平较弱。公司作为A股上市公司，直接融资渠道通畅，2022年平均融资成本3.85%，融资成本较低。总体来看，公司债务负担重，存在一定的偿债压力。

截至2022年末，公司重大资产重组业绩对赌期满，公司完成业绩对赌，但需关注其未来运营情况。

（四）中国核工业集团有限公司2024年简评报告

中国核工业集团有限公司（以下简称"公司"或"中核集团"）是经国务院批准组建，国务院国有资产监督管理委员会（以下简称"国资委"）直接管理的中央国有企业，主营业务包含先进核能利用、天然铀、核燃料、核技术应用、工程建设、核环保、装备制造、金融投资等核心产业，以及核产业服务、新能源、贸易、健康医疗等市场化新兴产业。截至2023年末，国务院国资委持股比例为90%，全国社会保障基金理事会（以下简称"社保基金会"）持股比例10%。公司旗下拥有多家上市公司，分别为中国核电（证券代码601985.SH，持股比例59.36%）、中核科技（证券代码000777.SZ，持股比例17.87%）、中国核建（证券代码601611.SH，持股比例56.66%）、中国同辐（证券代码01763.HK，持股比例73.83%）、中核国际（证券代码02302.HK，持股比例66.72%）、同方股份（证券代码600100.SH，持股比例30.11%）、同方友友（证券代码01868.HK，持股比例64.80%）、同方泰德（证券代码01206.HK，持股比例36.60%）。

1. 业务状况

2021~2023年，公司营业收入逐年增长，毛利率维持在较高水平。2023年，在市场化交易的总电量占比提升的背景下，全年综合电价为0.4193元/千瓦时（含增值税），较2022年综合电价（0.4226元/千瓦时）有所下降，下降比例约0.78%。2023年，公司累计完成发电量2098.58亿千瓦时，同比增长5.30%，售电量1732.16亿千瓦时，电力市场交易电量为880.00亿千瓦，占核电总上网电量的44.57%。公司核电平均利用小时数较为稳定，2023年为7852小时。截至2023年末，公司控股核电在运机组25台，总装机容量为2375万千瓦，占全国投运核电总装机容量的比重达41.53%，行业地位突出。此外，公司下属子公司还经营水电、风电、光伏及电网等电力业务。截至2023年末，公司控股在建及核准待建机组15台，装机容量1756.5万千瓦，核电项目投资金额很大，未来1~2年预计公司资本支出较高。

2. 财务分析

近年来，公司资产规模持续增长，以非流动资产为主，截至2023年末固定资产和在建工程占比分别为33.56%和21.55%，主要为在建及运营中的核电站。公司流动资产主要包括货币资金、应收账款和存货。截至2023年末，公司所有权受到限制的资产账面价值共计1140.56亿元，受限资产占总资产的比例为11.59%，受限原因主要为融资租赁售后回租、借款抵押等，受限资产占比较低。总体上看，公司的资产规模很大，流动性一般，资产质量高。公司负债主要由长期借款构成，截至2023年末长期借款占负债总额的 40%，主要为公司建设核电站所需债务融资，债务期限较长，期限分布较为分散。整体上看，公司负债结构以长期为主，期限结构较为合理。随着公司拟建和在建项目的推进，预计未来 1~2 年公司债务总规模仍会增加。近年来，公司所有者权益规模逐年增长，但由于下属上市公司较多，公司少数股东权益占比较高，加之截至 2023 年末所有者权益中还包含永续债券 110 亿元，因此整体上看公司权益稳定性一般。

近年来，公司经营活动净现金流保持大额净流入，同时公司购建固定资产、无形资产等项目的现金支出保持较大规模，公司投资活动现金流持续净流出。由于公司项目资金需求较大，公司筹资活动现金流持续净流入。

截至 2023 年末，公司全部债务较上年末有所增长，主要系核电站建设进程加快，债务融资规模扩大所致，以长期债务为主。从债务指标来看，截至 2023 年末，公司资产负债率和全部债务资本化比率分别为 70.86% 和 57.56%，公司债务负担一般。2023年，EBITDA 对利息支出和全部债务的保障能力处于较好水平，但现金短债比一般。公司拥有多家上市公司，直接融资渠道通畅，融资成本很低。总体来看，公司以长期债务为主，债务负担一般，偿债压力不大。

（五）中国广核集团有限公司 2024 年简评报告

中国广核集团有限公司（以下简称"公司"或"中广核集团"）是由国务院国有资产监督管理委员会控股的中央企业，主营业务包含清洁电力产品、清洁能源产业相关的工业产品、清洁能源产业相关的专业化服务及其他新兴能源产品与相关服务。截至 2023 年末，国务院国资委持股比例为 81%，广东恒健投资控股有限公司持股比例10%，社保基金会持股比例 9%。公司旗下拥有多家上市公司，分别为中国广核（证券代码 003816.SZ，持股比例 58.89%）、中广核新能源（证券代码 1811.HK，持股比例72.33%）、中广核矿业（证券代码 1164.HK，持股比例 57.75%）和中广核技（证券代码 000881.SZ，持股比例 28.61%）。

1. 业务状况

2021~2023 年，公司营业收入逐年增长，毛利率虽然有所下降，但仍保持较高水平。2023 年，受电力市场供需偏紧及煤电价格浮动比例调整等影响，公司核电平均上网电价总体有所上升。2023 年，公司累计上网电量 2141.46 亿千瓦时，同比增长7.95%。公司核电平均利用小时数较为稳定，2023 年为 7509 小时。截至 2023 年末，公司管理 9 个核电基地，27 台在运核电机组，11 台已核准及在建核电机组，在运及在建装机容量分别为 3056.80 万千瓦和 1324.60 万千瓦，占国内核电同口径统计数据的43.48%，总体规模居国内前列。此外，公司下属子公司还经营风电、光伏及气电等电力业务，受益于装机容量的增长及促消纳政策的不断落实，公司非核机组上网电量呈持续上升态势。2023 年，境内非核能源机组装机容量 4523.63 万千瓦，上网电量同比增长 22.25%，达 734.06 亿千瓦时。截至 2023 年 9 月末，公司在建核电机组 8 台，预计总投资 1615 亿元，核电项目投资金额很大，未来 1~2 年预计公司资本支出较高。

2. 财务分析

近年来，公司资产规模持续增长，以非流动资产为主，截至 2023 年末固定资产和在建工程占比分别为 49.58% 和 15.10%，主要为在建及运营中的核电站。公司流动资产主要包括货币资金、应收账款和存货。截至 2023 年末，公司所有权受到限制的资产账面价值共计 762.42 亿元，受限资产占总资产的比例为 7.62%，受限原因主要为借款抵押等，受限资产占比较低。总体上看，公司的资产规模很大，流动性一般，资产质量高。公司负债主要由长期借款构成，截至 2023 年末长期借款占负债总额的 58.12%，主要为公司建设核电站所需债务融资，债务期限较长，期限分布较为分散。整体上看，公司负债结构以长期为主，期限结构较为合理。随着公司拟建和在建项目的推进，预计未来 1~2 年公司债务总规模仍会增加。近年来，公司所有者权益规模逐年增长，但由于下属上市公司较多，公司少数股东权益占比较高，加之截至 2023 年末所有者权益中还包含永续债券 275.00 亿元，因此整体上看公司权益稳定性一般。

近年来，公司经营活动净现金流保持大额净流入，同时公司购建固定资产、无形资产等项目的现金支出保持较大规模，公司投资活动现金流持续净流出。由于项目资金需求较大，公司筹资活动现金流持续净流入。

截至 2023 年末，公司全部债务较上年末有所增长，主要系核电站建设进程加快，债务融资规模扩大所致，以长期债务为主。从债务指标来看，截至 2023 年末，公司资产负债率和全部债务资本化比率分别为 69.28% 和 65.31%，公司债务负担一般。2023 年，EBITDA 对利息支出和全部债务的保障能力处于较好水平，但现金短债比较低。公司拥有多家上市公司，直接融资渠道通畅，融资成本很低。总体来看，公司以长期债务为主，债务负担一般，偿债压力不大。

七、附件

附表 4-1　2021~2023 年火电行业相关重要政策

发布时间	文件名称	文件编号	发布机构	主要内容
2021 年 10 月 11 日	《关于进一步深化燃煤发电上网电价市场化改革的通知》	发改价格〔2021〕1439 号	国家发展和改革委员会	要求有序放开全部燃煤发电电量上网电价，燃煤发电电量原则上全部进入电力市场，通过市场交易在"基准价+上下浮动"范围内形成上网电价；扩大市场交易电价上下浮动范围，将燃煤发电市场交易价格浮动范围扩大为上下浮动原则上均不超过 20%，高耗能企业市场交易电价不受上浮 20% 限制，电力现货价格不受上述幅度限制；取消工商业目录销售电价
2021 年 10 月 29 日	《关于开展全国煤电机组改造升级的通知》	发改运行〔2021〕1519 号	国家发展和改革委员会、国家能源局	要求开展煤电机组改造升级，进一步降低能耗，提升灵活性和调节能力

续表

发布时间	文件名称	文件编号	发布机构	主要内容
2022 年 2 月 24 日	《关于进一步完善煤炭市场价格形成机制的通知》	发改价格〔2022〕303 号	国家发展和改革委员会	要求加强煤炭市场价格调控监管，引导煤炭价格在合理区间运行。当煤炭价格显著上涨或者有可能显著上涨时，将按程序及时启动价格干预措施，引导煤炭价格回归合理区间；当煤炭价格出现过度下跌时，引导煤炭价格合理回升。完善煤、电价格传导机制，鼓励在电力中长期交易合同中合理设置上网电价与煤炭中长期交易价格挂钩的条款，有效实现煤、电价格传导
2022 年 1 月 29 日	《关于印发〈"十四五"现代能源体系规划〉的通知》	发改能源〔2022〕210 号	国家发展和改革委员会、国家能源局	加强煤炭安全托底保障，发挥煤电支撑性调节性作用，淘汰煤电落后产能，大力推动煤炭清洁高效利用
2022 年 8 月 3 日	《关于进一步提升煤电能效和灵活性标准的通知》	国能综通科技〔2022〕81 号	国家能源局综合司、国家发展和改革委员会办公厅、国家市场监督管理总局办公厅	重点修订新建机组的设计供电煤耗门槛要求、对应的负荷率基准，以及现役机组的运行供电煤耗要求、对应的修正方式（尤其 50% 以下负荷率的修正系数）等。有关标准制修订工作原则上在 2023 年底前完成
2023 年 7 月 11 日	《关于推动能耗双控逐步转向碳排放双控的意见》	—		要科学合理设计新型电力系统建设路径，在新能源安全可靠替代的基础上，有计划分步骤逐步降低传统能源比重；推动能耗双控向碳排放双控转变
2023 年 9 月 7 日	《关于印发〈电力现货市场基本规则（试行）〉的通知》	发改能源规〔2023〕1217 号	国家发展和改革委员会、国家能源局	电力现货市场构建了"能涨能降"的市场价格机制，依托分时价格信号动态反映市场供需形势及一次能源价格变化趋势，并通过短时尖峰价格信号有效激励火电、燃气机组顶峰发电，电力用户移峰填谷，显著提升电力保供能力，支撑经济社会高质量发展；建立适应新能源特性的市场机制，发挥电力现货市场分时价格信号作用，鼓励火电机组提升运行灵活性，促进源网荷储协同互动，充分释放系统整体调节能力
2023 年 11 月 8 日	《关于建立煤电容量电价机制的通知》	发改价格〔2023〕1501 号	国家发展和改革委员会、国家能源局	自 2024 年 1 月 1 日起实施煤电容量电价机制，对煤电实行两部制电价政策。坚持市场化改革方向，加快推进电力市场体系建设，促进电量电价通过市场化方式有效形成，灵敏反映电力市场供需、燃料成本变化等情况；容量电价水平根据转型进度等实际情况合理确定并逐步调整，充分体现煤电对电力系统的支撑调节价值，确保煤电行业持续健康运行

资料来源：根据公开资料整理所得。

附表 4-2 截至 2023 年末火电样本企业主要经营财务数据

企业全称	企业简称	2022年末控股装机容量（万千瓦）	2022年末火电装机容量（万千瓦）	2022年火电发电量（亿千瓦时）	资产总额（亿元）	负债合计（亿元）	所有者权益合计（亿元）	全部债务（亿元）	短期债务（亿元）	长期债务（亿元）	营业收入（亿元）	电力营业收入（亿元）	营业成本（亿元）	电力营业成本（亿元）	净利润（亿元）	EBITDA（亿元）	经营活动产生的现金流量净额（亿元）
中国华电集团有限公司	华电集团	19053.00	12211.00	4854.51	10977.52	7607.16	3370.36	6259.94	2195.76	4064.19	3182.94	3158.15	2650.85	2636.84	256.87	955.67	701.95
中国大唐集团有限公司	大唐集团	17015.46	10709.15	4245.08	8686.43	6126.13	2560.31	5070.04	1457.60	3612.44	2564.40	2331.42	2189.62	2053.28	90.25	303.58	648.58
中国华能集团有限公司	华能集团	22111.00	14224.00	5834.00	15608.47	10938.99	4669.48	8453.75	2183.38	6270.37	3998.19	3582.51	3112.13	2883.26	311.92	1164.41	1040.89
国家电力投资集团有限公司	国家电投	21171.31	8225.93	3668.00	17534.77	12030.57	5504.19	9813.32	3163.37	6649.95	3857.10	2511.42	2971.75	2376.06	330.66	1303.86	720.29
国家能源投资集团有限责任公司	国家能投	28800.00	19900.00	8400.00	20930.22	12317.65	8612.57	8814.46	3515.26	5299.20	7911.26	7738.91	5531.67	5418.99	884.91	2331.17	1774.08
华润电力控股有限公司	华润电力	5258.10	3557.70	1460.00	2921.62	1974.19	947.43	447.98	110.03	337.95	1033.34	416.71	759.11	357.57	121.10	86.92	85.16
河南投资集团有限公司	河南投资	898.00	898.00	306.18	3462.03	2056.44	1405.59	1646.37	489.12	1157.25	506.55	137.95	446.14	132.16	29.57	117.99	25.00
山西国际电力集团有限公司	山西国际	939.78	704.40	280.75	997.45	683.17	314.27	496.46	166.10	330.36	469.89	194.36	402.99	178.75	26.21	102.21	99.03
安徽省能源集团有限公司	安徽能源	1020.36	892.00	411.88	1045.44	558.88	486.57	450.31	107.05	343.27	352.64	200.39	323.08	190.52	52.71	90.85	31.77
北京能源集团有限责任公司	北京能源	3868.35	1779.83	793.87	4633.53	2952.59	1680.95	2207.06	655.16	1551.90	920.76	566.35	752.69	416.25	53.13	281.50	281.96
广东省能源集团有限公司	广东能源	4447.11	3372.32	1204.51	2761.15	1948.14	813.01	1572.40	400.26	1172.14	835.94	775.23	695.05	642.95	41.54	179.10	128.46
晋能控股山西电力股份有限公司	晋能控股	1082.94	880.00	420.80	605.14	497.06	108.08	456.47	152.20	304.26	196.16	154.69	181.76	136.22	-6.72	37.04	-15.74
格盟国际能源有限公司	格盟国际	1074.37	980.00	431.70	412.54	284.32	128.22	199.23	42.85	156.38	160.41	160.41	152.28	152.28	2.47	34.13	23.78
深圳能源集团股份有限公司	深圳能源	1746.17	1087.40	411.12	1534.59	976.32	558.28	696.07	94.32	601.75	405.04	281.90	313.71	224.18	27.84	106.81	119.30

续表

企业全称	中国华电集团有限公司	中国大唐集团有限公司	中国华能集团有限公司	国家电力投资集团有限公司	国家能源投资集团有限责任公司	华润电力控股有限公司	河南投资集团有限公司	山西国际电力集团有限公司	安徽省能源集团有限公司	北京能源集团有限责任公司	广东省能源集团有限公司	晋能控股山西电力股份有限公司	格盟国际能源有限公司	深圳能源集团股份有限公司
投资活动产生的现金流量净额（亿元）	-957.61	-737.44	-1635.61	-1437.28	-1902.91	-59.32	-481.89	-11.38	-99.97	-392.10	-390.66	-16.23	-9.14	-146.02
筹资活动产生的现金流量净额（亿元）	206.57	60.58	538.94	706.48	-527.91	-34.71	439.15	-92.01	59.81	113.84	294.26	26.17	-25.08	56.91
综合毛利率（%）	16.72	14.61	22.16	22.95	30.08	26.54	11.93	14.24	8.38	18.25	16.85	7.34	5.07	22.55
电力毛利率（%）	16.51	11.93	19.52	5.39	29.98	14.19	4.20	8.03	4.93	26.50	17.06	11.94	5.07	20.48
资产负债率（%）	69.30	70.53	70.08	68.61	58.85	67.57	59.40	68.49	53.46	63.72	70.56	82.14	68.92	63.62
全部债务资本化比率（%）	65.00	66.45	64.42	64.07	50.58	32.10	53.94	61.24	48.07	56.77	65.92	80.85	60.84	55.49
总资产报酬率（%）	4.59	3.39	4.21	4.05	6.94	6.45	2.35	5.49	6.82	3.17	3.55	1.67	2.70	3.76
净资产收益率（%）	11.62	2.51	7.94	5.61	8.77	4.80	1.82	8.42	12.41	2.19	5.27	-4.71	1.89	4.40
全部债务/EBITDA（倍）	6.55	16.70	7.26	7.53	3.78	5.15	13.95	4.86	4.96	7.84	8.78	12.32	5.84	6.52
全部现金债务保障（倍）	-0.01	0.00	-0.10	-0.13	0.37	0.32	-0.38	1.06	-0.43	0.09	-0.35	0.24	0.98	0.79
经营性现金流入债务保障（倍）	0.42	0.51	0.65	0.32	0.91	0.86	0.60	1.12	0.51	0.69	0.63	0.35	1.19	2.34
经营性现金流入营业收入保障（倍）	1.84	2.16	2.41	1.48	2.92	6.52	1.94	4.15	3.96	2.11	2.69	1.88	4.80	6.04

注：华电集团 2020~2022 年电力营业收入及成本数据为电力及热力业务数据，2023 年为主营业务收入数据；大唐集团 2020~2022 年电力营业收入数据为发电及供热业务数据；华能集团 2020~2023 年电力营业收入及成本数据为电力及热力业务数据；国家电投 2020~2022 年电力营业收入及成本数据为火电业务数据，2023 年为常规电源业务数据；华润电力 2020~2023 年电力营业收入及成本数据为子公司华润电力投资有限公司电力业务数据；河南投资 2020~2023 年电力营业收入及成本数据为综合能源业务数据；广东省能源 2020~2023 年电力营业收入及营业成本数据；华润电力控股有限公司为港股上市公司，其债务及现金流数据采用华润电力投资有限公司数据代替。格盟国际 2020~2023 年电力营业收入及成本数据用华润电力投资有限公司数据代替。

资料来源：根据公开资料整理所得。

附表 4-3　近年来水电行业相关重要政策

发布时间	文件名称	文件编号	发布机构	主要内容
2014 年 1 月 11 日	《关于完善水电上网电价形成机制的通知》	发改价格〔2014〕61 号	国家发展和改革委员会	跨省跨区域交易价格由供需双方协商确定。国家明确为跨省、跨区域送电的水电站,其外送电量上网电价按照受电地区落地价扣减输电价格(含线损)确定。省内上网电价实行标杆电价制度。各省(区、市)水电标杆上网电价以本省省级电网企业平均购电价格为基础,统筹考虑电力市场供求变化趋势和水电开发成本制定。建立水电价格动态调整机制。水电上网电价在一定时期内保持稳定。当电力市场供求、水电开发成本及国家相关政策发生较大变化时,应适时调整水电上网电价。鼓励通过竞争方式确定水电价格。逐步统一流域梯级水电站上网电价
2018 年 7 月 16 日	《关于积极推进电力市场化交易进一步完善交易机制的通知》	发改运行〔2018〕1027 号	国家发展和改革委员会、国家能源局	为促进清洁能源消纳,支持电力用户与水电、风电、太阳能发电、核电等清洁能源发电企业开展市场化交易。在统筹考虑和妥善处理电价交叉补贴的前提下,有序放开水电参与电力市场化交易。消纳不受限地区,根据水电站多年平均或上年实际发电能力,综合考虑外送和本地消纳,安排优先发电计划,在保障优先发电优先购电的基础上,鼓励水电积极参与电力市场化交易
2021 年 9 月 22 日	《关于完整准确全面贯彻新发展理念做好碳达峰碳中和工作的意见》	—	中共中央、国务院	到 2025 年,非化石能源消费比重达到 20% 左右。到 2030 年,非化石能源消费比重达到 25% 左右,风电、太阳能发电总装机容量达到 12 亿千瓦以上,二氧化碳排放量达到峰值并实现稳中有降。到 2060 年,非化石能源消费比重达到 80% 以上,碳中和目标顺利实现
2021 年 10 月 24 日	《2030 年前碳达峰行动方案》	国发〔2021〕23 号	国务院	积极推进水电基地建设,推动金沙江上游、澜沧江上游、雅砻江中游、黄河上游等已纳入规划、符合生态保护要求的水电项目开工建设,推进雅鲁藏布江下游水电开发。统筹水电开发和生态保护,探索建立水能资源开发生态保护补偿机制。"十四五""十五五"期间分别新增水电装机容量 4000 万千瓦左右,西南地区以水电为主的可再生能源体系基本建立
2023 年 4 月 6 日	《关于印发〈2023 年能源工作指导意见〉的通知》	国能发规划〔2023〕30 号	国家能源局	非化石能源发电装机占比提高到 51.9% 左右,风电、光伏发电量占全社会用电量的比重达到 15.3%。稳步推进重点领域电能替代。核准建设雅砻江牙根一级,金沙江上游昌波等水电站项目。推动主要流域水风光一体化规划,建设雅砻江、金沙江上游等流域水风光一体化示范基地

资料来源:根据公开资料整理所得。

附表 4—4 2023 年末水电样本企业主要经营财务数据

企业全称	中国长江三峡集团有限公司	中国长江电力股份有限公司	国投电力控股股份有限公司	雅砻江流域水电开发有限公司	华能澜沧江水电股份有限公司	广西桂冠电力股份有限公司	华电云南发电有限公司	新华水力发电有限公司	大唐四川发电有限公司	贵州黔源电力股份有限公司	甘肃电投能源发展股份有限公司	四川川投能源股份有限公司	福建闽东电力股份有限公司
企业简称	三峡集团	长江电力	国投电力	雅砻江水电	澜沧江水电	桂冠电力	华电云南	新华水电	大唐四川	黔源电力	甘肃电投	川投股份	闽东电力
控股装机容量（万千瓦）	12471.47	4549.50	3776.42	1963.95	2356.38	1254.27	928.49	932.49	340.57	399.56	288.97	141.05	55.62
水电装机容量（万千瓦）	7825.17	4549.50	2128.00	1920.00	2356.38	1022.76	688.49	269.08	257.76	323.35	170.02	122.70	36.18
水电发电量（亿千瓦时）	2739.51	1588.81	991.93	885.47	1006.19	360.68	327.90	102.14	72.08	88.47	56.59	46.98	10.15
资产总额（亿元）	13934.29	5719.43	2773.63	1791.95	1952.39	472.80	502.23	1349.67	483.50	159.99	206.36	603.53	33.81
负债合计（亿元）	7774.26	3596.44	1752.46	1112.62	1245.16	261.75	331.96	1141.80	355.99	93.69	108.03	217.60	8.77
所有者权益合计（亿元）	6160.03	2122.99	1021.17	679.33	707.23	211.05	170.27	207.87	127.52	66.31	98.33	385.93	25.05
全部债务（亿元）	6379.29	3151.78	1504.34	934.56	1101.41	232.96	312.67	994.56	327.81	85.76	98.13	186.04	3.97
短期债务（亿元）	1366.04	1020.75	229.30	126.53	150.77	106.90	45.20	257.77	67.48	18.84	11.78	65.02	0.33
长期债务（亿元）	5013.25	2131.03	1275.05	808.03	950.65	126.06	267.47	736.79	260.34	66.93	86.34	121.02	3.63
营业收入（亿元）	1518.65	781.12	567.12	244.85	234.61	80.91	95.45	96.58	29.28	19.90	26.41	14.82	15.04
营业成本（亿元）	765.30	329.43	362.50	98.37	102.38	56.57	71.14	44.38	17.42	9.63	15.85	7.95	10.09
净利润（亿元）	438.49	279.56	121.60	86.58	82.43	14.00	10.80	10.72	-1.72	4.50	5.87	45.07	2.30
EBITDA（亿元）	1105.60	641.25	280.88	193.30	180.12	43.21	47.18	64.91	23.43	14.17	19.63	55.09	4.79

续表

企业全称	中国长江三峡集团有限公司	中国长江电力股份有限公司	国投电力控股股份有限公司	雅砻江流域水电开发有限公司	华能澜沧江水电股份有限公司	广西桂冠电力股份有限公司	华电云南发电有限公司	新华水力发电有限公司	大唐四川发电有限公司	贵州黔源电力股份有限公司	甘肃电投能源发展股份有限公司	四川川投能源股份有限公司	福建闽东电力股份有限公司
经营活动产生的现金流量净额（亿元）	672.70	647.19	212.68	153.81	170.63	40.79	37.32	40.90	20.09	18.06	17.87	5.96	0.67
投资活动产生的现金流量净额（亿元）	-1235.95	-128.06	-206.56	-84.84	-265.67	-36.33	-6.39	-260.52	-30.59	-2.21	-11.58	-16.32	0.38
筹资活动产生的现金流量净额（亿元）	509.70	-548.02	-9.39	-75.31	87.00	-3.23	-35.63	226.06	10.09	-15.58	-16.47	7.01	-1.67
综合毛利率（%）	49.61	57.83	36.08	59.83	56.36	30.08	25.47	54.04	40.50	51.60	39.97	46.37	32.86
资产负债率（%）	51.47	55.79	62.88	65.99	73.63	63.78	36.06	62.09	31.29	25.93	0.00	84.60	52.35
全部债务资本化比率（%）	50.87	59.75	59.57	57.91	60.90	52.47	64.74	82.71	71.99	56.40	49.95	32.53	13.67
总资产报酬率（%）	5.64	10.04	7.03	7.44	6.81	4.66	4.76	3.56	2.31	5.28	5.02	9.02	8.47
净资产收益率（%）	7.27	13.70	12.42	13.30	11.73	6.50	5.47	5.86	-1.31	6.89	6.11	12.22	9.64
全部债务/EBITDA（倍）	5.77	4.92	5.36	4.83	6.11	5.39	6.63	15.32	13.99	6.05	5.00	3.38	0.83
全部现金债务保障（倍）	-0.12	0.60	0.53	0.75	-0.51	0.10	1.04	-0.74	-0.10	0.96	2.01	-0.03	14.42
经营性现金债务保障（倍）	0.79	0.73	1.44	1.42	1.25	0.44	1.18	0.27	0.35	1.08	2.99	0.22	13.26
经营性现金流入债务保障（倍）	1.75	1.04	3.05	2.10	1.89	0.91	2.89	0.49	0.54	1.55	3.91	0.37	28.74

注：装机容量和发电量为 2022 年数据。

附表 4-5　2006~2023 年风电行业相关重要政策

发布时间	发布机构	文件名称	主要内容
2006 年 1 月	国家发展和改革委员会	《可再生能源发电价格和费用分摊管理试行办法》	可再生能源发电项目上网电价高于当地脱硫燃煤机组标杆上网电价的部分、国家投资或补贴建设的公共可再生能源独立电力系统运行维护费用高于当地省级电网平均销售电价的部分,以及可再生能源发电项目接网费用等,通过向电力用户征收电价附加的方式解决
2007 年 8 月	国家发展和改革委员会	《可再生能源中长期发展规划》	到 2010 年,全国风电总装机容量达到 500 万千瓦。重点在东部沿海和"三北"地区,建设 30 个左右 10 万千瓦等级的大型风电项目,形成江苏、河北、内蒙古 3 个 100 万千瓦级的风电基地。建成 1~2 个 10 万千瓦级海上风电试点项目。2020 年,全国风电总装机容量达到 3000 万千瓦。在广东、福建、江苏、山东、河北、内蒙古、辽宁和吉林等具备规模化开发条件的地区,进行集中连片开发,建成若干个总装机容量 200 万千瓦以上的风电大省。建成新疆达坂城、甘肃玉门、苏沪沿海、内蒙古辉腾锡勒、河北张北和吉林白城 6 个百万千瓦级大型风电基地,并建成 100 万千瓦海上风电
2008 年 3 月	国家发展和改革委员会	《可再生能源发展"十一五"规划》	到 2010 年,可再生能源在能源消费中的比重达到 10%,风电总装机容量达到 1000 万千瓦。"十一五"时期,全国新增风电装机容量约 900 万千瓦。同时,形成国内风电装备制造能力,整机生产能力达到年产 500 万千瓦,零部件配套生产能力达到年产 800 万千瓦,为 2010 年以后风电快速发展奠定装备基础。结合无电地区电力建设,积极培育小型风力发电机产业和市场,到 2010 年,小型风力发电机的使用量达到 30 万台,总容量达到 7.5 万千瓦,设备生产能力达到年产 8000 台
2009 年 7 月	国家发展和改革委员会	《关于完善风力发电上网电价政策的通知》	分资源区制定陆上风电标杆上网电价。按风能资源状况和工程建设条件,决定将全国分为四类风能资源区,相应制定风电标杆上网电价。上网电价在当地脱硫燃煤机组标杆上网电价以内的部分,由当地省级电网负担,并随脱硫燃煤机组标杆上网电价调整而调整;高出部分通过全国征收的可再生能源电价附加分摊解决
2010 年 1 月	国家能源局、原国家海洋局	《海上风电开发建设管理暂行办法》	为规范海上风电项目开发建设管理,促进海上风电有序开发、规范建设和持续发展
2012 年 4 月	国家能源局	《关于加强风电并网和消纳工作有关要求的通知》	2011 年度,全国风电弃风限电总量超过 100 亿千瓦时,平均利用小时数大幅减少,个别省(区)的利用小时数已经降到 1600 小时左右,严重影响了风电场运行的经济性,风电并网运行和消纳问题已经成为制约我国风电持续健康发展的重要因素。今后将风电并网运行情况作为新安排风电开发规模和项目布局的重要参考指标,风电利用小时数明显偏低的地区不得进一步扩大建设规模
2014 年 6 月	国家发展和改革委员会	《关于海上风电上网电价政策的通知》	鼓励通过特许权招标等市场竞争方式确定海上风电项目开发业主和上网电价。通过特许权招标确定业主的海上风电项目,其上网电价按照中标价格执行,但不得高于以上规定的同类项目上网电价水平。对非招标的海上风电项目,区分潮间带风电和近海风电两种类型确定上网电价。2017 年以前(不含 2017 年)投运的近海风电项目上网电价为每千瓦时 0.85 元(含税,下同),潮间带风电项目上网电价为每千瓦时 0.75 元

发布时间	发布机构	文件名称	主要内容
2014 年 6 月	国务院办公厅	《能源发展战略行动计划（2014—2020 年）》	到 2020 年，非化石能源占一次能源消费比重达到 15%，天然气比重达到 10% 以上，煤炭消费比重控制在 62% 以内。大力发展风电。重点规划建设酒泉、内蒙古西部、内蒙古东部、冀北、吉林、黑龙江、山东、哈密、江苏 9 个大型现代风电基地以及配套送出工程。以南方和中东部地区为重点，大力发展分散式风电，稳步发展海上风电。到 2020 年，风电装机达到 2 亿千瓦，风电与煤电上网电价相当
2016 年 3 月	国家发展和改革委员会	《可再生能源发电全额保障性收购管理办法》	可再生能源并网发电项目年发电量分为保障性收购电量部分和市场交易电量部分。其中，保障性收购电量部分通过优先安排年度发电计划、与电网公司签订优先发电合同（实物合同或差价合同）保障全额按标杆上网电价收购；市场交易电量部分由可再生能源发电企业通过参与市场竞争方式获得发电合同，电网企业按照优先调度原则执行发电合同
2016 年 12 月	国家发展和改革委员会	《可再生能源发展"十三五"规划》	到 2020 年底，全国风电并网装机确保达到 2.1 亿千瓦以上。按照"因地制宜、就近接入"的原则，推动分散式风电建设。到 2020 年，中东部和南方地区陆上风电装机规模达到 7000 万千瓦，江苏省、河南省、湖北省、湖南省、四川省、贵州省等地区风电装机规模均达到 500 万千瓦以上。到 2020 年，"三北"地区风电装机规模确保 1.35 亿千瓦以上，其中本地消纳新增规模约 3500 万千瓦。另外，利用跨省跨区通道消纳风电容量 4000 万千瓦（含存量项目）。到 2020 年，海上风电开工建设 1000 万千瓦，确保建成 500 万千瓦
2017 年 11 月	国家发展和改革委员会、国家能源局	《解决弃水弃风弃光问题实施方案》	加强可再生能源开发重点地区电网建设，加快推进西南和"三北"地区可再生能源电力跨省跨区配置的输电通道规划和建设，优先建设以输送可再生能源为主且受端地区具有消纳市场空间的输电通道。充分利用已有跨省跨区输电通道输送可再生能源电力并提高运行水平。研究提高可再生能源电力输送能力的技术措施，加快柔性直流输电技术研究与应用，积极推进张家口可再生能源电力柔性直流输电示范工程
2018 年 10 月	国家发展和改革委员会、国家能源局	《清洁能源消纳行动计划（2018—2020 年）》	建立清洁能源消纳的长效机制，优化电源布局，合理控制电源开发节奏；加快电力市场化改革，发挥市场调节功能；加强宏观政策引导，形成有利于清洁能源消纳的体制机制；深挖电源侧调峰潜力，全面提升电力系统调节能力；完善电网基础设施，充分发挥电网资源分配平台作用；促进源网荷储互动，积极推进电力消费方式变革；落实责任主体，提高消纳考核及监管水平等相关措施

发布时间	发布机构	文件名称	主要内容
2019 年 5 月	国家发展和改革委员会	《关于完善风电上网电价政策的通知》	将陆上风电标杆上网电价改为指导价。新核准的集中式陆上风电项目上网电价全部通过竞争方式确定，不得高于项目所在资源区指导价。2019 年 I～IV 类资源区符合规划、纳入财政补贴年度规模管理的新核准陆上风电指导价分别调整为每千瓦时 0.34 元、0.39 元、0.43 元、0.52 元（含税，下同）；2020 年指导价分别调整为每千瓦时 0.29 元、0.34 元、0.38 元、0.47 元。指导价低于当地燃煤机组标杆上网电价（含脱硫、脱硝、除尘电价，下同）的地区，以燃煤机组标杆上网电价为指导价。将海上风电标杆上网电价改为指导价，新核准海上风电项目全部通过竞争方式确定上网电价 2019 年符合规划、纳入财政补贴年度规模管理的新核准近海风电指导价调整为每千瓦时 0.8 元，2020 年调整为每千瓦时 0.75 元。新核准近海风电项目通过竞争方式确定的上网电价，不得高于上述指导价
2020 年 1 月	财政部、国家发展和改革委员会、国家能源局	《关于促进非水可再生能源发电健康发展的若干意见》	新增海上风电和光热项目不再纳入中央财政补贴范围，按规定完成核准（备案）并于 2021 年 12 月 31 日前全部机组完成并网的存量海上风力发电和太阳能光热发电项目，按相应价格政策纳入中央财政补贴范围
2020 年 3 月	国家能源局	《国家能源局关于 2020 年风电、光伏发电项目建设有关事项的通知》	全面落实电力送出消纳条件。及时发布 2020 年风电投资监测预警结果。国家电网有限公司、南方电网公司、内蒙古电力公司会同新能源消纳监测预警中心及时测算论证经营区域内各省级区域 2020 年风电新增消纳能力，报国家能源局复核后对社会发布，引导开发企业理性投资，防范投资风险，促进合理布局。各省级能源主管部门会同各派出机构指导督促省级电网企业（包括省级政府管理的地方电网企业）做好新建风电项目与电力送出工程建设的衔接并落实消纳方案
2021 年 6 月	国家发展和改革委员会	《关于 2021 年新能源上网电价政策有关事项的通知》	2021 年 8 月 1 日起，对新核准陆上风电项目（以下简称"新建项目"），中央财政不再补贴，实行平价上网；新建项目上网电价，按当地燃煤发电基准价执行；新建项目可自愿通过参与市场化交易形成上网电价，以更好体现光伏发电、风电的绿色电力价值；新核准（备案）海上风电项目、光热发电项目上网电价由当地省级价格主管部门制定，具备条件的可通过竞争性配置方式形成，上网电价高于当地燃煤发电基准价的，基准价以内的部分由电网企业结算
2021 年 2 月	国家发展和改革委员会、财政部、中国人民银行、原中国银行保险监督管理委员会、国家能源局	《关于引导加大金融支持力度 促进风电和光伏发电等行业健康有序发展的通知》	我国实现 2030 年前碳排放达峰和努力争取 2060 年前碳中和的目标任务艰巨，需要进一步加快发展风电、光伏发电、生物质发电等可再生能源。各地政府主管部门、有关金融机构要充分认识发展可再生能源的重要意义，合力帮助企业渡过难关，支持风电、光伏发电、生物质发电等行业健康有序发展。协商展期、续贷、发放补贴确权贷款、核发绿色电力证书等方式对可再生能源企业进行金融支持
2021 年 3 月	中华人民共和国中央人民政府	《中华人民共和国国民经济和社会发展第十四个五年规划和 2035 年远景目标纲要》	推进能源革命，建设清洁低碳、安全高效的能源体系，提高能源供给保障能力。加快发展非化石能源，坚持集中式和分散式并举，大力提升风电、光伏发电规模，加快发展东中部分散式能源，有序发展海上风电，加快西南水电基地建设，安全稳妥推动沿海核电建设，建设一批多能互补的清洁能源基地，非化石能源占能源消费总量比重提高到 20%左右

续表

发布时间	发布机构	文件名称	主要内容
2021年10月	国务院	《2030年前碳达峰行动方案》	全面推进风电、太阳能发电大规模开发和高质量发展，坚持集中式与分布式并举，加快建设风电和光伏发电基地。坚持陆海并重，推动风电协调快速发展，完善海上风电产业链，鼓励建设海上风电基地。到2030年，风电、太阳能发电总装机容量达到12亿千瓦以上
2022年3月	国家能源局	《2022年能源工作指导意见》	优化近海风电布局，开展深远海风电建设示范，稳妥推动海上风电基地建设。推进深远海上风电技术创新和示范工程建设，探索集中送出和集中运维模式
2022年8月	工业和信息化部、财政部、商务部、国务院国有资产监督管理委员会、国家市场监督管理总局	《加快电力装备绿色低碳创新发展行动计划》	可再生能源发电装备供给能力不断提高，风电和太阳能发电装备满足12亿千瓦以上装机需求，核电装备满足7000万千瓦装机需求。重点发展8MW以上陆上风电机组及13MW以上海上风电机组，研发深远海漂浮式海上风电装备。突破超大型海上风电机组新型固定支撑结构、主轴承及变流器关键功率模块等。加大基础仿真软件攻关和滑动轴承应用，研究开发风电叶片退役技术路线
2023年2月	国家发展和改革委员会等九部门	《关于统筹节能降碳和回收利用 加快重点领域产品设备更新改造的指导意见》	加快填补风电、光伏等领域发电效率标准和老旧设备淘汰标准空白，为新型产品设备更新改造提供技术依据。完善产品设备工艺技术、生产制造、检验检测、认证评价等配套标准。拓展能效标识和节能低碳、资源循环利用等绿色产品认证实施范围。严格落实并适时修订《产业结构调整指导目录》，逐步完善落后产品设备淘汰要求
2023年6月	国家能源局	《风电场改造升级和退役管理办法》	鼓励并网运行超过15年或单台机组容量小于1.5兆瓦的风电场开展改造升级，并网运行达到设计使用年限的风电场应当退役，经安全运行评估，符合安全运行条件可以继续运营
2023年9月	国家能源局	《关于组织开展可再生能源发展试点示范的通知》	深远海风电技术示范。主要支持大容量风电机组由近（海）及远（海）应用，重点探索新型漂浮式基础、±500千伏及以上电压等级柔性直流输电、单机15兆瓦及以上大容量风电机组等技术应用，并推动海上风电运维数字化、智能化发展。深远海海上风电平价示范。主要支持海上风能资源和建设条件好的区域，结合海上风电基地建设，融合深远海风电技术示范，通过规模开发、设计优化、产业协同等措施，推动深远海海域海上风电项目降低工程造价、经济性提升和实现无补贴平价上网。深远海海上风电平价示范项目单体规模不低于100万千瓦。海上风电与海洋油气田深度融合发展示范。主要支持石油公司在海上油气生产平台周边10公里海域内建设海上风电场，探索推进海上风电和海洋油气协同开发、就近接入、绿电替代、联合运维等融合发展方案，形成海上风电与油气田区域电力系统互补供电模式
2023年12月	—	2024年全国能源工作会议	全年全国风电光伏新增装机2亿千瓦左右

资料来源：根据公开资料整理所得。

附表 4-6　2022 年风电样本企业主要运营数据和 2023 年财务数据

	龙源电力	中广核风电	华电新能	三峡新能	大唐新能	国新能源	中节能风力	京能清洁	天津绿电
总装机容量（万千瓦）	3110.78	2860.40	3490.84	2652.14	1419.34	1253.54	523.47	1371.93	429.65
新能源装机容量（万千瓦）	2923.30	2860.40	3490.84	2620.62	1418.84	1253.54	523.15	859.79	429.65
风电装机容量（万千瓦）	2619.20	2219.74	2209.11	1592.22	1268.79	1205.57	523.15	506.63	333.70
风电发电量（亿千瓦时）	583.08	396.85	441.59	339.48	271.64	260.7	119.41	106.99	66.82
风电机组利用小时数	2296	2051	2204	2262	2262	2229.97	2276	2222	2278
平均上网电价（元/千瓦时）	0.481	0.54	0.45	0.51	0.499	0.48	0.5022	—	0.4566
弃风（限电）率（%）	2.34	4.78	—	—	4.37	—	5.32	2.15	—
风电毛利率（%）	—	51.8	54.37	61.54	—	49.69	58.09	—	53.05
风电机组主要分布	内蒙古 12%、江苏海上 8%、河北 7%、甘肃 6%、新疆 6%、辽宁 5%、广东、山东、黑龙江 5%、江苏陆上 5%	河北、吉林、内蒙古、甘肃、新疆、广东、山东等	新疆、甘肃、内蒙古、吉林等风电资源丰富地区	陆风在甘肃、宁夏、贵州等中国西北和西南部地区，海风在江苏、广东、福建、辽宁等地的近海地区	内蒙古 26%、甘肃 10%、吉林 8%、山西 8%、山东 8%	内蒙古、山东、河北、江苏等地区	甘肃 20%、新疆 15%、河北 15%、青海 10%、内蒙古 5.7%、湖北 6%	内蒙古、陕甘宁和京津冀地区	甘肃、青海和内蒙古区域
资产总额（亿元）	2292.56	2679.66	3338.42	3117.08	1016.03	851.56	420.87	939.62	703.72
固定资产（亿元）	1413.61	1600.59	1805.45	1603.75	685.00	556.14	283.10	510.51	203.72
负债合计（亿元）	1469.29	1859.43	2442.52	2162.23	656.45	404.45	245.05	592.69	498.17
长期借款（亿元）	686.88	1235.72	1447.61	1336.70	437.03	170.02	144.91	283.45	246.73
所有者权益（亿元）	823.27	820.23	895.91	954.85	359.58	447.11	175.82	346.93	205.55
全部债务（亿元）	1235.98	1577.70	2137.77	1841.07	553.47	351.78	220.04	461.22	439.45
短期债务（亿元）	495.37	159.94	519.75	162.20	89.69	153.66	23.76	92.96	129.62

续表

指标	龙源电力	中广核风电	华电新能	三峡新能	大唐新能	国新能源	中节能风力	京能清洁	天津绿电
长期债务（亿元）	740.61	1417.77	1618.01	1678.87	463.78	198.11	196.27	368.26	309.82
营业收入（亿元）	376.42	275.43	295.68	264.85	128.02	100.50	51.16	204.46	36.91
营业成本（亿元）	239.56	140.44	141.96	118.85	78.00	67.31	23.72	161.00	17.15
利润总额（亿元）	82.39	85.14	113.31	90.18	36.23	20.83	18.13	41.44	11.68
利息费用（亿元）	34.06	40.80	45.21	40.24	17.16	10.32	8.13	12.01	5.20
EBITDA（亿元）	237.36	220.99	267.45	238.59	107.98	78.12	47.56	97.59	33.56
经营活动现金流量净额（亿元）	138.84	168.87	184.86	144.17	71.23	46.05	33.12	90.98	25.39
投资活动现金流量净额（亿元）	-214.34	-398.54	-575.19	-410.05	-65.02	9.13	-0.15	-79.96	-249.04
筹资活动现金流量净额（亿元）	-62.65	195.50	356.95	209.88	-0.06	-79.18	-45.83	-0.06	264.91
综合毛利率（%）	36.36	49.01	51.99	55.13	39.07	33.02	53.64	21.26	53.54
资产负债率（%）	64.09	69.39	73.16	69.37	64.59	47.50	58.23	63.12	70.79
全部债务资本化比率（%）	60.02	65.79	70.47	65.85	60.62	44.03	55.59	57.07	68.13
总资产报酬率（%）	5.15	5.14	5.25	4.55	5.36	3.57	6.12	5.86	3.13
净资产收益率（%）	8.30	9.30	12.12	9.02	8.81	3.20	9.29	9.63	5.33
全部债务/EBITDA（倍）	5.21	7.14	7.99	7.72	5.13	4.50	4.63	4.73	13.09
全部现金债务保障（倍）	0.27	-0.73	-0.62	-0.78	0.41	0.59	1.57	0.50	-13.12
经营性现金债务保障（倍）	0.80	1.13	0.58	1.19	1.27	0.53	1.57	1.11	5.56
经营性现金流入债务保障（倍）	1.44	1.59	0.76	1.61	1.85	2.86	1.88	2.52	6.89

资料来源：根据公开资料整理所得。

附表 4-7　2011~2022 年太阳能发电行业相关重要政策

发布时间	文件名称	文件编号	发布机构	主要内容
2011 年 7 月 24 日	《关于完善太阳能光伏发电上网电价政策的通知》	发改价格〔2011〕1594 号	国家发展和改革委员会	规定以 2011 年 7 月 1 日为分界点，之前核准建设且 2011 年 12 月 31 日前投产的项目按照 1.15 元/千瓦时（含税）电价上网；2011 年 7 月 1 日之前核准但截至 2011 年 12 月 31 日仍未建成投产的项目（除西藏）按照 1 元/千瓦时（含税）上网
2013 年 8 月 26 日	《关于发挥价格杠杆作用促进光伏产业健康发展的通知》	发改价格〔2013〕1638 号	国家发展和改革委员会	将全国分为 I、II、III 三类太阳能资源区，光伏电站标杆上网电价分别为 0.9 元、0.95 元和 1 元，光伏电站标杆上网电价高出当地燃煤机组标杆上网电价的部分，通过可再生能源发展基金予以补贴
2013 年 7 月 24 日	《关于分布式光伏发电实行按照电量补贴政策等有关问题的通知》	财建〔2013〕390 号	财政部	对分布式光伏发电项目，实行按照发电量进行电价补贴的政策，电价补贴标准为每千瓦时 0.42 元
2016 年 12 月 26 日	《关于调整光伏发电陆上风电标杆上网电价的通知》	发改价格〔2016〕2729 号	国家发展和改革委员会	2017 年 1 月 1 日之后，一类至三类资源区新建光伏电站的标杆上网电价分别调整为每千瓦时 0.65 元、0.75 元、0.85 元，同时明确分布式光伏发电补贴标准不做调整
2017 年 11 月 8 日	《解决弃水弃风弃光问题实施方案》	发改能源〔2017〕1942 号	国家发展和改革委员会、国家能源局	2017 年可再生能源电力受限严重地区弃水弃风弃光状况实现明显缓解。云南、四川水能利用率达到 90% 左右。甘肃、新疆弃风率降至 30% 左右，吉林、黑龙江和内蒙古弃风率降至 20% 左右。甘肃、新疆弃光率降至 20% 左右，陕西、青海弃光率力争控制在 10% 以内。其他地区风电和光伏发电年利用小时数应达到国家能源局 2016 年下达的本地区最低保障收购年利用小时数（或弃风率低于 10%，弃光率低于 5%）
2017 年 12 月 19 日	《关于 2018 年光伏发电项目价格政策的通知》	发改价格规〔2017〕2196 号	国家发展和改革委员会	2018 年 1 月 1 日之后投运的光伏电站标杆上网电价，三类资源区分别调整为 0.55 元/千瓦时、0.65 元/千瓦时及 0.75 元/千瓦时，自 2019 年起，纳入财政补贴年度规模管理的光伏发电项目全部按投运时间执行对应的标杆电价
2018 年 7 月 16 日	《关于积极推进电力市场化交易 进一步完善交易机制的通知》	发改运行〔2018〕1027 号	国家发展和改革委员会、国家能源局	在确保供电安全的前提下，完善新的交易规则，推进规划内风电、太阳能发电等可再生能源在保障利用小时数之外参与市场化交易，替代火电发电权交易及跨省跨区现货交易试点等，通过积极参与市场化交易，增加上网电量，促进消纳，做好优先发电保障和市场化消纳的衔接。各地要结合实际合理确定可再生能源保障利用小时数
2020 年 3 月 31 日	《关于 2020 年光伏上网电价政策有关事项的通知》	发改价格〔2020〕511 号	国家发展和改革委员会	一类至三类资源区新增集中式光伏电站指导价分别为每千瓦 0.35 元（含税，下同）、0.4 元、0.49 元，"自发自用、余量上网"模式的工商业分布式项目含发电量每千瓦时补贴 0.05 元，户用分布式项目含发电量补贴标准为每千瓦时 0.08 元

续表

发布时间	文件名称	文件编号	发布机构	主要内容
2021年3月17日	《清洁能源消纳情况综合监管工作方案》	国能综通监管[2021]28号	国家能源局综合司	督促有关地区和企业严格落实国家清洁能源消纳政策，监督检查清洁能源消纳目标任务和可再生能源电力消纳责任权重完成情况；督促电网企业优化清洁能源并网接入和调度运行，实现清洁能源全额保障性收购；规范清洁能源电力参与市场化交易，完善清洁能源消纳交易机制和辅助服务市场建设；及时发现清洁能源发展过程中存在的突出问题，进一步促进清洁能源消纳、推动清洁能源行业高质量发展
2021年6月7日	《关于2021年新能源上网电价政策有关事项的通知》	发改价格[2021]833号	国家发展和改革委员会	2021年起对新备案集中式光伏电站、工商业分布式光伏发电项目中央财政不再补贴
2021年7月26日	《关于进一步完善分时电价机制的通知》	发改价格[2021]1093号	国家发展和改革委员会	各地要统筹考虑当地电力供需状况、系统用电负荷特性，新能源装机占比、系统调节能力等因素，将系统供需紧张、边际供电成本高的时段确定为高峰时段，引导用户约时用电，错峰避峰；将系统供需宽松、边际供电成本低的时段确定为低谷时段，促进新能源消纳、引导用户调整负荷
2021年9月22日	《关于完整准确全面贯彻新发展理念做好碳达峰碳中和工作的意见》	—	中共中央、国务院	到2025年，非化石能源消费比重达到20%左右。到2030年，非化石能源消费比重达到25%左右，风电、太阳能发电总装机容量达到12亿千瓦以上，二氧化碳排放量达到峰值并实现稳中有降。到2060年，非化石能源消费比重达到80%以上，碳中和目标顺利实现
2021年10月21日	《"十四五"可再生能源发展规划》	发改能源[2021]1445号	国家发展和改革委员会、国家能源局、财政部、自然资源部、生态环境部、住房和城乡建设部、农业农村部、中国气象局、国家林业和草原局	2025年，可再生能源年发电量达到3.3万亿千瓦时左右，风电和太阳能发电量实现翻倍
2021年10月24日	《2030年前碳达峰行动方案》	国发[2021]23号	国务院	到2030年，风电、太阳能发电总装机容量达到12亿千瓦以上，确保如期实现2030年前碳达峰目标
2022年1月29日	《"十四五"现代能源体系规划》	发改能源[2022]210号	国家发展和改革委员会、国家能源局	加快发展风电、太阳能发电。到2025年，非化石能源消费比重提高到20%左右，非化石能源发电量比重达到39%左右，电气化水平持续提升，电能占终端用能比重达到30%左右
2022年3月17日	《2022年能源工作指导意见》	国能发规划[2022]31号	国家能源局	2022年非化石能源占能源消费总量比重提高至17.3%左右，风电、光伏发电量占全社会用电量比重达到12.2%左右

资料来源：根据公开资料整理所得。

交通篇

交通行业包括铁路、公路、机场、航空、港口及轨道交通等子行业，是经济社会发展的先决条件。近年来，国家以《加快建设交通强国五年行动计划（2023—2027年）》为纲领，不断完善交通法规体系，规范和引领交通行业的可持续、高质量发展。随着交通固定资产投资力度的持续增加，我国交通运输基础设施网络日趋完善。预计未来1~2年，随着国民经济的持续恢复，交通运输业的客运量及货运量将持续回升向好，行业内企业的业务和财务状况也将保持总体向好，但受各地自然条件、经济及人口等因素的影响，企业间仍将表现出一定的地区差异性。

一、交通运输格局

"十三五"时期，我国综合交通运输体系建设取得了历史性成就，交通基础设施网络日趋完善，综合交通网络总里程突破600万千米，高速铁路在百万人口以上城市的覆盖率超过95%，高速公路对20万人口以上城市的覆盖率超过98%，民用运输机场覆盖92%左右的地级市。

从整体运量来看，公路运输具有灵活性强且成本低的特点，是我国最重要的运输方式之一，2023年公路客运量和货运量的占比分别为49%和72%；随着我国高铁的快速发展，越来越多的旅客出行选择铁路运输，2023年铁路客运量占比达41%；水路运输因其运量大且成本低的优点，成为我国货物运输的第二大运输方式，2023年水运货运量占比为17%；航空运输的客运量和货运量均较小，但作为当代运输科技的重大成就，在速度与效率方面无可替代，是综合交通运输体系不可或缺的部分（见表1）。

表1 2023年我国交通运输里程和运输量

运输方式	里程（万千米）	客运量（万人）	旅客周转量（亿人千米）	客运平均运距（千米）	货运量（万吨）	货物周转量（亿吨千米）	货运平均运距（千米）
铁路	15.90	385449.59	14729.36	382.13	503535.00	36460.39	724.09
公路	544.10	457263.64	3517.60	31.94	4033681.00	73950.20	183.33
航空	699.89*	61957.64	10308.80	1663.85	735.40	283.60	3856.40
水运	12.80*	25770.74	53.80	20.88	936746.00	129951.50	1387.27

注：*表示为2022年数据，航空里程为定期航班航线里程，水运里程为内河航道里程。

资料来源：国家统计局交通运输部。

二、交通政策环境

2019年以来，国家以《加快建设交通强国》为纲要，陆续出台交通运输业相关政策及要求，以促进行业高质量发展。2021年12月，国务院发布《"十四五"现代综合交通运输体系发展规划》，发展目标要求，到 2025 年，综合交通运输基本实现一体化融合发展，综合能力、服务品质、运行效率和整体效益显著提升。在铁路方面，以"八纵八横"高速铁路主通道为主骨架，基本消除普速铁路瓶颈路段，铁路营业里程达 16.5 万千米，其中高铁达 5 万千米；在公路方面，以 7 条首都放射线、11 条北南纵线、18 条东西横线等组成的国家高速公路网的主线基本贯通，普通公路质量进一步提高，公路通车里程达 550 万千米，其中高速公路建成里程达 19 万千米；在航空方面，布局完善、功能完备的现代化机场体系基本形成，民用运输机场数超过 270 个；在水运方面，港口码头专业化、现代化水平显著提升，内河高等级航道网络建设取得重要进展。到 2035 年基本建成交通强国，实现"全国 123 出行交通圈"（都市区 1 小时通勤、城市群 2 小时通达、全国主要城市 3 小时覆盖）。

三、未来发展

铁路是综合交通运输体系的骨干和主要交通方式之一。在我国旅客、货物运输体系中，铁路都具有重要地位，尤其是在客运领域，铁路旅客周转量指标份额已逾 50%。近年来，我国铁路固定资产投资保持稳定，全国铁路营业里程稳步增长。中国铁路（中国国家铁路集团有限公司的简称）作为国家授权投资机构和国家控股公司，在我国铁路行业内市场份额很高。近年来，中国铁路资产规模保持增长，资产结构基本稳定。中国铁路盈利能力 2020~2022 年连续大额亏损，但在 2023 年前三季度已实现修复。我国铁路债券发行规模近年来保持稳定，以政府支持机构债券、长期限债券为主。中国铁路在政府支持下以极高的信用水平叠加针对性的税收优惠政策，使铁路债券的融资成本很低。本书认为，由于铁路是具有战略性的行业，因此，中国铁路在行业内的垄断地位、各级政府对中国铁路给予的大力支持都将长期保持，中国铁路本身极高的信用水平及铁路债券的"准利率债"地位将长期保持稳定。

公路是我国最重要的运输方式。近年来，我国公路里程和公路建设固定资产投资规模保持增长，但增速呈波动下降趋势，预计未来增速将逐步下降至较低水平。2020 年公路客运量明显下滑，之后公路货运和客运需求总体上仍保持原有增长态势。我国收费公路收支缺口不断扩大，行业债务规模持续扩大，政府还贷公路单纯依赖通行费收入无法清偿债务，经营性公路单纯依赖通行费收入清偿债务需要 48 年，债务偿还周期很长。从区域发展情况来看，我国东部和中西部地区路网建设水平存在差距，中西部地区近年来投资增长较快。由于各省收费公路基本存在收支缺口，除债务融资外，收支缺口还依赖于地方财政资金的支持，因而受各省财政实力差异的影响，中西部地区资金短缺压力相对较大。从省级交投企业经营情况来看，随着全国公路建设投资、公路里程不断增加，公路企业资产保持增长。公路企业通行费收入稳定性强，能够带来持续稳定的经营现金流入，但仍难以满足大量公路建设项目的投资支出需求，加之公路企业债务规模处于快速增长阶段，债务增速稍高于资产，故财务杠杆率稳中有升。

东部地区公路企业债务偿付能力整体优于西部地区。本书认为，行业整体偿债压力可控，预计未来行业偿债能力将有所增强，但是需要关注建设任务较重、路产质量偏弱的中西部省级交投企业债务规模快速增长导致的债务保障指标恶化问题。

航空运输业在我国交通运输体系中具有战略地位，与公路、铁路、水运等交通运输方式相比，其在长途及洲际交通的快捷性方面具有不可替代的优势。新冠疫情对航空运输企业产生了严重冲击，企业生产经营面临严重挑战，2020~2022 年国家和有关部门围绕稳定企业生产经营出台了相关政策，有效解决了企业困难。2023 年，随着新冠疫情防控政策优化调整，政策重点转向促进航空运输需求恢复。航空运输需求具备持续增长的空间，未来 1~2 年航空运输总周转量、客运量、货邮运输量等将呈增长态势，但其行业稳定性较弱，航空运输需求易受宏观经济、地缘政治、气候变化、突发事件等因素影响。航空运输业竞争格局稳定，呈现出以南航集团、国航集团和东航集团三大航空集团为主，以地方航空公司和民营航空公司为辅的格局。航空运输企业受航空运输需求、人民币汇率、航油价格等因素影响，收入和盈利的稳定性较弱，资产变现能力弱、流动性一般。航空运输属于重资产行业，航空公司需要通过大额资本支出扩大机队规模，提升市场竞争力，资产负债率普遍偏高。随着航空运输需求的恢复，2023 年航空运输企业的收入水平、盈利能力、现金流状况、偿债能力显著改善。未来 1~2 年，航空运输企业的营业收入将保持增长，盈利水平和偿债能力将继续改善。长期来看，在人民币汇率波动、航油价格波动等因素的多重作用下，航空公司毛利率仍面临较大的波动风险。

机场是航空运输和城市发展的重要基础设施，战略地位突出，随着航空运输需求的不断提升，我国机场行业发展的政策环境良好。我国机场建设仍有较大空间，固定资产投资将保持在较高水平，未来机场数量有所增加，机场基础设施保障能力不断增强，但新增机场以中小机场为主，机场业务量有限，投资回报率低，甚至可能持续亏损。2023 年，国内客运航线超预期恢复，客运量超过 2019 年水平，但国际航线客运量仅恢复至 2019 年的 39%；国内航线货运量恢复至 2019 年的 89%，国际航线货运量创历史新高。未来 1~2 年，随着航空客货运输需求的进一步恢复，预计航空旅客运输量和货邮运输量将保持增长，机场旅客吞吐量、货邮吞吐量和起降架次等指标将随之增长。机场企业尤其是处于经济发达地区、业务量大的机场企业的收入将恢复增长，毛利率有望逐步恢复至新冠疫情前水平，利润将大幅改善。资产规模将持续增长，债务规模增速可能下降，财务杠杆水平将趋于稳定，债务保障能力将逐步恢复至新冠疫情前的水平。

港口作为水路运输的重要基础设施，具有枢纽地位。我国港口的吞吐能力、集疏运能力持续提升，基本已建成领先世界的港口体系。近年来受地缘政治、房地产行业深度调整及美联储加息等多重因素影响，港口货物吞吐量增速有所波动，预计未来随着国民经济的回升向好，货物吞吐量将保持稳定增长。港口行业经过同质化竞争、资源整合的历程后，正迈向高质量发展阶段。行业竞争格局稳定，五大沿海港口群规模效应明显，内河港口完成整合后竞争力也进一步提升。行业风险特征主要表现为区域专营性强、周期性波动明显、与腹地经济关联度高。企业资产特征表现为非流动资产占比大，集团间交叉持股现象增多。企业信用质量主要表现为腹地经济强、规模优势明显的港口集团好于腹地经济弱、规模偏小的港口企业。债务负担较重的企业仍面临较大的偿债压力，债务偿付在较大程度上依赖于外部融资。

第五部分　2024年度铁路行业信用研究报告[*]

一、行业发展情况

近年来，我国铁路固定资产投资规模保持稳定，铁路营业里程持续增长，其中绝大部分由中国国家铁路集团有限公司（以下简称"中国铁路"）管理。铁路运输在我国客货运中均有重要地位，在客运体系中尤为突出。未来，我国铁路系统将在进一步完善设施网络的同时，着手解决铁路网络发展不平衡、不充分的问题。

铁路是国民经济发展大动脉、关键基础设施和重大民生工程，是综合交通运输体系的骨干和主要交通方式之一。近年来，我国每年铁路固定资产投资基本保持在7000亿~8000亿元；全国铁路营业里程逐年增加。截至2022年末，我国全国铁路营业里程达15.49万千米。

根据《中华人民共和国铁路法》，铁路可分为以下几类：国家铁路是指国务院铁路主管部门管理的铁路；地方铁路是指由地方人民政府管理的铁路；专用铁路是指由企业或者其他单位管理，专为企业或者单位内部提供运输服务的铁路；铁路专用线是指由企业或者其他单位管理的，与国家铁路或者其他铁路线路接轨的岔线。其中，国家铁路，即由中国铁路管理的铁路，在我国铁路系统中占主导地位。2023年，国家铁路共完成全国铁路旅客周转量的99.92%和货物周转量的89.57%。

铁路在我国交通运输体系中具有重要地位。近年来，随着我国高速铁路建设不断推进，铁路运输在全国旅客周转量中的占比逐渐升高，特别是自2020年以后，铁路运输的旅客、货物周转量占比迅速增长。2022年和2023年，铁路旅客周转量占旅客总周转量的比例均超过50%。在货物运输方面，近年来铁路运输的货物周转量占比保持在15%左右，位列水运和公路运输之后。

"十三五"时期，我国铁路运输体系建设取得了重大成就：高速铁路运行里程翻

---

[*] 本部分作者为孙英哲。孙英哲，本科毕业于复旦大学国际经济与贸易（国际经济学）专业，硕士毕业于复旦大学金融专业，已取得证券从业资格。孙英哲先生在校期间曾在多家金融机构实习，毕业后正式参加工作约一年，曾参与中国移动年度报告审计、北京利尔非公开发行股票等项目，执行审计、尽职调查、公司/行业研究等工作；参与公司城投行业、能源交通行业等研究工作，曾发表论文《河钢租赁资产证券化产品发行情况及信用风险分析》。

倍、高速铁路对百万人口以上城市的覆盖率超过 95%、京张高速铁路建成投运、中欧班列开行列数快速增长、具有完全自主知识产权的全系列复兴号动车组上线运行，但同时也存在着发展不平衡、不充分的问题，如重点城市群、都市圈的城际和市域（郊）铁路存在较明显的短板。进入"十四五"时期，我国交通运输发展面临的形势更加复杂多变，《"十四五"现代综合交通运输体系发展规划》对我国铁路系统提出了新的发展目标。

（1）路网建设。进一步建设设施网络，铁路营业里程提升至 16.5 万千米（其中高速铁路营业里程提升至 5 万千米）。铁路网络建设坚持客货并举、新建改建并举、高速普速协调发展，其中高速铁路对 50 万人口以上城市的覆盖率达到 95% 以上。

（2）发展模式。铁路系统发展要与综合货运枢纽系统建设相配合，实现铁路承担大宗货物和中长距离货物运输的比例稳步上升，推动大宗货物和中长途货物运输"公转铁""公转水"。

（3）重点区域铁路建设。一是配合综合运输大通道完善推进相应路段建设工作，包括出疆、入藏、沿江、沿海、沿边及西部陆海新通道等；二是针对现有铁路系统发展不平衡的问题，加快提高中西部地区的铁路网覆盖水平，加强资源富集区、人口相对密集脱贫地区的开发性铁路和支线铁路建设，强化边境铁路设施建设；三是随着重点城市群、都市圈交通现代化的推进，强化相应城际、市郊铁路建设。

（4）对外合作。对外进一步推进口岸铁路建设，推动与周边国家实现互联互通，推进中欧班列及其他跨境班列发展。

我国铁路货运以大宗商品为主要货类，与宏观经济环境，尤其是煤炭、钢铁等行业相关性高。铁路货运受新冠疫情影响较小，运量指标仍保持增长。

2000 年至今，按运输量指标变动情况，我国铁路货运发展可分为三个阶段：一是 2011 年以前保持持续增长；二是 2011~2015 年转为持续下跌，特别是 2015 年出现大幅下滑；三是 2016 年之后再次恢复增长。按货类分，煤运输是我国铁路货运中的主要部分：以运输量计，煤在全部货物运输中长期保持 50% 左右的比例；以周转量计，煤的占比则保持在 40% 左右。除煤以外，我国铁路货运主要货类还包括金属矿石、钢铁及有色金属、石油等。

我国铁路货运受煤炭、钢铁等行业的影响较大。2014~2016 年，由于宏观经济下行，煤炭、钢铁环境整顿关停了不符合相关环境规划的煤矿、工厂，我国原煤、钢材产量出现了一定程度的下滑。受此影响，我国国家铁路货物运输量在这几年间降幅明显。

近年来，我国铁路客运主要表现出两个特点：一是运量的持续增长；二是高速铁路对普速铁路的替代。目前已形成铁路客运在全部交通方式中占主导、高铁客运在铁路客运中占主导的态势。新冠疫情对铁路客运产生了极大影响，但 2023 年运输量指标已恢复至疫情前水平。

自 2008 年京津城际铁路开通以来，我国铁路客运发生了翻天覆地的变化。2008~

2019 年，我国铁路旅客周转量保持增长，且高速铁路占比不断提高。在此期间我国铁路旅客运输的增长基本全部来自高速铁路，而非高速铁路客运量指标则稳中有降。高铁旅客周转量占比于 2019 年首次超过非高速铁路，成为我国铁路旅客运输的主体。2020~2022 年，因受新冠疫情影响，我国铁路客运量严重萎缩，但高速铁路在铁路客运中的重要性并未减弱，其周转量占比仍进一步上升。2022 年，高速铁路贡献了我国铁路旅客周转量的 66.68%（见表 5-1）。2023 年，我国铁路旅客周转量指标恢复至 2019 年的水平。

二、区域发展情况

我国现有铁路网络整体呈现东部密集、中西部稀疏的分布态势，与我国人口、城镇、自然资源等分布情况有关。根据规划文件，我国未来铁路网建设将在进一步完善东部网络布局的同时，扩大中西部路网覆盖。在高速铁路方面，我国将在"四纵四横"布局的基础上进一步建设"八纵八横"高铁网络。

长期以来，我国铁路布局呈现区域间不均衡的状态，尤其是中西部地区路网覆盖面还需进一步扩大。国家发展和改革委员会、交通运输部及中国铁路总公司 2016 年印发《中长期铁路网规划》，对 2004 年国务院批准的《中长期铁路网规划》进行了修编，规划期为 2016~2025 年，远期展望到 2030 年。在统筹考虑我国人口和城镇布局、产业资源分布、国土空间开发等经济社会发展需求的基础上，政府继续推进西部大开发、东北全面振兴、中部地区崛起、东部率先发展，我国未来铁路建设将在完善东部网络布局的同时扩大中西部路网覆盖。

高速铁路是我国铁路网络，特别是铁路客运的重要组成部分。2022 年，我国"四纵四横"高铁网络全面建成。在此基础上，我国规划进一步建设"八纵八横"高铁网络，辅以高速铁路区域连接线和城际铁路，计划到 2025 年实现高速铁路网对 50 万人口以上城市的覆盖率达到 95% 以上。"八纵八横"高铁网络仍主要集中在东部地区，并向西北、东北地区延伸。

在各省份铁路运输量中，内蒙古、山西两地较为突出，在水运较发达省份，铁路运输所占份额普遍较低。

从各省份货运发送、到达量看，2022 年我国发出货物较多的地区是山西、内蒙古和陕西，货物到达较多的地区是河北、山东，主要系晋陕蒙煤炭外运，沿铁路抵秦皇岛、曹妃甸、日照等港口后转水路运输所致（见图 5-1）。其中，单向运量最大的为山西至河北，2022 年货运量达 4.65 亿吨。

从各省货物周转量依照不同运输方式的分布情况看，我国铁路货运所占份额较高的省份是北京和青海，分别达 77.84% 和 75.06%；广东、福建、浙江、江苏、安徽等省份水路货运周转量所占份额较高，铁路货物周转量占比普遍较低（见图 5-2）。

表 5-1　2011~2023 年全国铁路主要数据

项目	2011 年	2012 年	2013 年	2014 年	2015 年	2016 年	2017 年	2018 年	2019 年	2020 年	2021 年	2022 年	2023 年
全国铁路固定资产投资（亿元）	5897	6310	6844	7387	8238	8015	8010	8028	8029	7819	7489	7109	7645
全国铁路营业里程（万公里）	9.32	9.76	10.31	11.18	12.10	12.40	12.70	13.17	13.99	14.63	15.07	15.49	—
铁路机车拥有量（台）	20721	20797	20835	21096	21366	21453	21420	21482	21733	21865	21741	22063	—
铁路客车拥有量（辆）	54731	57721	58965	60629	67706	70872	72262	73199	74848	76033	77572	77341	—
铁路货车拥有量（辆）	651175	670801	721850	716578	768516	764783	808736	839213	877134	912735	966361	997312	—
全国旅客周转量（亿人千米）	30984	33383	27572	28647	30059	31258	32813	34218	35349	19251	19758	12922	28610
全国铁路旅客周转量（亿人千米）	9612	9812	10596	11242	11961	12579	13457	14147	14707	8266	9568	6578	14729
其中：国家铁路（亿人千米）	9583	9784	10550	11556	11905	12528	13397	14064	14530	8258	9559	6572	14717
高速铁路（亿人千米）	1058	1446	2141	2825	3863	4641	5876	6872	7747	4845	6064	4386	—
铁路占比（%）	31.02	29.39	38.43	39.24	39.79	40.24	41.01	41.34	41.60	42.94	48.42	50.90	51.48
国家铁路占比（%）	99.69	99.71	99.57	102.80	99.54	99.59	99.55	99.42	98.80	99.90	99.91	99.91	99.92
高速铁路占比（%）	11.01	14.74	20.21	25.13	32.30	36.89	43.66	48.58	52.67	58.61	63.38	66.68	—
全国货物周转量（亿吨千米）	159324	173804	168014	181668	178356	186629	197373	204686	199394	201946	223600	231783	247713
全国铁路货物周转量（亿吨千米）	29466	29187	29174	27530	23754	23792	26962	28821	30182	30514	33238	35946	36438
其中：国家铁路（亿吨千米）	27632	27221	26845	25103	21598	21273	24092	25801	27010	27398	29950	32668	32639
铁路占比（%）	18.49	16.79	17.36	15.15	13.32	12.75	13.66	14.08	15.14	15.11	14.86	15.51	14.71
国家铁路占比（%）	93.78	93.26	92.02	91.19	90.92	89.41	89.35	89.52	89.49	89.79	90.11	90.88	89.57
其中：煤炭（亿吨千米）	11247	10874	10862	10596	8868	8253	9707	10964	11335	11132	12739	17206	—
煤炭占比（%）	38.17	37.26	37.23	38.49	37.33	34.69	36.00	38.04	37.56	36.48	38.33	47.87	—
原煤产量（亿吨）	37.64	39.45	39.74	38.74	37.47	34.11	35.24	36.98	38.46	39.02	41.26	45.59	47.10
钢材产量（亿吨）	8.86	9.56	10.82	11.25	10.35	10.48	10.46	11.33	12.05	13.25	13.37	13.40	13.63

注：①"铁路占比"指铁路周转量占该项目全部交通方式周转量的比例；"国家/高速铁路占比"指国家/高速铁路周转量占该项目铁路周转量的比例；"煤炭占比"指铁路煤炭周转量占全部铁路货物周转量的比例。

②因统计误差等原因，国家统计局披露的 2014 年国家铁路旅客周转量大于当年全国铁路旅客周转量。

③部分指标 2023 年数据暂缺。

资料来源：中国国家铁路集团有限公司、国家统计局，《中国统计年鉴》。

（万吨）

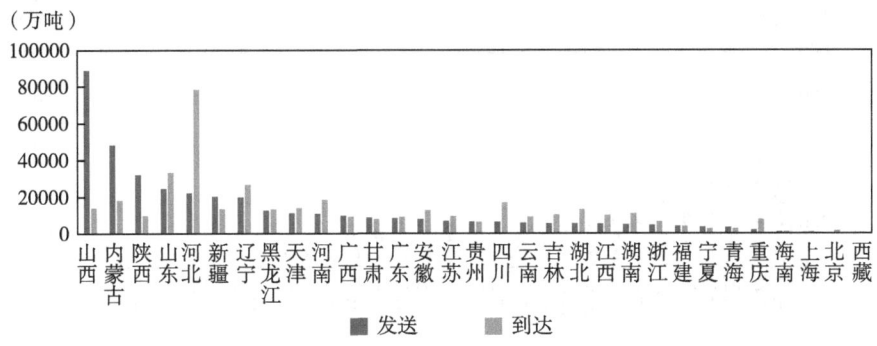

图 5-1　2022 年国家铁路地区间货物交流情况

资料来源：《中国统计年鉴 2023》。

（亿吨千米）　　　　　　　　　　　　　　　　　　　（%）

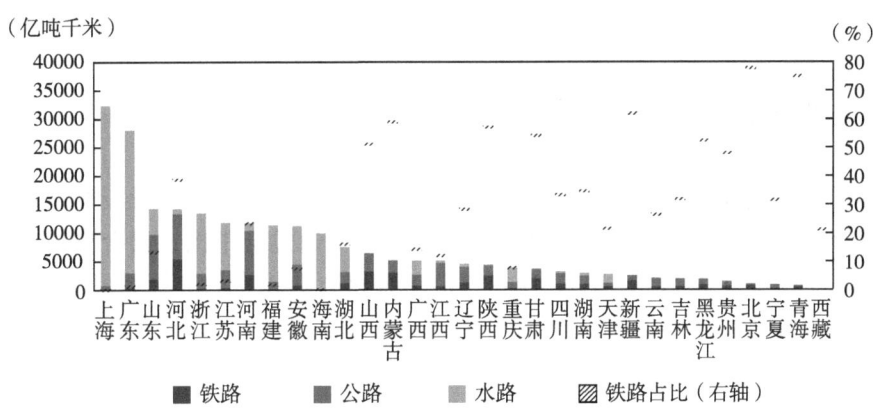

■ 铁路　■ 公路　■ 水路　▨ 铁路占比（右轴）

图 5-2　2022 年各省份不同运输方式货物周转量

资料来源：《中国统计年鉴 2023》。

　　各种运输方式之间的相互影响非常复杂：一方面，多种平行的运输通道可能导致运量分流，输送能力不能完全发挥；另一方面，不同运输方式间又可通过接力运输的方式相互协同。其中，最为典型的是我国"西煤东运、北煤南运"通道，作为煤炭核心产区的晋陕蒙缺乏水路运输条件，其煤炭外运的最主要路径是通过铁路运输至环渤海港口，再通过水路运输至各煤炭消费地。

　　我国各省份铁路客运量指标与其常住人口规模基本匹配。不同于铁路货运，铁路客运在各省份均有很强的竞争力，所占份额普遍较高。

　　国家统计局发布的《中国统计年鉴》披露了各省除民航外各种运输方式的旅客运输指标。与货运不同，水路运输承担的客运份额极低。以旅客周转量计，除宁夏、海南和北京三地的占比在 45%~50% 外，其余各省份的铁路运输份额均高于 50%（见图 5-3）。

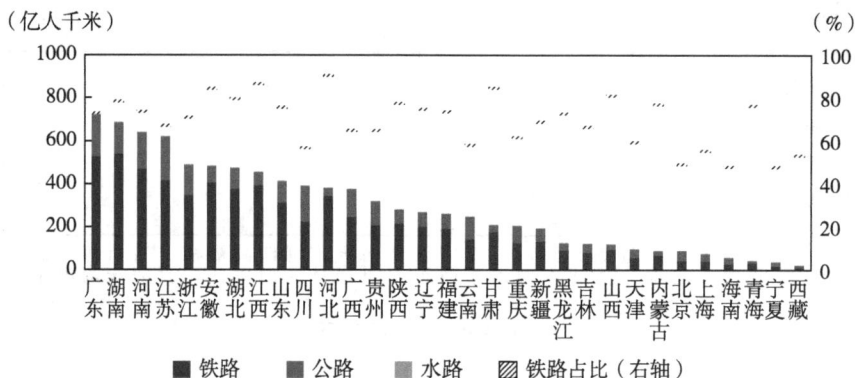

图 5-3　2022 年各省份不同运输方式旅客周转量（不含民航）

资料来源：《中国统计年鉴 2023》。

三、地方铁路企业运行情况

各地方铁路公司是当地铁路投资建设中的重要主体，履行铁路投资建设中省方出资人代表的职责。从经营方式看，地方铁路企业主要通过与中国铁路合资的方式参与铁路建设，同时有少量自营、PPP 项目。由于铁路行业投资大、回收慢的固有特征，多数地方铁路企业铁路运输业务经济效益不佳，对其他业务或政府补助的依赖程度较高。

我国地方企业参与铁路建设的方式通常有两种：一是与中国铁路合资建设，依照出资比例确定控股或参股，其中地方出资部分通常按比例或按支出项目分摊；二是采取自营方式，中国铁路不参与投资，全部出资额均由省地分摊。此外，还有极少量铁路项目采用 PPP 等模式，引入社会资本参与。在会计处理方面，地方自营或控股铁路通常计入主营业务收入；地方参股铁路则通常计入长期股权投资或其他权益工具对应的投资收益。此外，地方铁路企业往往可以收到与铁路相关的政府补助，计入其他收益等科目。

从经营方式看，地方铁路企业普遍以合资方式开展铁路运输业务，仅有少数项目采用自营或 PPP 等不依赖中国铁路出资的方式。从收入情况看，各地政府往往通过资产注入、扩展经营范围的方式支持当地铁路企业，故样本企业中仅有广东铁投、河北建投交通、湖南城际、湖南铁投、江苏铁路和京津冀铁投六家企业的铁路运输业务收入占比超过 50%（见表 5-2）。由于铁路行业投资大、回收慢的固有特征，其盈利能力通常很弱，样本企业中仅有河北建投交通、湖南铁投和山东铁投三家企业铁路运输业务的毛利率为正（其中湖南铁投收入为铁路工作经费，无对应成本，故毛利率为100%）。在投资收益较高的企业中，河北建投交通 2023 年自京沪高铁、朔黄铁路、唐港铁路等铁路企业取得投资收益 4.74 亿元，剩余部分来自港务、高速公路等领域内的

表5-2 发债地方铁路企业2023年铁路业务运行情况

公司名称	简称	经营方式	收入(亿元)	收入占比(%)	成本(亿元)	毛利率(%)	投资收益(亿元)	政府补助(亿元)	个体信用状况	外部评级	外部支持提升幅度	评级机构
广东省铁路建设投资集团有限公司	广东铁投	合资	25.05	77.91	27.39	-9.36	-5.99	20.00	aa-	AAA	+3	东方金诚
广西铁路投资集团有限公司	广西铁投	合资、自营	1.17	0.30	3.59	-207.18	-0.79	无明细	aa-	AAA	+3	联合资信
贵州铁路投资集团有限责任公司	贵州铁投	合资、PPP	1.87	2.83	4.90	-162.39	-0.02	11.39	a	AA+	+4	中诚信
河北建投交通投资有限责任公司	河北建投交通	合资	26.06	84.86	10.51	59.68	11.80	0.00	aa	AAA	+2	中诚信
河南省铁路建设投资集团有限公司	河南铁投	合资、自营	7.42	3.88	14.02	-89.03	-2.40	无明细	aa	AAA	+2	中诚信
湖南城际铁路有限公司	湖南城际	自营	2.98	98.63	9.20	-208.77	0.00	无明细	bbb+	AA+	+6	东方金诚
湖南铁路建设投资有限公司	湖南铁投	合资	0.15	61.29	0.00	100.00	0.07	0.00	aa-	AA+	+2	上海新世纪
江西省铁路投资集团有限公司	江西铁路	合资	70.27	93.72	83.34	-18.59	7.77	37.00	aa+	AAA	+1	中诚信
江西省铁路航空投资集团有限公司	江西铁航	合资、自营	0.00	0.00	0.00	不适用	0.94	无明细	aa+	AAA	+1	联合资信
京津冀城际铁路投资有限公司	京津冀铁投	合资	4.50	99.72	12.38	-175.10	0.00	0.00	aa	AAA	+2	中诚信
山东铁路投资控股集团有限公司	山东铁投	合资	21.06	33.15	16.88	19.85	-1.35	无明细	aa+	AAA	+1	中诚信
云南省铁路投资有限公司	云南铁投	合资	0.00	0.00	0.00	不适用	0.00	15.15	aa-	AA+	+2	中诚信

注:① "收入""成本"项列示财务报表附注"营业收入、营业成本"明细中与铁路业务有关项目(根据年度报告、审计报告、评级报告等公开资料判断),评级报告中铁路业务有关项目为:广东铁投——铁路客运、铁路货运;广西铁投——铁路运营收入;河北建投交通——铁路运费收入,河北建投交通——铁路运营收入;贵州铁投——轨道交通;湖南铁投——主营业务;湖南城际——铁路运输收入,铁路租赁;京津冀铁投——主营业务;江苏铁路——主营业务;山东铁投——交通运输收入(同时包括部分路桥收费收入)。"收入占比"项为上述各项占企业收入合计的比例。"毛利率"项按照相应收入、成本金额计算。江西铁航、云南铁投两家企业暂无主表铁路项目收入经营,故2023年相关收入规模为0。

② "投资收益"项列示财务报表附注"权益法核算的长期股权投资收益""其他权益工具投资持有期间的投资收益""其他权益"明细中与铁路有关项目,可能包括非铁路运输业务。

③ "政府补助"项列示财务报表附注"其他收益""营业外收入"明细中与铁路建设、运营等事项有关的政府补助,如铁路建设补助、运营补助等。除计入损益外,另有部分铁路项目资金、补助及其他配套资金计入资本公积。

资料来源:各企业年度报告、补助及其他配套资金计入资本公积。资料来源:各企业年度报告、审计报告、评级报告等公开资料。

企业；江苏铁路自京沪高铁、沪宁城际铁路、宁杭铁路等铁路企业取得投资收益 6.20 亿元，剩余部分来自港务、证券、基金管理等领域内的企业。此外，地方政府往往以铁路项目补贴、运营补贴、建设管理费补助等形式支持当地铁路企业，但各年度补助规模不稳定。

地方企业经营铁路业务需要雄厚的资本实力和来自政府的大力支持。从样本企业外部评级情况来看，所有样本企业的信用等级都得到了外部支持提升，提升幅度在 1~6 个子级。其中，提升幅度最大的为湖南城际，根据东方金诚于 2023 年 7 月发布的《湖南城际铁路有限公司主体及"23 湖南城际 MTN001"2023 年度跟踪评级报告》，湖南城际个体信用状况为 bbb+，经外部支持调整提高 6 个子级后，评级结果为 AA+。其前次评级结果发布于 2023 年 2 月，湖南城际个体信用状况为 aa-，经外部支持调整提高 5 个子级后，评级结果为 AA+。该企业个体信用状况下滑，主要系现金短债比、EBITDA 利息保障倍数等债务保障指标恶化所致。但是，在跟踪期内湖南省区域经济保持增长，财政实力很强，湖南城际作为湖南省重要的城际铁路运营和投资主体，职能地位重要，区域专营优势明显，湖南省的经济发展实力保障了对湖南城际的有力支撑。

受限于铁路行业投资大、回收慢的基本特征，铁路建设及运营对地方企业、地方财政实力有着很高的要求，因此我国铁路的建设及运营主要由中央企业（中国铁路）或经济强省的地方铁路企业主导。本部分将通过案例分析的方式，以吉林市铁路投资开发有限公司为例，展示地方铁路企业可能面临的一些问题。

四、信用事件案例分析——吉林铁投

吉林市铁路投资开发有限公司（以下简称"吉林铁投"）是吉林市为开展铁路工程建设业务而设立的国有独资公司。由于铁路行业投资大、回收慢的特征，吉林铁投难以产生足够的经济效益，埋下了财务隐患（见表 5-3）。成立之后，吉林铁投通过扩展其他业务的方式来提高其盈利能力，并降低财务风险，但受限于吉林市本身相对较弱的财政实力，不能充分缓解风险，加之吉林铁投在对外担保等事项上谨慎性不足，最终导致了一系列信用事件的发生。

2005 年，吉林省与原铁道部签署关于加快吉林铁路建设的会谈纪要，合作建设地方铁路。在此背景下，吉林市人民政府为加快推进长吉城际铁路现代化建设，于 2006 年由吉林市国资委出资设立吉林铁投，开展铁路工程建设业务。吉林铁投成立后，为增强其资本实力和投融资能力，吉林市政府陆续将土地使用权、林地林木、房屋建筑物、股权等资产无偿划拨给吉林铁投。吉林铁投在资产规模迅速增长的同时，逐步开展自来水供应、水利工程、园区开发与经营等业务，以补充收入来源。

自 2012 年起，吉林铁投发行多只公募、私募债券，为吉林至珲春铁路、吉林铁路枢纽西环线、吉林市换乘中心等项目融资。其中，吉林至珲春铁路项目总投资额 416 亿元，由吉林铁投分担 26.91 亿元。2012~2020 年，吉林铁投共发行境内债 117.90 亿元、

表 5-3　2009~2022 年吉林铁投主要财务数据

项目	2009 年	2010 年	2011 年	2012 年	2013 年	2014 年	2015 年	2016 年	2017 年	2018 年	2019 年	2020 年	2021 年	2022 年
货币资金（亿元）	9.24	0.27	0.47	4.86	16.18	8.97	47.59	44.27	9.17	10.03	7.09	3.80	4.61	4.48
其他应收款（亿元）	7.18	14.32	20.16	26.62	31.25	42.04	109.47	133.60	174.90	184.47	235.35	260.68	264.49	311.24
存货（亿元）	0.00	10.47	11.37	12.54	13.99	20.02	114.23	110.61	117.14	194.93	197.28	190.01	194.71	197.40
其他流动资产（亿元）	1.37	5.81	0.53	14.02	22.65	26.50	25.56	42.64	59.23	60.61	75.89	95.58	100.26	98.85
流动资产合计（亿元）	17.78	30.87	32.53	58.04	84.07	97.53	296.84	331.12	360.43	450.04	515.60	550.07	564.08	611.97
固定资产（亿元）	0.08	7.30	7.26	43.31	44.73	53.23	69.69	69.22	80.01	88.69	105.07	100.19	97.45	92.73
在建工程（亿元）	2.77	5.70	8.58	5.91	10.95	18.20	32.18	41.05	45.33	48.33	52.88	53.93	52.64	57.70
无形资产（亿元）	0.00	52.01	56.24	96.42	97.86	100.47	106.63	104.10	105.58	48.10	47.54	71.55	70.18	68.49
其他非流动资产（亿元）	0.81	0.82	6.13	10.45	15.26	39.56	54.31	59.00	79.55	96.42	106.66	102.87	92.20	85.26
非流动资产合计（亿元）	3.66	65.83	78.20	156.08	168.80	211.45	262.82	273.36	310.46	281.53	312.15	328.54	312.47	304.18
资产总计（亿元）	21.44	96.69	110.74	214.12	252.87	308.99	559.66	604.49	670.88	731.57	827.75	878.61	876.55	916.15
短期借款（亿元）	2.02	2.08	0.50	4.49	28.07	21.19	33.03	59.04	29.88	63.63	69.24	50.32	26.52	13.41
应交税费（亿元）	0.00	0.00	0.05	0.00	0.05	0.02	0.37	2.09	9.13	13.37	17.49	22.95	27.22	27.31
其他应付款（亿元）	1.17	1.80	10.58	22.50	29.36	36.09	82.12	59.83	75.10	75.15	82.39	161.55	191.89	261.73
其他流动负债（亿元）	1.25	0.08	0.84	6.85	11.33	19.51	37.93	57.90	52.34	54.63	100.50	61.93	67.36	72.79
流动负债合计（亿元）	4.44	3.96	11.97	33.84	68.81	76.80	153.45	178.86	166.44	206.78	269.63	296.75	312.99	375.24
长期借款（亿元）	14.60	14.60	14.95	13.27	10.42	43.65	81.04	86.34	155.71	130.53	137.87	159.63	164.44	140.52
应付债券（亿元）	0.00	0.00	0.00	7.97	8.01	18.33	53.55	49.39	56.00	68.80	65.97	45.95	20.76	20.80
其他非流动负债（亿元）	0.00	0.00	0.00	0.50	0.29	0.50	9.33	23.85	20.38	21.07	21.58	21.35	20.03	18.53
非流动负债合计（亿元）	14.60	14.60	14.95	21.74	18.73	62.48	143.92	159.58	232.09	220.41	225.42	226.93	205.24	179.85

续表

项目	2009 年	2010 年	2011 年	2012 年	2013 年	2014 年	2015 年	2016 年	2017 年	2018 年	2019 年	2020 年	2021 年	2022 年
负债合计（亿元）	19.04	18.56	26.92	55.58	87.54	139.28	297.36	338.44	398.52	427.19	495.05	523.68	518.23	555.10
所有者权益合计（亿元）	2.41	78.14	83.82	158.54	165.33	169.71	262.30	266.05	272.36	304.38	332.70	354.93	358.32	361.05
资产负债率（%）	88.78	19.19	24.31	25.96	34.62	45.08	53.13	55.99	59.40	58.39	59.81	59.60	59.12	60.59
营业收入（亿元）	1.08	2.62	6.06	10.10	12.54	12.99	18.80	33.32	37.13	42.36	36.72	41.04	39.76	29.70
营业成本（亿元）	1.05	2.59	6.17	9.51	12.65	13.41	16.21	26.52	25.77	33.03	27.08	30.03	31.39	32.50
营业利润（亿元）	-0.10	-0.17	-0.35	-0.52	-3.04	-4.63	-5.91	-0.83	6.05	4.59	10.36	7.51	6.21	2.77
营业外收入（亿元）	1.70	1.10	1.50	2.21	4.79	6.21	12.65	7.78	0.71	4.08	0.20	0.22	0.02	0.06
净利润（亿元）	1.60	0.93	1.15	1.64	1.59	1.46	6.53	4.33	4.02	6.20	5.32	5.34	3.91	2.81
经营活动现金流入（亿元）	3.90	4.19	7.38	35.32	30.12	25.57	38.65	43.92	39.56	53.65	57.00	108.30	120.63	202.59
经营活动现金流出（亿元）	3.42	2.16	5.93	29.24	30.25	25.72	50.63	62.44	66.13	42.57	73.92	54.56	87.10	168.72
投资活动现金流入（亿元）	11.11	0.34	6.60	0.60	0.23	0.10	0.12	0.28	5.64	0.63	8.53	4.68	12.99	14.09
投资活动现金流出（亿元）	17.60	16.05	5.64	13.00	10.01	34.53	32.19	26.66	33.69	36.39	26.03	14.90	7.70	10.16
筹资活动现金流入（亿元）	17.38	5.28	7.46	21.92	34.78	85.94	149.96	129.58	163.70	116.97	146.03	114.56	28.28	21.46
筹资活动现金流出（亿元）	2.34	0.57	9.67	11.62	17.35	58.75	70.20	83.10	142.13	91.52	117.83	159.14	67.21	58.65
现金及现金等价物净增加额（亿元）	9.04	-8.96	0.20	3.99	7.52	-7.39	35.71	1.58	-33.04	0.92	-6.42	-1.00	-0.08	0.61

注：由于全部债券均兑付完毕，2023 年吉林敦投不再披露其财务数据。

资料来源：各公司公告、Wind。

海外债 2.5 亿美元，2023 年 12 月"20 吉铁 01"等三只私募债提前到期，吉林铁投债券余额为 0 元。

2019 年 9 月，由吉林神华集团有限公司（以下简称"吉林神华"）发行的私募债"17 神华 01"回售出现违约，吉林铁投作为担保方代偿 1.35 亿元，吉林铁投自此经历了一系列信用事件：同年 12 月，吉林神华发行的"16 神华 01"到期，吉林神华仍无力完成兑付，由吉林铁投代偿，该期债券本金共 3 亿元；2020 年 8 月，吉林铁投发行的定向工具"15 吉林铁投 PPN002"发生"技术性违约"，债券本息延时划付，涉及余额 15 亿元；同年 9 月，"17 神华 01"到期，由于吉林神华无力兑付，吉林铁投履行对剩余本金 0.75 亿元的代偿义务；2021 年 1 月，为吉林铁投担任评级的中证鹏元发布《中证鹏元关于关注吉林市铁路投资开发有限公司存在未结清欠息及大规模对外担保事项的公告》，根据公告内容，吉林铁投于 2021 年 1 月 29 日存在未结清欠息 2027.39 万元，对外担保中关注类、不良类余额分别达 26.30 亿元、5.92 亿元；同年 8 月，吉林铁投再次被曝出未能按时偿付贷款利息约 1400 万元。

在这一轮事件中，点燃"引信"的吉林神华是吉林市大型民营企业，成立于 1994 年，股东为自然人。2016 年、2017 年，吉林神华分别发行 3 亿元、2.30 亿元私募债。2019 年，吉林神华总资产达 109.38 亿元，负债合计 85.16 亿元，资产负债率达 77.86%。吉林神华经营业务多样，涉及医药、汽车零售、化工、房地产等行业，其中医药为吉林神华的主要业务，占 2019 年营业收入的比例达 61.69%。2017~2019 年，吉林神华营业收入持续大幅下跌，于 2018 年、2019 年出现亏损，其现金流情况也持续恶化，货币资金余额持续降低，致使吉林神华无力履行债券回售及到期兑付义务。吉林铁投为相关债券提供不可撤销的连带责任保证担保，故承担代偿义务。吉林铁投遭遇的一系列信用事件，是多种因素叠加的结果。从表面看，这是吉林神华违约触发吉林铁投大额担保代偿产生的连锁反应；从更深层次看，这也反映了吉林铁投本身偿债能力不足的问题。

吉林铁投资产规模持续增长，资产质量较差，其负债保持较快增长，以流动负债为主，有息债务主要为长期借款，资产负债率逐步升高。截至 2023 年末，吉林铁投已兑付其发行的全部债券。

2009~2022 年，吉林铁投资产规模持续增长。其中，2012 年因吉林市政府划拨吉林市旭龙水利水电工程有限公司、吉林市水务集团有限公司、吉林市城市公共交通集团有限公司股权，吉林铁投资产大幅增长。2015 年，先前划拨的林场经评估入账，存货增长逾 80 亿元，加之其他应收款大幅增加（主要为往来款），吉林铁投资产再次大幅增长。从资产结构上看，2010~2014 年，吉林铁投资产以非流动资产为主，无形资产、固定资产占比大；2015 年之后，吉林铁投资产以流动资产为主，存货、其他应收款占比大。需要注意的是，2015 年后，吉林铁投存货中主要为消耗性生物资产，即按评估价值入账的林木，其他应收款则多为与政府机构、其他国有企业及关联方的往来款，资产质量较差。这两项占吉林铁投总资产的比例自 2015 年起不断升高，截至 2022

年末其占比已达 55.52%。

2009~2022 年，吉林铁投负债规模持续增长。从负债结构上看，吉林铁投流动负债主要为短期借款和其他应付款，2018 年后吉林铁投短期借款余额逐年下降，同时其他应付款规模逐步增长。截至 2022 年末，吉林铁投短期借款仅占其负债总额的 2.42%，其他应付款占比则达到 47.15%，主要为应付往来款。同时需要注意的是，2017 年后吉林铁投应交税费规模迅速增长，主要为企业所得税、房产税、土地增值税和增值税等，截至 2022 年末吉林铁投应交税费余额达 27.31 亿元。吉林铁投非流动负债主要为长期借款和应付债券，其中应付债券余额在 2018 年达到高点后逐步降低，长期借款余额则波动上升。截至 2022 年末，吉林铁投应付债券余额达 20.80 亿元，长期借款余额达 140.52 亿元。在资产负债率方面，自 2010 年起吉林铁投资产负债率持续升高，截至 2022 年末已达 60.59%。截至 2023 年末，吉林铁投已兑付其发行的全部债券。

吉林铁投铁路业务盈利能力不强，其收入主要来自逐步注入的其他业务。成立初，吉林铁投盈利能力较差，对政府补助的依赖性很强，2017 年开始经营教育产业园区租赁业务后，才实现了营业利润转正。

2009~2018 年，吉林铁投营业收入持续增长，2019 年后则呈波动下降态势。吉林铁投业务多样，随历次资产注入而扩展。其中，征地拆（搬）迁工程业务系铁路沿线征拆安置项目，物资贸易业务主要为铁路及附属配套设施物资贸易，其余项目与铁路相关性很低。2009~2013 年，吉林铁投营业收入主要来自征地拆（搬）迁工程，但 2014 年后随征拆安置项目完毕，吉林铁投不再经营该项目。吉林铁投物资贸易业务自 2011 年起经营至今，但规模一直很小。2012 年，吉林铁投在接受相应资产划拨后开始经营水务业务，包括自来水供应及水利工程，并持续至今，其业务规模同样较小。2014 年，吉林铁投开始经营纤维浆粕木糖销售业务，此后该项业务一直是其营业收入的主要来源。2017 年，吉林铁投开始经营教育产业园区租赁业务，有力地补充了其营业收入，但该项业务在 2022 年已停止经营。吉林铁投营业收入其他项仅 2015 年、2016 年规模较大，系收取政府管理费、出售林权资产所致。整体来看，2009~2013 年吉林铁投营业收入的主要部分由铁路相关业务产生，2014 年之后铁路相关业务收入仅占吉林铁投营业收入的极低份额。

2009~2014 年，吉林铁投毛利规模很小。2015 年、2016 年，因政府管理费、出售林权资产，吉林铁投毛利规模大幅增长。2017 年，随着教育产业园区租赁业务的开展，吉林铁投毛利规模保持在高水平。2020 年之后，吉林铁投毛利规模逐年下降，并于 2022 年转负。吉林铁投所经营的各项业务大多毛利率很低，仅教育产业园区租赁业务在 2017~2019 年单项毛利率保持在 90% 以上，在吉林铁投总毛利中所占份额极高。此外，吉林铁投于 2018 年开始经营公共交通业务，该项目盈利能力很差，持续大额亏损。整体来看，吉林铁投毛利绝大多数由与铁路不相关的业务产生。

尽管在 2009~2022 年吉林铁投净利润保持为正，但在 2009~2016 年吉林铁投营业利润始终为负，需要依靠大量营业外收入（主要为政府补助）才能实现盈利。2017

年，吉林铁投开始经营教育产业园区租赁业务，营业利润由负转正。整体来看，吉林铁投铁路及相关业务盈利能力差，实现公司整体盈利需要依赖政府补助或其他业务支撑。

吉林铁投现金流与业务经营情况相关性较低，2019年以前主要表现为筹资活动现金净流入、经营和投资活动现金净流出，2020年以后则主要表现为筹资活动现金净流出、经营和投资活动现金净流入。

在吉林铁投经营活动现金流入中销售商品、提供劳务收到的现金占比很低，主要为其他与经营活动有关的现金（以收到往来款为主），其经营活动现金流出主要为支付其他与经营活动有关的现金（以支付往来款为主）。因此，吉林铁投经营活动现金流情况与其业务经营情况相关性较低。例如，2017年之后由于教育产业园区租赁业务的开展，吉林铁投营业收入得到明显改善，但其经营活动净现金流在2020年后才大幅好转。吉林铁投投资活动现金流出主要为购建资产、投资支付的现金，投资活动现金流入主要为收回投资、投资收益获得的现金。2009～2020年，吉林铁投投资活动净现金流基本保持净流出，特别是2014～2018年净流出额较大。2021年、2022年，吉林铁投投资活动净现金流转为净流入。吉林铁投筹资活动现金流入主要为取得借款收到的现金，筹资活动现金流出主要为偿还债务支付的现金。2009～2019年，吉林铁投筹资活动净现金流基本保持净流入，其中2015年净流入额最大。2020年后，吉林铁投筹资活动净现金流转为净流出，主要为债务的净偿还。

吉林铁投虽然是以铁路建设为目的而设立的企业，但从其成立之后十几年的发展历程来看，铁路及相关业务为其产生的收入规模很小，吉林铁投的盈利能力主要依靠纤维浆粕木糖销售、房屋租赁等与铁路基本不相关的业务。这是由铁路行业的特点决定的：作为一项基础设施，铁路具有投资大、回收慢的基本特征，需要极雄厚的资本实力，通常由国家主导建设。因此，吉林市政府通过资产注入等方式，扩大吉林铁投资产规模，并拓展其业务范围，通过其他业务支撑吉林铁投的正常运转。由于吉林市本身财政基础较为薄弱，不能消弭铁路业务本身特性带来的风险，加之吉林铁投在对外担保等事项上谨慎性不足，最终在吉林神华违约、触发吉林铁投连带清偿责任之后，引发了一系列信用事件。

对城投企业及地方政府来说，设立或转型时应当根据企业及地方财政实力，评估行业的适宜性。尤其是经济相对不发达的地区，更有必要优先发展盈利能力较好、产生现金流较稳定的业务，而不是一味贪大求全，过早追求超过自身资本实力、回收期过长甚至难以回收的业务，否则易导致企业面临过高的财务风险，当市场环境恶化或出现负面事项时会引发信用事件。这也是铁路行业需要由国家或是经济强省主导的原因。

五、中国铁路经营及债券发行情况

中国铁路作为国家授权投资机构和国家控股公司，主要承担铁路运输经营、建设和安全等职责。中国铁路资产规模大且持续增长，负债增长与资产增长基本一致，资产负债率保持稳定（见表 5-4）。受新冠疫情影响，中国铁路经营情况显著恶化，但到 2023 年已有所恢复。在政府支持下，中国铁路具有极高的信用水平。

1949 年 1 月，中国人民革命军事委员会铁道部（以下简称"军委铁道部"）成立；1949 年 10 月 1 日中华人民共和国成立后，军委铁道部改组为中央人民政府铁道部，作为国家政府机构对全国铁路实行归口管理。后经几度改组、合并、分设，铁道部（1970~1975 年为交通部）始终保留原有职能。1994 年，国务院办公厅印发《铁道部职能配置、内设机构和人员编制方案》，指出铁道部兼顾政府和企业双重职能。1998 年国务院机构改革期间，国务院办公厅印发《铁道部职能配置、内设机构和人员编制规定》，指出铁道部实行政企分开，根据行业特点和当前实际，通过改革界定政府管理职能、社会管理职能、企业管理职能并逐步分离。

2013 年，中共的十八届二中全会和第十二届全国人民代表大会第一次会议审议通过的《国务院机构改革和职能转变方案》，决定实行铁路政企分开，不再保留铁道部，其行政职责转由交通运输部承担、企业职责由新组建的中国铁路总公司承担。2019 年，中国铁路总公司由全民所有制企业改制为国有独资公司，同时更名为"中国国家铁路集团有限公司"并沿用至今。目前，中国铁路注册资本为 17395 亿元，由财政部代表国务院履行出资人职责。

作为国家授权投资机构和国家控股机构，中国铁路在行业内具有极高的地位，可以获得各级政府政策支持，具有很强的核心竞争力，信用水平极高。截至本书发表，中国铁路获得的联合资信和中诚信两家评级机构的评级结果均在有效期内，其中联合资信最新一次评级结果为 2024 年 4 月 15 日发布的《中国国家铁路集团有限公司 2024 年度第二期中期票据信用评级报告及跟踪评级安排》，评定中国铁路个体信用等级为 a，经外部支持提升 5 个子级后评级结果为 AAA；中诚信最新一次评级结果为 2023 年 10 月发布的《2023 年第十期中国铁路建设债券信用评级报告》，评定中国铁路个体信用等级为 aa，经外部支持提升 2 个子级后评级结果为 AAA。中国铁路个体信用等级较低的主要原因在于，近年来经营活动受宏观冲击较大，连续多年出现大额亏损，盈利能力较弱，存在一定的财务风险。但是，中国铁路具有极重要的职能地位，能够获得较大的政府支持，故评级结果能够保持在 AAA 水平。

中国铁路资产、负债规模很大且保持增长，两者增速水平基本匹配。2013~2016 年，中国铁路资产增速保持在 10% 以上；2017 年后资产增速有所放缓，保持在 1%~6%；2013~2023 年资产复合增长率为 6.36%。截至 2023 年末，中国铁路资产总额达 93509.80 亿元。从资产结构上看，中国铁路资产主要为固定资产和在建工程，但近年来占比有所下降，由 2013 年末的 88.44% 降至 2023 年末的 74.68%，其中在建工程科目余额及所占份额均呈下降趋势。2013~2016 年，中国铁路负债增速保持在 10% 以上；2017~2022 年，负债增速有所放缓，基本保持在 3%~6%；2023 年，负债仅增长 0.35%。从负债结构看，中国铁路负债以非流动负债为主，其占负债总额的比例基本保

表5-4 2013～2023年中国铁路主要财务数据

项目	2013年	2014年	2015年	2016年	2017年	2018年	2019年	2020年	2021年	2022年	2023年
流动资产合计（亿元）	4867.02	5238.60	5284.16	5942.61	5467.74	5294.85	3942.70	4523.02	4767.62	4825.17	4810.53
固定资产（亿元）	29664.76	37269.33	41502.06	45341.01	48475.65	51885.27	56353.46	58113.32	60091.30	61688.04	62435.59
在建工程（亿元）	14966.17	12468.29	10948.72	12040.60	12806.57	12210.40	10239.98	9706.51	8170.22	7162.52	7396.09
其他非流动资产（亿元）	964.23	1123.08	4723.76	9188.39	9733.91	10632.87	12613.49	14732.29	16198.93	18321.60	18867.59
非流动资产合计（亿元）	45595.16	50860.70	57174.54	66570.00	71016.13	74728.54	79206.93	82552.12	84460.45	87172.16	88699.27
资产总计（亿元）	50462.18	56099.30	62458.70	72512.61	76483.87	80023.39	83149.63	87075.15	89228.07	91997.33	93509.80
流动负债合计（亿元）	6217.64	6474.70	7066.19	7646.06	7991.72	6979.74	10573.27	11811.45	13001.57	12809.36	14568.88
非流动负债合计（亿元）	26040.86	30280.81	33885.26	39507.38	41886.78	45154.05	44285.95	45331.76	46187.66	48259.12	46712.88
负债合计（亿元）	32258.50	36755.51	40951.45	47153.44	49878.50	52133.79	54859.22	57143.21	59189.22	61068.48	61281.76
所有者权益合计（亿元）	18203.68	19343.79	21507.25	25359.17	26605.37	27889.60	28290.41	29931.93	30038.85	30928.85	32228.05
资产负债率（%）	63.93	65.52	65.57	65.03	65.21	65.15	65.98	65.63	66.33	66.38	65.54
流动比率（%）	78.28	80.91	74.78	77.72	68.42	75.86	37.29	38.29	36.67	37.67	33.02
速动比率（%）	65.93	68.47	63.89	65.08	54.96	59.20	24.68	25.88	24.88	26.34	22.87
现金比率（%）	32.06	32.35	27.90	27.04	18.37	16.41	11.59	13.20	15.14	14.48	11.46
营业收入（亿元）	10433.94	9948.53	9162.58	9074.48	10154.49	10955.31	11605.27	10665.46	11313.47	11272.46	12453.94
营业成本（亿元）	9539.12	9360.47	8635.42	8724.67	9585.41	10352.28	11457.25	11144.27	11769.88	12067.88	12179.95
净利润（亿元）	2.57	6.36	6.81	10.76	18.19	20.45	25.24	-555.05	-498.55	-695.61	33.04
经营活动现金流入（亿元）							13454.67	11356.01	12555.15	12176.82	14520.48
经营活动现金流出（亿元）							9463.40	9026.33	10010.79	9500.92	10971.33
投资活动现金流入（亿元）							184.69	161.93	351.39	169.88	127.38
投资活动现金流出（亿元）							5595.67	4577.13	4158.58	4022.10	4196.74
筹资活动现金流入（亿元）							7406.55	9857.43	9194.30	9778.28	8177.05
筹资活动现金流出（亿元）							5907.27	7438.00	7537.38	8708.22	7836.17
现金及现金等价物净增加额（亿元）							80.01	333.33	393.77	-104.76	-179.17

注：2019年改制前，原中国铁路总公司未披露现金流量表数据。

资料来源：各公司公告、Wind。

持在 80% 左右。

2013 年以来，中国铁路资产负债率保持稳定，截至 2023 年末中国铁路资产负债率为 65.54%。在偿债比率方面，中国铁路流动比率、速动比率及现金比率均呈下降趋势。其中，2019 年因应收账款规模下降，中国铁路流动比率和速动比率有较大幅度的下滑。

近年来，中国铁路营业收入在 0.9 万亿~1.2 万亿元变动，其中 2013~2016 年收入逐年下降，2017~2019 年收入逐年上升，2020 年后受新冠疫情影响上下波动。中国铁路营业成本变动趋势与营业收入基本一致，2019 年以前营业成本略低于营业收入，2020 年后营业成本基本高于营业收入，出现亏损。在净利润方面，2013~2019 年中国铁路净利润保持为正且逐年增长；2020~2022 年受新冠疫情影响，中国铁路出现巨额亏损。2023 年，随着宏观经济修复及铁路系统恢复正常运营，中国铁路营业收入达 12453.94 亿元，创下历史新高，毛利率恢复为正，当年中国铁路实现净利润 33.04 亿元，超过 2019 年水平。

自 2019 年起，中国铁路始终保持经营活动现金净流入、投资活动现金净流出及筹资活动现金净流入。相比于 2019 年，2020~2022 年中国铁路经营活动净现金流有所收缩，主要系现金收入比下降、经营活动现金流入减少导致；投资活动净现金流随购建资产规模的缩小而减小；2020 年、2021 年筹资活动净现金流有所增长，2022 年筹资活动净现金流相对较低，主要系偿还债务支付的现金增加较快导致。2023 年，中国铁路经营活动现金流入达 14520.48 亿元，超过 2019 年水平；投资活动净现金流较 2020~2022 年变动幅度不大；筹资活动净现金流进一步缩窄。

我国铁路债券发行始于 1995 年，随铁路系统改革，发行主体由原铁道部逐步变更为中国铁路。目前，铁路债券发行规模稳定在每年 2000 亿元左右，以长期限债券为主，绝大多数为政府支持机构债券。中国铁路的高信用水平叠加税收优惠政策，使其发行铁路债券的融资成本很低。

1995 年，经原国家计划委员会批准，原铁道部发行"1995 年中国铁路建设债券"，中国铁路建设债券首次发行。之后十几年间，原铁道部持续作为发行主体发行债券进行融资。2011 年，《国家发展改革委办公厅关于明确中国铁路建设债券政府支持性质的复函》明确中国铁路建设债券是经国务院批准的政府支持债券。2013 年，《国务院关于组建中国铁路总公司有关问题的批复》将原铁道部相关资产、负债和人员划入中国铁路总公司，同时继续明确铁路建设债券为政府支持债券。2019 年，根据《财政部关于中国铁路总公司公司制改革有关事项的批复》，中国铁路总公司改制为中国国家铁路集团有限公司，国务院及相关部门给予中国铁路总公司的支持政策和优惠政策继续适用。

自 2005 年起，我国铁路债券（以中国铁路为发行和偿还主体的债券，包括中国铁路建设债券、中期票据、短期融资券等）发行规模迅速增长，2011 年后每年新发债券规模基本维持在 2000 亿元左右，其中绝大多数为政府支持机构债券，另有少量一般短期融资券、一般中期票据等（见图5-4）。按期限分，我国铁路债券以中长期债券为主，其中发行量最大的是10年期、20年期两个期限，2021年起30年期铁道债发行规模迅速增长。

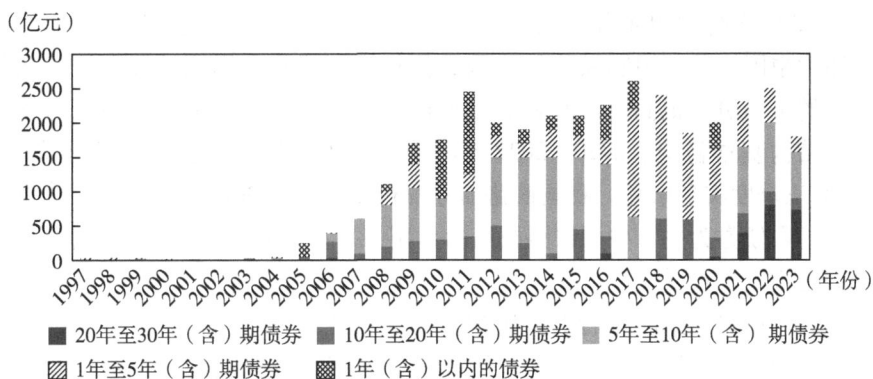

图5-4　1997~2023年铁路债券发行情况

资料来源：Wind。

截至2023年末，我国铁路债券余额共17525亿元，其中政府支持机构债17125亿元，一般中期票据400亿元。按期限分，占比最大的为10年期债券，共7480亿元，余下份额按占比排序依次为20年期债券4110亿元、5年期债券3090亿元、30年期债券2115亿元和15年期债券730亿元。

铁路债券享有专门的税收优惠政策。2011年，根据《关于铁路建设债券利息收入企业所得税政策的通知》，对企业持有2011~2013年发行的中国铁路建设债券取得的利息收入，减半征收企业所得税。2016年，根据《关于铁路债券利息收入所得税政策问题的通知》，税收优惠范围从铁路建设债券扩大至所有铁路债券，且在原有基础上，对个人投资者持有的2016~2018年发行的铁路债券取得的利息收入，减按50%计入应纳税所得额计算征收个人所得税。

高信用水平和税收优惠政策使中国铁路享有很低的融资成本。针对中国铁路2023年发行的每只债券，选取相应月份全部发行主体评级为AAA、发行期限一致、不附赎回或回售选择权的其他债券，计算其按发行规模加权的平均票面利率，将其与各期铁路债券票面对比，铁路债券票面利率较同期其他债券低。

六、总结

铁路是国家战略性、先导性重大基础设施，是中国式现代化的重要支撑，是国民经济大动脉、关键基础设施和重大民生工程，是综合交通运输体系的骨干和主要交通方式之一，在我国经济社会发展中的地位和作用至关重要。在我国旅客、货物运输体系中，铁路都具有重要地位，尤其是在客运领域，铁路旅客周转量份额已逾 50%。

近年来，我国铁路固定资产投资保持稳定，全国铁路营业里程稳步增长。依照国家规划，未来我国铁路系统将在进一步完善基础设施网络的同时，着手解决铁路网络发展不平衡、不充分的问题，在进一步加密东部铁路网络的同时扩大中西部路网覆盖。

经过 2013 年实行"政企分开"、2019 年中国铁路总公司改制，目前我国国家铁路的经营主体为中国铁路。中国铁路作为国家授权投资机构和国家控股公司，在我国铁路行业所占的市场份额很高，具有极其重要的地位。近年来，中国铁路资产规模保持增长，资产结构基本稳定。2020～2022 年，受新冠疫情影响中国铁路连续大额亏损，在 2023 年前三季度实现修复。我国铁路债券发行规模近年来保持稳定，以政府支持机构债券、长期限债券为主。中国铁路极高的信用水平叠加具有针对性的税收优惠政策，铁路债券的融资成本很低。

本书认为，铁路是战略性行业，中国铁路在行业内的重要地位，以及各级政府对中国铁路给予的大力支持将长期保持。因而中国铁路本身极高的信用水平及铁路债券的"准利率债"地位将长期保持稳定。

第六部分 2024年度公路行业信用研究报告[*]

一、行业发展情况

近年来，我国公路里程和公路建设固定资产投资规模保持增长，但增速波动下降，覆盖广泛、运行良好的全国性公路网络已基本形成，高速公路通车里程稳居世界第一。本书认为，未来我国公路建设投资仍将保持一定规模，公路里程将持续增长，但增速将逐步下降至较低水平。

公路是重要的交通基础设施，对经济社会的快速发展和稳定运行具有重要意义。2001~2022年，我国公路里程逐年增加，公路建设固定资产投资规模持续增长，但增速均呈现波动下降态势。截至"十三五"期末，全国公路总里程接近520万千米，高速公路通车里程达到16.1万千米，通达99%的城镇人口在20万以上的城市及市（地、州、盟），二级及以上公路通达97.6%的县城，覆盖广泛、运行良好的公路网络已基本形成。2022年，公路建设固定资产投资2.85万亿元，同比增长9.7%；2023年，公路建设固定资产投资2.82万亿元，同比下降1.0%，在经历上年大幅增长后小幅回落，为近二十年首次下降。截至2022年末，全国公路里程达535.48万千米，同比增速为1.4%；高速公路通车里程达17.73万千米，同比增速为4.9%，高速公路通车里程稳居世界第一。按技术等级分类[①]，全国公路分为高速公路、一级、二级、三级、四级、等外公路，其占比分别为3.3%、2.5%、8.1%、8.9%、73.6%、3.6%。

根据《"十四五"现代综合交通运输体系发展规划》《公路"十四五"发展规划》，

---

[*] 本部分作者为郭家增。郭家增，本科毕业于中国人民大学金融学专业，已取得证券从业资格，从事信用评级工作近两年。入职普策信用评价有限公司以来，参与潍坊水务投资集团有限公司2022年主动评级、济源投资集团有限公司2023年主动评级等项目。在信用研究方面，曾针对房地产市场违约情况、债券信用利差、中债隐含评级等内容开展研究，撰写了2024年水务、公路、垃圾发电行业研究报告。

[①] 公路按行政等级分类，可分为国道、省道、县道、乡道和村道。国道是国家级干线公路，是指具有全国性政治、经济意义的主要干线公路，包括重要的国际公路、国防公路，连接首都与各省省会、自治区首府、直辖市的公路，连接各大经济中心、港站枢纽、商品生产基地和战略要地的公路，国道中跨省的高速公路由交通运输部批准的专门机构负责修建、养护和管理。省道具有全省性的政治、经济、国防意义，经省、区、市统一规划确定为省级干线公路，由（省、区、市）公路主管部门负责修建、养护和管理。

我国公路建设领域将继续加强国家高速公路待贯通路段及交通繁忙路段、普通国道低等级路段等薄弱环节建设，完善普通省道和农村公路网络，加快推进城市群、都市圈、沿边沿海、革命老区等重点区域公路通道强化及网络完善；建设目标是高速公路通达城区人口 10 万以上市县，基本实现"71118"① 国家高速公路主线贯通，普通国道等外及待贯通路段基本消除，东中部地区普通国道基本达到二级及以上公路标准，西部地区普通国道二级及以上公路比重达 70%，沿边沿海国道技术等级结构显著改善，路网结构进一步优化，网络覆盖更加广泛；到 2025 年，规划的公路通车里程为 550 万千米，其中高速公路建成里程为 19 万千米。本书以 2022 年末公路建设情况测算，2023～2025 年公路通车里程的复合增长率约为 1.0%，其中高速公路里程的复合增长率约为 2.4%。根据《国家综合立体交通网规划纲要（2021—2035 年）》，到 2035 年我国将基本建成便捷顺畅、经济高效、绿色集约、智能先进、安全可靠的现代化高质量国家综合立体交通网。本书认为，未来相当长时间内我国公路建设投资仍将保持一定规模，公路里程将持续增长，但增速将逐步下降至较低水平。

近年来，我国民用汽车保有量持续增长，但公路货运量受新冠疫情及铁路运输分流等因素影响有所波动，客运量出现了明显下滑。本书认为，未来我国宏观经济能够保持合理的增速，公路货运和客运需求总体上仍将保持增长态势。

公路运输在我国交通运输体系中占据主导地位。2023 年，公路承担了国内 49.14%的客运量和 72.41%的货运量。我国民用汽车保有量持续增长，2021～2023 年增速分别为 7.60%、6.00% 和 7.80%，仍保持在较高水平，为公路运输需求提供了良好的增长空间。2022 年，高速公路车流量 95.32 亿辆，比上年下降 18.4%，普通国省道机动车年平均断面交通量 9358 辆/日，下降了 12.7%。在客运方面，2020～2022 年受新冠疫情影响，旅客运输总量和旅客运输周转量均大幅下降。同时，随着高铁投运线路的增加和铁路网络规模的扩大，铁路对公路客运的分流效应明显，公路客运量持续下降。2023 年，公路客运量虽较上年大幅增加，但仅为 2019 年客运量的五成左右。在货运方面，货物运输受新冠疫情影响相对较小，近年来货物运输总量有所波动，货物运输周转量呈增长趋势，2023 年公路货运量、货物周转量达历史新高。"公转铁"政策及其他货运方式对公路货运造成一定的分流影响，公路货运量及货物周转量有所波动，占比呈下降趋势。

根据《国家综合立体交通网规划纲要（2021—2035 年）》，预计 2021～2035 年，全国旅客出行量（含小汽车出行量）年均增速为 3.2% 左右，东部地区的出行需求仍最为集中，中西部地区的出行需求增速加快；全社会货运量年均增速为 2% 左右，东部地区的货运需求规模仍较大，中西部地区的货运需求增速将快于东部地区。在运输量稳步增长的同时，随着运输结构的调整，公路中长途营业性客运和大运量长距离货运占比将逐步下降。本书认为，我国宏观经济增长仍存在不确定因素，但总体来看在相当

---

① "71118"是指国家高速公路主线：7 条首都放射线、11 条南北纵线、18 条东西横线。

长时间内仍能够保持合理的增速，公路货运和客运需求仍将保持增长态势。

全国收费公路里程及投资规模保持较快增长，以还本付息为主的支出增长较快，但通行费收入增长相对缓慢，收支缺口不断扩大，行业债务规模持续上升。本书认为，未来1~2年由于收费公路建设仍将保持较大投资规模，行业债务规模将保持上升趋势。以2021年数据估算，政府还贷公路单纯依赖通行费收入无法清偿债务，经营性公路单纯依赖通行费收入清偿债务需要48年，债务偿还周期很长。

公路建设的项目投资规模大、资金回收周期长。为推动公路行业快速发展，1984年国务院批准出台"贷款修路、收费还贷"的收费公路政策，形成了"国家投资、地方筹资、社会融资、利用外资"的多元化投融资机制。2010~2021年，收费公路建设投资保持快速增长，2021年末全国收费公路累计建设投资总额12.12万亿元，当年净增加1.31万亿元，增速12.1%。其中，累计资本金投入3.90万亿元，占比32.2%；累计债务性资金投入8.22万亿元，占比67.8%。2021年末，全国收费公路里程达18.76万千米，其中高速公路的占比超过85%，此外还包括一级公路1.76万千米，二级公路0.75万千米，独立桥梁及隧道1329.00千米。随着高速公路里程不断增加和普通收费公路逐步到期停止收费，预计全国收费公路中高速公路的占比将进一步提高。

按照经营主体、资金来源划分，收费公路可分为政府还贷性收费公路和经营性收费公路两类。近年来，收费公路建设投融资体系更加完善丰富，政府还贷性收费公路里程占比下降，经营性收费公路里程占比持续增长。截至2021年末，我国政府还贷公路总里程8.60万千米，其中高速公路6.86万千米，占收费高速公路里程的42.6%；经营性公路总里程为10.15万千米，其中高速公路9.26万千米，占收费高速公路里程的57.4%。

收费公路的通行费收入随收费公路里程的增加而增长，在收费公路通行费收入增速整体放缓的同时收费公路支出持续增加且增速较快，以还本付息支出为主。2021年，公路支出中还本付息、养护经费、公路及附属设施改扩建工程、运营管理、税费的占比分别为82%、6%、2%、6%、3%。2020年，受高速通行费减免政策影响，收费公路通行费收入出现下降，收支缺口达到历史峰值7478.22亿元。预计未来1~2年，收费公路的收入规模随宏观经济的恢复及收费公路里程的增加将有所增长，但由于还本付息等各项支出仍将保持增长态势，本书认为收费公路收支缺口明显下降的可能性不大。

在项目投资保持增长的同时公路收支缺口持续扩大，导致收费公路的资金来源对外部融资的依赖程度较高，债务持续较快增长。收费公路债务以银行贷款为主，占比超过80%，债务规模逐年增长且增速保持在较高水平，2021年增速为12.05%。2017年，财政部、交通运输部印发《地方政府收费公路专项债券管理办法（试行）》，旨在完善地方政府专项债券管理，促进收费公路事业持续健康发展。收费公路专项债券的发行使银行贷款在债务余额中的占比有所下降。收费公路债务余额的高速增长主要来自经营性收费公路，2020年其债务余额已反超政府还贷性收费公路的债务余额。截至2021年末，政府还贷性公路债务余额3.56万亿元，经营性公路债务余额4.36万亿元。预计未来 1~2 年，由于收费公路建设仍将保持较大规模，收费公路收支缺口明显下降的可能性不大，本书认为收费公路相关债务仍将保持上升态势。

根据 2021 年政府还贷性收费公路和经营性收费公路的主要收入及支出数据（见表6-1），通行费收入能够覆盖债务利息支出，但对利息及其他支出（不包括偿还债务本金）的覆盖程度较低。本书以当年数据进行静态测算，政府还贷性收费公路的通行费收入对利息及其他支出的覆盖倍数略小于 1，即单纯依赖通行费收入无法清偿债务，未来可能需要财政资金的补充；经营性收费公路的通行费收入对利息及其他支出的覆盖倍数为 1.27，单纯依赖通行费收入清偿债务需要 48 年，债务偿还周期很长。

表 6-1　2021 年政府还贷性收费公路和经营性收费公路的收支情况

公路类型	通行费收入（亿元）	支出总额（亿元）	偿还债务本金（亿元）	偿还债务利息（亿元）	养护支出（亿元）	改扩建工程支出（亿元）	运营管理支出（亿元）	税费支出（亿元）	收支缺口（亿元）	收入/利息（倍）	收入/利息等支出（倍）
政府还贷性收费公路	2307	5007	2677	1560	302	73	325	70	2700	1.48	0.99
经营性收费公路	4324	7903	4488	1867	438	234	513	363	3579	2.32	1.27

资料来源：交通运输部。

根据 2004 年《收费公路管理条例》，政府还贷公路的收费期限最长不超过 15 年，经营性公路的收费期限最长不超过 20 年。该条例发布以来，交通运输部多次发布了修订征求意见稿（见附表 6-1），提出政府还贷性公路统借统还，收费期限以路网实际偿债期确定，不再受具体年限限制；对于投资规模大、回报周期长的经营性公路，其收费期限经批准后可超过 30 年，通过改扩建工程增加车道数量的高速公路可重新核定收费期限。虽然相关政策未正式发布，但该条例为高速公路尤其是政府还贷性公路的收费期限提供了较大的调整空间，多地已开始实践政府还贷性公路"统贷统还"、继续收费直至债务偿清的收费模式，而经营性公路目前仍依据现行管理条例，收费年限集中在 20~30 年，依然存在收费期限无法覆盖债务偿还周期的问题。

截至 2022 年末，我国高速公路已通车时间在 20 年以上、10~20 年及 10 年以下的里程分别为 2.51 万千米、9.62 万千米和 8.11 万千米。通车年限在 20 年以上的高速公路即将面临或已面临收费期限到期的问题，目前针对收费到期的路产主要有两种处置方式：经改扩建后作为新的建设项目继续收费，到期停止收费并无偿移交至地方政府。

采用改扩建方式延长收费期限的高速公路多为我国公路网核心路产，所在地区经济发达，区位优势明显，通车流量处于饱和或超饱和状态，具备改扩建基础，因此改扩建完成后均可获得本省政府批准，重新核定经营期限，自改扩建通车日起将收费期限延长 25~29 年，基本达到所在地区经营性高速公路收费年限的上限水平。截至目前，已有广佛高速、武黄高速、京平高速等六条高速公路因收费期满而停止收费，这部分路产大多具有较好的通行能力和稳定的车流量，不具备改扩建的需求。到期移交对债务尚未完全清偿的路产的所属收费公路企业负面影响较大，经营性现金流和资产规模都将下滑，存量债务的偿还压力加大。改扩建项目同样面临较多不确定因素，项目重新招标，若由其他企业中标，原路段和扩容路段的产权、收费划分将面临不确定性。改扩建期间，车流量或受施工影响下降，相关路段通行费收入也会下降。另外，随着征迁、原材料成本增加，项目单公里成本上升，在车流量及收费标准无法大幅提升的情况下，改扩建也存在投资回报率下降的问题。

近年来，公路行业政策总体稳定，收费的标准调整及临时性减免等政策对公路经营有一定影响。2018年的《收费公路管理条例（修订草案征求意见稿）》中有重大政策调整，包括：明确经营性公路项目经营期限，按照收回投资并有合理回报的原则确定，建立养护管理收费制度、建立差异化收费标准及动态评估调整机制等，该政策尚未发布实施。本书认为，未来政策调整措施若正式实施，将明显改善收费公路的经营状况，并有效降低相关债务风险。

作为国民经济的基础性先行行业，公路建设受到中央和各级政府的政策扶持，在收费公路的经营准入、收费管理、施工标准、养护管理等方面制定了完善的法规体系，规范和引导行业健康发展。从1984年国务院确定"贷款修路、收费还贷"政策，到2004年《收费公路管理条例》，近年来收费公路的行业政策总体稳定，未进行实质性的大规模调整。

2019年5月，国务院办公厅发布《深化收费公路制度改革取消高速公路省界收费站实施方案》提出加快取消全国高速公路省界收费站，实现不停车快捷收费。2019年发布的《收费公路车辆通行费车型分类》指出，重新核定车型分类。现行标准将车型划分为客车、货车和专项作业车三种类型。客车根据车辆类型、核定载人数分为四类，并对车长进行限定说明；货车依据车辆总轴数、车长及最大允许总质量分为六类；专项作业车与客车分类标准近似，同样分为六类。各省（区）的收费公路车型分类调整及收费标准统一从2020年1月1日起执行。2021年6月，《全面推广高速公路差异化收费实施方案》提出分路段、分车型（类）、分时段、分出入口、分方向、分支付方式进行差异化收费，提升高速公路网通行效率。除政策调整外，相关部门还根据经济社会发展需要，实施临时性的收费减免政策。2020年2月，交通运输部发布通知自2月17日至4月30日全国收费公路免收车辆通行费；2022年9月，交通运输部、财政部发布《关于做好阶段性减免收费公路货车通行费有关工作的通知》，指出2022年，10月1日0时至12月31日24时在继续执行现有各类通行费减免政策的基础上，收费公路统一对货车通行费再减免10%。相关政策调整对收费公路的收入产生了一定影响。

近年来，随着我国公路建设向中西部地区延伸，建设成本提高，项目收益下降，融资难度加大。不少收费公路按现行收费标准和收费期限，难以获得投资回报。收费公路的建设、偿债及养护管理成本不断增长，但收费标准基本延续20世纪90年代水平，导致收入与成本倒挂，收支缺口及债务余额呈逐年扩大趋势。收费公路网的持续扩展导致未来养护任务越来越重，保障养护和运营管理资金成为必须解决的现实问题。2018 年 12 月，交通运输部发布的《收费公路管理条例（修订草案征求意见稿）》，主要政策调整措施有：提高收费公路设置门槛；明确经营性公路项目经营期限按照收回投资并有合理回报的原则确定，一般不得超过 30 年，对于投资规模大、回报周期长的收费公路可以超过 30 年；完善政府收费公路"统借统还"制度；建立养护管理收费制度，重新核定收费标准、实行养护管理收费；建立差异化收费、收费标准动态评估调整机制等。上述修订草案尚未发布实施，但收费公路管理体制改革的大方向基本确定。本书认为，未来相关改革措施若正式发布，将明显改善收费公路的经营状况，有利于防止相关领域的债务风险。

二、区域发展情况

（一）各省份收费公路情况对比

受经济发展、人口密度和自然地理等因素影响，我国公路建设及运营存在明显的地区差异，东部发达地区路网建设已基本成形，中西部地区近年来投资增长较快，除新疆外各省份均存在收支缺口，其中河北、广东、河南、云南等省份收支缺口最大。本书认为，收费公路收支缺口的弥补除了依靠债务融资外，还依赖地方财政资金的支持，由于各省财政实力存在差异，中西部地区资金短缺压力相对较大。

公路路网建设与区域面积、常住人口及经济发展水平等相关，其中经济发展水平与路网建设具有较显著的相互促进关系。我国各省（区）的面积、人口、经济发展水平等差距巨大。一般来说，区域面积越大的省（区）收费公路里程数越长，内蒙古、新疆等省（区）的收费公路里程数全国领先，然后是广东、河北，区域面积较小的三个直辖市天津、北京、上海的收费公路里程数排名最后。人口密度和经济发展水平越高的地区路网密度越大，天津、上海的收费公路路网密度较大，均在每百平方千米 10 公里以上；江苏、北京、广东、浙江的路网密度也较高，处于每百平方千米 5~7 千米；路网密度较低的新疆、青海均在每百平方千米 1 千米以下。

我国东部发达地区的路网建设已基本成形，中西部地区的路网密度相对较低，部分地区地貌复杂，山地、丘陵等地理条件使公路建设难度大、造价高。"十四五"期间，我国路网建设重点主要为西部地区，近年来云南、贵州、四川等西部省份收费公路建设投资规模显著增长，西部地区投资总额超过东部地区。根据《国家公路网规划》，到 2035 年新增国家公路一半以上都布局在西部地区，主要用于改善出疆入藏交通运输条件、提升西部陆海新通道能力、强化成渝地区双城经济圈枢纽功能、增强沿边抵边等重点区域路网韧性、提高优质产业资源联通效率等。

公路经营具有明显的区域化差异，经济发达程度和人口密度很大程度上决定了收费公路的经营负荷和盈利水平。从公路里程与地区 GDP 及常住人口的关系来看，上海、北京、天津、江苏、浙江和广东等东部发达省份与中西部省份相比优势明显，公路经营具有较好的盈利空间（见图6-1）。从收入规模来看，广东、浙江、江苏等省份的通行费收入及单公里收入均处于较高水平，黑龙江、宁夏、青海等省（区）则相对较低，上海、北京尽管收入规模不大，但由于经济发展水平及人口密度等方面的优势，单公里收入水平处于全国前列。

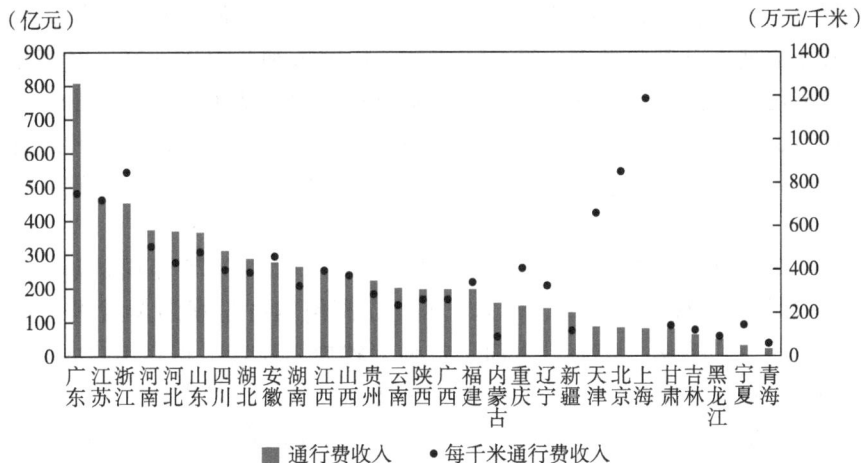

图6-1 各省份收费公路收入

资料来源：各省份交通运输部。

在收支缺口方面，2021年除新疆外各省份均存在收入难以覆盖支出的问题，其中河北、广东、河南、云南等省份收支缺口较大，超过500亿元。由于新增路网的收入增长空间预计将低于早期完工的优质路网资产，通行费收入增速将低于还本付息资金的支出增速，因此短期内行业收支失衡情况难以改善。

在债务方面，云南、广东的收费公路债务余额较多，2021年债务余额超过6000亿元，上海债务余额最少，仅为163亿元。从各省份债务增速表现来看，上海、天津、山西、陕西债务规模有所下降，云南、甘肃、重庆、湖北、四川等地区债务增速较快。本书认为，收费公路的稳定运营对地区经济发展具有重要作用，收支缺口的弥补除了依靠债务融资外，也依赖地方财政资金的支持。由于各省份财政实力存在差异，因此中西部地区资金短缺压力相对较大。

（二）各省份高速公路情况对比

各省份高速公路密度与当地经济发展水平呈现相辅相成的关系，为推动区域经济均衡发展，各省份"十四五"规划制定了相应的新增里程建设任务，广西、云南、甘肃三省份2023~2025年规划新增里程超过2000千米。各省份高速公路建设资金来源差异较大，经济欠发达地区主要依靠财政资金和举借债务开展高速公路建设。高速公路收入及成本与经济发达程度相关联，经济发达地区的单公里通行费收入和成本均较高。

从里程来看，广东常年位居全国第一，2022 年里程达 1.12 万千米；西藏居于末位；西南地区的云南、贵州、四川及广西四省，中部地区的河南、河北及山东三省高速公路里程规模较大且增长较快；东北三省黑龙江、吉林、辽宁的高速公路里程规模较小且增速不快；西北五省中，新疆的里程规模相对较大且增速较快，青海和宁夏的里程规模相对较小。

从高速公路密度来看，我国高速公路密度较大的地区是上海、天津和北京，然后是广东、浙江、山东、江苏、福建这五个东部沿海地区，它们是我国经济较发达的地区；密度较小的地区分别是西藏、新疆、青海、内蒙古和甘肃等地区，经济相对比较落后；中部省份高速公路密度排名基本在中游位置，和经济水平相当；东北三省因为近些年经济衰退，高速公路建设落后于其他地方。综合来看，高速公路和经济发展是相辅相成的关系，经济越发达高速公路密度就越大，良好的交通基础设施可以促进经济的发展，从而形成良性循环。

从"十四五"规划来看，广西、云南、甘肃三省 2023~2025 年规划新增里程超过 2000 千米，建设任务很重；河南、山东、四川、湖南四省份规划新增里程在 1500~2000 千米；黑龙江、安徽、广东、青海、吉林五省规划新增里程在 1000~1500 千米；其他省份规划里程均在 1000 千米以下，其中上海、天津、北京基本为零。

从累计建设资金来源看，中部省份的举借债务占比均在 70% 以上，财政资金投入比例相对较低；江苏、浙江举借债务占比很低，且财政资本金投入比例也不高；经济相对较弱的西北地区和东北三省非财政资金投入规模很小，财政资本金投入比例均在 25% 以上，基本依靠财政资本金和举借债务来进行建设。

从高速公路单千米收入及成本来看，高速公路收入及成本与经济发达程度相关联。经济发达地区的单千米通行费收入和成本均较高，北京、浙江、广东、天津四省份的单公里建设投资额超过 1 亿元，江苏的建设成本相对较低；经济欠发达地区的单千米收入和成本相对较低，收入在 200 万元/千米以下，建设成本在 6000 万元/千米以下，但云南的高速公路建设成本很高，超过了 1 亿元/千米；中部省份的单千米收入和建设成本分别为 240 万~500 万元/千米、4000 万~9000 万元/千米（见图 6-2）不考虑债务付息影响，安徽、江苏、河南收回投资年限在 15 年以内，云南、甘肃、青海收回投资年限分别为 62 年、70 年和 140 年。

从高速公路单千米债务余额来看，北京、云南、陕西、天津、山西五省份单千米债务余额超过 6000 万元/千米，规模较大，安徽、新疆在 2000 万元/千米以下（见图 6-3）。不考虑债务付息影响，安徽、江苏、浙江靠通行费收入偿还债务的期限较短，在 10 年以内；云南、甘肃、青海靠通行费收入偿还债务的期限分别为 44 年、58 年和 86 年；其他省份偿还年限基本在 10~40 年。

三、债券市场表现

2023 年，公路行业共 66 家企业发行债券 476 只，发行总规模 5271.45 亿元，券种

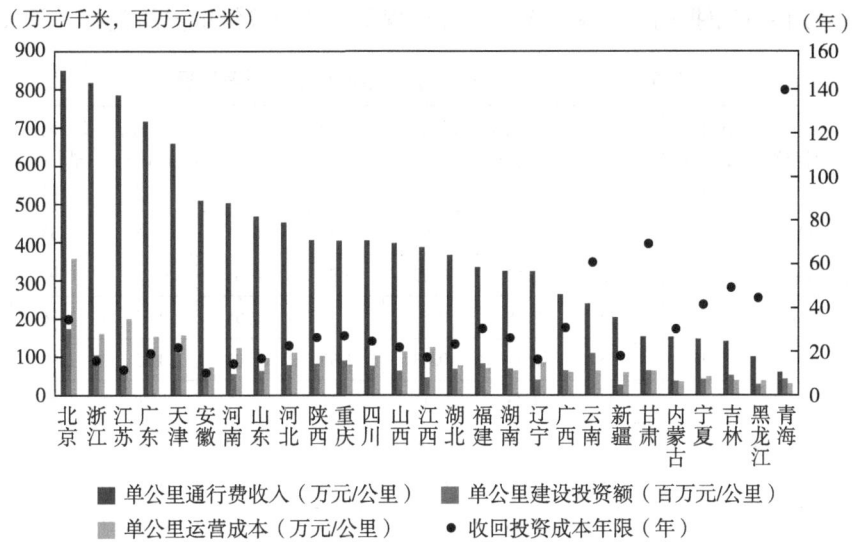

图 6-2　2021 年各省份单千米高速公路收入及成本情况

资料来源：各省份交通运输厅。

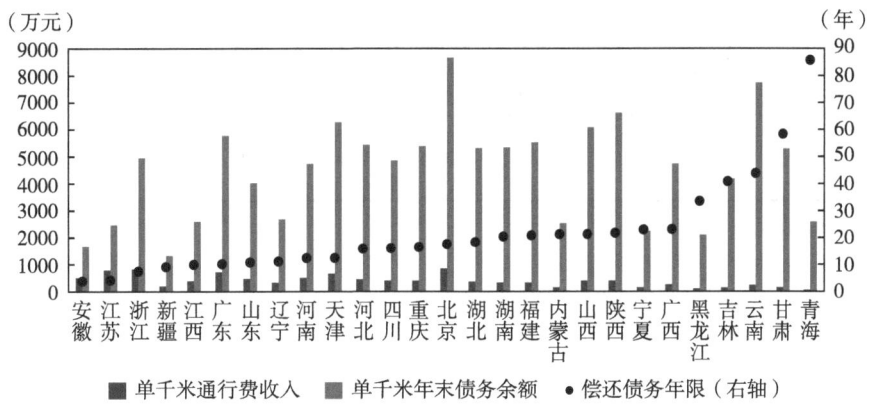

图 6-3　2021 年各省单千米债务余额情况

资料来源：国家统计局。

主要为超短期融资券及中期票据。其中，32 家企业主体评级为 AAA，21 家企业主体评级为 AA+，13 家企业主体评级为 AA；92 只债券债项评级为 AAA，5 只债券债项评级为 AA+，2 只债券债项评级为 AA，其余债券无发行时债项级别。中债隐含评级为 AAA、AAA-、AA+、AA、AA（2）、AA-等级的债券分别为 147 只、57 只、132 只、92 只、44 只和 3 只。相较于评级机构给出的主体级别，中债隐含评级的级别分布跨度更大，公路行业新发行债券以 AA+及以上的高等级债券为主。在发行利率方面，除 AA+和 AA 等级的 3 年期中票以外，其余券种的发行利率均呈现利率随级别升高而下降的趋势，但各券种 AAA 等级利率的级差明显高于其他等级。在利差方面，270 天超短期融资券、5 年期中期票据、3 年期公司债呈现利差随信用级别的降低而逐渐升高的趋势，而 3 年期中期票据的 AA+ 和 AA 的债券出现了利差与等级倒挂的现象（见表 6-2）。

表 6-2　2023 年公路行业主要券种利率、利差情况

券种	主体级别	发行利率最小值（%）	发行利率最大值（%）	发行利率平均值（%）	发行利差最小值（%）	发行利差最大值（%）	发行利差平均值（%）	交易利差最小值（%）	交易利差最大值（%）	交易利差平均值（%）
270 天超短期融资券	AAA	2.13	3.59	2.51	0.00	1.31	0.41	0.18	1.33	0.45
	AA+	2.34	3.02	2.62	0.29	0.98	0.61	0.26	0.96	0.71
	AA	2.64	3.14	2.98	0.69	1.19	0.95	0.62	1.16	0.94
1 年期短期融资券	AAA	2.26	5.28	3.11	0.03	2.98	1.00	0.35	2.99	1.15
	AA+	3.43	3.43	3.43	1.11	1.11	1.11	1.10	1.10	1.10
	AA	3.35	5.70	4.53	1.06	3.72	2.39	1.08	3.73	2.40
3 年期中期票据	AAA	2.67	5.90	3.28	0.37	3.33	0.87	0.46	3.33	0.90
	AA+	3.08	4.58	3.59	0.81	2.05	1.22	0.83	2.05	1.23
	AA	3.20	3.45	3.33	0.96	1.07	1.01	0.96	1.05	0.99
5 年期中期票据	AAA	2.99	5.10	3.38	0.52	2.55	0.89	0.50	2.56	0.91
	AA+	3.10	3.67	3.41	0.75	1.25	1.01	0.71	1.26	1.02
3 年期公司债	AAA	2.64	3.14	2.92	0.37	0.64	0.52	0.47	0.63	0.56
	AA	3.56	3.56	3.56	1.03	1.03	1.03	—	—	—
5 年期公司债	AAA	2.95	4.50	3.40	0.55	2.01	0.98	0.54	1.16	0.81

资料来源：Wind。

四、企业经营情况

近年来，全国公路建设投资不断增加，带动公路运营企业资产规模持续较快增长。公路企业通行费收入稳定性强，能够带来持续稳定的经营现金流入，但仍难以满足大量公路建设项目的投资支出需求，公路企业债务规模处于快速增长阶段，债务增速稍高于资产，东部地区公路企业偿债能力整体优于西部地区。本书认为，行业整体偿债压力可控，预计未来行业偿债能力将有所增强，但需要关注建设任务较重、路产质量偏弱的中西部省级交投企业债务规模快速增长导致的债务保障指标恶化问题。

各省份内的收费公路大部分归属于省级高速公路的投资、建设和运营主体（以下简称"省级交投"），收费公路运营企业大多为区域省级交投子公司，而各省份新增的高速公路建设投资主体主要为省级交投，本部分选取 23 家[①]省级交投企业作为样本，

---

① 黑龙江交投、辽宁交投、青海交投、宁夏交投、海南交投五家企业已无存续债券，财务数据停止更新，故将其剔除。山西交通仅从 2023 年开始发行私募债，公开资料较少，仅公布 2021~2022 年财务数据，也剔除。

分析其 2022 年财务数据（见表 6-3）。

表 6-3 2022 年省级交投企业运营情况

地区	企业名称	简称	占全省收费公路比重（%）	收费公路里程（千米）	通行费收入（亿元）	单公里通行费收入（万元/千米）
东部	广东省交通集团有限公司	广东交通	52.10	5835.42	362.27	620.81
	河北交通投资集团有限公司	河北交投	34.83	2992.78	98.45	328.97
	山东高速集团有限公司	山东高速	101.16	7737.78	313.29	404.88
	福建省高速公路集团有限公司	福建高速	78.77	4564.36	145.74	319.30
	浙江省交通投资集团有限公司	浙江交投	58.92	3152.06	220.78	700.45
	江苏交通控股有限公司	江苏交通	69.51	4508.00	316.59	702.29
	招商局公路网络科技控股股份有限公司	招商局公路	78.17	1025.18	47.69	465.19
	北京市首都公路发展集团有限公司	北京公路	65.11	648.32	43.13	665.26
	上海城投公路投资（集团）有限公司	上海公路	43.50	297.00	23.95	806.47
中部	河南交通投资集团有限公司	河南交投	83.82	6195.20	146.32	236.19
	湖北交通投资集团有限公司	湖北交通	78.28	5845.84	179.61	307.25
	湖南省高速公路集团有限公司	湖南高速	70.53	5756.14	189.05	328.43
	江西省交通投资集团有限责任公司	江西交投	88.26	5573.00	171.46	307.66
	安徽省交通控股集团有限公司	安徽交通	81.00	4887.65	214.65	439.16
西部	云南省交通投资建设集团有限公司	云南交投	63.18	5426.63	127.51	234.96
	蜀道投资集团有限责任公司	蜀道投资	86.72	6807.80	233.44	342.91
	贵州高速公路集团有限公司	贵州高速	52.96	4136.08	118.18	285.74
	广西交通投资集团有限公司	广西交投	70.09	5328.38	98.59	185.02
	内蒙古交通集团有限公司	内蒙古交通	19.93	3484.00	50.21	144.12
	陕西交通控股集团有限公司	陕西交通	79.04	6008.00	224.90	374.33
	重庆高速公路集团有限公司	重庆高速	60.98	2227.94	91.92	412.58
	甘肃省公路航空旅游投资集团有限公司	甘肃公路	74.00	5444.31	93.54	171.81
东北	吉林省高速公路集团有限公司	吉林高速	79.74	4217.00	53.18	126.11

资料来源：Wind、各公司公告、各公司官网。

2021~2023 年，样本企业合计营业总收入分别为 15234.01 亿元、17772.66 亿元和

19265.60 亿元，年均复合增长率 18.72%。大部分样本企业收入保持增长，但通行费收入受新冠疫情影响呈现先降后升的趋势。样本企业公路运营板块营业成本主要由经营公路及已通车试运营公路折旧、通行养护成本构成，由于部分刚性成本存在，公路运营板块毛利率在 2022 年出现小幅度下降（见图 6-4）。由于各省份交投路产构成、路产折旧摊销政策存在差异，企业之间的公路运营毛利率存在差异，部分企业公路运营毛利润明显高于其他企业。例如，湖南高速运营的路段八成以上为政府还贷高速公路，根据湖南省交通运输厅批复 2015 年起不再对政府还贷高速公路计提折旧，故湖南高速公路运营板块毛利率接近 80%，类似的还有内蒙古交通、福建高速、河南交投、吉林高速等。北京公路虽然单千米通行费收入较高，路产质量较好，但由于计费起止点调整、外移，免费通行路段进一步增加，加之运维成本高企、车流法计提折旧等影响，该公司公路运营毛利率较低。近年来，部分样本企业综合毛利率波动较大，主要是因为房地产、贸易、工程施工等毛利润较低的非公路运营板块收入占比上升，拉低了公司综合毛利率。预计未来 1~2 年，样本企业收入将继续增长，毛利率水平将有所回升。

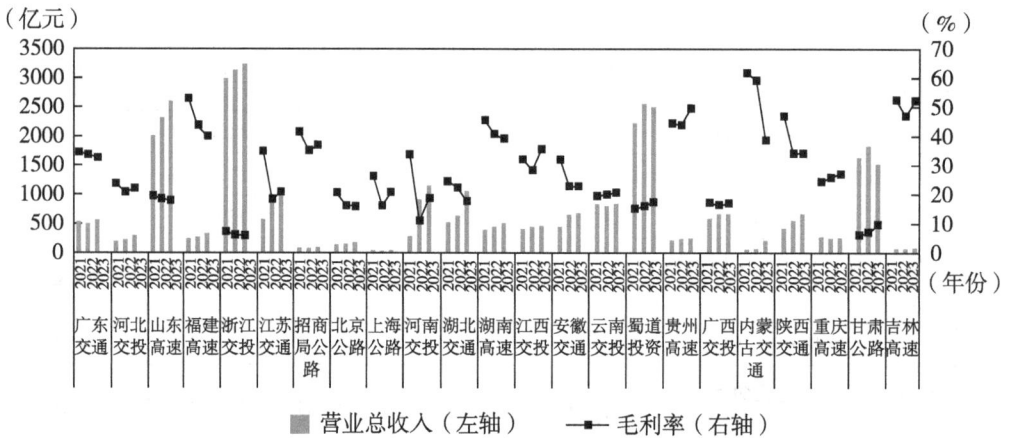

图 6-4　2021~2023 年样本企业收入及毛利率状况

资料来源：Wind。

在期间费用率方面，样本企业财务费用占比较高，样本企业期间费用率基本呈下降趋势。样本企业利润总额对政府补贴的依赖度较高，2021~2023 年样本企业其他收益合计分别为 227.04 亿元、205.66 亿元和 220.45 亿元，占利润总额的比重分别为 21.07%、21.34% 和 18.61%，样本企业总体对政府补贴的依赖程度下降。浙江交投、江苏交通、招商局公路等样本企业的投资净收益规模较大，净资产收益率相对较高。总体来看，样本企业利息支出压力较大，期间费用对利润侵蚀严重，盈利水平一般，预计未来样本企业新开通路段的盈利能力将弱于现有优质路段，行业整体盈利表现改善的可能性不大。

在资产方面，由于各省份高速公路里程持续增长，2021~2023 年样本企业总资产均呈现增长态势，总资产年均复合增长率达 11.55%，其中河南交投于 2022 年完成对河南省交通运输发展集团有限公司（以下简称"河南交运"）的吸收合并，资产规模显著扩大（见图 6-5）。在资产结构方面，除浙江交投、安徽交通外，其他样本企业的非流动资产占比均高于 80%。样本企业资产主要由固定资产、在建工程及无形资产构成，包括路桥资产、特许经营权等。预计未来，样本企业将根据各省"十四五"规划完成新增路段的建设任务，资产规模将进一步扩张。

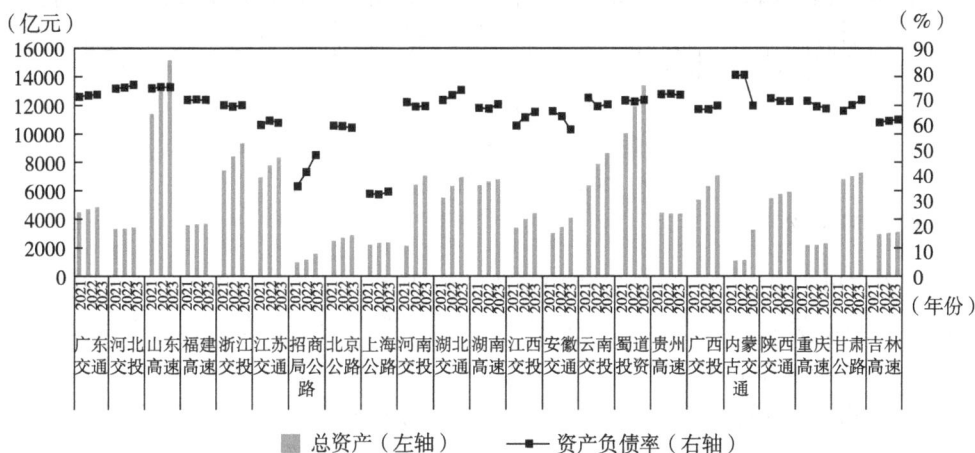

图 6-5　2021~2023 年样本企业总资产及资本结构状况

资料来源：Wind。

在债务规模方面，受新建桥隧较多、拆迁安置成本上升等因素影响，近年来高速公路造价成本不断升高，样本企业债务规模随之呈现增长态势。2021~2023 年，债务年均复合增长率达 12.00%，山东、云南、四川等"十四五"期间建设任务较重省份的样本企业债务规模增长相对更快（见图 6-6）。河南交投合并河南交运导致债务规模大幅度上涨，招商局公路受招商中铁控股有限公司并表影响 2023 年债务大幅增加。公路企业通常通过以集团贷款为主的外部融资方式匹配项目建设投资回报期，故样本企业债务结构以长期债务为主，短期债务占比集中在 20% 以下。在财务杠杆方面，大部分样本企业资产负债率基本保持稳定，且集中在 65%~75%。2021~2023 年，样本企业加权平均全部债务资本化比率分别为 62.43%、62.67% 和 62.75%，呈现小幅度上升。本书认为，公路企业通行费收入对成本和利息支出的覆盖能力一般，新建路段的投资支出需要依赖外部融资，样本企业债务规模将继续增长。

在现金流方面，公路企业经营获现能力较强，各样本企业的经营活动净现金流主要依赖通行费收入，与路产所在区域的经济发达程度及路产区位重要性相关度较大。2020 年，受新冠疫情影响，样本企业经营活动净现金流大幅减少；2022 年，半数样本企业收到的税费返还大幅度增加，经营活动净现金流与 2021 年基本持平；2023 年，随着新冠疫情影响褪去，样本企业经营活动净现金流大幅度增加。在投资活动方面，样本

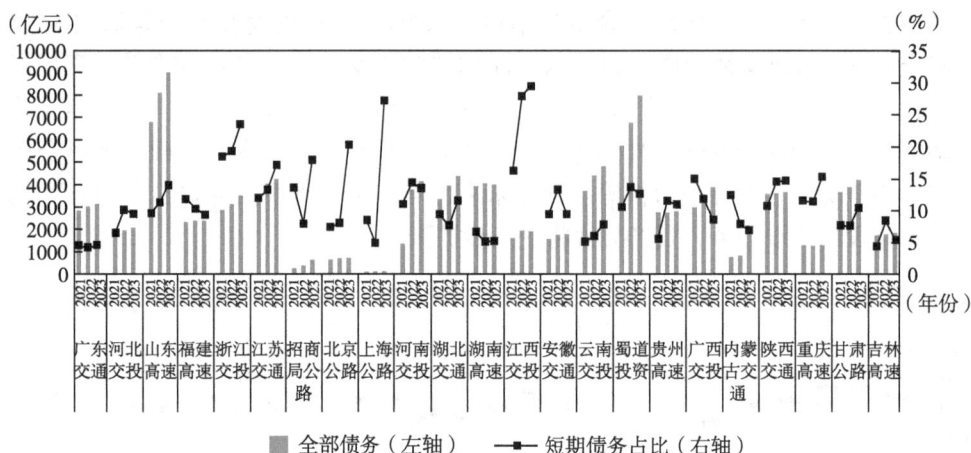

图 6-6　2021~2023 年样本企业债务状况

资料来源：Wind、公司公告。

企业的投资支出主要以路产的扩容改造及收并购为主，与路产的新建、改扩建需求及项目的投资进度关联度较高，近年来样本企业的投资活动均保持现金净流出状态。2023 年，14 家企业净流出规模小于 300 亿元，大部分企业净流出规模较小，近七成的净流出集中在山东高速、浙江交投、江苏交通、蜀道投资、云南交投、河南交投、广西交投七家样本企业（截至 2022 年末部分企业在建项目见附表 6-2）。样本企业虽然本身经营获现能力较强，但不足以覆盖公路建设投资活动产生的全部资金缺口，对筹资活动的依赖性仍较强。

在短期债务保障方面，上海公路、北京公路、广东交通三家东部发达地区样本企业短期偿债指标表现明显优于其他企业，河南交投、陕西交通、贵州高速、福建高速等企业的短期偿债指标表现较差（见表 6-4）。在中长期债务保障方面，上海公路、招商局公路、安徽交通、江苏交通、浙江交投、广东交通等企业的全部债务/EBITDA 指标表现较好，除安徽交通外，其余均为东部沿海地区的样本企业；甘肃公路、云南交投、广西交投、贵州高速、河南交投、湖北交通、蜀道投资等中西部地区的样本企业全部债务/EBITDA 指标表现相对较差，中长期债务负担较重。本书认为，随着国民出行需求增加，宏观经济增长，公路企业整体通行费收入将增加，EBITDA 和经营性现金流将改善，公路行业偿债能力将有所增强。部分建设任务较重、路产质量偏弱的中西部省级交投企业债务规模增长较快，债务保障指标可能进一步恶化。

表 6-4　2021~2023 年样本企业债务保障情况

公司简称	现金短债比（倍）			全部债务/EBITDA（倍）			经营性现金债务保障（倍）		
	2021 年	2022 年	2023 年	2021 年	2022 年	2023 年	2021 年	2022 年	2023 年
广东交通	1.57	2.49	2.23	8.11	9.88	8.80	4.66	3.83	4.26
河北交投	0.71	0.45	0.45	13.73	19.09	17.95	1.56	1.24	0.88

公司简称	现金短债比（倍）			全部债务/EBITDA（倍）			经营性现金债务保障（倍）		
	2021 年	2022 年	2023 年	2021 年	2022 年	2023 年	2021 年	2022 年	2023 年
山东高速	0.93	0.66	0.47	9.45	10.72	11.25	1.41	1.17	0.66
福建高速	0.24	0.29	0.41	16.54	18.76	17.08	0.69	0.60	0.92
浙江交投	1.27	1.36	1.11	6.30	7.05	7.80	1.28	1.33	1.31
江苏交通	0.44	0.42	0.33	6.19	8.32	7.49	1.23	1.28	1.03
招商局公路	1.81	1.52	0.81	2.83	4.19	5.49	1.66	3.01	3.75
北京公路	3.49	4.41	2.11	13.88	18.43	16.84	2.14	3.35	3.64
上海公路	5.71	8.74	0.94	3.39	6.05	5.02	1.43	8.49	13.49
河南交投	0.29	0.23	0.15	14.36	43.50	21.37	0.74	0.50	0.32
湖北交通	0.86	0.89	0.64	20.21	23.37	20.89	1.80	1.10	1.23
湖南高速	0.85	0.90	0.71	20.10	21.33	18.26	1.20	1.25	2.04
江西交投	1.07	0.49	0.51	9.87	10.94	10.21	0.64	1.22	0.63
安徽交通	1.63	1.09	1.67	6.72	7.23	6.93	1.40	1.43	1.80
云南交投	1.21	1.43	0.88	22.61	29.40	26.08	1.57	2.99	1.56
蜀道投资	1.06	0.70	0.51	19.14	18.38	18.75	1.16	1.13	0.77
贵州高速	1.24	0.29	0.25	23.18	21.76	23.11	0.89	2.43	0.96
广西交投	0.45	0.58	0.64	23.86	28.42	25.93	0.51	0.45	0.63
内蒙古交通	0.39	0.48	0.54	23.37	23.96	18.22	1.63	0.77	2.37
陕西交通	0.43	0.28	0.24	19.20	20.82	18.34	1.00	0.91	0.65
重庆高速	0.38	0.50	0.40	12.08	12.57	12.52	0.80	0.94	1.05
甘肃公路	2.16	1.18	0.54	33.10	29.51	34.34	3.22	2.13	2.45
吉林高速	1.09	0.67	1.09	15.75	17.57	17.87	1.88	2.74	1.13

资料来源：Wind。

综合分析，本书认为公路企业经营获现能力较强，盈利能力总体稳定，行业整体偿债压力可控，预计未来行业偿债能力将有所增强，但是需要关注建设任务较重、路产质量偏弱的中西部省级交投企业债务规模快速增长导致的债务保障指标恶化问题。

五、总结

近年来，我国公路里程和公路建设固定资产投资规模保持增长，但增速波动下降，预计未来增速将逐步下降至较低水平。公路客运量受新冠疫情影响明显下滑，客运量也有所波动，2023 年后公路货运和客运需求总体上仍保持原有增长态势。

我国收费公路收支缺口不断扩大，行业债务规模持续扩大，政府还贷性收费公路单纯依赖通行费收入无法清偿债务，经营性公路单纯依赖通行费收入清偿债务需要 48

年，债务偿还周期很长。从区域发展情况来看，我国东部和中西部地区路网建设水平存在差距，中西部地区近年来投资增长较快。由于各省份收费公路基本存在收支缺口，除债务融资外，收支缺口还依赖地方财政资金的支持，因而受各省份财政实力差异的影响，中西部地区资金短缺压力相对较大。

从省级交投企业经营情况来看，随着全国公路建设投资、公路里程不断增加，公路企业资产保持增长。公路企业通行费收入稳定性强，能够带来持续稳定的经营性现金流入，但仍难以满足大量公路建设项目的投资支出需求，公路企业债务规模处于快速增长阶段，债务增速稍高于资产，财务杠杆率稳中有升。东部地区公路企业债务偿付能力整体优于西部地区。本书认为，行业整体偿债压力可控，预计未来行业偿债能力将有所增强，但是需要关注建设任务较重、路产质量偏弱的中西部省级交投企业债务规模快速增长导致的债务保障指标恶化问题。

六、附件

附表 6-1　2004~2023 年行业政策文件汇总

日期	政策	主要内容
2004 年 9 月	《收费公路管理条例》	国家确定的中西部省、自治区、直辖市的经营性公路收费期限最长不得超过 30 年
2012 年 7 月	《国务院关于批转交通运输部等部门重大节假日免收小型客车通行费实施方案的通知》	在春节、清明节、劳动节、国庆节四个国家法定节假日，以及当年国务院办公厅文件确定的上述法定节假日连休日，免收 7 座及以下小型客车通行费
2014 年 9 月	《物流业发展中长期规划（2014-2020 年）》	加强和规范收费公路管理，保障车辆便捷高效通行，积极采取有力措施，切实加大对公路乱收费、乱罚款的清理整顿力度，减少不必要的收费点，全面推进全国主要高速公路不停车收费系统建设
2014 年 8 月	《中华人民共和国预算法（2014 年修正）》	除发行地方政府债券举借债务外，地方政府及其所属部门不得以任何方式举借债务
2015 年 4 月	《关于在收费公路领域推广运用政府和社会资本合作模式的实施意见》	鼓励社会资本通过政府和社会资本合作（PPP）模式，参与收费公路投资、建设、运营和维护
2015 年 7 月	《收费公路管理条例》修订稿征求意见	政府还贷高速公路实行统借统还，以全路网偿债所需时间确定收费期限；高速公路收费期满后可继续收取一定的养护管理费；除高速公路外，收费公路到期必须停止收费
2015 年 7 月	《关于深化交通运输基础设施投融资改革的指导意见》	对有一定收益的收费公路，可纳入地方政府专项债券的融资渠道
2015 年 9 月	《关于调整和完善固定资产投资项目资本金制度的通知》	各行业固定资产投资项目的最低资本金比例按以下规定执行。城市和交通基础设施项目：城市轨道交通项目由 25% 调整为 20%，港口、沿海及内河航运、机场项目由 30% 调整为 25%，铁路、公路项目由 25% 调整为 20%

日期	政策	主要内容
2017 年 6 月	《地方政府收费公路专项债券管理办法（试行）》	地方政府为政府收费公路发展举借债务采取发行收费公路专项债券方式。省、自治区、直辖市政府为收费公路专项债券的发行主体。经省级政府批准，计划单列市政府可以自办发行收费公路专项债券
2017 年 8 月	《关于进一步推进物流降本增效促进实体经济发展的意见》	省级人民政府可根据本地区实际，对使用电子不停车收费系统（ETC）非现金支付卡并符合相关要求的货运车辆给予适当通行费优惠
2017 年 9 月	《促进道路货运行业健康稳定发展行动计划（2017-2020 年）》	提出要减轻道路货运经营负担，优化收费公路通行费政策，在具备条件的省份和路段，组织开展高速公路分时段差异化收费试点
2018 年 12 月	《收费公路管理条例（修订草案征求意见稿）》	在 2015 年《条例》修订稿的基础上，进一步提高收费公路设置门槛；并提出取消高速公路省界收费站
2019 年 5 月	《深化收费公路制度改革取消高速公路省界收费站实施方案》	进一步深化收费公路制度改革，加快取消全国高速公路省界收费站，实现不停车快捷收费
2019 年 6 月	《关于做好地方政府专项债券发行及项目配套融资工作的通知》	对于专项债券支持、符合中央重大决策部署、具有较大示范带动效应的重大项目，主要是国家重点支持的铁路、国家高速公路和支持推进国家重大战略的地方高速公路、供电、供气项目，在评估项目收益偿还专项债券本息后专项收入具备融资条件的，允许将部分专项债券作为一定比例的项目资本金，但不得超越项目收益实际水平过度融资
2019 年 7 月	《关于切实做好货车通行费计费方式调整有关工作的通知》	要确保在相同交通流量条件下，不增加货车通行费总体负担，确保每一类收费车型在标准装载状态下的应交通行费额均不大于原计重收费的应交通行费额
2019 年 7 月	《关于全面清理规范地方性车辆通行费减免政策的通知》	根据高速公路网运行状况，可通过 ETC 系统，选择分区域、分路段、分时段、分车型等差异化收费
2019 年 11 月	《国务院关于加强固定资产投资项目资本金管理的通知》	机场项目最低资本金比例维持 25% 不变，其他基础设施项目维持 20% 不变。其中，公路（含政府收费公路）、铁路、城建、物流、生态环保、社会民生等领域的补短板基础设施项目，在投资回报机制明确、收益可靠、风险可控的前提下，可以适当降低项目最低资本金比例，但下调不得超过 5 个百分点
2020 年 4 月	《关于推进基础设施领域不动产投资信托基金（REITs）试点相关工作的通知》	基础设施 REITs 试点项目要求：优先支持基础设施补短板行业，包括仓储物流、收费公路等交通设施，水电气热等市政工程，城镇污水垃圾处理、固废危废处理等污染治理项目
2021 年 6 月	《全面推广高速公路差异化收费实施方案》	通过分路段差异化收费、分车型（类）差异化收费、分时段差异化收费、分出入口差异化收费、分方向差异化收费、分支付方式差异化收费等方式全面推广差异化收费
2022 年 9 月	《关于做好阶段性减免收费公路货车通行费有关工作的通知》	2022 年 10 月 1 日 0 时起至 12 月 31 日 24 时，在继续执行现有各类通行费减免政策的基础上，全国收费公路统一对货车通行费再减免 10%
2023 年 4 月	《关于进一步明确公路公共基础设施养护支出管理有关事项的通知》	主要就公路公共基础设施养护范围及分类、养护支出划分、养护支出记账方法等予以了明确，对各地公路公共基础设施养护支出会计核算工作进行规范和指导

附表 6-2 截至 2022 年末部分样本企业主要在建高速公路项目

江苏交通

项目名称	建设里程 （千米）	总投资 （亿元）	已完成投资 （亿元）	待投资 （亿元）
京沪改扩建沂淮江段工程项目	259.60	312.62	218.38	94.24
龙潭通道	5.00	63.40	32.80	30.6
江阴二通道	11.80	143.60	63.48	80.12
常泰大桥接线	32.00	128.13	61.00	67.13
洋通高速公路二期项目	16.00	26.53	15.43	11.1
建兴高速	72.00	128.86	68.91	59.95
连云港至宿迁高速公路沭阳至宿豫段	47.70	88.18	49.44	38.74
常泰大桥主桥	10.00	158.07	78.24	79.83
连云港至宿迁高速公路徐圩至灌云段	40.70	90.61	25.11	65.5
张靖皋长江大桥	29.90	311.67	45.57	266.1
海太长江隧道（公路部分）	39.10	357.41	30.25	327.16
仪禄高速公路沪陕高速至长江北大堤段	12.40	69.85	16.46	53.39
东台至兴化高速公路	37.70	69.47	13.55	55.92
南京至盐城高速公路	126.60	301.54	26.00	275.54
合计	**740.50**	**2249.94**	**744.62**	**1505.32**

蜀道投资

项目名称	建设里程 （千米）	总投资 （亿元）	已完成投资 （亿元）	待投资 （亿元）
仁沐新高速	200.48	243.93	186.97	56.96
绵九高速	244.96	409.98	262.33	147.65
乐西高速（马边至昭觉）	151.75	335.32	133.98	201.34
德昌至会里高速公路	78.42	122.90	94.41	28.49
成绵高速扩容项目	124.99	347.84	186.43	161.41
绵苍高速公路	100.80	139.61	96.70	42.91
苍巴高速公路	91.99	133.81	55.34	78.47
沿江高速（新市至金阳）	165.69	402.06	126.98	275.08
沿江高速（金阳至宁南）	94.90	234.64	71.51	163.13
沿江高速（宁南至攀枝花）	166.17	297.62	140.13	157.49
开江至梁平高速公路	30.37	39.59	11.88	27.71
汉广高速扩容	70.00	243.96	0.61	243.35
广绵高速扩容	123.53	291.91	34.37	257.54
达州绕城高速公路西段	38.10	64.80	7.54	57.26
成南高速扩容	240.23	368.07	60.72	307.35

蜀道投资				
项目名称	建设里程 （千米）	总投资 （亿元）	已完成投资 （亿元）	待投资 （亿元）
天眉乐高速	94.10	291.17	15.19	275.98
雅叶高速康定过境试验段	17.88	36.22	22.79	13.43
四川省久治（青川界）至马尔康段高速公路	224.00	301.98	143.76	158.22
四川省泸定至石棉高速公路	97.00	174.08	60.11	113.97
成乐高速扩容建设	136.10	251.49	100.22	151.27
成都天府新区至邛崃高速公路项目	42.12	86.85	30.13	56.72
资中至铜梁高速公路	105.18	201.71	20.24	181.47
乐山至资中高速公路	93.33	195.64	0.33	195.31
西昌至宁南高速公路项目	104.65	239.86	2.88	236.98
泸永高速	42.37	52.27	36.03	16.24
古金高速	38.56	116.44	67.05	49.39
峨汉高速	122.88	205.21	170.67	34.54
镇广高速（川陕-王坪）	63.40	149.28	17.32	131.96
镇广高速（王坪-通江）	37.60	76.13	75.62	0.51
镇广高速（通江-广安）	157.12	263.68	48.64	215.04
会禄高速	30.15	76.73	4.00	72.73
西香高速	249.50	552.52	56.48	496.04
自隆高速连接线	20.03	19.00	16.72	2.28
成渝高速扩容	189.60	497.66	—	—
遂渝高速扩容	46.35	83.35	—	—
大垫高速	34.10	90.38	—	—
合计	**3868.40**	**7637.69**	**2358.08**	**4608.22**

云南交投				
项目名称	持股比例 （%）	总投资 （亿元）	已完成投资 （亿元）	待投资 （亿元）
宾南高速	68.0	158.37	158.36	0.01
大南高速	35.8	171.14	170.99	0.15
临清高速	68.0	253.08	247.18	5.90
临双高速	39.0	73.24	72.95	0.29
云临高速	38.0	109.25	107.29	1.96
碧双高速	99.9	18.15	8.21	9.94
宣会高速	60.0	207.42	80.40	127.02
会巧高速	68.0	138.34	83.48	54.86

续表

云南交投				
项目名称	持股比例 （%）	总投资 （亿元）	已完成投资 （亿元）	待投资 （亿元）
师丘高速（师宗段）	80.0	145.65	68.73	76.92
孟勐高速	70.0	180.39	84.15	96.24
勐绿高速（交投段）	72.0	73.62	72.20	1.42
瑞孟高速（交投段）	46.0	392.07	349.71	42.36
勐关高速	100.0	46.88	28.62	18.26
瑞弄高速	100.0	31.48	11.96	19.52
永昌高速（大理段）	70.0	94.34	35.94	58.40
姚南高速	100.0	71.43	43.10	28.33
牟元高速	100.0	119.09	38.51	80.58
丽维高速	100.0	280.10	62.77	217.33
拉大高速	100.0	219.46	41.66	177.80
功小高速	90.0	76.76	15.11	61.65
勐打高速	90.0	104.02	26.04	77.98
师丘高速（丘北段）	80.0	43.12	16.11	27.01
隆营高速	100.0	42.54	15.10	27.44
马西高速	100.0	83.05	21.73	61.32
西富高速	100.0	294.64	39.89	254.75
巍凤高速	100.0	213.58	12.70	200.88
双沧高速（勐省）	100.0	115.04	1.88	113.16
合计	—	3756.25	1914.77	1841.48

资料来源：各公司公告。

第七部分 2024年度机场行业信用研究报告[*]

一、行业概述

航空运输是综合交通运输体系的重要组成部分，战略地位突出，经济和社会效应显著。机场是航空运输和城市发展的重要基础设施，我国已基本建立起以京津冀、长三角、粤港澳大湾区、成渝四大机场群，国内十大国际航空枢纽，29个区域枢纽为骨干的现代化国家综合机场体系。

机场行业隶属于"交通运输、仓储和邮政业"门类下的"航空运输业"。机场是指供飞机起飞、降落、滑行、停放，以及进行其他活动使用的划定区域，包括附属的建筑物、装置和设施。机场分为军用机场和民用机场，民用机场可以再分为运输机场和通用机场。运输机场指主要为定期航班运输提供服务的机场；通用机场指用于通用航空生产活动，即从事为工农业生产服务及文化体育运动、教学、教研、游览等作业飞行的机场。本书的研究对象为运输机场。

机场是开展航空运输的基础条件，也是综合交通运输体系的重要组成部分。对于城市发展来说，机场在改善交通运输条件、促进经济社会发展、提供应急救援、保障国防安全等方面发挥着重要作用，属于重要的城市公共基础设施，具有公益性特征。我国基本建立起了以京津冀、长三角、粤港澳大湾区、成渝四大机场群，国内十大国际航空枢纽，29个区域枢纽为骨干，以非枢纽和通用航空机场为重要补充的现代化国家综合机场体系。

按照机场旅客吞吐量，全国运输机场可以划分为三类，即一类机场、二类机场和三类机场，其中一类机场可以再细分为一类1级机场和一类2级机场。机场分类目录由中国民用航空局确定和调整，根据2017年公布的《民用机场收费标准调整方案》，

---

[*] 本部分作者为刘彬。刘彬，本硕均毕业于对外经济贸易大学，金融硕士，取得证券从业资格，曾就职于中国船舶集团；从事信用评级工作近三年，擅长房地产、城投、机场等行业的信用风险识别与评估，参与过十余家企业的信用评级工作；参与撰写《2023年度住宅房地产行业研究报告》《2023年度地方政府信用研究报告》《2024年度机场行业运行状况分析》《2024年度航空运输行业运行状况分析》等多篇研究报告；已发表文章两篇，分别为《ESG评价在钢铁行业信用评级中的应用》《我国重点黄金企业恒邦股份的经营及财务特征分析》。

一类 1 级机场包括北京首都、上海浦东、广州白云 3 个机场；一类 2 级机场包括深圳、成都、上海虹桥 3 个机场；二类机场包括昆明、重庆、西安、杭州、厦门、南京、郑州、武汉、青岛、乌鲁木齐、长沙、海口、三亚、天津、大连、哈尔滨、贵阳、沈阳、福州、南宁 20 个机场；三类机场是除上述一、二类机场以外的机场。

机场企业的业务主要包括航空性业务和非航空性业务。鉴于机场的公共基础设施定位，航空性业务的收费采取政府指导价，大部分非航空性业务的收费实行市场调节价，但价格调整受到一定限制。

机场行业的经营主要包括航空性业务和非航空性业务，其中非航空性业务可以再细分为重要收费项目和其他收费项目。航空性业务的收费项目包括起降费、停场费、客桥费、旅客服务费和安检费等。非航空性业务的重要收费项目包括头等舱、公务舱休息室出租，办公室出租，售补票柜台出租，值机柜台出租，以及地面服务收费等；其他收费项目包括商铺租赁收费、广告收费、停车收费等。

鉴于机场的公共基础设施定位，航空性业务的收费项目采取政府指导价，根据航班起降架次、机型、旅客人数、货物（邮件）吨数等指标，以中国民用航空局发布的收费标准计算出相应费用。大部分的非航空性收费项目实行市场调节价。针对实行市场调节价的非航空性业务的重要收费项目，机场确定的收费标准无需备案，但需要在生效前 30 日报告中国民用航空局、所属民航地区管理局。确定的收费标准为实际收费的上限，下浮不限，实际收费由机场与用户协商确定。根据成本变动、经营情况，非航空性业务重要收费项目的收费标准可以合理调整，具体调整幅度由机场与用户协商确定。其中，内地航空公司内地航班的收费标准原则上每两年上调不超过一次，下调次数不限；内地航空公司国际及港澳航班、外国及港澳航空公司航班则无价格上调的频次限制。

二、行业政策环境

机场建设和发展的相关政策为综合交通运输体系建设提供了支撑，机场收费标准的调整优化有利于实现机场和航空公司的协调发展。本书认为，随着航空运输需求的不断提升，机场行业发展的政策环境良好，但政府指导定价收费标准存在下调的可能，会影响行业的盈利能力。

随着我国经济发展和航空运输需求的增加，我国机场数量持续增加，密度不断加大，运行保障能力显著提升，航空运输总周转量从改革开放初的世界第 37 位提升至 2005 年的第 2 位，并连续多年保持该水平，成为名副其实的航空运输大国。作为航空运输体系的重要组成部分，机场行业的高质量发展对民航强国的建设具有重要作用。近年来，我国出台了一系列政策，指导和促进机场行业的发展。2019 年 9 月印发的《交通强国建设纲要》提出，完善航空服务网络，逐步加密机场网建设。2020 年 1 月发布的《中国民航四型机场建设行动纲要（2020-2035 年）》提出，2031～2035 年全面建成安全高效、绿色环保、智慧便捷、和谐美好的四型机场。2021 年 2 月印发的《国家综合立体交通网规划纲要》提出，到 2035 年民用运输机场达到 400 个左右，基本建成以世界级机场群、国际航空（货运）枢纽为核心，区域枢纽为骨干，非枢纽机场和通用机场为重要补充的国家综合机场体系。同年 12 月印发的《"十四五"现代综合交通运输体系发展规划》提出，扩大航空网络覆盖，合理加密机场布局。本书认为，随着航空运输需求的持续增加，我国将稳步推进航空运输强国建设，机场建设将持续得到政策支持。

收费政策是机场行业的重要政策之一，收费标准的确定既要考虑机场的发展状况，也要关注航空公司的承受能力。一方面，作为公共基础设施，机场具有区域垄断性特征，机场提高收费标准将导致航空公司运营支出增加，影响航空公司的业绩表现，不利于其持续快速发展。另一方面，机场属于重资产行业，固定资产投资规模大，投资回报期长，同时还面临日常维护运营和改扩建的资金压力，若收费水平低、机场连续亏损，则会影响机场行业的健康发展。改革开放以来，我国机场的收费标准发生过多次较大变动，定价趋势呈现市场化特征，实施市场调节价的收费项目范围不断扩大。对于政府指导定价的航空性业务，根据"成本回收"原则，综合考虑经营情况和成本变动情况，由中国民用航空局调整收费标准，收费标准具有阶梯性、差异性特点，如规模大的机场收费标准低，小型飞机收费标准低，国内航线收费标准低（见表 7-1）。截至 2023 年末，机场企业仍以 2017 年发布的《民用机场收费标准调整方案》作为主要收费依据。本书认为，为促进机场行业持续发展，机场收费规则的市场化程度将进一步提高；机场行业的运行和航空运输业紧密相关，若航空公司因各种原因出现亏损，则政府指导定价的收费项目将面临阶段性下调的可能，机场行业的盈利能力将面临下滑风险。

表 7-1　航空性业务收费标准基准价

项目	指标	单位	一类 1 级	一类 2 级	二类	三类
内地航空公司内地航班	起降费 T：飞机最大起飞全重	25 吨及以下（元/架次）	240	250	250	270
		26~50 吨（元/架次）	650	700	700	800
		51~100 吨（元/架次）	1200+24×(T-50)	1250+25×(T-50)	1300+26×(T-50)	1400+26×(T-50)
		101~200 吨（元/架次）	2400+25×(T-100)	2500+25×(T-100)	2600+26×(T-100)	2700+26×(T-100)
		201 吨及以上（元/架次）	5000+32×(T-200)	5100+32×(T-200)	5200+33×(T-200)	5300+33×(T-200)
	停场费	元/架次	2 小时以内免收；2~6（含）小时按照起降费的 20% 计收；6~24（含）小时按照起降费的 25% 计收；24 小时以上，每停场 24 小时按照起降费的 25% 计收，不足 24 小时按 24 小时计收			

续表

项目	指标	单位	一类1级	一类2级	二类	三类
内地航空公司内地航班	客桥费	元/小时	单桥：1 小时以内 200 元；超过 1 小时每半小时 100 元。不足半小时按半小时计收。多桥：按单桥标准的倍数计收			
	旅客服务费	元/人	34	40	42	42
	安检费	旅客行李（元/人）	8	9	10	10
		货物邮件（元/吨）	53	60	62	63
内地航空公司国际及港澳航班	起降费 T：飞机最大起飞全重	25 吨及以下（元/架次）	2000			
		26~50 吨（元/架次）	2200			
		51~100 吨（元/架次）	2200+40×（T-50）			
		101~200 吨（元/架次）	4200+44×（T-100）			
		201 吨及以上（元/架次）	8600+56×（T-200）			
	停场费	元/架次	2 小时以内免收；超过 2 小时，每停场 24 小时按照起降费的15%计收，不足 24 小时按 24 小时计收			
	客桥费	元/小时	单桥：1 小时以内 200 元；超过 1 小时每半小时 100 元。不足半小时按半小时计收。多桥：按单桥标准的倍数计收			
	旅客服务费	元/人	70			
	安检费	旅客行李（元/人）	12			
		货物邮件（元/吨）	70			

资料来源：根据 2017 年发布的《民用机场收费标准调整方案》的内容整理而成。

三、行业运行情况

2023 年，国内客运航线超预期恢复，客运量超过 2019 年水平，但国际航线客运量仅恢复至 2019 年的 39%；国内航线货运量恢复至 2019 年的 89%，国际航线货运量创历史新高。随着航空运输需求的恢复，机场业务规模持续恢复。本书认为，航空运输需求将恢复常态化增长，机场旅客吞吐量、货邮吞吐量和起降架次将保持上升趋势。

机场行业的运营与航空运输业的运行状况紧密相关。国内航线的客运量是航空运输的基本盘。随着经济增长和收入水平的提高，公务、旅游、探亲、访学等航空出行需求持续增长。2017~2019 年，民航客运量呈稳定增长态势，在全国客运量和旅客周转量中民航所占比重不断提升。2020~2022 年，新冠疫情对行业的影响程度和持续性远超预期，客运量大幅下降。2023 年，航空运输需求快速恢复，客运量达 6.20 亿人次，同比增长 146%，恢复至 2019 年的 93.94%，高于年初中国民用航空局预期的

75%。其中，国内航线客运量已超 2019 年水平，国际航线客运量恢复速度较慢，为 2019 年的 39.19%。本书认为，随着国内乘机出行的公务和旅游人员增加，以及出入境旅客人数逐步恢复，2024 年旅客运输量将进一步增长。

随着我国经济的持续发展，航空货运业也呈现出良好的增长态势。2017～2019 年，民航货运量呈持续增长态势，民航货物周转量占全国的比重随之增加，但民航货运量占全国货运量的比重较低且基本稳定。2020～2022 年受新冠疫情影响，航空货运承担着保障供应链的重要功能，国际航线货运量受影响的程度相对很小，2021 年和 2022 年均超过 2019 年水平，国内航线受影响的程度大于国际航线，但远小于旅客运输。2023 年，国内航线货运量恢复至 2019 年的 89.27%，国际航线货运量创历史新高。本书认为，随着我国经济恢复增长，2024 年国内外货邮运输量将均保持增长，其中国内航线货运量有望超过 2019 年水平。航空客货运输量决定了机场行业的上游需求，其恢复增长为机场行业的运行提供了良好的环境。

随着我国经济持续发展、航空运输需求上升和机场数量增加，2017～2019 年机场的旅客吞吐量、货邮吞吐量、起降架次三大经营指标持续增长。2020～2022 年，受航空运输需求下降影响，三大经营指标波动下降，其中旅客吞吐量降幅最大，货邮吞吐量在 2021 年达到历史峰值后于 2022 年再度下降。2023 年，随着航空运输需求恢复，机场三大指标均实现不同程度的增长，分别同比增加 142.25%、15.84%、63.70%，分别恢复至 2019 年的 93.20%、98.44% 和 100.41%，起降架次略高于 2019 年水平（见表 7-2）。本书认为，随着航空运输需求恢复常态化增长，机场旅客吞吐量、货邮吞吐量和起降架次将保持上升趋势。

表 7-2　2017～2023 年我国航空运输和机场经营指标情况

指标	单位	2017 年	2018 年	2019 年	2020 年	2021 年	2022 年	2023 年	恢复至 2019 年
民航客运量	亿人	**5.52**	**6.10**	**6.60**	**4.18**	**4.41**	**2.52**	**6.20**	**93.94%**
国内航线	亿人	4.96	5.48	5.86	4.08	4.39	2.50	5.91	100.85%
国际航线	亿人	0.55	0.64	0.74	0.10	0.01	0.02	0.29	39.19%
民航货运量	万吨	**705.90**	**738.50**	**753.10**	**676.61**	**731.84**	**607.63**	**735.40**	**97.65%**
国内航线	万吨	483.80	495.79	511.24	453.53	465.14	343.79	456.40	89.27%
国际航线	万吨	222.10	242.72	241.91	223.07	266.70	263.82	279.00	115.33%
旅客吞吐量	亿人次	**11.48**	**12.65**	**13.52**	**8.57**	**9.07**	**5.20**	**12.60**	**93.20%**
国内航线	亿人次	10.36	11.38	12.12	8.40	9.04	5.16	12.12	100.00%
国际航线	亿人次	1.12	1.26	1.39	0.17	0.03	0.04	0.47	33.81%
货邮吞吐量	万吨	**1617.70**	**1674.00**	**1710.00**	**1607.50**	**1782.80**	**1453.10**	**1683.30**	**98.44%**
国内航线	万吨	1000.10	1030.80	1064.30	947.40	979.40	740.80	967.70	90.92%
国际航线	万吨	617.60	643.20	645.00	660.10	803.40	712.20	715.60	110.95%

指标	单位	2017 年	2018 年	2019 年	2020 年	2021 年	2022 年	2023 年	恢复至 2019 年
起降架次	万架次	**1024.90**	**1108.80**	**1166.00**	**904.90**	**977.70**	**715.20**	**1170.80**	**100.41%**
国内航线	万架次	938.00	1015.60	1066.40	873.40	953.30	692.50	1126.10	105.60%
国际航线	万架次	86.90	93.30	99.60	31.50	24.50	22.70	44.70	44.88%
运输机场数	个	**229**	**235**	**238**	**241**	**248**	**254**	**259**	**—**
东北	个	27	27	27	27	27	27	—	—
东部	个	54	54	54	54	56	56	—	—
西部	个	114	118	121	124	125	130	—	—
中部	个	34	36	36	36	40	41	—	—

资料来源：中国民用航空局。

随着机场行业的投资规模持续扩大，我国机场数量持续增加，密度持续加大，运行保障能力持续增强。本书认为，我国机场建设仍有较大空间，固定资产投资将会保持在较高水平，未来机场数量有所增加，机场基础设施保障能力不断增强。新增机场以三、四线城市的中小机场为主，建成投运后可能面临机场业务量有限、投资回报率低，甚至持续亏损等问题。

根据 2019 年数据，民航基本建设和技术改造投资不含航空公司购买飞机等资本支出，而是以机场建设为主，机场建设投资占比接近 80%，此外还包括空管建设、运输服务系统建设和公共设施系统建设等投资。因此，本书以民航基本建设和技术改造投资为机场行业固定资产投资的衡量指标。机场建设主要通过政府出资和银行贷款解决资金问题，资金来源包括中央预算内投资、民航发展基金、省级和市级财政资金、地方政府专项债券、企业贷款等。虽然国家规定机场项目的最低资本金比例为 25%，但在实际执行中机场项目的资本金比例通常不低于 40%。

2020～2023 年，机场行业的投资规模连续四年突破千亿元，分别为 1081.41 亿元、1222.47 亿元、1231.38 亿元、1150.00 亿元，2023 年投资额小幅下降。随着投资规模扩大，机场数量持续增加，密度持续加大，从 2005 年的 135 座增加至 2023 年的 259座。2024 年，中国民用航空局提出要加快广州、重庆、西安、乌鲁木齐等重点枢纽机场和瑞金、奇台、巴里坤等支线机场建设，计划当年完工并投运的机场数量达到 5 个以上。根据相关规划，预计到 2025 年机场数量增加至 270 个，2035 年达到 400 个左右，其中新增机场以中小机场为主。本书认为，机场行业的固定资产投资仍将处于较高水平，有利于机场行业的快速发展，新增机场大多以位于三、四线城市的中小机场为主，在可预见的将来这些机场业务量有限、投资回报率低，甚至可能导致相关企业持续亏损。

我国各地区机场密度差异较大，新疆的机场数量最多，西藏的机场密度最低。2023 年，各省（自治区、直辖市）的旅客吞吐量全部实现增长，另外除河南、天津和重庆外，其他省份的货邮吞吐量全部实现增长。

截至 2023 年末，我国拥有运输机场 259 个，新疆、内蒙古、四川、云南的机场数量排名靠前，均超过 15 个机场。西藏、青海、新疆和内蒙古的机场密度（机场数量/行政区划面积）排名靠后，主要是因为行政区划面积较大；上海、海南、北京、天津的行政区划面积相对较小，虽然机场数量不多，但机场密度排名比较靠前。

2023 年，各省（自治区、直辖市）旅客吞吐量较上年普遍增长，广东、上海、北京的旅客吞吐量排名前三。货邮吞吐量较大的机场主要集中在广东、上海、北京、浙江等对外贸易发达的东部地区，2023 年仅河南、天津、重庆的货邮吞吐量增速为负，其余地区均为正增长。四川、广东、山东和河南的起降架次排名靠前（见表 7-3）。河南起降架次排名靠前，但旅客吞吐量处于中等偏下水平，主要原因是洛阳北郊机场是中国民用航空飞行学院洛阳分院的航空训练场地，大量的飞行训练使其起降架次处于全国前列。

表 7-3　各省（自治区、直辖市）机场运营情况

省份	机场数量（座）	行政区划面积（万平方千米）	机场密度（座/万平方千米）	2022年旅客吞吐量（万人次）	2023年旅客吞吐量（万人次）	2022年货邮吞吐量（万吨）	2023年货邮吞吐量（万吨）	2022年起降架次（万架次）	2023年起降架次（万架次）
新疆	25	166	0.15	1679.20	4095.23	12.25	20.47	30.62	52.71
内蒙古	19	118	0.16	1044.85	2601.34	4.41	7.44	21.93	38.57
四川	17	49	0.35	3831.91	8708.04	63.04	79.84	71.98	99.50
云南	15	39	0.38	3066.39	6399.83	34.53	40.85	30.08	51.38
黑龙江	13	46	0.28	1172.33	2525.38	9.97	13.65	10.85	19.30
贵州	11	18	0.61	1231.57	2487.28	8.48	9.61	16.89	24.62
湖南	10	21	0.48	1458.81	3211.11	15.61	17.74	21.15	32.88
山东	10	16	0.63	2527.48	5582.92	45.65	53.38	45.69	64.93
甘肃	9	43	0.21	742.56	1872.43	5.81	7.88	10.44	17.99
广东	9	18	0.50	5824.18	14141.01	345.55	371.23	61.20	105.95
江苏	9	10	0.90	2459.13	5482.08	59.54	63.68	31.68	52.56
广西	8	24	0.33	991.37	2322.55	16.42	21.63	21.71	30.75
湖北	8	19	0.42	1547.08	3459.20	30.46	46.25	29.29	40.23
辽宁	8	15	0.53	1605.39	3751.15	26.05	35.04	25.58	40.06
山西	8	16	0.50	773.09	1828.56	4.51	6.02	9.59	17.45
西藏	8	120	0.07	334.51	689.72	3.24	4.70	3.76	6.09
江西	7	17	0.41	672.96	1499.04	4.37	6.58	7.99	13.97
青海	7	72	0.10	297.65	789.06	1.63	3.40	3.39	7.29
浙江	7	10	0.70	3470.68	7402.59	99.47	108.77	34.27	57.59

省份	机场数量（座）	行政区划面积（万平方千米）	机场密度（座/万平方千米）	2022 年旅客吞吐量（万人次）	2023 年旅客吞吐量（万人次）	2022 年货邮吞吐量（万吨）	2023 年货邮吞吐量（万吨）	2022 年起降架次（万架次）	2023 年起降架次（万架次）
安徽	6	14	0.43	707.08	1488.96	8.50	14.06	8.43	14.68
福建	6	12	0.50	1982.35	4478.32	41.13	47.22	19.98	35.20
河北	6	19	0.32	685.95	1217.56	4.49	6.30	12.66	12.78
吉林	6	19	0.32	795.30	1783.20	6.22	9.53	15.47	21.23
河南	5	17	0.29	1079.02	2788.25	62.57	60.91	40.26	46.81
陕西	5	21	0.24	1504.26	4493.72	21.09	27.91	19.59	38.95
重庆	5	8	0.61	2246.08	4589.11	41.58	38.89	19.96	32.91
海南	4	3	1.18	2115.28	4712.50	18.94	27.20	19.73	33.48
宁夏	3	7	0.45	385.59	803.27	2.62	4.12	5.93	9.23
北京	2	2	1.18	2298.10	9228.99	111.62	136.00	26.36	67.29
上海	2	1	3.15	2889.00	9696.91	330.18	380.33	32.70	70.07
天津	1	1	0.83	584.17	1847.25	13.15	12.68	6.02	14.39
总计	259	—	—	52003.29	125976.57	1453.05	1683.31	715.19	1170.82

资料来源：中国民用航空局。

由于经济发展的区域不均衡现象突出，因此机场业务规模向优势机场集中的特点较为明显，集中度较高。2023 年，广州白云机场的旅客吞吐量和起降架次居全国第一，上海浦东机场的货邮吞吐量居全国第一。

我国经济发展存在明显的区域不均衡现象，从全国范围来看机场的旅客吞吐量、货邮吞吐量和起降架次集中度均较高。货邮吞吐量的集中度最高，2023 年前 20 大机场的货邮吞吐量占全国的 81.90%，仅上海浦东机场的货邮吞吐量就占到全国的 20.44%，广州白云机场、北京首都机场、深圳宝安机场的货邮吞吐量占比均超过 5%，而中西部地区机场的货邮吞吐量占比较小。旅客吞吐量的集中度低于货邮吞吐量，前 20 大机场的旅客吞吐量占全国的 59.57%，旅客吞吐量主要来自东部和中西部的枢纽城市（见表 7-4）。起降架次的集中度低于货邮吞吐量和旅客吞吐量，前 20 大机场的起降架次占全国的 47.77%。

表 7-4 2023 年全国机场的集中度情况

指标	旅客吞吐量（万人次）	旅客吞吐量占比（%）	货邮吞吐量（万吨）	货邮吞吐量占比（%）	起降架次（万架次）	起降架次占比（%）
TOP3	17052.33	13.54	707.10	42.01	128.30	10.96
TOP5	26804.43	21.28	899.65	53.45	199.23	17.02
TOP10	47976.95	38.08	1126.55	66.92	352.96	30.15

续表

指标	旅客吞吐量（万人次）	旅客吞吐量占比（%）	货邮吞吐量（万吨）	货邮吞吐量占比（%）	起降架次（万架次）	起降架次占比（%）
TOP20	75043.56	59.57	1378.66	81.90	559.27	47.77
TOP30	92967.42	73.80	1522.85	90.47	704.88	60.20
TOP50	110837.06	87.98	1642.20	97.56	892.20	76.20

资料来源：中国民用航空局。

分机场看，2023年广州白云机场、上海浦东机场、北京首都机场、深圳宝安机场的旅客吞吐量、货邮吞吐量、起降架次均位居全国前四。其中，广州白云机场的旅客吞吐量和起降架次均居全国第一，货邮吞吐量排名第二；上海浦东机场的货邮吞吐量全国第一，旅客吞吐量和起降架次全国第二；北京首都机场的旅客吞吐量全国第三，货邮吞吐量和起降架次全国第四；深圳宝安机场的旅客吞吐量全国第四，货邮吞吐量和起降架次全国第三（见表7-5）。此外，成都天府机场和北京大兴机场通航时间相对较短，但凭借区域内良好的航空运输需求，旅客吞吐量和起降架次均位居前15位。

表7-5 2023年旅客吞吐量、货邮吞吐量及起降架次排名前二十的机场情况

机场	名次	人数（万人次）	占比（%）	机场	名次	重量（万吨）	占比（%）	机场	名次	架次（万架次）	占比（%）
广州/白云	1	6316.78	5.01	上海/浦东	1	344.01	20.44	广州/白云	1	45.61	3.90
上海/浦东	2	5447.64	4.32	广州/白云	2	203.05	12.06	上海/浦东	2	43.39	3.71
北京/首都	3	5287.92	4.20	深圳/宝安	3	160.03	9.51	深圳/宝安	3	39.31	3.36
深圳/宝安	4	5273.49	4.19	北京/首都	4	111.59	6.63	北京/首都	4	37.97	3.24
成都/天府	5	4478.61	3.56	杭州/萧山	5	80.97	4.81	成都/天府	5	32.96	2.81
重庆/江北	6	4465.72	3.54	郑州/新郑	6	60.78	3.61	昆明/长水	6	31.86	2.72
上海/虹桥	7	4249.27	3.37	成都/双流	7	52.65	3.13	重庆/江北	7	31.47	2.69
昆明/长水	8	4203.35	3.34	重庆/江北	8	38.79	2.30	西安/咸阳	8	31.05	2.65
西安/咸阳	9	4137.12	3.28	南京/禄口	9	38.35	2.28	杭州/萧山	9	30.04	2.57
杭州/萧山	10	4117.05	3.27	上海/虹桥	10	36.32	2.16	北京/大兴	10	29.31	2.50
北京/大兴	11	3941.08	3.13	昆明/长水	11	35.05	2.08	上海/虹桥	11	26.68	2.28
成都/双流	12	3013.81	2.39	厦门/高崎	12	31.44	1.87	南京/禄口	12	22.25	1.90
南京/禄口	13	2734.05	2.17	西安/咸阳	13	26.58	1.58	成都/双流	13	20.87	1.78
长沙/黄花	14	2724.83	2.16	青岛/胶东	14	26.08	1.55	武汉/天河	14	20.64	1.76
武汉/天河	15	2586.18	2.05	成都/天府	15	24.59	1.46	洛阳/北郊	15	20.60	1.76
郑州/新郑	16	2535.75	2.01	鄂州/花湖	16	24.53	1.46	长沙/黄花	16	20.19	1.72

续表

机场	旅客吞吐量			机场	货邮吞吐量			机场	起降架次		
	名次	人数（万人次）	占比（%）		名次	重量（万吨）	占比（%）		名次	架次（万架次）	占比（%）
乌鲁木齐/地窝堡	17	2508.90	1.99	北京/大兴	17	24.41	1.45	郑州/新郑	17	20.09	1.72
海口/美兰	18	2434.04	1.93	武汉/天河	18	20.64	1.23	绵阳/南郊	18	19.35	1.65
厦门/高崎	19	2410.41	1.91	沈阳/桃仙	19	19.85	1.18	厦门/高崎	19	17.95	1.53
三亚/凤凰	20	2177.58	1.73	南宁/吴圩	20	18.94	1.13	乌鲁木齐/地窝堡	20	17.68	1.51

资料来源：中国民用航空局。

四、企业信用分析

近年来，多个省份以省会城市机场为核心，完成或基本完成省内民用运输机场整合，省级机场集团统一管理全省机场成为主流模式。本书认为，各省份将持续推进机场整合工作，集团化管控和一体化运营水平将不断提高，有利于加强省内机场间的协同，改善经营状况。

自机场实行属地化和企业化管理以来，资源分散、管理不规范、竞争力不强等问题突出，尤其是中小机场客货流量小、经营表现不佳，面临持续亏损问题。近年来，浙江、江苏、山东、四川等地以省会城市机场为核心，完成或基本完成省内民用运输机场整合，省级机场集团统一管理全省机场成为主流模式。2017 年 11 月，浙江省机场集团有限公司成立，浙江 7 家运输机场全部被纳入集团公司；2018 年 9 月，南京禄口国际机场有限公司更名为东部机场集团，整合省内徐州、常州、连云港等 6 家中小机场；2019 年 2 月，山东机场管理集团挂牌，整合 6 座机场，计划新建迁建 10 座机场；2022 年 7 月，虹桥机场被纳入上海国际机场股份有限公司资产范围，浦东、虹桥两机场进行合并管理；2023 年 3 月，四川省 6 个民用运输机场整合发展增资协议签署仪式举行，标志着民用运输机场整合工作阶段性收官。本书认为，省内民用运输机场整合是机场的发展趋势，各省级机场集团将持续推进省内机场的整合工作，实现集团化管控和一体化运营。在省级机场集团的统一管理下，通过优化航线结构和航班安排，省内机场整体的运营效率能够得到提升，中小机场可以通过差异化发展改善经营状况，这样有利于完善本省的海陆空综合交通体系。

2023 年，随着航空运输需求恢复，样本企业经营状况有所改善，营业收入大幅增长，利润亏损幅度缩小，资产规模、债务规模有所增加，财务杠杆水平进一步提高，长期偿债指标有所改善。本书认为，随着行业需求改善，样本企业尤其是处于经济发达地区、业务量大的机场企业的收入将恢复增长,毛利率有望逐步恢复至新冠疫情前水平,利润将大幅改善,资产规模将持续增长,债务规模增速可能下降,财务杠杆水平将趋于稳定,债务保障能力将逐步恢复至新冠疫情前的较高水平。

本书选取 12 家发债的机场企业为研究对象,剔除了同一集团合并范围内下属子企业样本。根据机场业务范围,我们把 12 个样本企业分成三类:1 家跨省域的机场集团,即首都机场集团,隶属于中国民用航空局;9 家省级机场集团,拥有并运营本省(自治区、直辖市)辖区内的多家机场,实控人为省国资委;2 家市级机场集团,即深圳机场集团和无锡机场集团,拥有并运营本市唯一一个机场,实控人为市国资委。

从 12 家样本企业的经营数据看,首都机场集团是跨地域经营的中央企业,拥有或受托运营北京、天津、河北、江西、吉林、内蒙古、黑龙江 7 个省级单位的 53 个干支机场,机场覆盖范围最广,旅客吞吐量和起降架次最多,是全国规模最大的机场集团;上海是国际航空货运枢纽,上海机场集团的货邮吞吐量最大,主要来自浦东机场的国际航线;云南机场集团的机场数量仅次于首都机场集团,覆盖 11 个市(地、州、盟);无锡机场集团旗下仅有苏南硕放机场,与其他机场集团相比,经营规模相对较小(见表 7-6)。从航空性业务收入看,首都机场集团和上海机场集团的收入规模靠前,同时得益于大规模的客流量,两家企业的广告出租、商铺租赁等非航空性业务发展状况好于其他企业,航空性业务收入占比相对较低。

表 7-6　样本企业基本情况

企业简称	企业性质	机场所在位置	机场数量	机场覆盖城市数量	旅客吞吐量(万人次)	货邮吞吐量(万吨)	起降架次(万架次)	航空性业务收入(亿元)	收入占比(%)
首都机场集团	中央企业	7省/区/市	53	38	4276.52	135.19	46.52	20.20	18.51
浙江机场集团	地方国企	浙江省	7	7	3470.68	99.47	34.27	12.80	37.71
四川机场集团	地方国企	四川省	6	5	3323.11	61.46	42.75	12.27	37.73
云南机场集团	地方国企	云南省	15	11	3066.39	34.53	30.08	11.13	31.59
上海机场集团	地方国企	上海市	2	1	2889.00	330.17	32.70	18.22	27.51
重庆机场集团	地方国企	重庆市	4	1	2185.52	41.51	19.18	8.41	42.87
深圳机场集团	地方国企	深圳市	1	1	2156.34	150.70	23.57	9.92	17.59
东部机场集团	地方国企	江苏省	7	7	1910.38	44.31	19.99	9.89	44.41
山东机场集团	地方国企	山东省	6	6	1450.06	22.33	31.94	6.00	27.38
广西机场集团	地方国企	广西壮族自治区	8	8	991.37	16.42	10.27	3.67	38.26
甘肃机场集团	地方国企	甘肃省	7	7	740.39	5.81	7.41	2.51	27.66
无锡机场集团	地方国企	无锡市	1	1	376.89	9.80	3.76	1.59	48.97

注:样本企业的机场数量来自评级报告;机场覆盖城市数量不包含县级市;旅客吞吐量、货邮吞吐量、起降架次采用 2022 年数据;东部机场集团的航空性业务收入及占比为 2021 年数据,其他企业采用 2022 年数据。

资料来源:公司公告。

2020~2022 年，随着客货运输量的下降，样本企业收入显著下滑。在盈利能力方面，机场为重资产行业，刚性且非付现的折旧成本较大，2020~2022 年样本企业收入下降导致毛利率为负，2023 年随着航空运输需求恢复，经营状况有所改善，营业收入同比增加 61.11%，毛利率为-1.54%，利润亏损幅度缩小。在资产方面，样本企业在机场建设方面持续投资，资产总额持续增长，但增速有所下降，非流动资产占比很大，其中以固定资产、无形资产和在建工程为主；流动资产占比小，其中货币资金规模较大。新冠疫情影响下，样本企业的经营性净现金流入大幅减少，为满足机场建设和日常运营的资金需求，债务规模快速增长，2023 年末为 2353.86 亿元，以长期债务为主，占比 75.22%。由于样本企业亏损严重，同时债务规模增加，资产负债率和全部债务资本化比率有所上升，2023 年末资产负债率不到 50%，低于公路、港口等行业的资产负债率，样本企业的整体杠杆水平不高。在偿债指标方面，受新冠疫情影响样本企业的经营性净现金流大幅下降，同时短期债务增加，短期偿债指标呈下降态势。2023 年，随着经营业绩改善，样本企业的长期偿债指标有所改善，全部债务/EBITDA 为 14.90，短期偿债指标却未见改善，现金短债比为 1.42，较 2022 年有所下降，但仍可以满足短期债务偿付需求（见表 7-7）。

表 7-7　12 家样本企业汇总数据

项目	2019 年	2020 年	2021 年	2022 年	2023 年
营业收入（亿元）	740.11	494.44	534.36	413.18	665.68
营业收入增速（%）	5.24	-33.19	8.07	-22.68	61.11
利润总额（亿元）	181.75	-150.44	-168.51	-326.90	-126.17
利润总额增速（%）	12.64	-182.77	-12.01	-93.99	61.40
资产总计（亿元）	6091.73	6577.84	6928.38	7121.11	7415.60
资产总计增速（%）	14.57	7.98	5.33	2.78	4.14
流动资产（亿元）	1716.12	1634.92	1538.68	1553.77	1580.90
非流动资产（亿元）	4375.61	4942.93	5389.70	5567.34	5834.71
经营性净现金流（亿元）	302.78	21.53	70.85	15.38	69.86
投资性净现金流（亿元）	-398.42	-395.21	-434.57	-408.74	-481.23
筹资性净现金流（亿元）	123.14	348.49	331.43	454.14	350.73
全部债务（亿元）	991.87	1348.06	1574.10	1966.11	2353.86
短期债务（亿元）	196.95	304.92	231.97	480.04	583.39
长期债务（亿元）	794.91	1043.14	1342.12	1486.06	1770.47
EBITDA（亿元）	347.61	61.05	78.01	-60.24	139.61
综合毛利率（%）	31.88	-14.30	-18.63	-54.16	-1.54
资产负债率（%）	35.00	39.57	43.18	46.71	47.55
全部债务资本化比率（%）	20.03	25.32	28.57	34.13	37.70

续表

项目	2019 年	2020 年	2021 年	2022 年	2023 年
现金短债比（倍）	4.64	2.89	3.64	1.83	1.42
全部债务/EBITDA（倍）	2.85	22.08	20.18	-32.64	14.90

资料来源：各公司公告。

本书认为，未来 1~2 年样本企业尤其是处于经济发达地区、业务量大的机场企业的收入将恢复增长，毛利率有望逐步恢复至新冠疫情前的水平，利润将大幅改善；处于中西部地区、业务量小的机场企业其经营恢复相对较慢，存在持续亏损的风险。样本企业资产规模保持增长，债务规模增速有所下降，财务杠杆水平将趋于稳定。样本企业处于投资和运营并重的阶段，改扩建需求较大，投资性净现金流仍将处于大幅净流出状态。随着航空运输需求的恢复，经营性净现金流有望显著改善，筹资性净现金流有所下降，债务保障能力将逐步恢复至新冠疫情前的较高水平。

分企业看，首都机场集团和上海机场集团的收入规模位居前两位，与 2019 年相比，绝大多数企业的收入出现下滑，而山东机场集团的收入大幅增长，主要原因是2020 年公司整合烟台、威海、临沂、日照和东营的机场，收入大幅增加（见表 7-8）。2023 年，样本企业的营业收入均显著增加，其中上海机场集团的营业收入增幅超 100%。

在盈利能力方面，从 2019 年样本企业的综合毛利率看，上海机场集团、深圳机场集团和首都机场集团的综合毛利率位居前三，主要原因是北上深的经济发展水平全国领先，旅游和商务出行需求量大，航空性业务收入规模大，同时客流量大，非航空性业务发展态势良好。2020~2022 年，多家样本企业的综合毛利率为负。2022 年，仅深圳机场集团的综合毛利率为正，其中航空主业的毛利率为-67%，而房地产业务的毛利率高达 83%，提升了公司综合毛利率。深圳机场集团的房地产项目仅在深圳宝安机场附近的航空城区域，土地通过协议出让获得，拿地成本低，因此毛利率很高。截至2023 年 3 月末，深圳机场集团的在售项目规模较小，仅有一个土地储备项目，房地产业务的可持续性不足。2023 年，样本企业的综合毛利率显著改善，其中上海机场集团、深圳机场集团、甘肃机场集团、无锡机场集团四家机场企业的综合毛利率恢复为正。

在资产方面，2023 年末首都机场集团和上海机场集团的资产规模位居前两位，均超过千亿元，无锡集团机场资产规模最小，在 55 亿元左右。在债务方面，2023 年末首都机场集团的债务规模最大，无锡机场集团的债务规模最小，不足 10 亿元。除首都机场集团和东部机场集团外，其他企业均以长期债务为主。

在资本结构方面，2023 年末甘肃机场集团、浙江机场集团、重庆机场集团、首都机场集团、东部机场集团的资产负债率超过 50%，其中甘肃机场集团的资产负债率高达 90% 以上，主要是因为兰州中川机场扩建的资金需求大，长期借款增加，另外中川、陇南、敦煌、夏河、金昌、张掖、庆阳、嘉峪关等机场的政府补贴规模大，2022 年末递

表 7-8　2019~2023 年样本企业财务数据情况

指标	年份	首都机场集团	浙江机场集团	四川机场集团	云南机场集团	上海机场集团	重庆机场集团	深圳机场集团	东部机场集团	山东机场集团	广西机场集团	甘肃机场集团	无锡机场集团
资产总计（亿元）	2019	2049.51	459.83	552.52	553.83	968.28	372.69	521.36	197.70	58.73	157.59	162.35	37.34
	2020	1972.70	519.95	659.29	566.28	950.57	383.11	567.20	333.20	225.19	156.98	206.74	36.63
	2021	1941.61	590.53	788.91	582.50	995.13	406.57	612.26	327.50	227.19	161.80	253.91	40.49
	2022	1891.50	627.66	719.92	680.60	1035.46	393.31	582.80	364.42	268.19	217.09	290.16	50.00
	2023	1867.33	658.02	760.12	735.62	1115.86	405.46	553.45	385.06	295.63	244.85	339.56	54.62
营业收入（亿元）	2019	232.07	58.40	43.58	47.48	178.27	29.39	72.31	29.59	11.04	20.57	12.20	5.23
	2020	142.60	40.59	32.31	33.22	95.04	25.15	60.02	19.42	16.40	12.88	12.38	4.44
	2021	153.52	43.85	37.52	35.70	96.63	29.83	63.30	22.27	19.50	14.85	12.14	5.24
	2022	109.15	33.94	32.52	35.24	66.24	19.62	56.41	16.24	21.91	9.59	9.08	3.25
	2023	163.18	58.26	57.66	53.29	133.49	30.57	68.96	29.06	32.56	16.69	16.30	5.66
综合毛利率（%）	2019	35.59	27.15	25.99	6.20	44.86	-8.00	38.27	32.99	26.44	17.00	2.43	27.60
	2020	-27.88	-11.36	4.04	-13.57	-15.32	-25.84	27.49	-27.04	-53.00	-27.84	-14.76	17.78
	2021	-23.95	-6.13	-33.22	-15.08	-15.32	-24.93	23.85	-100.08	-48.35	-21.89	-10.73	22.53
	2022	-73.04	-52.31	-97.27	-35.58	-42.61	-69.01	4.76	-86.91	-67.86	-87.82	-51.49	-29.84
	2023	-12.55	-2.52	-22.25	-3.83	25.28	-12.69	18.76	-9.56	-33.28	-21.77	1.02	14.61
全部债务（亿元）	2019	381.93	142.09	83.08	73.38	14.89	171.70	18.65	20.09	6.78	41.15	32.15	5.98
	2020	404.35	191.19	147.22	104.62	12.60	206.86	56.05	70.54	53.54	42.21	53.31	5.55
	2021	445.73	244.46	208.86	113.44	14.10	218.38	69.02	81.44	51.77	48.57	68.35	9.95
	2022	527.29	287.85	218.20	218.57	75.26	199.71	91.16	112.12	61.97	69.86	95.29	8.83
	2023	690.03	344.77	241.33	239.14	103.58	210.35	91.74	141.83	68.89	75.33	138.17	8.71

续表

指标	年份	首都机场集团	浙江机场集团	四川机场集团	云南机场集团	上海机场集团	重庆机场集团	深圳机场集团	东部机场集团	山东机场集团	广西机场集团	甘肃机场集团	无锡机场集团
资产负债率（%）	2019	45.93	46.64	24.29	18.00	16.43	62.60	21.29	16.80	18.56	30.29	81.66	38.37
	2020	48.15	52.78	33.10	23.47	16.47	65.79	30.08	37.97	35.25	31.80	86.39	37.19
	2021	50.36	58.78	43.85	26.02	20.79	62.46	34.09	38.14	34.14	33.89	88.74	43.00
	2022	54.02	64.96	44.05	39.28	25.02	59.49	32.05	48.33	35.73	35.10	92.16	33.32
	2023	56.27	66.45	42.83	41.00	27.18	59.74	26.16	51.74	33.80	35.51	93.51	31.25
经营性净现金流（亿元）	2019	128.69	17.58	14.69	13.45	80.06	-15.55	20.20	6.08	1.61	12.08	19.73	4.14
	2020	-6.25	-6.84	2.25	3.19	-3.20	1.87	11.03	3.45	-13.65	-2.68	31.53	0.84
	2021	-18.33	9.20	0.38	2.36	13.22	9.57	9.77	4.44	10.41	3.29	25.70	0.83
	2022	-41.54	-1.51	24.19	2.65	-0.55	1.38	13.15	-0.45	-1.08	2.53	17.28	-0.66
	2023	-14.27	5.67	11.46	3.58	55.52	6.04	-7.05	1.15	-2.43	1.52	7.42	1.24
现金短债比（倍）	2019	2.75	0.76	42.65	3.97	196.91	0.91	919.28	9.14	110.25	2.62	1.65	0.43
	2020	1.99	0.90	3.17	2.62	54.60	0.73	123.70	1.69	3.90	1.39	0.73	1.04
	2021	3.90	1.28	9.65	2.92	40.84	1.12	125.74	0.62	2.42	1.36	1.26	0.97
	2022	0.91	1.43	1.18	5.32	15.81	1.06	16.75	0.54	2.55	0.92	2.48	2.33
	2023	0.63	2.64	1.50	2.65	10.12	0.85	49.40	0.97	1.05	0.59	0.97	1.85
全部债务/EBITDA（倍）	2019	2.91	9.44	5.17	6.25	0.14	36.03	0.60	1.74	1.82	5.53	5.81	1.99
	2020	-134.79	44.70	29.10	-1767.69	0.55	73.29	2.62	29.82	-77.59	-1185.14	10.93	4.25
	2021	23.08	25.06	291.79	65.38	0.78	79.42	3.43	-34.45	52.58	65.90	14.20	7.24
	2022	-14.03	-51.92	-29.46	-42.34	294.99	-61.28	7.36	-11.56	-15.04	-701.28	144.36	-13.32
	2023	27.31	28.88	15.03	47.91	2.02	47.94	3.03	59.96	110.48	31.62	20.50	5.80

资料来源：各公司公告。

延收益占负债的 41.90%。同时，公司多年亏损，未分配利润持续下降，所有者权益下降。

在经营性现金流方面，由于北京新冠疫情管控严格，首都机场集团的经营性现金流入大幅减少，同时日常运营支出和新冠疫情防控支出规模大，经营性现金流连续三年净流出。2019 年，重庆机场集团子公司支付 22 亿元土地整治费用，经营性净现金流大幅流出。2020 年，甘肃机场集团因机场扩建收到的政府补助大幅增加，经营性净现金流随之增加。2020~2021 年，山东机场集团的经营性净现金流波动较大，其中 2020 年山东机场集团收入下降，同时经营性应收项目增加，经营性现金流大幅净流出；2021 年，公司结构性存款到期规模增加，其他与经营活动有关的现金流流入规模较大，经营性现金流大幅净流入。2022 年，四川机场集团由于增值税留抵退税政策，经营性净现金流大幅增加。2023 年，浙江机场集团、上海机场集团、东部机场集团、无锡机场集团的经营性净现金流由负转正，首都机场集团的经营性现金流净流出规模减小，深圳机场集团支付大量土地增值税，导致经营性净现金流由正转负。

在偿债指标方面，2023 年末深圳机场集团的短期债务规模小，现金短债比显著优于其他样本企业，上海机场集团的现金短债比仅次于深圳机场集团，首都机场集团、重庆机场集团、东部机场集团、广西机场集团和甘肃机场集团的货币资金不足以覆盖短期债务。随着利润水平的提升，2023 年样本企业的全部债务/EBITDA 均有所改善。

截至 2024 年 3 月末，12 家样本企业及 3 家下属子公司共存续 59 只债券，债券余额 532.46 亿元，存续债主体为中央企业或地方国有企业，其中首都机场集团的存续债规模最大（见表 7-9）。从主体评级看，除甘肃机场集团和无锡机场集团的主体评级为 AA+外，其他企业均为 AAA。从存续债的二级利差看，样本企业的平均利差整体处于较低水平，受业务规模、财务杠杆水平、区域信用环境等因素影响，无锡机场集团、甘肃机场集团、云南机场集团的二级利差相对较高。

表 7-9　截至 2024 年 3 月末机场企业存续债情况

企业名称	主体评级	存续债数量（只）	存续债余额（亿元）	存续债二级利差（BP）
首都机场集团	AAA	7	135.00	42
子公司北京首都机场股份	AAA	1	15.00	39
浙江机场集团	AAA	10	75.70	49
子公司杭州萧山机场	AAA	5	46.80	56
四川机场集团	AAA	6	55.00	46
上海机场集团	AAA	5	50.00	53
子公司上海机场	AAA	4	40.00	51
深圳机场集团	AAA	2	25.00	49
重庆机场集团	AAA	5	24.00	61
云南机场集团	AAA	4	18.00	84

企业名称	主体评级	存续债数量（只）	存续债余额（亿元）	存续债二级利差（BP）
东部机场集团	AAA	3	15.00	50
山东机场集团	AAA	2	12.36	62
甘肃机场集团	AA+	2	10.00	78
广西机场集团	AAA	2	5.60	66
无锡机场集团	AA+	1	5.00	90
合计	—	59	532.46	—

资料来源：Wind。

五、总结

航空运输业是我国的战略产业，机场是航空运输和城市发展的重要基础设施。机场行业的战略地位突出，随着航空运输需求的不断提升，我国机场行业发展的政策环境良好。机场的航空性业务收费采取政府指导价，收费标准存在下调的可能，会影响行业的盈利能力。

我国机场建设仍有较大发展空间，固定资产投资将会保持在较高水平，未来机场数量有所增加，机场基础设施保障能力不断增强，但新增机场以中小机场为主，机场业务量有限，投资回报率低，甚至可能持续亏损。

2023年，国内客运航线超预期恢复，客运量超过2019年水平，但国际航线客运量仅恢复至2019年的39%；国内航线货运量恢复至2019年的89%，国际航线货运量创历史新高。未来1~2年，随着航空客货运输需求的进一步增长，预计航空旅客运输量和货邮运输量将保持增长，机场旅客吞吐量、货邮吞吐量和起降架次等机场行业经营指标也将随之增长。机场企业尤其是处于经济发达地区、业务量大的机场企业的收入将恢复增长，毛利率有望逐步恢复至新冠疫情前水平，利润将大幅改善。资产规模将持续增长，债务规模增速可能下降，财务杠杆水平将趋于稳定，债务保障能力将逐步恢复至新冠疫情前的较高水平。

第八部分　2024年度航空运输行业信用研究报告[*]

一、行业概述

航空运输是综合交通运输体系的重要组成部分，战略地位突出，经济和社会效应显著。

航空运输是在具有航空线路和飞机场的条件下，利用航空器作为运输工具，运送旅客、行李、邮件或者货物的一种运输方式。航空运输可以分为国内航空运输和国际航空运输。国内航空运输是指运输的出发地点、约定的经停地点和目的地点均在中国境内的运输。国际航空运输是指无论运输有无间断或者有无转运，运输的出发地点、目的地点或者约定的经停地点之一不在中国境内的运输。

航空运输是现代交通运输的重要方式之一。与公路、铁路、水运等交通运输方式相比，在长途及洲际交通方面具有不可替代的优势。在我国"铁路为主干，公路为基础，水运、民航发挥比较优势"的交通运输体系中，航空运输业的战略地位十分突出。

航空运输业具有周期性、高度政策管制、资本密集、技术密集等特征。

航空运输业与宏观经济周期密切相关，属于周期性行业。在宏观经济稳定快速增长阶段，经贸往来频繁，消费能力旺盛，航空运输行业随之进入景气周期。若发生经济增速放缓甚至衰退，市场需求将显著萎缩，消费者对交通成本的敏感性将提高，选择成本相对较高的航空出行方式将更加谨慎，航空运输行业会出现不同程度的萧条。

民航运输业是高度政策管制的行业，航空公司的设立、飞机的购买、航线的开设及关闭、航班的密度、各种安全标准、维修资质等均需取得中国民用航空局等机构的批准。此外，国际航线经营还涉及中国民用航空局与他国政府达成的航空服务协议，需要就航权开放程度进行约定，双方政府互相授权，指定某几家航空公司可在两国间

---

[*] 本部分作者为刘彬。刘彬，本硕均毕业于对外经济贸易大学，金融硕士，取得证券从业资格，曾就职于中国船舶集团；从事信用评级工作近三年，擅长房地产、城投、机场等行业的信用风险识别与评估，参与过十余家企业的信用评级工作；参与撰写《2023年度住宅房地产行业研究报告》《2023年度地方政府信用研究报告》《2024年度机场行业运行状况分析》《2024年度航空运输行业运行状况分析》等多篇研究报告；已发表文章两篇，分别为《ESG评价在钢铁行业信用评级中的应用》《我国重点黄金企业恒邦股份的经营及财务特征分析》。

特定航线上经营定期航班。

民航运输业是资本密集型行业。直接购置及融资租赁飞机所形成的固定资产、支付飞机预付款的在建工程构成了航空公司的主要资产，因此航空公司一般拥有较多表内负债。此外，航空公司还通过经营性租赁方式引进了大量飞机。上述活动将产生较高的财务费用及租金支出。在经营过程中，航空公司还将在航油采购、飞机检修养护、飞行员培训等方面产生大额开支。

民航运输业是技术密集型行业。航空公司的成功运作需要大量高水平的专业技术人员（尤其是飞行员）及经营管理人员，很多专业岗位都需要经过长时间的培训、大量的实际操作经验积累，并通过专业考核取得相应的专业技术资格。

二、行业政策环境

2020 年以来，新冠疫情对航空运输企业造成严重冲击，企业生产经营面临严重挑战。2020~2022 年，国家和有关部门围绕稳定企业生产经营出台了相关政策，有效解决了企业困难。2023 年，随着新冠疫情防控政策优化调整，航空运输业相关政策重点转向促进航空运输需求恢复。

2020~2022 年，新冠疫情反复对航空运输产生严重冲击，相关部门出台了一系列纾困政策，为稳住航空运输企业的经营状况发挥了重要作用。2020 年 2 月，国家发展和改革委员会和财政部印发《关于新型冠状病毒感染的肺炎疫情防控期间免征部分行政事业性收费和政府性基金的公告》，提出免征航空公司应缴纳的民航发展基金。同年 3 月，财政部和中国民用航空局印发《关于民航运输企业新冠肺炎疫情防控期间资金支持政策的通知》，对新冠疫情防控期间不停航和复航的国际航班给予奖励，并向独飞航班进行倾斜。2021 年 3 月，财政部宣布自 4 月 1 日起，将航空公司应缴纳民航发展基金的征收标准，在按照《财政部关于调整部分政府性基金有关政策的通知》降低 50% 的基础上，再降低 20%。2022 年 5 月，国务院印发《扎实稳住经济的一揽子政策措施》，指出增加 1500 亿元民航应急贷款额度，支持航空业发行 2000 亿元债券。

2023 年，随着新冠疫情防控政策优化调整，国内航空运输需求恢复较快，但国际航线航空运输需求恢复缓慢，有关部门围绕推进国际航空市场恢复，出台了一系列政策。根据中国民用航空局印发的《关于恢复国际客运航班工作方案的通知》，自 2023 年 1 月 8 日起，不再对国际客运航班实施"五个一""一国一策"等调控措施，中外航空公司按照双边运输协定安排运营定期客运航班。2023 年 2 月以来，文化和旅游部陆续增加旅行社出境团队旅游业务的国家和地区，截至 2023 年 12 月末，已恢复出境团队旅游的国家和地区共计 138 个。自 2023 年 12 月 1 日起，中国对法国、德国、意大利、荷兰、西班牙、马来西亚六国持普通护照人员试行单方面免签政策，签证便利举措便利了中外人员往来，有助于航空运输需求加速回暖。本书认为，随着出入境政策和免签政策等利好因素的释放，国际航线航空运输需求将持续恢复。

三、行业运行情况

航空运输需求具备增长空间，未来 1~2 年航空运输总周转量、客运量、货邮运输量等将呈增长态势，但受宏观经济、地缘政治、气候变化、突发事件等因素的影响，稳定性较弱。行业盈利能力易受航空运输需求、航油成本、汇率变动等因素的影响。航空运输业竞争格局稳定，呈现出以南方航空、中国国航和中国东航三大航空集团为主①。以地方航空公司和民营航空公司为辅的格局。

航空运输需求受宏观经济、地缘政治、气候变化、突发事件等因素的影响较大，具有明显的周期性特征。2017~2019 年，随着我国经济持续增长，人均收入提高，客货运需求增加，民航总周转量不断增长。2020~2022 年，受新冠疫情和经济下行压力加大等因素影响，航空运输需求减少，民航总周转量大幅下降。2023 年，随着经济逐步复苏，航空运输需求显著恢复，民航总周转量大幅改善，已恢复至 2019 年的 91.88%。

航空运输可以分为客运和货运，2023 年货邮周转量占民航总周转量的 23.84%。2017~2019 年，我国经济规模持续增长，经济发展水平不断提升，民航客运和货运需求增加，客运量、旅客周转量、货邮运输量、货邮周转量等指标持续增长（见表 8-1）。2020~2022 年，受新冠疫情影响，境内外旅客出行需求减少，客运量和旅客周转量大幅下降，而货邮运输量降幅相对较小。2023 年，伴随着新冠疫情防控政策调整和经济逐步复苏，客货运需求恢复。其中，客运需求改善明显，客运量和旅客周转量同比增长 146% 和 163%，达到 2019 年的 93.88% 和 88.07%；货邮运输量和货邮周转量同比增长 21.03% 和 11.61%，达到 2019 年的 97.65% 和 107.75%，货邮周转量创历史最高水平。分航线看，旅客周转量以国内航线为主，货邮周转量以国际航线为主。2023 年，国内航线客运需求恢复正常，旅客周转量较 2019 年增长 6.56%，为历史最高水平。受出入境需求恢复缓慢和国际航线运力投放不足等因素的影响，2023 年国际航线的旅客周转量仅为 2019 年的 38.60%。2023 年，国内航线的货邮周转量恢复至 2019 年的 89.71%；国际航线的货邮周转量受新冠疫情影响呈波动上升态势，2023 年国际航线货邮周转量同比增长 5.65%，为 2019 年的 115.49%。

表 8-1　我国航空运输指标情况

指标	单位	2017 年	2018 年	2019 年	2020 年	2021 年	2022 年	2023 年	恢复至 2019 年
民航总周转量	亿吨千米	1083.08	1206.53	1293.25	798.51	856.75	599.28	1188.30	91.88%
国内航线	亿吨千米	694.60	771.51	829.51	587.67	641.14	387.86	867.30	104.56%

① 南方航空是中国南方航空股份有限公司的简称；中国国航是中国国际航空股份有限公司的简称；中国东航是中国东方航空股份有限公司的简称。

指标	单位	2017 年	2018 年	2019 年	2020 年	2021 年	2022 年	2023 年	恢复至 2019 年
国际航线	亿吨千米	388.48	435.02	463.74	210.83	215.61	211.42	321.00	69.22%
客运量	**亿人**	**5.52**	**6.10**	**6.60**	**4.18**	**4.41**	**2.52**	**6.20**	**93.88%**
国内航线	亿人	4.96	5.48	5.86	4.08	4.39	2.50	5.91	100.83%
国际航线	亿人	0.55	0.64	0.74	0.10	0.01	0.02	0.29	39.13%
旅客周转量	**亿人千米**	**9513.00**	**10711.60**	**11705.30**	**6311.30**	**6529.68**	**3913.87**	**10308.80**	**88.07%**
国内航线	亿人千米	7036.53	7889.70	8520.22	5868.87	6439.12	3805.01	9079.40	106.56%
国际航线	亿人千米	2476.51	2822.61	3185.08	442.41	90.56	108.87	1229.40	38.60%
货邮运输量	**万吨**	**705.90**	**738.50**	**753.10**	**676.61**	**731.84**	**607.63**	**735.40**	**97.65%**
国内航线	万吨	483.80	495.79	511.24	453.53	465.14	343.79	456.40	89.27%
国际航线	万吨	222.10	242.72	241.91	223.07	266.70	263.82	279.00	115.33%
货邮周转量	**亿吨千米**	**243.55**	**262.50**	**263.20**	**240.20**	**278.16**	**254.10**	**283.60**	**107.75%**
国内航线	亿吨千米	72.97	75.47	78.59	67.87	70.59	52.30	70.50	89.71%
国际航线	亿吨千米	170.59	187.03	184.61	172.33	207.57	201.79	213.20	115.49%

资料来源：中国民用航空局。

本书认为，航空运输需求具备持续增长的空间，未来 1~2 年随着经济回升向好、出入境需求增加，国际航线的客运量和旅客周转量将显著恢复，整体来看，民航总周转量、客运量、旅客周转量、货邮运输量有望超过 2019 年水平，货邮周转量将进一步增长。

2017~2022 年，航空公司的飞机数量和运力不断增长，其中 2017~2018 年运输飞机数量保持较快增长（见表 8-2）。2019~2022 年，运输飞机增速放缓，增速低于 5%。截至 2022 年末，运输飞机数量为 4165 架。在航线方面，2017~2020 年我国民用航空航线持续增加，国内航线占比大，截至 2020 年末为 5581 条。2021~2022 年，受新冠疫情影响，民用航空航线有所减少，2022 年国内航线和国际航线分别为 2019 年的 94.88% 和 35.26%。在航线里程方面，2017~2019 年航线里程持续增长，2020~2021 年有所下降，2022 年小幅恢复。本书认为，航空运输需求增加使航空公司具备持续的业务增长空间，未来 1~2 年运输飞机数量仍将保持增长，航线网络布局日趋完善，航线里程恢复增长。

表 8-2　我国运输飞机、航线及航线里程情况

指标	单位	2017 年	2018 年	2019 年	2020 年	2021 年	2022 年
运输飞机架数	**架**	**3296**	**3639**	**3818**	**3903**	**4054**	**4165**
大中型飞机架数	架	3120	3452	3626	3701	3840	3919
小型飞机架数	架	176	187	192	202	214	246

续表

指标	单位	2017 年	2018 年	2019 年	2020 年	2021 年	2022 年
民用航空航线条数	**条**	**4418**	**4945**	**5521**	**5581**	**4864**	**4670**
国内航线条数	条	3615	4096	4568	4686	4585	4334
国际航线条数	条	803	849	953	895	279	336
民用航空航线里程	**万千米**	**748.30**	**837.98**	**948.22**	**942.63**	**689.78**	**699.89**
国内航线里程	万千米	423.72	478.09	546.75	559.76	557.81	546.15
国际航线里程	万千米	324.59	359.89	401.47	382.87	131.96	153.74

资料来源：中国民用航空局。

航空公司从事国际航线运营，同时以美元购置或租赁部分飞机，故拥有较大规模的美元资产和负债。近年来，受国内外经济形势、货币政策等因素影响，美元兑人民币汇率的波动幅度加大，给企业带来了一定的汇兑风险，影响了企业的盈利能力。2020 年，人民币兑美元汇率呈现出先降后升的趋势，总体上提升了 6.5%，主要是因为我国新冠疫情防控效果较好，经济复苏程度显著好于美国，导致外资大量流入，推动了人民币汇率升值（见图 8-1）。受此影响，2020 年中国国航、中国东航、南方航空实现汇兑收益分别为 36.04 亿元、24.94 亿元、34.85 亿元。2021 年，人民币兑美元汇率呈现波动上升的态势，中国国航、中国东航、南方航空实现汇兑收益分别为 12.35 亿元、16.19 亿元、15.75 亿元。2022 年，美联储加息导致我国短期资本外流，人民币兑美元呈贬值态势，中国国航、中国东航、南方航空的汇兑损失分别为 40.89 亿元、26.87 亿元、36.19 亿元。2023 年，人民币兑美元汇率呈先升后贬的走势，年初我国优化新冠疫情防控措施，市场对经济复苏的预期增强，人民币汇率有所升值。但是，由

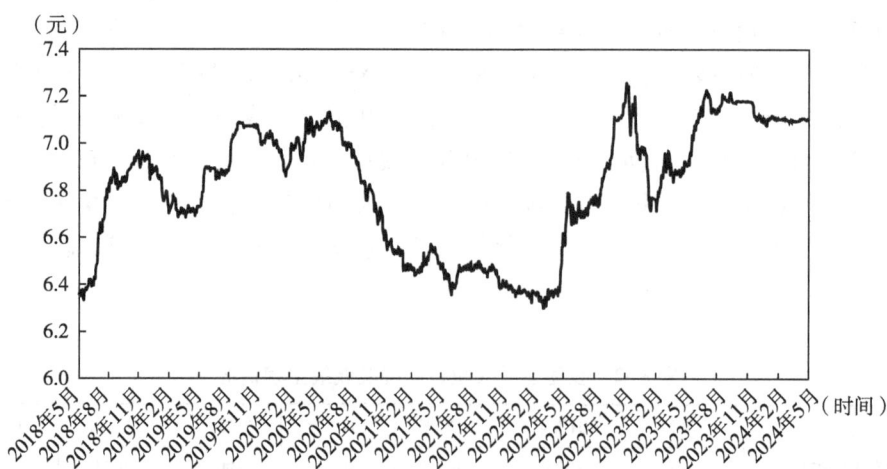

图 8-1　美元兑人民币中间价

资料来源：中国人民银行。

于美联储持续加息，以及国内经济下行压力逐渐凸显，经济复苏不及预期，人民币兑美元汇率呈贬值趋势，中国国航、中国东航、南方航空的汇兑损失分别为 10.35 亿元、9.01 亿元、6.87 亿元。

航空煤油成本是航空公司的主要运营成本，在非新冠疫情年份占航空公司运营成本的 30%~40%。2020 年，受新冠疫情影响，原油需求大幅下降，原油及航油价格随之下降。2021 年至 2022 年上半年，受俄乌冲突、全球经济复苏等因素影响，原油价格呈上涨态势，航油价格随之上升（见图 8-2）。2022 年下半年至 2023 年上半年，欧美通货膨胀加剧，美联储持续加息，市场对经济增长的预期减弱，原油价格和航油价格呈下降态势。但是，随着 OPEC+减产兑现，原油价格有所上升。

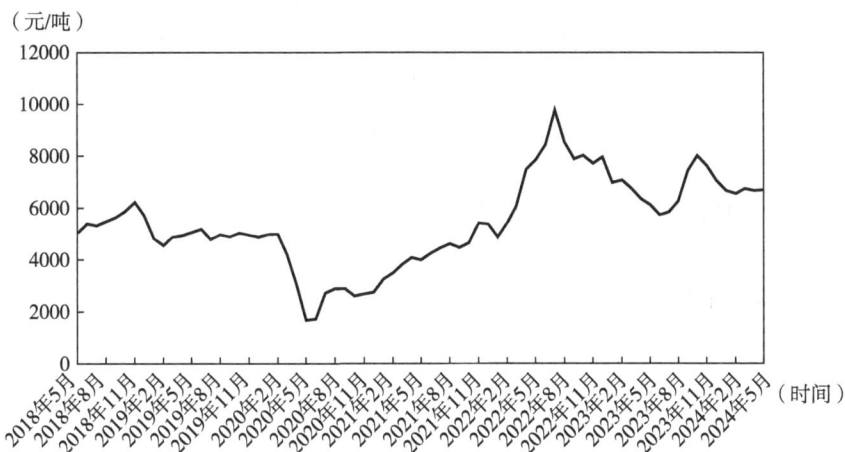

图 8-2　航空煤油出厂价

注：航空煤油出厂价为含税的价格。
资料来源：隆众资讯。

航空运输业竞争格局相对稳定，呈现出以南方航空、中国国航和中国东航三大航空集团为主，以地方航空公司和民营航空公司为辅的格局。2022 年，三大航空集团的运输总周转量占全国的 67.8%，其中南航集团、国航集团和东航集团的运输总周转量分别占全国的 27.3%、21.9% 和 18.6%。截至 2022 年末，我国共有运输航空公司 66 家，比 2021 年末净增 1 家。按公司的所有权和控制权划分：国有控股公司 39 家，民营和民营控股公司 27 家。在全部运输航空公司中，全货运航空公司 13 家，中外合资航空公司 9 家，上市公司 8 家。

四、企业信用分析

航空公司属于重资产行业，使用权资产、固定资产和在建工程等非流动资产占比较大，资产变现能力弱，流动性一般，资产负债率偏高。随着航空运输需求恢复，2023 年航空运输企业的收入水平、盈利能力、现金流状况、偿债能力显著改善。未来

1~2 年，航空运输企业的营业收入将保持增长，盈利水平和偿债能力将继续改善。长期来看，在人民币汇率波动、航油价格波动等因素的多重作用下，航空公司毛利率仍将面临较大的波动风险。

本书选取了七家发债或上市的航空公司作为分析样本，包括三家国有航空公司和四家民营航空公司。南方航空、中国东航、中国国航均为中央企业，飞机数量、收入吨公里等经营指标排名靠前（见表 8-3）其中，南方航空是我国航线网络最发达、年客运量最大的航空公司，形成了密集覆盖国内、全面辐射亚洲、有效连接欧洲、美洲、大洋洲和非洲的发达航线网络，拥有 20 家分公司、7 家控股航空子公司、5 个基地、21 个国内营业部和遍布全球的 52 个境外营业部。海航控股于 2021 年完成重整计划，实际控制人变更为方威，2023 年海航控股运营 8 家航空公司，在 24 个城市建立航空营运基地/分公司，2023 年共运营国内外航线近 1800 条，其中国内航线近 1600 条，覆盖境内所有省、自治区、直辖市，国际及地区航线逾 100 条。吉祥航空深耕上海主基地，2023 年吉祥航空执行 210 多条以上海为主运营基地始发国内、国际航线，全资子公司九元航空执行 100 多条以广州为主基地始发国内、国际航线。春秋航空采取低成本航空经营模式，凭借价格优势吸引对价格较为敏感的自费旅客及追求高性价比的商务旅客。截至 2023 年末，公司在飞航线共 216 条，其中国内航线 179 条，国际航线 34 条，港澳台航线 3 条。华夏航空是国内唯一一家规模化的独立支线航空公司，自成立以来一直坚持支线战略定位。2023 年末，公司机队规模 70 架，航线网络覆盖支线航点 83 个，占全国支线航点的 38%，公司在飞航线 168 条，其中国内航线 167 条，国际航线 1 条，基本构建了全国性的支线航空网络。

表 8-3　2023 年样本企业经营数据

指标	中国国航	南方航空	中国东航	海航控股	吉祥航空	春秋航空	华夏航空
飞机数量（架）	905	908	782	334	117	121	70
机龄（年）	9.36	9.20	8.70	9.08	6.83	7.40	5.76
收入吨千米（亿吨千米）	218.87	297.91	185.23	98.97	36.93	38.50	7.86
可用吨千米（亿吨千米）	360.02	448.99	295.26	122.04	56.14	45.47	12.47
总体载运率（%）	60.79	66.35	62.73	81.09	65.79	84.66	63.03
收入客千米（亿座千米）	2141.73	2469.47	1822.99	1022.23	395.33	424.32	87.55
可用座千米（亿座千米）	2925.13	3162.17	2449.60	1255.48	477.41	474.67	116.17
客座率（%）	73.22	78.09	74.42	81.42	82.81	89.39	75.36
收入货邮吨千米（亿吨千米）	30.16	81.27	25.04	9.67	2.24	1.29	0.14
可用货邮吨千米（亿吨千米）	96.48	164.39	74.79	32.74	13.17	2.75	5.05
货邮载运率（%）	31.26	49.44	33.48	29.52	17.01	46.76	2.82
控股航空子公司数量（个）	6	7	6	7	1	——	——

资料来源：各公司公告。

2020～2022 年，新冠疫情导致航空运输需求大幅减少，航空公司经营状况面临严重冲击，样本企业的营业收入大幅下降，利润大幅减少（见表 8-4）。2023 年，随着航空运输需求恢复，样本企业的营业收入和利润显著改善，营业收入接近 2019 年水平，综合毛利率转正。航空公司属于重资产行业，主要通过购买或租赁飞机扩大业务规模，故使用权资产、固定资产和在建工程等非流动资产占比较大，2020～2023 年样本企业资产规模相对稳定，但资产变现能力弱，资产流动性一般。在资产负债率方面，航空公司需要通过大额资本支出扩大机队规模，提升市场竞争力，故资产负债率普遍偏高。受新冠疫情影响，航空公司收入大幅下降，经营性现金流紧张，企业债务规模扩大，同时企业亏损严重，所有者权益下降，资产负债率随之上升。在偿债指标方面，2019～2023 年现金短债比不足 0.5，短期偿债压力较大；2019 年全部债务/EBITDA 表现较好，由于新冠疫情影响，2020～2022 年全部债务/EBITDA 表现不佳；2023 年，随着航空运输需求恢复，经营业绩改善，样本企业的 EBITDA 债务保障能力显著恢复。

表 8-4 2019～2023 年七家样本企业汇总数据

指标	2019 年	2020 年	2021 年	2022 年	2023 年
营业收入（亿元）	5207.12	2743.11	3038.95	2281.54	5165.96
营业收入增速（%）	5.23	−47.32	10.78	−24.92	126.42
综合毛利率（%）	12.55	−11.97	−11.81	−42.25	6.16
利润总额（亿元）	229.32	−1219.54	−499.73	−1566.15	−96.04
利润总额增速（%）	32.50	−631.81	59.02	−213.40	93.87
资产总计（亿元）	11526.70	11334.35	11495.51	11369.31	11683.33
资产总计增速（%）	16.70	−1.67	1.42	−1.10	2.76
全部债务（亿元）	4880.34	6891.19	7239.43	8206.45	7977.21
短期债务（亿元）	2068.97	3172.10	2038.59	2888.05	2731.72
资产负债率（%）	70.36	79.50	78.82	88.17	86.54
全部债务资本化比率（%）	58.82	74.78	74.83	85.91	83.53
现金短债比（倍）	0.21	0.19	0.34	0.25	0.22
全部债务/EBITDA（倍）	4.01	−41.09	11.84	−17.50	7.10

资料来源：公司公告。

本书认为，随着我国经济态势回升向好，出入境政策调整，航空公司的业务状况将继续恢复，营业收入将保持增长，盈利水平和偿债能力继续改善，但在人民币汇率波动、航油价格波动等因素的多重作用下，长期来看航空公司盈利水平仍面临较大的波动风险；随着航空运输需求总体保持增长，航空公司将继续通过购买或租赁飞机的方式，提高航空运力，增加航线布局，未来 1～2 年航空公司的资产规模和债务规模将有所增长，但考虑到企业盈利水平继续改善，资产负债率将稳中有降。

2020～2022 年，样本企业的营业收入大幅下降，2023 年随着行业需求改善，中国国航、南方航空、春秋航空、吉祥航空的营业收入已超过 2019 年水平（见表 8-5）。在盈利能力方面，新冠疫情使公司收入减少，但职工薪酬、折旧费用等成本相对固定，加之航油价格上涨导致公司运营成本增加，因此 2020~2022 年样本企业的综合毛利率均有不同程度的下滑，多家企业连续三年综合毛利率为负。2023 年，除华夏航空外，其他六家企业的综合毛利率均已转正。

表 8-5　2019~2023 年七家样本企业财务数据

项目	年份	中国国航	南方航空	中国东航	海航控股	吉祥航空	春秋航空	华夏航空
营业收入 （亿元）	2019	1361.81	1543.22	1208.60	723.89	167.49	148.04	54.07
	2020	695.04	925.61	586.39	294.01	101.02	93.73	47.32
	2021	745.32	1016.44	671.27	340.02	117.67	108.58	39.65
	2022	528.98	870.59	461.11	228.64	82.10	83.69	26.43
	2023	1411.00	1599.29	1137.41	586.41	200.96	179.38	51.51
综合毛利率 （%）	2019	16.84	12.09	11.30	7.42	14.02	11.41	12.86
	2020	-8.82	-2.53	-20.74	-41.13	-1.70	-6.43	13.91
	2021	-15.18	-2.54	-19.24	-25.84	-0.11	-4.35	4.51
	2022	-56.55	-21.60	-61.78	-51.43	-35.98	-38.49	-47.48
	2023	5.02	7.72	1.13	10.48	14.35	13.49	-7.02
资产总计 （亿元）	2019	2942.54	3066.46	2829.36	1965.35	331.38	293.67	97.95
	2020	2840.71	3261.15	2824.08	1645.77	323.08	324.30	115.26
	2021	2984.15	3229.48	2865.48	1432.55	438.59	383.20	162.07
	2022	2950.11	3120.01	2857.42	1381.14	451.47	434.20	174.96
	2023	3353.03	3092.26	2824.91	1340.35	448.61	442.38	181.79
全部债务 （亿元）	2019	1390.07	1631.02	1458.39	1005.46	130.84	99.47	30.96
	2020	1596.93	1924.90	1598.41	1454.63	145.86	141.45	29.01
	2021	1887.28	1758.19	1955.50	1084.24	295.86	203.12	113.74
	2022	2141.76	2039.56	2206.79	1147.58	298.01	251.49	121.25
	2023	2161.16	2060.41	1994.86	1098.02	307.18	222.18	133.40
资产负债率 （%）	2019	65.55	74.87	75.12	68.40	60.94	48.78	71.60
	2020	70.50	73.98	79.85	113.52	66.31	56.27	65.70
	2021	77.93	73.91	80.84	92.34	76.97	64.13	77.67
	2022	92.69	82.34	89.47	99.67	78.80	68.46	76.84
	2023	89.48	83.18	85.41	98.82	81.30	64.40	83.02
经营性 净现金流 （亿元）	2019	383.40	381.22	289.72	137.33	27.37	34.36	10.54
	2020	14.08	90.49	12.11	-5.06	6.13	8.26	10.08
	2021	128.88	133.71	56.92	6.77	15.57	16.84	9.15
	2022	-167.62	34.65	-64.74	-21.94	2.08	4.39	3.17
	2023	354.18	401.34	265.73	80.83	64.08	66.94	13.22

续表

项目	年份	中国国航	南方航空	中国东航	海航控股	吉祥航空	春秋航空	华夏航空
现金短债比 （%）	2019	0.27	0.06	0.06	0.21	0.26	1.40	0.93
	2020	0.13	0.48	0.16	0.06	0.21	1.13	0.72
	2021	0.31	0.39	0.21	1.05	0.09	0.96	0.37
	2022	0.19	0.21	0.21	0.57	0.08	0.92	0.48
	2023	0.25	0.12	0.16	0.43	0.10	1.30	0.41
全部债务/ EBITDA（倍）	2019	3.90	4.72	4.62	8.02	5.02	2.77	2.52
	2020	22.23	9.59	14.56	-2.51	16.04	22.16	2.07
	2021	39.87	9.19	17.75	5.55	11.45	7.29	8.57
	2022	-11.84	-251.49	-18.05	-8.86	-17.29	-64.27	-17.57
	2023	6.65	6.55	8.74	8.10	5.59	3.88	16.94

资料来源：各公司公告。

在资产方面，中国国航、南方航空的资产规模位居前列，华夏航空的资产规模最小。在资产结构方面，中国国航、南方航空等航空公司的融资租赁和经营租赁的机队规模占比高，使用权资产占总资产的比重较大；春秋航空的自有飞机数量占比大，固定资产占总资产的比重最大。

在债务方面，受新冠疫情影响，航空运输需求减少，航空公司的经营性现金流十分紧张，为满足日常运营支出，2020～2022年中国国航、中国东航、春秋航空、华夏航空等企业的债务规模持续扩大，南方航空的债务规模波动上升。2021年，吉祥航空执行新租赁准则，确认融资租赁和经营租赁负债，债务规模大幅增加，2022～2023年保持相对稳定。2021年，海航控股完成债转股方案，债务规模大幅下降，2022～2023年债务规模相对稳定。2023年，随着经营状况改善，部分企业债务规模增速下降，甚至有些企业的债务规模有所下降。

在资产负债率方面，2020～2022年随着债务规模增加，中国国航、中国东航、春秋航空、吉祥航空的资产负债率随之上升，南方航空、华夏航空的资产负债率波动上升。2021年，海航控股完成破产重整，资产负债率由2020年的113.52%下降至2021年末的92.34%。2023年，中国国航、中国东航、海航控股、春秋航空的资产负债率有所下降。

受新冠疫情影响，航空公司客运量大幅下跌，航空公司现金流面临较大压力。2020～2022年，航空运输需求减少，多数样本企业的经营性净现金流较2019年大幅减少，其中中国国航、中国东航、海航控股2022年的经营性现金流呈现净流出状态，仅华夏航空的经营性净现金流波动幅度相对较小。2023年，随着新冠疫情防控政策优化调整，航空运输需求显著恢复，全部样本企业的经营性净现金流均明显改善，其中南方航空、华夏航空、春秋航空、吉祥航空已超过2019年水平。

在短期债务保障方面，截至 2023 年末春秋航空的现金短债比显著优于其他企业，货币资金能够覆盖短期债务，其他航空公司的现金短债比不足 0.5，处于较低水平。2021 年，海航控股的现金短债比明显改善，主要是因为 2021 年海航控股完成破产重整，短期债务大幅下降。在中长期债务保障方面，2020~2022 年航空公司受新冠疫情影响严重，利润大幅减少，EBITDA 对全部债务的保障能力整体呈下降态势。2023 年，随着业务状况改善，样本企业的全部债务/EBITDA 均由负转正，其中春秋航空的全部债务/EBITDA 优于其他企业。

截至 2024 年 3 月末，海航控股、吉祥航空、春秋航空、华夏航空无存续债券，中国国航、南方航空、中国东航及其子公司共存续 46 只债券，债券余额 772.61 亿元，其中南方航空和中国东航的存续债规模位居前列（见表 8-6）。从主体评级看，除深圳航空主体评级为 AA+外，其他七家企业均为 AAA。从存续债的二级利差看，样本企业的平均利差水平相对较低，深圳航空由于持续亏损资产负债率高达 116.83%，二级利差明显高于其他公司。

表 8-6　截至 2024 年 3 月末航空运输企业存续债情况

企业名称	主体评级	存续债数量（只）	存续债余额（亿元）	存续债二级利差（BP）
中国国航	AAA	7	120.00	42
子公司：中国国航	AAA	3	50.00	45
深圳航空	AA+	6	82.00	81
南方航空	AAA	7	114.60	54
子公司：南方航空	AAA	11	173.00	51
厦门航空	AAA	1	1.00	68
中国东航	AAA	3	62.00	58
子公司：中国东航	AAA	8	170.01	50
合计	—	46	772.61	—

资料来源：Wind。

五、总结

航空运输业在我国交通运输体系中具有战略地位，与公路、铁路、水运等交通运输方式相比，其在长途及洲际交通方面具有不可替代的优势。

新冠疫情对航空运输企业造成严重冲击，企业生产经营面临严重挑战。2020~2022 年，国家和有关部门围绕稳定企业生产经营出台了相关政策，有效解决了企业困难。2023 年，随着新冠疫情防控政策优化调整，政策重点转向促进航空运输需求恢复。

航空运输需求具备持续增长的空间，未来 1~2 年航空运输总周转量、客运量、货邮运输量等将呈增长态势，但行业稳定性仍较弱，航空运输需求易受宏观经济、地缘政治、气候变化、突发事件等因素影响。航空运输业竞争格局稳定，呈现出以南方航空、中国国航和中国东航三大航空集团为主，以地方航空公司和民营航空公司为辅的格局。

航空运输企业受航空运输需求、人民币汇率、航油价格等因素影响，收入和盈利的稳定性较弱，资产变现能力弱，流动性一般。航空运输属于重资产行业，航空公司需要通过大额资本支出扩大机队规模，提升市场竞争力，因此资产负债率普遍偏高。

随着航空运输需求恢复，2023年航空运输企业的收入水平、盈利能力、现金流状况、偿债能力显著改善。未来1~2年，航空运输企业的营业收入将保持增长，盈利水平和偿债能力将继续改善。长期来看，在人民币汇率波动、航油价格波动等因素的多重作用下，航空公司综合毛利率仍将面临较大的波动风险。

第九部分　2024 年度港口行业信用研究报告[*]

一、行业概况

水路运输是综合交通运输体系的重要组成部分，港口作为水路运输业的重要基础设施，枢纽地位凸显。我国基本建成领先世界的港口体系，吞吐量连续多年位居世界第一，沿海港口已基本形成环渤海、长江三角洲、东南沿海、珠江三角洲和西南沿海五个港口群。

水路运输是以船舶为主要运输工具、以港口为运输基地、以水域（包括海洋、河流和湖泊）为运输活动范围的一种运输方式，具有运载量大、成本低等优势，是大宗货物、远距离运输的重要运输方式。港口作为水路运输中的重要基础设施，是船舶安全进出和停泊的枢纽。本部分重点分析港口行业情况。

经过多年的发展，我国已经建成了领先世界的港口体系，港口吞吐量多年位居世界第一，在全球港口吞吐量规模前十名中我国占据了七位。我国整体上已初步形成布局合理、层次清晰、功能明确的港口布局形态和围绕煤炭、石油、矿石和集装箱四大货类的专业化运输系统，对保证国家能源、基础原材料等大宗物资运输，支持国家外贸快速稳定发展，保障国家参与国际经济合作和竞争起到了重要作用。

按所在区域划分，港口分为沿海港口和内河港口。根据不同地区的经济发展状况及特点、区域内港口现状及港口间运输关系和主要货类运输的经济合理性，沿海港口已基本形成环渤海、长江三角洲、东南沿海、珠江三角洲和西南沿海五个港口群体；内河港口相对较为分散，数量众多，据《全国内河航道与港口布局规划》，2005 年我国内河港口有 1300 多个。

港口企业的主要业务是提供货物的装卸、仓储等港口基本服务，以及物流、贸易

---

* 本部分作者为郑跃飞。郑跃飞，本科毕业于辽宁工程技术大学热能与动力工程专业，取得证券从业资格、证券评级业务高级管理人员资格。郑跃飞在电力行业深耕八年，先后出任陕西电力建设总公司锅炉调试专工、济源霖林环保能源有限公司副总经理、深圳市霖林环保能源有限公司副总经理，有着扎实的技术功底和实践经验。进入评级领域后，专注于城投、房地产及公用事业等行业信用风险研究，搭建相关评级模型并撰写评级方法。曾参与洛阳城投、东莞交投、潍坊城投、中华企业等十几个项目，发表多篇电力、港口、房地产等行业研究报告。

等配套延伸服务，涉及货物品类众多，主要包括煤炭、原油、矿石、化工原料及粮食谷物等大宗商品，覆盖多数行业，因此港口行业的发展与国民经济密切相关。按货物的形态和包装划分，货物可分为集装箱、干散货和液体散货等。集装箱为海上货运主要方式，绝大多数进出口贸易货物通过集装箱运输。港口作为重要的基础设施，其收费方式受到政府严格监管，主要包括实行政府定价、政府指导价和市场调节价这三种。近年来，我国港口收费标准变化较小，仍执行2019年发布的《港口收费计费办法》。

二、行业发展历程

2014年以前，港口企业间同质化竞争、重复建设等问题严重，政策以健康持续发展为导向；2015~2018年，港口行业以资源整合为主，区域间港口从分散竞争、各自为政向协同发展转变，相关政策以实现"一省一港"为主；2019年以来，《交通强国建设纲要》《关于建设世界一流港口的指导意见》等文件陆续发布，港口企业发展转为向规模化、智能化、数字化方向高质量发展（见附表9-1）。

改革开放40多年来，沿海港口建设呈现迅猛发展态势，但吞吐能力和规模快速提升的同时也出现了港口行业集中度较低，港口企业管理分散，企业间存在同质化竞争、重复建设等问题。2011年，交通运输部出台《关于促进沿海港口健康持续发展的意见》，提出把握建设节奏，避免过度超前和分散建设。因无序竞争，部分港口企业运营状况堪忧，辽宁省各港口负面舆情尤为严重：2013年8月营口港因未披露对连云港担保情况受到中国银行间市场交易商协会通报批评，2013年9月丹东港未准确披露合并现金流量表受到中国银行间市场交易商协会通报批评，2017年10月丹东港公募债券实质性违约。因此，企业并购、重组，港口资源整合及区域一体化发展势在必行。

2015年8月，浙江省成立浙江省海港投资运营集团有限公司，作为省级港口集团，它将宁波港、舟山港、嘉兴港、台州港和温州港五大港口进行整合，实现统一运营管理。2017年，交通运输部发布《关于学习借鉴浙江经验推进区域港口一体化改革的通知》，要求全国拥有港口资源的18个省份学习浙江经验，因地制宜有序推进区域港口一体化发展，设立省级港口资源整合平台，促进港口资源利用集约化。该文件为进一步实现"一省一港"提供了政策支持，区域间港口从分散竞争、各自为政向协同发展转变。2018年2月，辽宁省将大连港和营口港整合至省级港口集团，并于2020年完成丹东港整合；山东省于2022年1月正式完成青岛港整合；河北省于2022年10月完成唐山港整合。截至2023年末，我国17个省（市）已经组建港口集团，港口行业集中度进一步提升。受历史等原因影响，江苏省内河港口基本已整合至省级港口集团，沿海港口尚未完成整合。广东省沿海港口控股权也较为分散，大多为市级政府控股，未来是否能完全达到"一省一港"仍具有不确定性。

2019年，中共中央、国务院发布《交通强国建设纲要》，以此为纲领，近年来交通运输部联合各部委发布了一系列关于促进港口高质量发展的政策性文件。在沿海港口方面,相关文件要求到 2050 年全面建成世界一流港口,形成若干个世界级港口群,发展水平位居世界前列。在内河港口方面,相关文件要求全面提升内河港口专业化、规模化水平,合理集中布局集装箱、煤炭、铁矿石、商品汽车等专业化码头。2023 年,交通运输部发布的《关于加快智慧港口和智慧航道建设的意见》指出,到 2027 年,全国港口和航道基础设施数字化、生产运营管理和对外服务智慧化水平全面提升,建成一批世界一流的智慧港口和智慧航道。本书认为,我国港口未来仍有较大发展空间,未来港口将向规模化、智能化、数字化方向高质量发展。

三、行业运行情况

近年来,我国港口建设投资力度恢复增长,随着港口建设的持续投入,我国港口的吞吐能力、集疏运能力持续提升。2022 年,受地缘政治、房地产进入深度调整期及美联储加息等影响,煤炭、金属矿石、石油及天然气等主要外贸货物进港量有所下降,导致我国港口货物吞吐量仅增长 0.9%。2023 年,国民经济回升向好,国内需求复苏,港口吞吐量随之大幅回升。预计未来 1~2 年,全国港口吞吐量将保持稳定增长。我国沿海港口整体发展格局基本稳定,长江三角洲、环渤海、珠江三角洲港口群发展良好,规模效应明显,东南沿海港口群仍有提升空间。内河港口受自然水域资源影响发展极不均衡,江苏省内河港口集群效应已基本形成,其他水系流域未来仍有较大发展空间。

近十年,我国港口建设投资力度呈"V"形走势,拐点出现在 2019 年,系提出《交通强国建设纲要》后,各地加大投资力度所致。2018 年以来,内河港口投资力度开始大于沿海港口投资力度,内河港口泊位能力和集疏运能力持续提升。随着沿海港口建设力度恢复增长,沿海港口码头长度和万吨级泊位数保持增长态势。内河港口受水深、水域面积等自然条件限制,码头长度波动增长,万吨级泊位数基本稳定。截至 2022 年末,沿海主要港口码头长度达 98.51 万米,万吨级泊位数 2300 个;内河主要港口码头长度达 116.72 万米,万吨级泊位数仅 451 个(见表 9-1)。

表 9-1 2013~2023 年 11 月全国港口建设投资及泊位通过能力情况

指标	2013 年	2014 年	2015 年	2016 年	2017 年	2018 年	2019 年	2020 年	2021 年	2022 年	2023 年 11 月
港口建设投资额(亿元)	1528	1460	1457	1396	1216	1191	1137	1330	1466	1661	1781
沿海建设投资额(亿元)	982	952	911	859	661	563	524	626	723	794	835
内河建设投资额(亿元)	546	508	547	537	554	628	614	704	743	867	946
沿海港口码头长度(万米)	74.45	77.86	81.54	82.72	86.45	87.65	93.22	94.29	95.72	98.51	—
内河主要港口码头长度(万米)	91.99	93.86	92.68	90.28	83.38	79.12	115.15	114.22	111.38	116.72	—
沿海主要港口码头泊位数(千)	5.76	5.92	6.12	6.10	6.21	6.15	6.43	6.45	6.39	6.40	—
内河港口泊位数(千)	14.62	14.59	14.25	13.62	12.12	11.15	18.03	17.30	15.83	16.30	—

指标	2013年	2014年	2015年	2016年	2017年	2018年	2019年	2020年	2021年	2022年	2023年11月
沿海主要港口万吨级泊位数（个）	1524	1633	1750	1814	1913	2019	2076	2138	2207	2300	—
内河主要港口万吨级泊位数（个）	394	406	416	423	418	451	444	454	452	451	—

资料来源：中华人民共和国交通运输部。

2020~2022年，新冠疫情、俄乌冲突对全球大宗商品供应冲击明显，加之美联储持续加息抑制通胀效果不及预期，宏观经济对港口需求的支撑有所减弱，港口货物吞吐量增速有所放缓（见表9-2）。2022年，全国港口货物吞吐量仅同比增长0.9%。2023年，国内各项生产生活逐步恢复，国民经济回升向好，货物吞吐量随之大幅回升，集装箱吞吐量也保持增长。预计未来1~2年，全国港口吞吐量将保持稳定增长态势。

表9-2 2013~2023年我国国民经济、对外贸易、港口吞吐量情况

指标	2013年	2014年	2015年	2016年	2017年	2018年	2019年	2020年	2021年	2022年	2023年
国内生产总值（万亿元）	59.30	64.36	68.89	74.64	83.20	91.93	98.65	101.36	114.92	120.47	126.06
进出口总额（万亿）	25.82	26.42	24.55	24.34	27.81	30.50	31.56	32.22	38.74	41.80	41.76
其中：出口	13.71	14.39	14.12	13.84	15.33	16.41	17.24	17.93	21.43	23.74	23.77
进口	12.10	12.04	10.43	10.50	12.48	14.09	14.33	14.29	17.32	18.06	17.98
货物吞吐量（亿吨）	106.10	111.60	114.30	118.30	126.44	133.45	139.51	145.50	155.45	156.85	169.73
其中：外贸	33.60	35.90	36.64	37.62	40.02	41.63	43.21	44.96	46.97	46.07	50.47
内贸	72.50	75.70	77.66	80.69	86.42	91.82	96.30	100.54	108.48	110.77	119.26
其中：沿海	72.81	76.96	78.46	81.09	86.55	92.24	91.88	94.80	99.73	101.31	108.35
内河	33.29	34.64	35.84	37.21	39.90	41.21	47.63	50.70	55.73	55.54	61.38
集装箱吞吐量（亿标准箱）	1.90	2.02	2.12	2.18	2.37	2.50	2.61	2.64	2.83	2.96	3.10

资料来源：中华人民共和国交通运输部、中华人民共和国国家统计局。

我国港口货物吞吐量以内贸为主，近年内贸货物吞吐量约为外贸货物吞吐量的2.4倍。2018~2022年我国沿海港口前五大货物吞吐量情况如图9-1所示。2020~2022年，内贸货物吞吐量保持增长，但增速有所波动，外贸货物吞吐量波动增长。2022年，地缘政治不稳，推升国际大宗原材料及能源价格上涨，导致外贸货物进出口量下降，全年外贸货物吞吐量同比下降1.9%，2023年恢复增长。在对外经济贸易方面，2013~2023年我国进出口总额稳步增长，但增速波动较大。2023年经济承压，出口总额增长0.13%，进口总额下降0.44%。2024年，国际形势依旧复杂，外贸货物吞吐量增长仍有压力，但随着国内经济的持续恢复，内贸货物吞吐量将保持增长。

分区域来看，我国历年沿海港口吞吐量均远高于内河港口吞吐量。近年来，沿海

港口吞吐量保持持续增长，但增速有所波动。2022 年，内河港口吞吐量小幅下降 0.3%。2023 年 1~11 月，沿海港口、内河港口主要货物吞吐量同比增长率分别为 7.1%、10.7%。

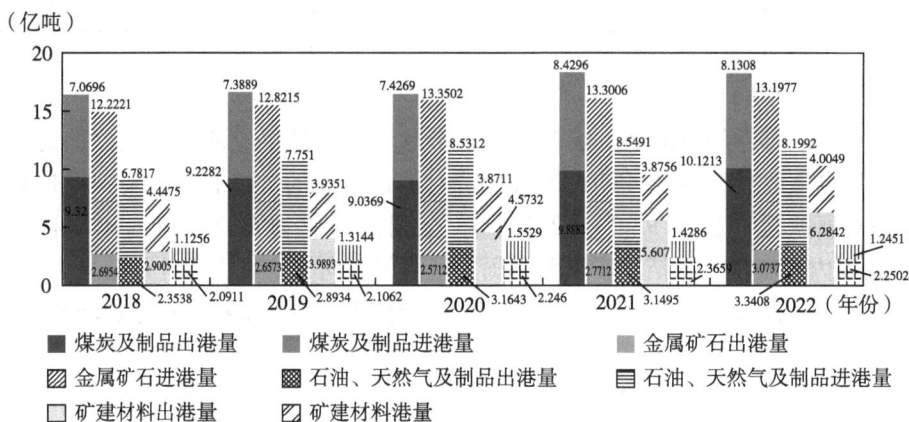

（亿吨）

■ 煤炭及制品出港量　　■ 煤炭及制品进港量　　□ 金属矿石出港量
▨ 金属矿石进港量　　▤ 石油、天然气及制品出港量　　▥ 石油、天然气及制品进港量
□ 矿建材料出港量　　▧ 矿建材料港量

图 9-1　2018~2022 年我国沿海港口前五大货物吞吐量情况

资料来源：Wind。

分货种来看，煤炭、石油及天然气、金属矿石、钢铁及矿建材料一直占据前五大席位，其中煤炭为第一大货种。2022 年，原煤产量增长 4.3%，煤炭及制品出港量保持小幅增长。受俄乌冲突、印度尼西亚煤炭出口禁令，以及我国持续对澳大利亚实施煤炭输华禁令等影响，煤炭及制品进港量下滑 3.56%，导致沿海港口煤炭吞吐量略有下降。受 2023 年 3 月我国恢复对澳大利亚煤炭进口，国内煤炭产能释放及国际煤价下滑等因素影响，预计未来 1~2 年煤炭吞吐量将恢复稳定增长。

近年来，我国进口金属矿石以铁矿石为主。2020~2022 年，房地产行业进入深度调整期，国内用钢需求下降，导致金属矿石进港量有所下降，但由于出港量仍保持上升态势，因此金属矿石吞吐量低速增长。2023 年，用钢需求继续承压，但宏观政策方面持续宽松，制造业及基建等行业用钢需求增长，带动金属矿石吞吐量上涨。据中国港口协会统计，主要港口企业累计完成铁矿石吞吐量 16.48 亿吨，同比增长 4.7%，预计未来 1~2 年金属矿石吞吐量将保持增长。

在石油及天然气方面，2022 年石油、天然气及制品出港量保持增长，进港量受原油价格上涨影响有所下降。2023 年，受地缘政治局势紧张、石油产量削减及全球控制通胀措施的影响，国际原油价格大幅下降，原油吞吐量小幅回升。据中国港口协会统计，2023 年主要港口企业累计完成原油吞吐量 4.59 亿吨，同比增长 5.4%，其中累计完成外贸原油吞吐量 3.63 亿吨，同比增长 5.2%。

我国沿海港口整体发展格局基本稳定，长江三角洲、环渤海、珠江三角洲港口群发展良好，规模效应明显，东南沿海港口群仍有提升空间，港口群内枢纽港口的吞吐量明显高于边缘港口。内河港口受自然水域资源影响发展较不均衡，江苏省内河港口集群效应已基本形成，其他水系流域仍有较大发展空间。

分港口看，沿海港口明显好于内河港口，港口群枢纽港口明显好于边缘港口。上海港、宁波舟山港码头长度均超过10万米，万吨级泊位数均超过180个，远高于其他港口，位列第一梯队（见表9-3）。大连港、天津港、烟台港、广州港及青岛港位列第二梯队，码头长度在3万~5万米，万吨级泊位数83~131个。内河港中重庆港、上海（内河）港、宜昌港泊位通过能力较为靠前。

表9-3　我国各主要港口对比

港口名称	码头长度（米）	泊位数（个）	万吨级泊位数（个）	货物吞吐量（千万吨）	集装箱吞吐量（万标准箱）
沿海港口		2022 年末			2023 年 1~11 月
宁波舟山港	106224	726	205	122.778	3280
上海港	109165	1013	187	68.463	4440
青岛港	33225	129	97	63.426	2639
广州港	40265	493	83	58.828	2295
日照港	24004	89	77	54.824	566
天津港	47932	220	131	51.797	2108
烟台港	41263	239	110	45.229	430
连云港港	21669	101	72	29.133	553
大连港	48211	257	114	28.708	455
湛江港	23577	162	44	25.904	145
营口港	19609	92	61	20.437	486
秦皇岛港	17246	93	44	17.385	50
海口港	9867	70	34	11.274	131
汕头港	5900	35	14	3.542	157
八所港	2488	12	9	1.57	0
内河港口		2022 年末			2023 年 1~11 月
泰州港	22768	159	66	36047	31
江阴港	17711	118	40	34271	52
南京港	24606	188	58	25252	319
南通港	21852	129	46	23631	175
镇江港	24643	222	49	23432	37
九江港	21440	341	—	18157	77
重庆港	54585	581	—	13418	111
武汉港	20775	166	—	13260	264

港口名称	码头长度（米）	泊位数（个）	万吨级泊位数（个）	货物吞吐量（千万吨）	集装箱吞吐量（万标准箱）
池州港	8990	85	—	13075	2
芜湖港	13309	122	12	12914	130
宜昌港	30078	194	—	12628	18
马鞍山港	9441	113	1	12286	15
扬州港	10228	53	32	12273	67
铜陵港	7467	72	3	9412	4
上海（内河）港	37727	741	—	7577	0
黄石港	5315	48	—	7560	5
常州港	3746	27	9	7133	7
安庆港	4307	40	—	1978	17

资料来源：国家统计局。

从沿海各地区吞吐量的对比情况来看，港口整体发展格局保持相对稳定。2023 年 1~11 月，宁波舟山港货物吞吐量为第一，上海港集装箱吞吐量占据首位，长江三角洲港口吞吐量占比约 26.9%，稳居各区域之首。山东省内青岛港、日照港和烟台港位列我国前十大港口序列。珠三角除广州港排名较为靠前外，其他港口吞吐量规模相对较小。东南沿海港口完成吞吐量 6.82 亿吨，同比增长 4.0%。西南沿海港口完成吞吐量 8.46 亿吨，同比增长 14.6%，是沿海港口增长较快的区域。

从内河各港口吞吐量的对比情况来看，江苏省吞吐量稳居各省份首位，前五大内河港口均位于江苏省内。江西省九江港、重庆港和武汉港分别位列第六至八位，其中武汉港集装箱吞吐量排名第二（见表 9-3）。整体来看，我国内河港口受自然水域资源影响发展较不均衡，江苏省内港口集群效应基本已形成，其他水系流域未来仍有较大发展空间。

四、行业风险特征

港口建设需要大量的资金和较好的自然条件，行业进入壁垒较高。港口企业运营受宏观经济、国际贸易等影响较大，因此港口行业信用风险特征主要表现为区域专营性强、周期性明显，以及与腹地经济关联程度很高。

港口建设需要必要的泊位水深、优良的岸线资源、广阔的水陆域等，具有一定的地域垄断性和资产稀缺性。此外，港口发展还需要公路、铁路等周边配套交通基础设施。因此，港口建设被纳入统一的交通网络体系规划，并实行项目审批制度。港口建成后在其辐射区域内具有自然垄断属性，港口企业具有明显的区域专营性。虽然邻近港口的经济腹地有重叠现象，存在竞争关系，但统一的交通网络规划及港口行业的资源整合将竞争烈度限制在一定范围内。

水运货物主要为大宗商品，其与宏观经济、国际贸易的相关性很高，具有明显的周期性。在宏观经济上行期，货物运输需求增长，港口吞吐量随之增加，港口企业的经营状况及信用水平呈上升态势。然而，在宏观经济下行期，港口企业的经营状况及信用水平呈下降态势。

每个港口都有一定的辐射区域，吞吐能力越大、集疏运条件越好，辐射区域范围越广。辐射区域的经济（腹地经济）对港口企业的经营具有重大影响，港口存在的意义很大程度上也是服务腹地经济。腹地经济的总量、结构和外向度决定了港口的业务规模、业务特征和抗风险能力。

五、企业信用质量

本书选取上市或发债的有公开数据的港口企业，剔除同一集团合并范围内下属子企业后，共有 20 家样本企业。这 20 家样本企业可分成三类：2 家跨区域经营的港口集团，即招商港口和国投交通，其实际控制人为国务院国资委；12 家省级港口集团，拥有并运营本省（自治区、直辖市）辖区内的多个港口，除辽港集团实际控制人为国务院国资委、湖北港口集团实控人为武汉市人民政府国资委外，其余企业实控人均为省级人民政府国资委；6 家市级港口集团，分别在盐城、连云港、广州、深圳、珠海、茂名，实控人为市人民政府或市人民政府国资委，其中深圳港集团和珠海港集团除运营自身所在区域的部分港区外，还运营其他省份的部分内河港口（见附表9-2）。

（一）业务状况

近年来，港口企业的业务状况波动较大，辽港集团整合港口资源后，吞吐量及收入规模不及预期；天津港集团货物吞吐量小幅上升，但受钢铁需求低迷影响，业务收入有所下降；河港集团、山东港口集团和湖北港口集团完成资源整合后，吞吐量大幅上升；其他港口吞吐量及收入基本均保持稳定上升态势（见表9-4）。

2020~2022 年，除辽港集团、珠海港集团和茂名港集团吞吐量下降外，其他企业的吞吐量均有所上升。其中，2022 年山东港口集团完成青岛港整合，河港集团完成唐山港整合，湖北港口集团完成省内其他港口资源整合，吞吐量均大幅上升。辽港集团所属港口经济腹地以东北三省和内蒙古东部为主，受其经济发展影响，吞吐量规模有所下降。对比来看，2022 年山东港口集团拥有全球排名前十的三个港口，分别为青岛港、日照港和烟台港；浙江海港拥有全球第一的宁波舟山港，故其吞吐量规模远高于其他企业，超过 10 亿吨；河港集团将唐山港整合后，吞吐量规模为 7.33 亿吨，略低于招商港口集团，位居第四；其次广州港集团、上港集团、江苏省港口集团、天津港集团、深圳港集团、辽港集团位列第二梯队，规模在 4.5 亿~5.6 亿吨；湖北港口集团、安徽港航和重庆港虽为省级港口集团，但因其大部分港口为内河港口，吞吐量规模较小，在 0.5 亿~1.7 亿吨。2023 年，披露了经营数据的样本企业，货物吞吐量均有所上升（见附表9-3）。

表 9-4 2020~2023 年各样本企业吞吐量、收入及毛利率情况

公司简称	货物吞吐量（亿吨）				营业收入（亿元）				毛利率			
	2020 年	2021 年	2022 年	2023 年	2020 年	2021 年	2022 年	2023 年	2020 年	2021 年	2022 年	2023 年
山东港口集团	14.21	15.07	16.24	—	350.12	659.77	1373.86	1540.59	15.98	10.41	10.69	10.17
浙江海港	9.20	10.05	10.43	—	297.17	328.87	372.89	397.41	21.79	23.39	22.52	20.63
招商港口	4.50	6.13	7.40	7.60	126.19	152.84	162.30	157.50	37.60	40.81	40.54	40.84
河港集团	3.76	3.79	7.33	—	166.23	225.43	313.90	261.44	16.49	12.32	19.44	27.47
广州港集团	5.32	5.51	5.59	—	123.64	135.42	144.31	153.00	21.91	22.26	21.50	21.79
上港集团	5.10	5.39	5.14	5.64	261.19	342.89	372.80	375.52	36.34	40.71	37.81	37.40
江苏省港口集团	4.09	4.58	4.84	—	137.15	182.16	219.84	244.98	16.36	14.90	15.24	14.04
天津港集团	4.36	4.59	4.71	—	270.00	200.39	182.79	192.80	16.23	24.66	24.59	26.61
深圳港集团	4.21	4.44	4.68	—	29.84	35.61	52.35	57.79	39.04	31.54	24.39	19.42
辽港集团	5.30	4.94	4.59	—	174.79	181.83	166.19	158.54	29.96	27.25	21.42	22.68
福建省港口集团	3.28	3.61	3.80	—	496.08	650.48	670.49	657.03	7.08	6.53	6.79	6.45
北部湾港集团	2.74	3.06	3.22	—	903.67	1004.58	1080.85	1026.98	8.89	9.15	6.06	6.53
连云港港口集团	2.52	2.77	3.00	—	137.72	146.63	158.14	165.33	10.03	12.12	13.77	15.43
湖北港口集团	0.42	0.86	1.67	—	84.29	129.72	156.45	215.71	1.35	1.80	2.18	1.57
国投交通	1.35	1.52	1.61	—	26.31	33.23	33.81	39.22	34.38	37.13	39.35	46.42
盐城港	0.79	1.19	1.43	—	127.55	153.56	171.30	172.50	5.99	5.72	5.55	7.23
安徽港航	1.21	1.24	1.31	—	102.02	126.25	175.47	—	14.18	11.11	9.55	0.00
珠海港集团	1.39	1.42	1.17	—	156.76	322.47	256.57	235.04	10.74	10.84	12.71	14.51
重庆港	0.43	0.52	0.57	0.61	50.81	54.82	49.61	49.49	8.73	7.68	8.77	10.36
茂名港集团	0.03	0.02	0.02	—	13.54	4.28	8.12	20.24	2.57	5.62	4.50	1.96

资料来源：Wind。

2020～2022 年，辽港集团因吞吐量下降导致港口业务收入下降；天津港集团总货物吞吐量上升，主要是因为原煤吞吐量大幅上升，但金属矿石和钢铁吞吐量下降，导致港口业务收入小幅下降；其他各港口企业绝大部分的营业收入有所上升，和吞吐量变化趋势基本一致。其中，2022 年山东港口集团和河港集团收入大幅上升主要系港口资源整合所致。规模较大的沿海港口保持了较高的盈利水平，基本保持在 30%～50%。重庆港和安徽港航因其所属港口均为内河港口，吞吐量规模相对较小，毛利率水平较低，盈利水平一般。2021 年，湖北港口集团的黄石港主要生产码头因政策性关停导致亏损，盈利水平大幅下降，2022 年港口资源整合基本完成，港口业务扭亏为盈，但毛利率仍处于较低水平。2023 年，沿海港口集团的营业收入有所分化，招商港口、河港集团、辽港集团、北部湾港集团和珠海港集团的营业收入均有所下降，其中河港集团降幅达 16.71%；山东港口集团、江苏省港口集团和深圳港集团增幅均在 10% 以上。

（二）资产质量

近年来，港口企业资产规模稳定上升，其资产主要以固定资产和在建工程为主，体现了重资产特征，企业间交叉持股情况增多，区域港口间的协同效应增强。

近年来，样本企业资产规模呈稳定上升态势。港口行业属于重资产行业，总资产中的非流动资产占比很高，约 70%，主要以固定资产、在建工程和无形资产为主。因本书选取的样本企业均为大型港口集团，故其长期股权投资规模较大。其中，固定资产主要为港口、码头、泊位、堆场等相关资产，无形资产主要为港区土地使用权和码头经营权。港口行业正处在深度整合期，长期股权投资主要是持有其他港口的股权，流动资产以货币资金、存货为主。整体来看，港口企业资产流动性较弱。

分企业来看，资产规模最大的是山东港口集团，资产总额达 2725.57 亿元，沿海省级港口集团规模均超过千亿元，重庆港资产规模最小，为 133.92 亿元（见表 9-5）。从资产结构来看，各企业资产均以固定资产、在建工程等非流动资产为主。招商港口长期股权投资规模很大，主要是因为其参股多家港口（包括宁波舟山港、青岛港等）；上港集团长期股权投资主要是中国邮政储蓄银行、上海银行、宁波舟山港和南京港等公司的股权；浙江海港的长期股权投资主要为招商港口 23.08% 的股权；山东港口集团的长期股权投资主要为省内各码头及物流公司的股权。

表 9-5　2023 年末各样本企业资产情况

公司简称	资产总额（亿元）	货币资金（亿元）	存货（亿元）	应收账款（亿元）	长期股权投资（亿元）	固定资产（亿元）	在建工程（亿元）	无形资产（亿元）	其他资产（亿元）
山东港口集团	2725.57	277.36	227.95	70.33	216.71	1006.77	156.18	228.44	541.83
上港集团	2035.76	357.22	102.82	27.69	753.40	360.74	83.77	140.90	209.22
招商港口	1985.57	160.80	2.19	11.04	966.66	289.87	29.10	180.73	345.19
浙江海港	1794.85	133.31	32.35	36.27	462.80	555.04	124.21	138.11	312.77
天津港集团	1615.98	85.19	45.94	31.02	122.96	645.99	394.06	106.24	184.57

续表

公司简称	资产总额（亿元）	货币资金（亿元）	存货（亿元）	应收账款（亿元）	长期股权投资（亿元）	固定资产（亿元）	在建工程（亿元）	无形资产（亿元）	其他资产（亿元）
北部湾港集团	1554.61	159.31	118.63	20.64	38.22	652.53	114.28	130.41	320.59
辽港集团	1551.42	126.36	88.38	34.18	108.47	519.24	299.47	146.45	228.88
河港集团	1390.28	113.52	16.22	17.09	95.32	473.25	121.13	89.73	464.01
福建省港口集团	1080.75	57.93	75.54	32.96	69.90	322.58	123.14	69.34	329.35
盐城港	913.75	65.90	56.82	74.44	3.00	118.80	114.08	89.47	391.25
连云港港口集团	748.06	48.78	37.52	52.57	18.91	150.48	249.85	31.06	158.90
珠海港集团	702.51	61.33	66.36	98.52	29.68	249.67	21.96	39.70	135.29
湖北港口集团	666.47	68.01	107.55	37.56	35.85	93.28	68.26	23.26	232.69
广州港集团	619.63	44.99	57.53	9.96	17.32	249.44	69.25	64.58	106.55
江苏省港口集团	583.02	69.05	14.78	25.14	36.51	222.32	7.87	70.06	137.30
深圳港集团	581.24	80.05	25.94	8.41	153.86	68.22	70.08	33.67	140.81
国投交通	282.77	18.82	1.70	1.50	49.68	118.28	3.17	19.06	70.56
茂名港集团	135.71	5.73	32.75	0.05	1.84	0.50	62.91	4.48	27.46
重庆港	133.92	25.65	3.19	2.13	2.16	71.49	2.43	9.09	17.78

资料来源：Wind。

样本企业在建工程规模很大，在建工程长期不转为固定资产会虚增企业利润，因此本部分选取在建工程规模较大的部分企业作简要分析。2010～2014 年，营口港集团在建工程规模由 240 亿元增至 412 亿元，占非流动资产的比重居高不下，且其在已完工的情况下仍将财务费用计入在建工程成本，导致利润虚增，此情况至辽宁省港口整合前才得以改善。与营口港类似，天津港集团的在建工程规模从 2010 年的 256 亿元增加至 2015 年的 528 亿元，2016 年固定资产为 243 亿元，在建工程减少至 365 亿元，导致资产总额下降近 160 亿元。2010～2022 年，连云港集团在建工程占非流动资产的比重长期保持在 40%～50%，但从固定资产增加额来看，2010～2017 年该增加额保持在 20 亿元左右，2017 年后出现波动下降。茂名港集团自 2015 年起承担博贺新港区较多的基础设施建设业务，使在建工程规模持续增大，2018 年以后逐渐下降系陆续收到政府代建回款冲减在建工程所致。

2023 年末，样本企业在建港口项目尚需投资额约 1845 亿元，规模很大。其中，有 6 家以沿海港口为主的企业，在建项目尚需投资额超过百亿元，分别为上港集团、辽港集团、深圳港集团、天津港集团、广州港集团和福建省港口集团，以内河港口为主的企业投资规模相对较小。各家企业在建项目多为码头及配套工程建设项目和集疏运中心项目。

（三）资本结构

近年来，港口企业净资产持续增加，财务杠杆率基本稳定。对比来看，珠三角、长三角地区的港口集团财务杠杆率较低，资本结构良好；环渤海地区的天津港集团、辽港集团，西南沿海地区的北部湾港集团财务杠杆率偏高。

得益于港口业务稳定的盈利能力，近年来样本企业所有者权益持续增加，样本企业的财务杠杆指标波动幅度很小，资产负债率基本保持在55%左右，资本结构良好。整体来看，沿海港口集团的资本结构好于内河港口集团，沿海港口集团中珠三角、长三角地区的样本企业财务杠杆率很低，资本结构良好（见图9-2）。分企业来看，2023年国投交通偿还较多的到期债务，资产负债率大幅下降至25%；上港集团，招商港口和浙江海港这三家大型港口集团一直保持着较低的财务杠杆水平，分别为33%、35%和39%，资本结构较好；天津港集团、辽港集团和北部湾港集团财务杠杆水平偏高，其中北部湾港集团的资产负债率超过了70%。此外，市级港口集团中珠海港集团、茂名港集团、连云港港口集团一直保持较高的财务杠杆率，资本结构有待提升。

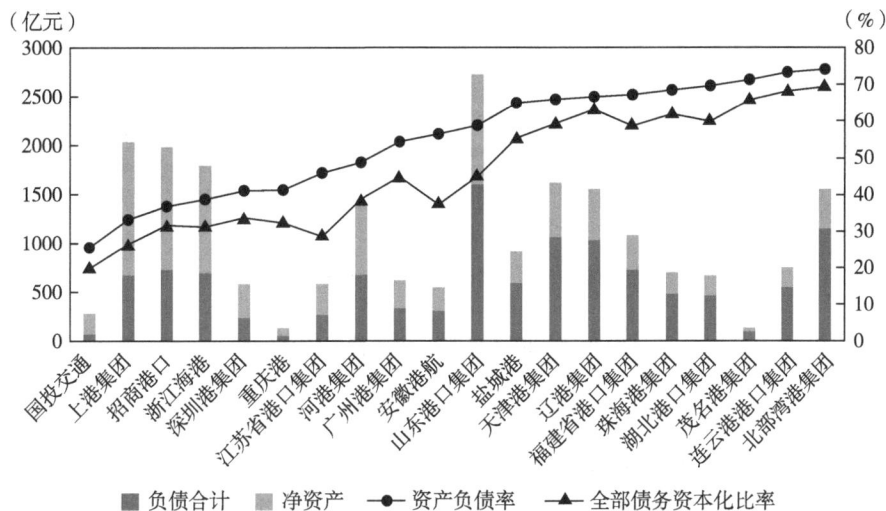

图 9-2　2023 年末各样本企业资本结构情况

资料来源：Wind。

（四）偿债能力

近年来，港口企业债务规模持续上涨，债务结构以长期为主，符合行业特征。对比来看，上港集团和浙江海港债务规模相对不大，现金流稳定，EBITDA对债务的保障程度很高，偿债能力极强；天津港集团、辽港集团及北部湾港集团债务规模很大，其业务状况受腹地经济影响有所波动，但仍能获得较为稳定的现金流，货币资金及现金流对债务的偿付仍有一定的保障，偿债能力很强；盐城港、茂名港集团及湖北港口集团等企业到期债务偿付压力较大，需借助外部融资。

近年来，样本企业债务规模随着码头建设和集疏运中心等项目的持续投入保持持续增长，长期债务占比很高，符合行业特征。长期债务主要以长期借款和应付债券为主，短期债务主要以短期借款为主。分企业来看，山东港口集团、辽港集团、天津港集团和北部湾港集团债务规模很大，基本维持在 800 亿元以上；国投交通和以内河港口为主的企业债务规模相对较小。从债务结构来看，样本企业短期债务增长较快，企业面临的债务偿付压力逐步增大。分企业来看，盐城港集团、连云港港口集团、北部湾港集团短期债务占比很高，到期债务偿付压力很大（见图 9-3）。

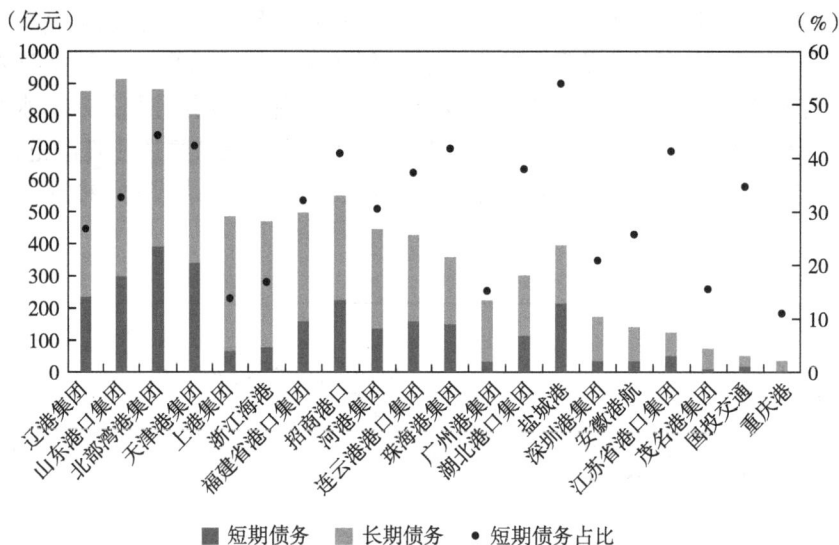

图 9-3　2023 年末各企业债务结构

资料来源：Wind。

从债务保障指标来看，上港集团的全部债务/EBITDA 和 EBITDA 利息保障倍数远好于其他企业；然后是国投交通、招商港口、浙江海港等企业；深圳港集团近年来投资规模快速扩大，导致债务保障指标降幅较大，但仍处于行业平均水平；辽港集团、天津港集团、盐城港和茂名港集团债务负担较重，货币资金及经营性现金流对债务的保障程度较低，偿债压力较大。近年来，湖北港口集团经营性现金流保持持续净流出态势，货币资金对短期债务的覆盖程度不足 1 倍，到期债务偿付仍需借助外部融资。

（五）利差情况

样本企业信用等级主要分布在 AA~AAA，AAA 占比 63.64%。截至 2023 年末，样本企业存量债券余额约 1423 亿元，主要为公司债和中期票据。2023 年，样本企业新发行债券 714 亿元，主要为短期融资券，用于补充流动资金，发行规模较 2022 年有所下降。本书选取样本企业 2022 年、2023 年发行的 3 年期债券进行利差分析，票面利率由当年债券发行额加权平均后计算所得。茂名港集团、连云港港口集团和盐城港发行利差长期维持高位，2023 年浙江海港、天津港集团发行利差小幅上升。北部湾港集团和福建省港口集团发行利差受国债利率下行影响，上升幅度较大（见表 9-6 和表 9-7）。

表9-6 近年来各样本企业债务保障指标

公司简称	全部债务/EBITDA（倍）			现金短债比（倍）			EBITDA利息保障倍数（倍）			经营性净现金流利息保障倍数（倍）		
	2021年	2022年	2023年	2021年	2022年	2023年	2021年	2022年	2023年	2021年	2022年	2023年
招商港口	3.90	4.07	4.18	0.58	0.72	0.71	7.16	6.52	6.41	6.41	5.97	2.94
国投交通	4.28	3.34	1.67	0.66	0.76	1.05	5.76	7.26	13.09	6.82	5.50	8.38
辽港集团	12.58	15.43	15.11	0.80	0.87	0.54	1.73	1.93	2.58	1.56	2.32	1.84
河港集团	5.51	5.48	4.99	0.52	1.08	0.82	3.84	3.61	5.26	3.80	3.30	3.74
天津港集团	14.98	17.00	14.02	0.31	0.23	0.25	1.47	1.31	2.53	0.93	1.11	1.37
山东港口集团	8.22	5.63	5.33	0.33	0.47	0.78	3.19	4.29	5.86	1.37	2.46	2.92
上港集团	1.75	1.71	2.27	3.76	2.73	5.32	18.08	20.68	18.71	18.83	18.91	11.52
江苏省港口集团	5.80	5.13	7.33	1.14	1.44	1.23	4.84	5.64	3.51	3.40	5.19	3.08
连云港口集团	15.87	14.06	15.76	0.17	0.21	0.28	1.55	1.50	2.04	0.26	0.20	0.22
盐城港	15.37	18.93	20.44	0.30	0.29	0.26	1.03	1.01	2.56	0.04	0.06	0.12
浙江海港	4.96	12.53	5.42	0.91	1.38	1.66	7.46	7.03	5.67	6.99	5.48	4.95
福建省港口集团	11.04	11.86	9.80	0.76	0.49	0.33	2.51	2.60	3.36	2.96	2.65	1.69
广州港集团	4.63	6.35	6.29	0.62	1.11	1.16	6.48	5.38	6.93	3.86	1.33	2.14
深圳港集团	5.50	6.48	6.35	3.21	56.97	2.21	5.81	3.45	5.28	5.77	4.64	1.25
珠海港集团	7.94	10.30	20.77	0.78	0.70	0.37	2.86	2.30	1.33	0.38	0.75	0.72
茂名港集团	23.77	31.69	37.77	0.21	0.40	0.47	0.77	0.79	2.00	3.45	1.30	0.11
北部湾港集团	9.93	11.38	12.07	0.40	0.51	0.37	2.25	2.07	2.11	1.84	1.94	0.59
安徽港航	9.41	8.76	10.90	1.24	1.88	1.82	2.24	2.46	2.31	-2.52	0.93	0.55
湖北港口集团	18.84	19.51	24.98	0.88	0.59	0.54	1.17	1.77	2.13	-0.82	-2.13	-3.08
重庆港	8.17	6.06	2.31	1.40	3.10	3.53	2.08	2.46	11.77	2.23	2.69	4.55

资料来源：Wind。

表 9-7 近年来样本企业 3 年期债券发行利差情况

公司名称	主体信用等级	票面利率（%）		发行利差（BP）	
		2022 年	2023 年	2022 年	2023 年
珠海港集团	AA+	3.55	3.00	122	79
浙江海港	AAA	2.65	3.30	36	68
天津港集团	AAA	3.80	3.94	128	144
唐山港	AAA	3.38	2.69	80	56
茂名港集团	AA	4.50	4.30	212	197
辽港集团	AAA	3.10	2.98	77	80
连云港港口集团	AA+	6.70	5.50	423	307
盐城港	AA+	4.80	4.20	256	198
江苏省港口集团	AAA	2.79	2.23	44	27
北部湾港集团	AAA	4.30	5.45	183	321
福建省港口集团	AAA	2.80	3.45	35	115

资料来源：Wind。

六、总结

2014 年以前，港口企业间同质化竞争、重复建设、内耗严重等问题突出，相关政策以健康持续发展为导向，港口建设投资力度持续下降。2015～2018 年，港口行业以资源整合为主，区域间港口从分散竞争、各自为政向协同发展转变，相关政策以实现"一省一港"为主，投资力度出现拐点。2019 年以后，《交通强国建设纲要》《关于建设世界一流港口的指导意见》等文件陆续发布，港口企业发展重心转为向规模化、智能化、数字化方向高质量发展，投资力度恢复增长。

我国已基本建成领先世界的港口体系，吞吐量连续多年位居世界第一。港口行业竞争格局基本稳定，五大沿海港口群发展良好，规模效应明显，其中长江三角洲、环渤海、珠江三角洲港口群发展水平较高，东南沿海、西南沿海港口群仍有提升空间。在内河港口中，江苏省内河港口集群效应已基本形成，长江流域仅重庆港、武汉港发展较好，未来仍有较大发展空间。预计未来，随着港口建设的持续投入，我国港口的吞吐能力、集疏运能力将持续提升。

2020～2022 年，受新冠疫情、地缘政治、房地产进入深度调整期及美联储加息等多重因素影响，煤炭、金属矿石、石油及天然气等主要外贸货物的吞吐量出现波动下降，带动港口总货物的吞吐量增速下降。2023 年，随着国民经济回升向好，国内需求复苏，港口吞吐量随之大幅回升。预计未来 1～2 年，全国港口吞吐量将保持稳定增长。

港口行业是重资产行业，正处于深度整合期，大型港口集团相互之间参股情况较多，因此港口企业的资产特征表现为以固定资产、在建工程及长期股权投资等非流动资产为主，资产流动性较弱。港口企业的港口业务盈利水平较高，但其稳定性受腹地经济的影响较大，腹地经济发达的上港集团经营稳定且盈利能力很强，而腹地经济较弱的茂名港集团盈利能力较弱。在债务保障方面，上港集团、国投交通、招商港口、浙江海港等港口集团的货币资金及现金流对到期债务的保障程度很高；辽港集团、天津港集团、北部湾港集团等企业的货币资金及现金流对到期债务的保障程度相对偏弱；盐城港和茂名港集团、湖北港口集团等企业偿债压力较大，债务偿付在较大程度上依赖外部融资。整体来看，随着国民经济的回升向好，未来1~2年港口企业的信用质量将保持稳定。

七、附件

附表 9-1　2011~2023 年港口行业相关政策

发布日期	文件名称	发布机构	主要内容
2011 年 11 月	《关于促进沿海港口健康持续发展的意见》	交通运输部	积极促进五大区域港口群协调发展，充分发挥主要港口在综合运输体系中的枢纽作用和对区域经济发展的支撑作用，发挥中小港口对临港产业和地区经济发展的促进作用，推动大中小港口协调发展，形成我国布局合理、层次分明、优势互补、功能完善的现代港口体系
2017 年 8 月	《关于学习借鉴浙江经验推进区域港口一体化改革的通知》	交通运输部	要求全国拥有港口资源的18个省份学习浙江经验，因地制宜有序推进区域港口一体化发展。设立省级港口资源整合平台，协同推进老港区功能调整与新港区开发，有力促进了港口资源利用集约化；推动沿海港口、内河港口一体化运营和内陆无水港联动发展，运输组织进一步优化，有力促进了港口运营高效化
2019 年 9 月	《交通强国建设纲要》	中共中央、国务院	到 2035 年，基本建成交通强国。现代化综合交通体系基本形成
2019 年 11 月	《关于建设世界一流港口的指导意见》	交通运输部等	到2025年，世界一流港口建设取得重要进展，主要港口绿色、智慧、安全发展实现重大突破，地区性重要港口和一般港口专业化、规模化水平明显提升。到2035年，全国港口发展水平整体跃升，主要港口总体达到世界一流水平，若干个枢纽港口建成世界一流港口，引领全球港口绿色发展、智慧发展。到2050年，全面建成世界一流港口，形成若干个世界级港口群，发展水平位居世界前列

续表

发布日期	文件名称	发布机构	主要内容
2021 年 12 月	《"十四五"现代综合交通运输体系发展规划》	国务院	优化畅通水运设施网络。建设京津冀、长三角、粤港澳大湾区世界级港口群，支持山东打造世界一流的海洋港口，推进东北地区沿海港口一体化发展，优化港口功能布局，推动资源整合和共享共用。有序推进沿海港口专业化码头及进出港航道等公共设施建设。适度超前建设粮食、能源、矿产资源的接卸、储存、中转设施，推进沿海沿江液化天然气码头规划建设。提升内河港口专业化、规模化水平，合理集中布局集装箱、煤炭、铁矿石、商品汽车等专业化码头。加强内河高等级航道扩能升级与畅通攻坚建设，完善长江、珠江、京杭运河和淮河等水系内河高等级航道网络，进一步提升珠三角高等级航道网出海能力，全面加强长三角、珠江—西江高等级航道网未达标段建设。推动重要支流航道和库湖区航道、内河旅游航道、便民码头建设
2023 年 3 月	《加快建设交通强国五年行动计划（2023—2027 年）》	交通运输部等	
2023 年 11 月	《关于加快智慧港口和智慧航道建设的意见》	交通运输部	到 2027 年，全国港口和航道基础设施数字化、生产运营管理和对外服务智慧化水平全面提升，建成一批世界一流的智慧港口和智慧航道。国际枢纽海港 10 万吨级及以上集装箱、散货码头和长江干线、西江航运干线等内河高等级航道基本建成智能感知网。建设和改造一批自动化集装箱码头和干散货码头。全面提升港口主要作业单证电子化率。加快内河电子航道图建设，基本实现跨省（自治区、直辖市）航道通航建筑物联合调度，全面提升内河高等级航道公共信息服务智慧化水平

附表 9-2 样本企业基本情况

公司名称	公司简称	实际控制人	主要控股港口	在建港口项目尚需投资额（亿元）
招商局港口集团股份有限公司	招商港口	国务院国资委	沿海：深圳、汕头和东莞部分港区、湛江港；内河：佛山顺德新港；海外：斯里兰卡 CICT、多哥 LCT、巴西 TCP	58.97
国投交通控股有限公司	国投交通	国务院国资委	沿海：曹妃甸港、京唐港、湄洲湾港、钦州港、洋浦港	—
辽宁港口集团有限公司	辽港集团	国务院国资委	沿海：大连港、营口港、丹东港、锦州港	336.52
河北港口集团有限公司	河港集团	河北省国资委	沿海：秦皇岛港、黄骅港、唐山港	49.62
天津港（集团）有限公司	天津港集团	天津市国资委	沿海：天津港	173.44

公司名称	公司简称	实际控制人	主要控股港口	在建港口项目尚需投资额（亿元）
山东省港口集团有限公司	山东港口集团	山东省国资委	沿海：青岛港、日照港、烟台港、东营港、潍坊港、滨州港	65.22
上海国际港务（集团）股份有限公司	上港集团	上海市国资委	沿海：上海港	508.94
江苏省港口集团有限公司	江苏省港口集团	江苏省国资委	内河：镇江港、苏州港、张家港、太仓港、扬州港、南京港、泰州港	11.68
连云港港口集团有限公司	连云港港口集团	连云港市国资委	沿海：连云港港	24.44
江苏盐城港控股集团有限公司	盐城港	盐城市人民政府	沿海：江苏盐城	60.97
浙江省海港投资运营集团有限公司	浙江海港	浙江省国资委	沿海：宁波舟山港、温州港、嘉兴港、台州港；内河：义乌港	45.40
福建省港口集团有限责任公司	福建省港口集团	福建省国资委	沿海：福州港、厦门港、泉州港；内河：南平港	107.99
广州港集团有限公司	广州港集团	广州市人民政府	沿海：广州港	113.45
深圳港集团有限公司	深圳港集团	深圳市国资委	沿海：深圳港（盐田港区）、惠州港（荃湾港区）、汕尾港；内河：黄石新港、常德（津市港、桃源港区、澧县港区）	166.83
珠海港控股集团有限公司	珠海港集团	珠海市国资委	沿海：珠海港（高栏港区、洪湾港区）；内河：云浮新港、梧州港、广西贵港、常熟兴华港区	—
茂名港集团有限公司	茂名港集团	茂名市国资委	沿海：广东茂名（水东港、博贺新港、吉达港）	34.85
广西北部湾国际港务集团有限公司	北部湾港集团	广西壮族自治区国资委	沿海：防城港、钦州港、北海港；内河：南宁港、贵港港、来宾港、梧州港、百色港、崇左港、河池港、柳州港	30.90
安徽省港航集团有限公司	安徽港航	安徽省国资委	内河：安徽（铜陵港、芜湖港、马鞍山港、合肥港、滁州港、宣城港）	16.64
湖北港口集团有限公司	湖北港口集团	武汉市国资委	内河：武汉港、武穴港、小池港、鄂州港、咸宁（潘家湾港区）、宜昌港、宜都港、荆州港、黄石港（城区港区）	39.15
重庆港股份有限公司	重庆港	重庆市国资委	内河：重庆港	—

附表 9–3　截至 2023 年末样本企业主要经营及财务数据

公司简称	招商港口	国投交通	辽港集团	河港集团	天津港集团	山东港口集团	上港集团	江苏省港口集团	连云港港口集团	盐城港	浙江海港	福建省港口集团	广州港集团	深圳港集团	珠海港集团	茂名港集团	北部湾港集团	安徽港航	湖北港口集团	重庆港
货物吞吐量（亿吨）*	7.4	1.6	4.6	7.3	4.7	16.2	5.1	4.8	3.0	1.4	10.4	3.8	5.6	4.7	1.2	0.0	3.2	1.3	1.7	0.6
集装箱吞吐量（万吨）*	10237	—	1002	494	2100	3729	4730	812	557	55.1	4073	1336	2339	1638	140.0	—	740	203	305	117
资产总额（亿元）	1986	283	1551	1390	1616	2726	2036	583	748	914	1795	1081	620	581	703	136	1555	567	666	134
负债总计（亿元）	730	72	1033	677	1064	1602	674	267	548	593	694	726	336	239	481	97	1152	327	464	55
净资产（亿元）	1256	211	518	713	552	1124	1362	316	200	321	1101	355	283	343	222	39	403	240	203	79
营业收入（亿元）	158	39	159	260	193	1541	376	245	165	173	396	657	152	58	235	20	1027	162	216	49
利润总额（亿元）	88.0	18.1	1.4	42.1	13.6	104.7	162.5	15.5	5.5	6.5	72.7	15.8	18.6	16.3	4.6	0.8	5.6	4.3	2.8	13.8
经营净现金流（亿元）	65.8	20.1	42.3	69.8	34.2	95.7	134.2	19.0	3.3	1.1	77.1	26.9	11.9	6.6	10.0	0.1	22.5	3.7	-19.9	7.0
投资净现金流（亿元）	37.7	13.1	-11.4	-31.7	-37.5	-24.7	-74.3	-34.6	-27.1	-25.6	-162.1	-118.4	-46.6	-1.7	-28.2	-14.6	-85.3	-28.0	-18.6	8.4
筹资净现金流（亿元）	-79.9	-30.7	-60.8	-79.6	9.6	11.4	28.0	33.5	29.1	39.3	25.3	69.2	31.0	5.4	16.1	13.0	47.4	28.0	45.3	-5.3
EBITDA（亿元）	143.4	31.3	59.3	98.2	63.2	191.7	217.9	21.7	30.4	23.4	88.3	53.4	38.7	27.9	18.6	2.3	80.5	15.8	13.8	18.1
全部债务（亿元）	599.4	52.4	896.4	489.9	885.9	1021.3	494.9	158.8	479.0	477.2	478.4	522.7	243.3	177.2	385.5	86.0	971.7	172.1	343.4	42.0
毛利率（%）	40.8	46.4	22.7	27.5	26.6	10.2	37.4	14.0	15.4	7.2	20.6	6.5	21.8	19.4	14.5	2.0	6.5	10.8	1.6	10.4
总资产报酬率（%）	5.6	7.8	1.6	4.3	2.4	5.2	9.0	3.9	2.8	1.8	5.0	3.0	4.0	3.8	2.7	1.5	2.9	2.0	1.5	11.7
净资产收益率（%）	5.9	8.5	-1.1	4.1	1.7	7.2	10.9	4.2	1.8	1.2	5.6	2.9	4.8	3.7	1.3	1.9	0.1	1.4	0.7	13.5
资产负债率（%）	36.8	25.5	66.6	48.7	65.9	58.8	33.1	45.9	73.3	64.9	38.7	67.1	54.3	41.0	68.4	71.3	74.1	57.7	69.6	41.2
全部债务资本化比率（%）	32.3	19.9	63.4	40.7	61.6	47.6	26.7	33.5	70.6	59.8	30.3	59.5	46.2	34.1	63.5	68.8	70.7	41.8	62.9	34.8
全部债务/EBITDA（倍）	4.2	1.7	15.1	5.0	14.0	5.3	2.3	7.3	15.8	20.4	5.4	9.8	6.3	6.4	20.8	37.8	12.1	10.9	25.0	2.3
EBITDA 利息保障倍数（倍）	6.4	13.1	2.6	5.3	2.5	5.9	18.7	3.5	2.0	2.6	5.7	3.4	6.9	5.3	1.3	2.0	2.1	2.3	2.1	11.8
经营性净现金流利息保障倍数（倍）	2.94	8.38	1.84	3.74	1.37	2.92	11.52	3.08	0.22	0.12	4.95	1.69	2.14	1.25	0.72	0.11	0.59	0.55	-3.08	4.55
现金短期比（倍）	0.71	1.05	0.54	0.82	0.25	0.78	5.32	1.23	0.28	0.26	1.66	0.33	1.16	2.21	0.37	0.47	0.37	1.82	0.54	3.53

注：因样本本企业 2023 年经营数据不全，标 * 的指标为 2022 年数据。

第十部分 2024 年度城市轨道交通行业信用研究报告[*]

一、政策演变

我国城市轨道交通行业的发展与政策环境紧密相关，21 世纪以来有关行业政策基本以鼓励发展为主，城市轨道交通建设经历了近 20 年的高速发展。2018 年，"52 号文"出台后，行业政策逐渐收紧，城市轨道交通项目的审批随之趋严，其建设节奏也逐步趋缓。本书认为，在地方政府严防债务风险和宏观经济修复不及预期的背景下，相关政策仍趋严，我国城市轨道交通投资将维持低速增长。

自第一条城市轨道交通（以下简称"城轨交通"）线路北京地铁一号线在 1965 年动工至 20 世纪末，我国城轨交通发展进入起步阶段。在发展初期，由于地铁建设迅猛、工程造价较高、设备大量引进等问题，1995 年国务院办公厅发布《关于暂停审批城市地下快速轨道交通项目的通知》，提出根据城市发展水平和国家财力状况，严格控制城市快速轨道交通的发展，除北京、广州两个在建地铁项目和上海地铁二号线外，今后一段时间内暂停审批城市地下快速轨道项目；组织制订城市快速轨道交通发展规划和地铁设备国产化规划，今后城市快速轨道交通项目的审批，均以国家轨道交通发展规划为依据。20 世纪 90 年代，我国新建完成的地铁只有北京地铁复八线、上海地铁一号线和广州地铁一号线三条线路，长约 54 千米。

进入 21 世纪，城轨交通进入快速发展阶段。随着积极财政政策和扩大内需政策的实施，从 1999 年开始国家陆续批准北京、上海、广州、重庆、深圳、武汉等 10 个城市的轨道交通项目开工建设，并投入 40 亿元国债资金予以支持。城轨交通快速发展的同时，也出现了一些问题：一些地方不顾自身财力，未经国家审批擅自新上城轨交通项目；有的项目盲目攀比，建设标准偏高，造成投资浪费；有的项目资本金不足，债务

---

* 本部分作者为靳跃林。靳跃林，本科毕业于厦门大学测控技术与仪器专业，研究生毕业于中央民族大学政治经济学专业。靳跃林先生从事金融领域工作近四年，曾在中国建设银行北京市分行的对公业务岗工作两年，后从事信用评级工作至今近两年。担任信评分析师期间，对金科股份、保利发展、洛阳建投、许昌投资、郑州城发等企业进行主动评级，有着丰富的案头工作经验；参与《普策 2023 年度住宅房地产行业研究报告》撰写，以及煤炭和化肥等行业的评级模型调整，并独立进行风力发电行业和城市轨道交通行业的研究，擅长房地产、城投、风电等行业的信用风险识别与评估。

负担沉重，运营亏损严重等问题凸显。2003 年，国务院办公厅出台《关于加强城市快速轨道交通建设管理的通知》（以下简称"81 号文"），提出城轨交通建设要量力而行、有序发展，严格项目审批流程，规定了申报发展地铁城市的经济、财政和客流规模等要求，成为指导我国城市轨道交通发展的纲领性政策文件，避免了城市盲目发展城市轨道交通的局面。此后，我国城轨交通建设进一步提速。

2005 年，国务院办公厅转发了建设部、国家发展和改革委员会等六部委《关于优先发展城市公共交通的意见》，要求城市轨道交通要加强换乘枢纽建设，实现公共汽（电）车、大容量快速公共汽车与轨道交通之间的方便快捷换乘；要严格按照城市轨道交通建设规划组织实施，做到有序健康发展。2006 年，建设部等四部委依据上述文件要求联合颁布了《关于优先发展城市公共交通若干经济政策的意见》，明确提出城市公共交通的投入要坚持以政府投入为主，城市公共交通发展要纳入公共财政体系，建立健全城市公共交通投入、补贴和补偿机制。2007 年，国家发展和改革委员会在《综合交通网中长期发展规划》中提出到 2010 年城市轨道交通达 1000 千米，到 2020 年达 2500 千米。

2008 年，受国际金融危机影响，我国城轨交通建设速度迅速回落，而后受宏观政策刺激又迅速回升。为应对金融危机，保持国民经济平稳发展，2009 年，国务院发布《关于调整固定资产投资项目资本金比例的通知》，规定城市轨道交通行业固定资产投资项目的最低资本金比例为 25%；同时要求金融机构在提供信贷支持和服务时，要坚持独立审贷，切实防范金融风险。受此影响，我国城轨交通建设速度在 2008 年进一步下滑，增速降至 10% 以内。随即宏观调控政策迅速出台，在扩大内需、促进经济增长的十项措施及"四万亿计划"刺激下，2009 年和 2010 年，城轨交通建设迅速回暖。2010 年后，我国城轨交通运营里程增速基本稳定在 15%~20%。2013 年，国务院发布《关于取消和下放一批行政审批项目等事项的决定》，将城市轨道交通项目的核准权限下放至省级投资主管部门。同年，国务院在《关于加强城市基础设施建设的意见》中提出，鼓励有条件的城市按照"量力而行、有序发展"的原则，推进地铁、轻轨等城市轨道交通系统建设，发挥地铁等作为公共交通的骨干作用，带动城市公共交通和相关产业发展，到 2015 年，全国轨道交通新增运营里程 1000 千米。2015 年，结合国家促投资、稳增长要求，为放大投资效应、提高投资能力、增加有效投资、加快补上城市轨道交通发展"短板"，国务院出台《关于调整和完善固定资产投资项目资本金制度的通知》，将城市轨道交通项目的最低资本金比例由 25% 调整至 20%。同年，国家发展和改革委员会联合住房和城乡建设部印发《关于优化完善城市轨道交通建设规划审批程序的通知》，初次申报的城市首轮建设规划仍报国务院审批，但对已实施首轮建设规划的城市，其后续建设规划不再报国务院审批，改由国家发展和改革委员会会同住房和城乡建设部审批，并报国务院备案，审批权限下放得到进一步落实。

经过多年的高速发展，部分城市城轨交通建设规模超前、运营持续亏损、地方政府债务负担加大等问题愈加严重。为防范地方债务风险，促进城市轨道交通规范有序发展，2018 年，国务院办公厅出台《关于进一步加强城市轨道交通规划建设管理的意见》（以下简称"52 号文"），提高了建设地铁和轻轨的审核条件，明确了有轨电车项目由省级发展改革部门审批；提出除城市轨道交通建设规划中明确采用特许经营模式的项目外，项目总投资中财政资金投入不得低于 40%；要求建设规划报批和审核程序更加严格，原则上本轮建设规划实施最后一年或规划项目总投资完成 70% 以上的，方可开展新一轮建设规划报批工作。自此，"52 号文"取代"81 号文"，成为新的指导我国城市轨道交通发展的纲领性政策文件。随着"52 号文"的出台，2018 年我国轨道交通运营里程增速下滑。2022 年和 2023 年，受宏观经济波动及地方债务压力加重影响，城轨交通建设速度再度降低，2023 年新增运营里程不足 4%。

相较于"81 号文"，"52 号文"从多个维度提高了城轨交通审批门槛（见表 10-1）。在申报标准方面，提高了人口规模、地方经济、财政收入方面的审批标准，新增了初期客运强度的考量；在投融资方面，"52 号文"提高了财政资金在项目总投资中的比例，并严禁以各类债务资金、融资平台公司、PPP 等名义违规变相举债，对列入债务风险预警范围的城市，暂缓审批新项目；在风险管控方面，"52 号文"规定项目规划期限一般为 5~6 年，并严控速度节奏。受此影响，在"十三五"期间，我国城轨交通建设规划或规划调整方案获国家发展和改革委员会批复规模，呈现"前高后低，逐步放缓"的趋势。根据中国城市轨道交通协会数据，以 2018 年为"分水岭"，当年全国城轨交通获批的里程数和投资总额为"十三五"期间最高，共批复 8 个城轨交通项目，项目里程数约 1100 千米，总投资额达到 8910.89 亿元；"52 号文"出台后的 2019~2022 年，国家发展和改革委员会批复的城市轨道交通项目（含规划调整方案）的线路长度和投资额均大幅降低，2023 年有所回暖（见图 10-1）。

表 10-1　"52 号文"与"81 号文"对比

指标	"81 号文"		"52 号文"	
	地铁	轻轨	地铁	轻轨
城市 GDP（亿元）	1000	600	3000	1500
地方政府一般预算收入（亿元）	100	60	300	150
城区人口（万人）	300	150	300	150
初期客运强度（万人/每日每千米）	—	—	0.7	0.4
客流规模（单向高峰万人/时）	3	1	3	1

注："52 号文"将"城区人口"调整为"市区常住人口"。
资料来源：根据公开资料，笔者整理可得。

本书认为，在地方政府严防债务风险和宏观经济修复不及预期的大环境下，"52 号文"将在未来一段时间内被作为指导我国城轨交通建设的纲领性文件。城轨交通建设和运营更加关注地方政府财政实力和城轨运营效率，城轨交通行业将呈低速增长态势。

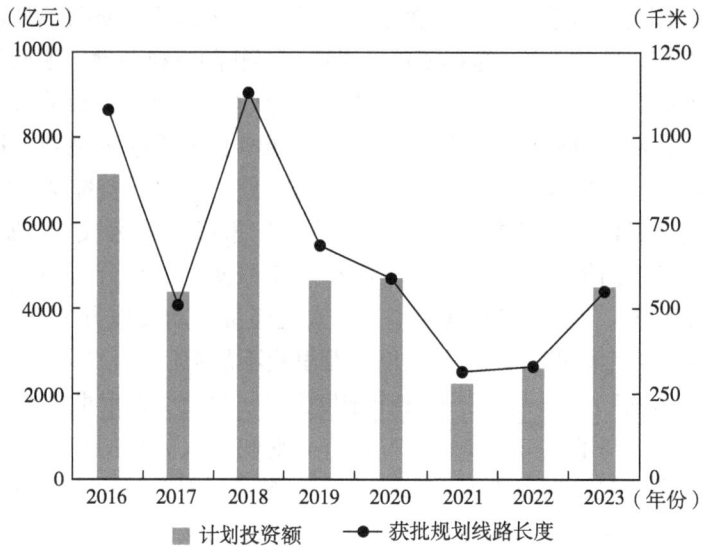

图 10-1 2016~2023 年城轨交通规划获批情况

资料来源：中国城市轨道交通协会。

二、发展概况

我国城轨交通发展迅速，在大城市公共交通领域的重要性愈加凸显。2000 年以来，城轨交通运营线路长度和客运量整体呈快速增长态势，其间受地方政府债务风险及新冠疫情等因素扰动，增速有所波动。本书认为，随着我国城镇化速度放缓，城轨交通运营线路长度和客运量将呈小幅增长趋势，以中心、重点城市和城市群为核心的格局将在较长时期内保持稳定。

城市轨道交通以其在运量、准时性、安全、环保等方面所具有的显著优势，日益成为各大城市交通体系的骨干交通方式与核心基础设施。城轨交通行业是国民经济的重要构成部分，对城市开发建设和产业投资等具有巨大带动作用。城轨交通类型包括地铁、市域快轨、有轨电车、轻轨、单轨、磁悬浮、自动导向轨道等，地铁在轨道交通格局中占据主导地位。我国的城轨交通建设从 21 世纪开始提速，连续二十多年快速发展，每年新建里程从几十千米增加到 1000 多千米，建设城轨交通的城市①从 10 座增加到 50 多座。"十三五"期间，全国新建线路里程约 4352 千米，超过前 50 年建成线路之和。截至 2023 年底，我国城轨交通运营线路长度共计 11224.54 千米。其中，地铁运营线路 8543.11 千米，占比 76.11%；其他制式城轨交通运营线路 2681.43 千米，占比 23.89%。

---

① 以下文中涉及的全国数据不含港澳台地区。

自 2005 年起，我国城镇化节奏加快，发展城轨交通的系列政策出台，城轨交通发展迅猛。2007 年和 2008 年受世界金融危机影响，城轨交通建设增速陡然下滑，然后在宏观政策刺激下，2010 年又迅速回升。2014 年，地方政府债务迅速收紧，城投公司融资渠道收窄，土地供应量下行，城轨交通建设及审批受到影响，运营里程增速大幅放缓。2017 年，受《"十三五"现代综合交通运输体系发展规划》激励，城轨交通建设增速有所提升，而后随"52 号文"的出台迅速回落。自 2020 年以来，在新冠疫情冲击下，国内需求走弱，投资规模缩小，城轨交通运营里程增速逐年降低。

随着运营线路里程快速增长，城轨交通客运量也呈高速增长态势，2013 年城轨交通客运量首次超过 100 亿人次（见表 10-2）。2012～2014 年，客运量增速与城轨交通运营里程同步放缓，2014 年后趋于稳定；2020～2022 年受新冠疫情影响，客运量剧烈波动，2023 年迅速回升至历史高位。近年来，中心城市城轨交通客运量占城市公共交通客运总量的比例不断增长，根据交通运输部数据，2023 年占比逾 50%，总体看来，城轨交通在中心城市公共交通中的地位越发突出。

表 10-2　2013～2023 年我国城轨交通运营线路长度及客运量情况

指标	2013 年	2014 年	2015 年	2016 年	2017 年	2018 年	2019 年	2020 年	2021 年	2022 年	2023 年
运营线路长度（千千米）	2.75	3.17	3.62	4.15	5.03	5.76	6.74	7.97	9.21	10.29	11.23
增速（%）	32.21	15.55	14.02	14.78	21.20	14.47	16.92	18.31	15.52	11.74	9.19
客运量（亿人）	109.19	125.66	138.43	160.90	184.80	210.70	237.10	175.90	236.90	193.02	293.89
增速（%）	25.51	15.08	10.16	16.23	14.85	14.02	12.53	−25.81	34.68	−18.52	50.24

注：上表数据为交通运输部统计数据，与中国城市轨道交通协会统计口径及方式略有出入。

资料来源：交通运输部。

根据中国城市轨道交通协会数据，截至 2023 年底我国共有 59 个城市开通城轨交通线路，共运营线路 338 条，运营线路里程排名前五的分别是上海、北京、成都、广州和深圳；2023 年新增运营线路 25 条，新增运营线路里程 866.65 千米（剔除张江有轨电车线路 9.80 千米）。截至 2023 年底，共有 45 个城市的城轨交通项目在建，在建线路共 5671.65 千米。其中，23 个城市的在建城轨交通线路里程超过 100 千米：青岛和广州的建设规模均超过 300 千米，成都、北京、杭州、宁波、苏州、南京、济南、上海、重庆、郑州 10 个城市的建设规模均在 200 千米以上，建设规模在 150～200 千米的有天津、武汉、沈阳、合肥，建设规模超过 100 千米的有厦门、石家庄、深圳、西安、长春、无锡、福州。

从表 10-3 和表 10-4 可以看出，我国城轨交通分布在主要省会城市及其周边城市，以长三角、珠三角、京津冀、成渝四大城市群最为集中，运营里程占比较高。其中，长三角城市群一体化发展程度最高，城轨交通的城市群效应最明显，长三角城市群以上海、杭州为核心，向苏州、宁波、合肥、无锡、绍兴等周边城市扩散，共辐射 13 座城市，运营里程占全国的比重近 30%；其他城市群中各城市发展水平差别较大，核心城市带动作用相对有限。城市群之外的城市，城轨交通主要集中在省会城市和周边经济发展较好的个别城市，如郑州和洛阳，兰州和天水，武汉和黄石等。整体来看，我国城轨交通的分布呈现省会及周边城市、核心城市向城市群扩散的格局。随着人口增速降低，城镇化节奏放缓，地方政府化债压力增大，我国城轨审批趋紧，城轨交通运管线路长度和客运量将持续小幅增长态势，以中心城市、重点城市和城市群为核心的格局将在较长时期内保持稳定。

表 10-3　截至 2023 年末我国城轨交通分布情况

指标	长三角城市群	珠三角城市群	京津冀城市群	成渝城市群	四大城市群合计	省会城市	全国总计
运营里程（千米）	2808.9	1373.7	1208.6	1096.3	6487.5	8144.6	10087.2
城市个数（个）	13	4	3	2	22	29	53
运营里程占比（%）	27.85	13.62	11.98	10.87	64.31	80.74	100

表 10-4　截至 2023 年末各城市城轨交通运营数据

序号	城市	运营线路（条）	运营里程（千米）	序号	城市	运营线路（条）	运营里程（千米）
1	北京	27	836.0	20	昆明	6	165.9
2	上海	20	825.0	21	福州	5	139.0
3	广州	18	641.5	22	南昌	4	128.5
4	成都	14	601.7	23	南宁	5	128.2
5	深圳	17	567.1	24	佛山	6	127.3
6	武汉	15	529.6	25	贵阳	3	116.9
7	杭州	12	516.0	26	长春	5	111.2
8	重庆	11	494.6	27	无锡	4	110.8
9	南京	14	459.4	28	厦门	3	98.4
10	青岛	8	326.3	29	济南	3	84.1
11	天津	9	298.3	30	哈尔滨	3	82.1
12	西安	9	294.0	31	石家庄	3	74.3
13	郑州	10	277.7	32	徐州	3	64.1
14	沈阳	11	262.2	33	南通	2	58.8
15	苏州	8	258.5	34	绍兴	2	57.8
16	大连	6	237.1	35	常州	2	54.0
17	长沙	7	209.1	36	温州	1	52.5
18	宁波	6	186.0	37	呼和浩特	2	49.0
19	合肥	5	173.3	38	芜湖	2	46.2

序号	城市	运营线路（条）	运营里程（千米）	序号	城市	运营线路（条）	运营里程（千米）
39	洛阳	2	43.5	47	句容	1	17.3
40	昆山	2	43.0	48	嘉兴	1	13.8
41	东莞	1	37.8	49	文山	1	13.4
42	兰州	2	33.5	50	红河	1	13.4
43	乌鲁木齐	1	26.8	51	天水	1	12.9
44	黄石	1	26.8	52	咸阳	1	10.7
45	太原	1	23.3	53	三亚	1	8.4
46	淮安	1	20.1	合计	—	310	10087.2

注：珠海有轨电车一号线自2021年1月22日起暂停运营，海宁航海线未列入本表；本表数据来自交通运输部，与中国城市轨道交通协会统计口径及方式略有出入，由此造成本表与上文数据存在不符之处。

资料来源：交通运输部。

三、建设运营模式

我国城轨交通建设以城轨交通企业自主开发投资为主，PPP及自建与PPP结合等创新模式形成有益补充。本书认为，企业自主投融资建设的传统模式对地方政府及企业自身均造成较大的债务压力，在地方政府化债背景下，PPP等创新模式将有较大发展空间。

（一）传统自建模式

作为城轨交通项目的建设及运营主体，城轨交通企业一般是地方政府成立的国有企业。地方政府通过股权出资等方式，分期分批或按项目进度拨入资本金，资本金比例通常在40%以上，其余资金主要由地铁企业通过项目贷款及资本市场债务融资等方式筹集。项目资本金来源主要包括：①所在城市地方财政预算内专项资金拨付，部分城市还有项目沿线区（县、市）级财政共担的办法；②各级财政统筹归集的轨道交通建设专项资金主要是土地收入提成、城市建设配套费等；③政府专项债券资金。项目建成后，由地铁企业或下属子公司负责运营。

上海、广州、深圳、成都、重庆等地铁发展较早的特大、超大城市，以及福州、郑州、苏州、宁波、厦门等近年来地铁投资规模较大的中东部特大、大城市，投资模式均为传统自主开发模式。其中，上海市的资本金投入及资金平衡方式更为灵活多样。2012~2018年，上海城轨交通建设的资本金比例约为45%，资本金由市区两级政府承担，上海市国资委将市级资本金下拨至久事集团和上海城投，再由两公司以股权投资的方式增加相关企业的实收资本；区级财政则主要通过支付项目站点拆迁安置费、管线搬迁费和其他前期工程费的形式进行出资。2019年，上海市轨道交通网络建设的资金全部由市区两级政府以资本金注入方式承担。自2020年起，上海市政府主要通过发行政府专项债募集项目建设所需资金。兰州市作为西部城市，地铁项目均采用了自建模式，但在资本金投入上得到了省级财政的支持。

（二）PPP 模式

PPP 模式的优势在于通过引入社会投资，解决短期内项目面临的资金不足问题，缓解政府及地铁企业的资本支出压力。对于部分财力相对紧张的城市而言，PPP 模式提供了利用社会资本超前发展城轨交通的机会。在 PPP 模式下，资本金由政府（一般由地铁企业代表）和社会资本方共同承担，其余资金由联合组建的项目公司负责筹集。项目建成后，在一定期限内（通常为 25~30 年）由项目公司或委托其他企业负责相关线路的运营、维护，运营期满后无偿移交政府或原地铁企业。太原、呼和浩特、芜湖、天水、红河等城市的地铁建设项目均采用了 PPP 模式。这些城市规划建设的地铁线路虽然较少，但若采用自建模式，对政府财力仍会构成较大负担。

（三）自建与 PPP 结合模式

地铁企业综合考虑项目实际情况及资金状况，内部不同项目分别采用不同的建设投资模式，形成了自建与 PPP 相结合的建设、运营体系，如杭州、青岛、温州、昆明等。其中，昆明在项目资本金投入上引入了国开发展基金的支持，相应股权未来由昆明市政府予以回购。同时，我们也关注到，部分城市在地铁建设中会将同一项目进行分拆，一部分采用自主模式，另一部分采用 PPP 模式。例如，南昌三号线即采用这种组合模式实施，南京五号线也计划采用这种组合方式。

北京在自主开发的同时，较早引入社会资本参与，少量项目采用了 PPP 模式，由社会资本组成项目公司负责相关项目的投资、建设和运营。与北京类似，长沙、西安、南昌、南京、无锡等多个城市也以自主开发为主、以 PPP 模式为辅；天津、乌鲁木齐的地铁项目除少量采用自主开发建设外，大部分都采用了 PPP 模式。

我们还注意到，个别项目存在建设模式"切换"的现象。例如，绍兴轨道交通一号线在项目实施初期采用自主投资建设的方式，后为缓解资金压力转为 PPP 模式。与此相反的是，东莞轨道交通一号线自开工以来一直按照 PPP 模式建设，但临近完工投运时，东莞市轨道交通局解除了 PPP 相关合同。

本书认为，企业自主投融资建设的传统模式对地方政府及企业自身均造成较大的债务压力，在地方政府化债背景下，PPP 等创新模式将有较大发展空间。

四、营收来源

我国城轨交通企业的主营业务收入来源及结构存在很大差异，多数企业仍以城轨交通直接运营收入为主，以资源开发等其他业务收入为辅。本书认为，票款收入仍是城轨交通企业最重要的收入来源，其他业务以房地产开发为主，市场化程度较高，未来收入具有不确定性。

我国城轨交通企业的业务收入主要包括三大类：直接运营收入、相关资源经营收入、非城轨交通相关业务收入。由于各城市人口、经济及地方财政等因素不同，各城轨交通企业的三类业务收入占比也不尽相同。整体来看，直接运营收入是企业收入的重要来源，2023 年占营业收入的 37.84%；相关资源经营收入是企业资金平衡的重要渠道，主要分为商业物业等资产经营收入和沿线资源开发收入两类，后者占主要部分；非城轨交通相关业务收入占比最高，达到 58.07%，以房地产开发为主，该部分业务受宏观经济及房地产市场影响较大，其收入具有不确定性。

（一）直接运营收入

直接运营收入是指城轨交通运营所产生的票款收入，部分企业将票价相关的政府补贴一并计入了票款收入。票款收入是城轨交通企业专有的收入来源，也是其经营的基础和核心。由于城轨交通经营的公益性定位，相对于城轨交通建设的巨额投入及运维支出，城轨交通企业的票款收入普遍偏少。

（二）相关资源经营收入

相关资源经营收入具体包括以下两大类：①商业物业等资产经营收入，包括地下和地上商业物业出租收入、广告服务收入等；②沿线资源开发利用收入主要是轨道交通沿线土地开发收入、轨道交通车辆段相关空间及地下管廊综合利用产生的收入等。该类收入是核心业务的延伸，体现了政府对地铁建设的政策性支持，是地铁企业资金平衡的重要渠道。

（三）非城轨交通相关业务收入

为增加收入来源，提高企业综合实力，部分城轨交通企业在主业之外，还从事一些与城轨交通资产相关性较低的其他业务。在房地产行业高速发展时期，很多城轨交通企业涉足了房地产开发业务，部分企业还涉及保障房、城市基础设施代建等业务。此外，商品贸易、咨询设计、物业服务等也是城轨交通企业经常涉及的领域。该类收入与城轨交通企业传统主业相关性低，但已经成为部分城轨交通企业的主要收入。本部分选取 31 个重点城市的轨道交通企业作为样本企业分析（见表 10-5）。

表 10-5　2023 年样本企业收入构成情况

轨道交通企业	直接运营		相关资源经营				非城轨交通相关业务运营			收入合计（亿元）
	金额（亿元）	占比（%）	金额（亿元）	占比（%）	其中：商业物业等资产经营（亿元）	沿线资源开发利用（亿元）	金额（亿元）	占比（%）	其中：房地产开发（亿元）	
上海久事（集团）有限公司	85.42	33.22	19.77	7.69	9.42	10.35	151.91	59.09	—	257.10
苏州市轨道交通集团有限公司	81.33	71.87	31.81	28.11	1.84	29.97	0.02	0.02	—	113.16
广州地铁集团有限公司	73.59	52.13	32.51	23.03	32.51	—	35.06	24.84	—	141.16
北京市基础设施投资有限公司	68.27	31.31	19.09	8.76	12.25	6.84	130.67	59.93	106.41	218.03
深圳市地铁集团有限公司	62.48	24.84	13.16	5.23	4.09	9.07	175.90	69.93	147.23	251.54
武汉地铁集团有限公司	41.00	61.29	17.94	26.82	6.16	11.78	7.96	11.90	—	66.90

续表

轨道交通企业	直接运营		相关资源经营				非城轨交通相关业务运营			收入合计(亿元)
	金额(亿元)	占比(%)	金额(亿元)	占比(%)	其中:商业物业等资产经营(亿元)	沿线资源开发利用(亿元)	金额(亿元)	占比(%)	其中:房地产开发(亿元)	
长沙市轨道交通集团有限公司	40.96	**92.54**	1.47	3.32	1.47	—	1.83	4.13	—	44.26
成都轨道交通集团有限公司	39.09	24.74	1.02	0.65	1.02	—	117.92	**74.62**	99.89	158.03
西安市轨道交通集团有限公司	24.44	**72.33**	1.02	3.02	1.02	—	8.33	24.65	—	33.79
南京地铁集团有限公司	21.25	**60.64**	3.53	10.07	3.53	—	10.26	29.28	2.12	35.04
重庆市轨道交通(集团)有限公司	19.95	**65.73**	3.04	10.02	3.04	—	7.36	24.25	1.83	30.35
无锡地铁集团有限公司	12.31	37.60	3.31	10.11	1.26	2.05	17.12	**52.29**	0.32	32.74
郑州地铁集团有限公司	8.80	**53.82**	0.99	6.06	0.99	—	6.56	40.12	0.50	16.35
沈阳地铁集团有限公司	8.42	**64.27**	0.52	3.97	0.52	—	4.16	31.76	—	13.10
青岛地铁集团有限公司	8.28	17.89	1.83	3.95	1.83	—	36.18	**78.16**	20.47	46.29
常州地铁集团有限公司	6.86	**90.26**	0.35	4.61	0.35	—	0.39	5.13	—	7.60
南昌轨道交通集团有限公司	6.81	23.21	0.52	1.77	0.52	—	22.01	**75.02**	1.42	29.34
南宁轨道交通集团有限责任公司	6.68	16.91	2.65	6.71	2.65	—	30.18	**76.39**	21.66	39.51
天津轨道交通集团有限公司	6.37	28.19	2.90	12.83	1.74	1.16	13.33	**58.98**	—	22.60
宁波市轨道交通集团有限公司	5.70	5.42	1.18	1.12	1.18	—	98.21	**93.45**	0.00	105.09
昆明轨道交通集团有限公司	4.69	43.15	3.20	29.44	2.83	0.37	2.98	27.41	—	10.87
佛山市地铁集团有限公司	4.23	**76.49**	0.00	0.00	0.00	0.00	1.30	23.51	—	5.53
长春市轨道交通集团有限公司	3.91	46.27	0.06	0.71	0.06	—	4.48	**53.02**	0.44	8.45
兰州市轨道交通有限公司	2.94	18.69	1.67	10.62	1.67	—	11.12	**70.69**	—	15.73
温州市铁路与轨道交通投资集团有限公司	2.75	39.80	0.49	7.09	0.49	—	3.67	**53.11**	—	6.91
乌鲁木齐城市轨道集团有限公司	1.14	**82.61**	0.09	6.52	0.09	—	0.15	10.87	—	1.38
绍兴市轨道交通集团有限公司	0.01	1.56	0.01	1.56	0.01	—	0.62	**96.88**	—	0.64

注:公开资料未披露杭州、福州、厦门、济南四市的地铁企业的详细营业收入组成情况,故未列示。

资料来源:根据公开资料,笔者整理可得。

根据样本企业收入构成情况,2023 年苏州、广州、长沙等 12 家样本企业的直接运营收入占营业收入的比重较大,较为依赖城轨交通运营的票款收入。其中,长沙、常州、乌鲁木齐、佛山 4 家企业的直接运营收入占比逾 75%,对票款收入较为依赖;广州城轨企业的票款收入占比相对不高,其他主营业务为地铁设计咨询、监理服务等,而非房地产开发，该部分业务的营收及占比相对稳定。

昆明、苏州、武汉3家样本企业的相关资源经营收入占比相对较高。其中，武汉和苏州的相关资源经营业务主要是地铁沿线的土地整理业务，该部分业务的开发项目储备充足、可持续性好，但是回款进度较慢，在房地产行业持续低迷的大环境下，收入可持续性下降，回款难度将进一步增加。

上海、北京、深圳、成都等其余样本企业的非城轨交通相关业务运营收入占比较大。其中，北京、深圳、成都、青岛、南宁5家企业的非城轨交通相关业务以房地产开发为主，除北京外，其他企业的房地产开发业务收入近年来均波动较大；上海的非城轨交通相关业务较多，包括物流货运、汽车相关销售及服务、咨询、旅游等，且占企业营业收入的比重有所增长；无锡的货物销售占比较大，主要来源于并表企业的水泥销售收入。

综合来看，票款收入仍是城轨交通企业最重要和稳定的收入来源，而非城轨交通相关业务收入逐渐上升为城轨交通企业的主要部分，该部分业务以房地产开发为主，还包括销售、咨询、工程代建等其他业务，其市场化程度较高，受宏观经济、房地产市场及公司自身经营效率的影响较大，具有一定的不确定性。

五、亏损弥补

由于地铁运营具有很强的公益性，车票定价相对较低，票价收入普遍不能覆盖经营成本，因此地铁企业大多需要政府补贴来弥补运营亏损。本书认为，在房地产市场景气度下滑、经济波动的大环境下，地铁企业通过物业经营、房地产开发等市场化业务增加盈利的空间有限，对政府补贴的依赖将维持较长时期。

地铁企业经营成本的构成项目主要包括人工成本、电力成本、维修成本、资产折旧，期间费用主要来自财务费用。需要注意的是，企业对车站、隧道等土建类资产尚未形成统一的折旧计提办法，折旧办法往往由企业根据自身具体情况确定，或经地方财政部门予以确认。因此，地铁企业的折旧计提方法差异较大，如武汉地铁对已建成通车的线路经营性设备减半计提折旧，广州地铁对车站、洞体建筑物暂定折旧年限100年，前20年不计提折旧；成都地铁在2018年以前不计提，自2019年起恢复计提，且财务核算办法前后不统一，2021年开始以政府相关补贴冲减成本，导致成本大幅波动；深圳地铁计提年限为"无限期"；北京地铁和郑州地铁在2021年之前与线路相关的车站、隧道等地下建筑物（土建类资产）不计提折旧，自2021年起按照相关会计政策开始对地铁线路形成的资产计提折旧。同时，地铁企业财务费用的核算也有较大不同。例如，武汉地铁对财务费用暂挂账，不计入当期损益；成都地铁自2019年起计提财务费用，同时计提对应的补贴，收支相抵；部分企业则进行利息资本化处理，短期内不影响损益。

地铁运营具有很强的公益性特点，车票定价相对较低，票价收入普遍不能覆盖经营成本，同时地铁企业票款收入以外的其他经营收入相对有限，创收潜力有待进一步挖掘。因此，地铁企业主营业务普遍处于大幅亏损状态，需要通过其他收益加以弥补或平衡。当前，地铁企业弥补业绩亏损主要通过政策性补贴来实现，市场化弥补的渠道还不多。根据中国城市轨道交通协会统计数据，2023 年全国城轨交通平均每车千米运营收入 17.61 元，同比减少 1.71 元；平均每人次千米运营收入 0.92 元，同比减少 0.63 元；平均每车千米运营成本 34.43 元，同比增加 3.36 元；平均每人次千米运营成本 1.74 元，同比减少 0.45 元（见表 10-6）。总成本中人工成本占比 42.98%，同比下降 4.74 个百分点；电费占比 9.05%，同比下降 0.39 个百分点。2023 年，全国平均运营收支比为 51.15%，同比下降 11.03 个百分点，近年来呈下降趋势。可以看出，近年来我国城轨交通行业的收入成本倒挂程度加深，业务亏损严重。

表 10-6　城轨交通行业运营收入和成本情况

指标	2019 年	2020 年	2021 年	2022 年	2023 年
平均每车千米运营收入（亿元）	22.46	21.66	22.39	19.32	17.61
平均每车千米运营成本（亿元）	31.90	33.10	32.68	31.07	34.43
平均每人次千米运营收入（亿元）	1.50	1.51	1.55	1.55	0.92
平均每人次千米运营成本（亿元）	1.79	1.84	1.98	2.19	1.74
平均运营收支比（%）	70.41	65.44	68.51	62.18	51.15

资料来源：中国城市轨道交通协会。

政策性补贴主要包括三种：一是政府给予的运营补贴：考虑到地铁票价普遍较低的情况，各地主要通过票款补贴的方式，对票价收入与运营成本差额的部分予以补贴；二是财务性补贴，主要是对地铁建设筹集资金产生的融资费用给予相关补贴；三是政府公共资源扶持，主要是授权地铁企业对沿线土地等资源进行一级开发，以土地出让收入提成或支付管理费等方式给予补贴，实质上也是政府补助的一种变通方式。

在市场化弥补方面，各企业依托地铁经营特点，着力开展地铁上盖物业经营、广告服务、沿线管廊或停车场站的综合开发利用等相关业务，同时积极向地铁以外的领域延伸，拓展房地产开发、商品销售、咨询设计等市场化业务，但总体来看收益不高，特别是近年来面对房地产市场景气度下滑、经济波动的大环境，相关业务经营难度加大，亏损弥补空间有限。

表 10-7 是部分城轨交通企业 2022[①] 年政府补助和利润状况，列示了剔除政府补助前后的利润对比情况。如前文所述，考虑到地铁企业会计政策不统一、财务核算差别大等情况，企业盈利数据仅可作为观察企业经营状况的一个参考，企业间并不具有很强的可比性，仅按数据进行简单比较可能存在偏差，需要结合企业具体情况进行深入剖析。其中，深圳作为城轨交通起步较早的城市，地处改革开放的前沿，深圳市地铁

---

① 公开资料未披露 2023 年的政府补助数据，故以 2022 年数据为例进行分析。

集团有限公司通过探索城站一体化开发模式，加之所持有的大额优质上市公司股权，对经营业绩形成了良好支撑，在无政府运营补贴的情况下保持了良好的盈利能力。另外，值得关注的是，该企业未对轨道资产充分计提折旧。武汉地铁获得的政府补助金额相对有限，但其实行财务费用暂挂账、不计入当期损益，依托沿线土地资源开发，也形成了一定的盈利能力，若剔除政府补助和财务费用挂账，也处于亏损状态，且未来土地开发相关收入的可持续性有待观察。

表 10-7　2022 年部分地铁企业政府补助及利润状况　　　　单位：亿元

企业名称	政府补助合计	计入票款收入部分	计入其他收益部分	冲减成本费用部分	净利润	剔除补贴后净利润
济南轨道交通集团有限公司	0.43	—	0.43	-3.61	3.18	3.18
深圳市地铁集团有限公司	5.76	0.58	5.18	—	8.66	2.90
武汉地铁集团有限公司	15.64	14.77	0.87	—	15.63	-0.01
绍兴市轨道交通集团有限公司	0.28	—	0.28	—	0.22	-0.06
温州市铁路与轨道交通投资集团有限公司	3.39	—	3.39	—	2.20	-1.19
乌鲁木齐城市轨道集团有限公司	3.95	—	3.95	—	0.01	-3.94
佛山市地铁集团有限公司	5.72	—	5.72	—	0.89	-4.83
常州地铁集团有限公司	6.28	6.27	0.01	—	0.37	-5.91
兰州市轨道交通有限公司	2.03	—	2.03	—	-4.81	-6.84
南昌轨道交通集团有限公司	9.76	2.48	7.28	—	1.22	-8.54
昆明轨道交通集团有限公司	9.92	—	9.92	—	0.79	-9.13
南宁轨道交通集团有限责任公司	14.10	—	14.10	—	3.62	-10.48
无锡地铁集团有限公司	15.48	9.40	6.08	—	1.17	-14.31
广州地铁集团有限公司	24.66	11.72	12.94	—	9.02	-15.64
沈阳地铁集团有限公司	10.63	—	0.18	10.45	-6.51	-17.14
福州地铁集团有限公司	20.97	17.31	3.66	—	2.61	-18.36
天津轨道交通集团有限公司	32.39	—	32.39	—	6.04	-26.35
厦门轨道建设发展集团有限公司	32.84	—	32.84	—	3.69	-29.15
长春市轨道交通集团有限公司	46.72	—	46.72	—	10.40	-36.32
西安市轨道交通集团有限公司	38.00	—	38.00	—	0.30	-37.70
长沙市轨道交通集团有限公司	44.63	25.54	19.09	—	3.06	-41.57
南京地铁集团有限公司	50.06	—	50.06	—	3.36	-46.70
宁波市轨道交通集团有限公司	58.65	—	58.65	—	2.23	-56.42
青岛地铁集团有限公司	66.06	—	66.06	—	4.97	-61.09
苏州市轨道交通集团有限公司	71.20	69.00	2.20	—	0.08	-71.12
郑州地铁集团有限公司	75.61	—	75.61	—	1.03	-74.58

续表

企业名称	政府补助合计	计入票款收入部分	计入其他收益部分	冲减成本费用部分	净利润	剔除补贴后净利润
重庆市轨道交通（集团）有限公司	85.29	—	85.29	—	0.20	-85.09
杭州市地铁集团有限责任公司	94.69	—	94.69	—	5.57	-89.12
成都轨道交通集团有限公司	121.87	—	61.87	60.00	8.44	-113.43
北京市基础设施投资有限公司	262.86	—	262.86	—	24.14	-238.72

注：苏州市轨道交通集团有限公司所获票款补助已计入票款收入，但未收集到准确数据，补贴金额依据客流、票价估算而来；成都轨道交通集团有限公司所获票款补助分别计入其他收益和冲抵折旧成本，冲抵折旧部分依据当年固定资产折旧计提金额估算而来。

资料来源：根据公开资料，笔者整理所得。

六、样本企业财务指标分析

由于项目投资巨大、建设周期长、公益性运营等特点，城轨交通企业呈现重资产、盈利弱、现金收入稳定性好的行业特征，杠杆率整体偏高，债务负担较重，债务保障指标表现较弱。本书认为，当前宏观经济仍面临一定挑战，地方财政面临收缩压力，对企业偿债能力造成不利影响，将加剧行业内企业偿债能力的分化。

近年来，样本企业总体的营业收入和营业成本持续增长，但综合毛利率呈下滑态势。由于城轨交通运营的公益性特点，行业综合毛利率一直处于较低水平，2020 年受新冠疫情影响，营业收入增速趋缓，综合毛利率大幅下滑，2021 年有所回升，2022 年又降至-23%。从总资产报酬率看，城轨交通行业的盈利水平较弱，但相对稳定。近年来，样本企业总体的总资产报酬率在 0.9%左右。

从样本企业 2023 年盈利指标看，仅有成都、深圳、苏州等九家企业的毛利润为正，多数企业呈持续下降趋势；仅长沙、成都、福州、苏州、常州、深圳六家企业的综合毛利率表现相对较好，在 10%以上；样本企业的总资产报酬率在-0.79%~3%，表现较为稳定（见表 10-8）。其中，厦门市城轨企业 2021 年盈利指标表现较差，主要是因为 2022 年 3 月厦门特房集团 100%股权无偿划入，厦门城轨企业的业务拓展至房地产开发和建筑施工等领域，导致收入结构调整，建筑施工和房地产开发业务成为公司营业收入的主要来源。长春市轨道交通企业的总资产报酬率保持在 3%~3.7%，主要是长春市政府提供的财政补助等支持力度较大的缘故。

表 10-8　样本企业盈利情况　　　　　单位：%

城市	毛利润			综合毛利率			总资产报酬率		
	2021 年	2022 年	2023 年	2021 年	2022 年	2023 年	2021 年	2022 年	2023 年
成都	12.92	33.27	47.34	19.22	28.20	29.95	2.19	1.98	2.10

续表

城市	毛利润			综合毛利率			总资产报酬率		
	2021 年	2022 年	2023 年	2021 年	2022 年	2023 年	2021 年	2022 年	2023 年
深圳	30.58	29.16	32.43	18.65	12.16	12.89	1.11	0.97	0.89
苏州	26.38	23.83	30.21	33.33	26.26	26.56	1.76	1.64	1.47
长沙	22.40	16.76	23.66	41.26	38.94	53.46	1.69	1.82	1.69
广州	17.17	-3.82	11.20	12.75	-3.11	7.94	0.57	0.76	0.55
福州	6.99	7.45	9.29	38.52	33.43	27.50	1.07	1.15	1.20
厦门	-13.75	7.68	3.82	-142.49	7.12	4.45	0.79	1.23	1.09
常州	0.48	1.16	1.50	10.78	16.26	19.79	0.05	0.10	0.13
兰州	1.20	-1.04	0.22	42.10	-38.59	1.40	0.74	-0.33	-0.21
绍兴	0.14	0.04	-0.79	14.18	3.27	-123.15	0.30	0.17	0.07
温州	0.72	0.87	-0.93	13.47	14.62	-13.42	0.57	0.52	0.51
无锡	-9.67	-2.26	-1.64	-71.32	-7.10	-5.01	0.28	0.26	0.35
沈阳	-1.27	-5.31	-2.92	-10.86	-55.64	-22.30	-0.22	-0.68	1.79
南昌	-0.34	-0.78	-3.35	-0.97	-2.60	-11.41	1.75	0.10	0.14
西安	-7.03	-14.44	-4.07	-31.48	-86.77	-12.05	0.57	1.48	1.41
南宁	4.38	1.48	-4.42	13.02	4.64	-11.19	0.54	0.55	0.35
济南	5.87	16.61	-6.27	23.12	18.87	-6.41	0.19	0.40	1.51
武汉	23.96	10.48	-7.74	23.56	10.33	-11.56	0.54	0.39	0.02
乌鲁木齐	0.16	-3.50	-8.69	73.43	-493.17	-631.60	0.02	0.09	2.25
天津	-9.67	-9.42	-11.63	-50.81	-47.85	-51.46	0.50	0.51	0.96
长春	-6.48	-7.85	-11.80	-81.90	-106.78	-139.63	3.52	3.66	3.00
佛山	-0.44	-4.25	-16.75	-16.36	-106.67	-302.99	-0.12	0.18	-0.07
昆明	-3.31	-8.28	-21.01	-38.88	-131.74	-193.33	0.09	0.09	0.13
郑州	-14.94	-40.76	-22.91	-156.30	-679.19	-140.15	1.66	1.67	1.42
宁波	-5.69	-14.09	-30.13	-17.54	-29.31	-28.67	2.25	1.86	1.78
重庆	-19.72	-39.12	-35.28	-65.70	-176.08	-116.24	0.03	1.95	1.85
青岛	-41.96	-29.90	-37.69	-117.57	-63.92	-81.44	1.08	1.44	1.49
南京	-31.93	-43.10	-41.73	-122.43	-175.87	-119.09	0.15	0.14	0.15
杭州	6.75	-48.64	—	11.20	-146.97	—	0.12	1.70	—
北京	-70.56	-98.27	-100.25	-41.60	-65.15	-45.98	2.11	2.25	1.83
上海	-178.41	-259.57	-232.01	-71.70	-142.04	-90.24	-0.31	-2.15	-0.79

注：以各城市名代指当地城轨企业，杭州的城轨企业未披露 2023 年财务数据。

资料来源：Wind。

近年来，我国城轨交通建设规模仍呈增长趋势，城轨交通企业资产及负债规模不断扩大。但是，在 2018 年"52 号文"出台以后，城轨交通企业资产增速明显下滑，虽然 2019 年有所反弹，但整体仍延续放缓态势。

在资产结构方面，城轨交通行业非流动资产占总资产的比重在 80% 左右（见图 10-2）。具体来看，流动资产以货币资金、存货为主，非流动资产以其他应收款、长期股权投资、固定资产和在建工程为主。城轨交通属于资本密集型行业，固定资产和在建工程之和占总资产的比重在 70% 左右，固定资产主要是交通运输设备、房屋及建筑物、电气设备及其他轨道交通专用设备等，在建工程主要是线路工程和专项代建工程等。货币资金占比不高，但较为稳定，近年来小幅增长，受限部分占比较低，主要是各项保证金。其他应收款主要是应收相关单位往来款和票款补贴等，对于深圳城轨企业等以房地产业务为主的城轨交通企业而言主要是房地产项目合作方款项。存货主要为开发成本、原材料、土地整理项目等，2022 年厦门、济南、宁波、天津等城轨企业开发项目增多，存货大幅增长，2023 年小幅增长。长期股权投资以上海、北京、天津的城轨企业居多，上海和北京城轨企业的长期股权投资主要是对金融、航空、房地产企业的投资，天津城轨企业的长期股权投资主要是对联营企业的投资，如天津南环铁路有限公司、中交（天津）轨道交通投资建设有限公司、天津城产发展有限公司、天津一号线轨道交通运营有限公司等。在受限资产方面，北京、常州、昆明的受限资产均超 250 亿元，其他城市的城轨企业受限资产规模相对不高。其中，常州受限比例达 80%，均为固定资产抵押，北京和昆明主要是固定资产售后回租受限。

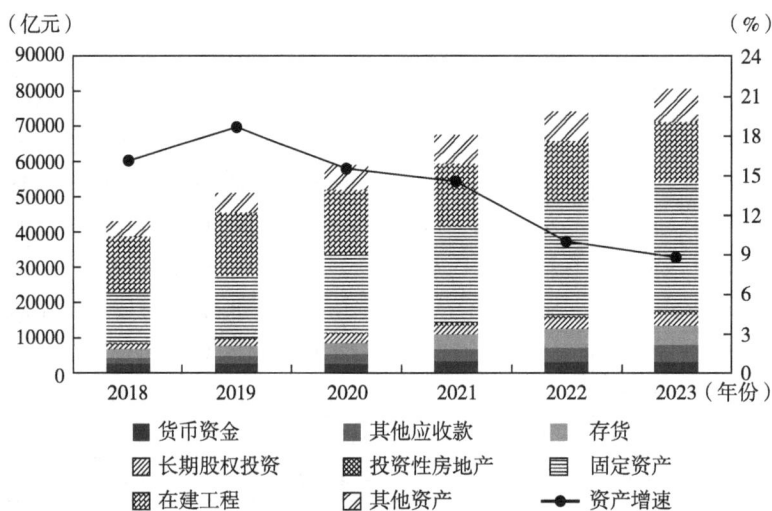

图 10-2　2018~2023 年样本企业总体资产结构情况

资料来源：Wind。

从财务杠杆率来看，截至 2023 年末，样本企业总体资产负债率和全部债务资本化比率分别为 59.18% 和 49.50%，近年来均呈缓慢增长趋势（见表 10-9）。兰州、长春、济南、郑州四市的城轨企业资产负债率超过70%，其全部债务资本化比率也处于样本企业中的较高水平，财务杠杆率较高。从城市能级来看，除绍兴、温州、南昌等近年来在建规模较小，城轨企业财务杠杆率处于较低水平外，三线城市城轨企业的财务杠杆水平普遍高于一线及重点二线城市。在一线城市中，北京的城轨企业因大量在建地铁线路项目和土地一级开发致使债务规模高企，资本化比率处于相对较高水平，上海、深圳、广州的财务杠杆水平均较低。行业综合融资成本①在2021年有所增加，并保持在4.4%左右，整体相对稳定。

表10-9 2019~2023年样本企业现金流和债务保障状况

指标	2019年	2020年	2021年	2022年	2023年
经营活动现金流入（亿元）	2628.53	2380.78	3450.27	4627.90	4244.93
销售商品、提供劳务收到的现金（亿元）	1307.43	1233.30	1898.79	1791.49	1924.33
现金收入比（倍）	1.09	1.02	1.32	1.10	1.00
经营活动现金流出（亿元）	2360.40	2424.33	3405.19	4249.15	4008.53
投资活动现金流入（亿元）	1884.97	1757.13	1877.89	1530.88	1264.06
投资活动现金流出（亿元）	6990.00	7751.46	7479.14	6899.48	6463.82
购建固定资产、无形资产和其他长期资产支付的现金（亿元）	4775.76	5360.85	5357.60	4982.72	4673.21
筹资活动现金流入（亿元）	8889.17	11806.10	13119.93	14158.60	12373.88
筹资活动现金流出（亿元）	4121.80	5827.80	6848.70	9509.71	7356.56
现金及现金等价物净增加额（亿元）	-71.29	-60.30	714.75	-338.59	54.11
资产负债率（%）	54.84	56.77	58.27	58.77	59.18
全部债务资本化比率（%）	46.07	48.01	48.99	49.05	49.50
经营性现金债务保障（倍）	1.51	1.24	0.78	0.96	0.85
全部债务/EBITDA（倍）	31.20	32.87	28.18	29.73	29.06
融资成本（%）	—	4.00	4.42	4.44	—

资料来源：Wind。

根据2021年《中国经营报》发表的《"十四五"城轨审批再趋严》报道，国家发展和改革委员会在"十四五"期间将严控地方政府因为城市轨道交通投资带来的债务风险，规划期内项目政府出资占市本级和区级一般公共预算收入之和的平均比例不得超过5%，对市本级隐性债务风险等级处于红色区域的，或轨道交通剩余负债占当年市区一般公共预算收入比例超过300%的，暂停受理新一轮建设规划或新增投资的规划调

---

① 行业综合融资成本=（样本企业费用化利息支出之和+资本化利息支出之和）/全部有息债务×100%，资本化利息支出根据公开资料中的EBITDA和EBITDA利息保障倍数计算得出。

整，并强调城市轨道交通项目经过的所有区级政府隐性债务平台等级不得处于红色区域①。昆明、绍兴、成都、兰州、乌鲁木齐、常州、温州、青岛、南京、无锡、长春等市的本级政府广义债务率均超 700%，债务负担较重，其城轨企业的新增投资或规划调整或面临一定限制。

样本企业由于稳定的票款收入，具备良好的经营获现能力，总体的现金收入比近年来均在 1 倍及以上，2020 年有所减小，而后有所回升。样本企业总体的经营活动现金流入和流出规模大体相抵，经营性净现金流规模相对较小，受房地产行业影响，近年来有所波动。2022 年，广州和厦门城轨企业的经营活动现金净流出规模较大，分别系土地竞拍、房地产开发规模较大所致；深圳和北京城轨企业的经营活动现金净流出大幅缩小，深圳由负转正主要系摘地规模同比减少、同期税费返还和地铁建设补助资金规模较大所致，北京主要系应收的票款补助大规模到账所致。

受项目建设支出影响，城轨企业的投资活动现金基本呈现持续净流出状况，在建线路较多、项目建设推进较快的一线和新一线城市面临更大的资金投入需求，投资活动现金净流出的绝对规模较大。筹资活动作为城轨企业资金来源的主要途径，以银行借款为主，辅以直接融资，吸收投资收到的现金亦是其项目建设资金平衡的重要来源。

从债务保障指标来看，城轨企业总体的经营性现金债务保障指标呈波动下降态势，2022 年样本企业中有 17 家城轨企业的经营活动现金流对到期债务的覆盖倍数达到一倍以上，2023 年仅有 9 家，行业的近期债务指标表现较弱；全部债务/EBITDA 的变化情况与前者类似，2021 年最低，但仍超过 28 倍。2023 年，在样本企业中，常州、武汉、南昌、绍兴等市的城轨企业指标值超出 100 倍，行业的中远期债务保障指标也表现不佳。另外，各地设立的轨道交通建设发展基金主要来源包括市、区财政专项资金，土地出让收入统筹部分等，其整体对区域内的土地出让金有很强的依赖。当前，宏观经济下行压力大、房地产市场依然低迷，地方财政不断承压，本息偿付资金的拨付及时性受到一定挑战。

七、总结

城市轨道交通作为现代城市公共交通体系的重要组成部分，在疏解交通压力、优化城市布局、拉动经济增长、促进产业升级等方面具有重要意义，能够带来显著的社会效益。城轨运营与民生问题关系密切，其公益性职能一直被置于首位，低票价政策未来仍会持续。但是，城轨建设投入巨大，运营维护成本高昂，仅依靠票务收入难以覆盖成本，其对城轨企业经营形成的挑战将长期存在，而政府补助是城轨企业实现盈利的重要来源。

① 自 2019 年起，财政部推行地方政府债务风险等级评定制度，以债务率［债务率＝（地方政府债务余额+隐性债务）/综合财力］为考核标准，将不同区域划分为"红橙黄绿"四档：红（债务率≥300%）、橙（200≤债务率<300%）、黄（120≤债务率<200%）、绿（债务率<120%）。

城轨交通企业呈现重资产、盈利弱、现金收入稳定性好的行业特征，杠杆率整体偏高，债务负担较重，债务保障指标表现较弱，不同城市间的项目资本金及补助拨付及时性差异较大，导致企业间的财务杠杆率及债务压力分化较为明显，加之当前宏观经济波动、房地产市场不景气，故地方财政不断承压。

本书认为，尽管城轨交通行业财务杠杆率较高，债务保障指标表现较弱，但政策会持续支持，发展态势稳定，企业现金流获取能力较强，加之城轨企业的政府支持力度较大，因此行业违约风险处于较低水平。

八、附件

附表 10-1　1995~2023 年轨道交通行业相关重要政策

发布时间	发布机构	文件名称	主要内容
1995 年 12 月	国务院办公厅	《关于暂停审批城市地下快速轨道交通项目的通知》	城市快速轨道交通（包括地铁、轻轨等）在城市交通骨干体系中具有重要作用，但由于其建设投资大、运营成本高，国家和所在城市财政目前难以承受。根据我国城市现有经济发展水平和国家财力状况，当前必须严格控制城市快速轨道交通的发展，并对在建项目加强管理
2003 年 9 月	国务院办公厅	《关于加强城市快速轨道交通建设管理的通知》	一些地方也出现了不顾自身财力，盲目要求建设城轨交通项目的现象。有的未经国家审批，擅自新上城轨交通项目；有的盲目攀比，建设标准偏高，造成投资浪费；有的项目资本金不足，债务负担沉重，运营后亏损严重
2005 年 9 月	原建设部发展和改革委员会、原科技、公安部、财政部、原国土资源部	《关于优先发展城市公共交通的意见》	要求城市轨道交通建设要加强换乘枢纽建设，实现公共汽（电）车、大容量快速公共汽车与轨道交通之间的方便快捷换乘。城市轨道交通建设要严格按照城市轨道交通建设规划组织实施，做到有序健康发展
2006 年 2 月	国务院	《国家中长期科学和技术发展规划纲要（2006—2020 年）》	重点研究开发轨道交通等高难度交通运输基础设施建设和养护关键技术及装备；重点研究开发高速轨道交通控制和调速系统、车辆制造、线路建设和系统集成等关键技术，形成系统成套技术，开展工程化运行试验，掌握运行控制、线路建设和系统集成技术；重点研究开发重载列车等新型运载工具；重点开发综合交通运输信息平台、现代物流技术、城市交通管理系统
2006 年 12 月	原建设部、国家发展和改革委员会、财政部、原劳动和社会保障部	《关于优先发展城市公共交通若干经济政策的意见》	城市公共交通的投入要坚持以政府投入为主，城市公共交通发展要纳入公共财政体系，建立健全城市公共交通投入、补贴和补偿机制
2007 年 11 月	国家发展和改革委员会	《综合交通网中长期发展规划》	综合交通网的规划期为 2006~2020 年。到 2010 年城市轨道交通为 1000 千米，到 2020 年达 2500 千米
2008 年 10 月	国家发展和改革委员会	《中长期铁路网规划（2008 年调整）》	按照综合交通枢纽布局和城市发展规划，加强主要客货枢纽建设，注重与城市轨道交通等公交系统以及公路、民航和港口等其他交通方式的衔接，实现旅客运输"零距离换乘"、货物换装"无缝衔接"和交通运输一体化

续表

发布时间	发布机构	文件名称	主要内容
2009 年 5 月	国务院	《关于调整固定资产投资项目资本金比例的通知》	对固定资产投资项目资本金比例进行适当调整，并规定城市轨道交通行业固定资产投资项目的最低资本金比例为 25%。同时要求金融机构在提供信贷支持和服务时，要坚持独立审贷，切实防范金融风险
2012 年 12 月	国务院	《国务院关于城市优先发展公共交通的指导意见》	将公共交通发展放在城市交通发展的首要位置，着力提升城市公共交通保障水平；大力发展低碳、高效、大容量的城市公共交通系统；根据城市实际发展需要合理规划建设以公共汽（电）车为主体的地面公共交通系统，包括快速公共汽车、现代有轨电车等大容量地面公共交通系统，有条件的特大城市、大城市有序推进轨道交通系统建设；科学有序发展城市轨道交通，积极发展大容量地面公共交通
2014 年 1 月	国务院	《关于取消和下放一批行政审批项目的决定》	明确提出各地区、各部门要做好城市轨道交通项目审批权限下放后的落实和衔接工作，切实加强后续监管，确保地方接得住、管得好，促进城市轨道交通持续健康发展
2013 年 8 月	国务院	《国务院关于改革铁路投融资体制加快推进铁路建设的意见》	向地方政府和社会资本放开城际铁路、市域（郊）铁路、资源开发性铁路和支线铁路的所有权、经营权，鼓励社会资本投资建设铁路。研究设立铁路发展基金，以中央财政性资金为引导，吸引社会法人投入。铁路发展基金主要投资国家规定的项目，社会法人不直接参与铁路建设、经营，但保证其获取稳定合理回报。支持铁路车站及线路用地综合开发
2013 年 9 月	国务院	《关于加强城市基础设施建设的意见》	鼓励有条件的城市按照“量力而行、有序发展”的原则，推进地铁、轻轨等城市轨道交通系统建设，发挥地铁等作为公共交通的骨干作用，带动城市公共交通和相关产业发展。到 2015 年，全国轨道交通新增运营里程 1000 千米
2015 年 1 月	国家发展和改革委员会	《关于加强城市轨道交通规划建设管理的通知》	拟建地铁初期负荷强度不低于每日每千米 0.7 万人次，拟建轻轨初期负荷强度不低于每日每千米 0.4 万人次。项目资本金比例不低于 40%，政府资本金占当年城市公共财政预算收入的比例一般不超过 5%。发展地铁和轻轨的城市将有轨电车纳入建设规划做好衔接，其余城市有轨电车建设规划由省级发展改革部门做好衔接；建立全国轨道交通投资项目库，实现在线监测和动态跟踪。创新投融资体制，实施轨道交通导向型土地综合开发，吸引社会资本通过特许经营等多种形式参与建设和运营。对城市轨道交通运营企业实施电价优惠。支持企业发行债券
2015 年 9 月	国务院	《关于调整和完善固定资产投资项目资本金制度的通知》	城市轨道交通项目最低资本金比例由 25%调整为 20%
2015 年 11 月	国家发展和改革委员会 住房和城乡建设部	《关于优化完善城市轨道交通建设规划审批程序的通知》	对已实施首轮建设规划的城市，其后续建设规划不再报国务院审批，改由国家发展改革委会同住房城乡建设部审批并报国务院备案；初次申报的城市首轮建设规划报国务院审批

续表

发布时间	发布机构	文件名称	主要内容
2016年3月	中华人民共和国中央人民政府	《中华人民共和国国民经济和社会发展第十三个五年规划纲要》	实行公共交通优先，加快发展城市轨道交通、快速公交等大容量公共交通；完善优化超大、特大城市轨道交通网络，加快300万以上人口城市轨道交通成网，优化城市公共交通系统；新增城市轨道交通运营里程约3000千米
2016年7月	国家发展和改革委员会	《中长期铁路网规划》	打造以沿海、京沪等"八纵"通道和陆桥、沿江等"八横"通道为主干，以城际铁路为补充的高速铁路网，实现相邻大中城市间1~4小时交通圈、城市群内0.5~2小时交通圈
2017年2月	国务院	《"十三五"现代综合交通运输体系发展规划》	完善优化超大、特大城市轨道交通网络，推进城区常住人口300万以上的城市轨道交通成网。加快建设大城市市域（郊）铁路，有效衔接大中小城市、新城新区和城镇。优化城市内外交通，完善城市交通路网结构，提高路网密度，形成城市快速路、主次干路和支路相互配合的道路网络，打通微循环。推进城市慢行交通设施和公共停车场建设
2018年6月	国务院办公厅	《关于进一步加强城市轨道交通规划建设管理的意见》	由于城市轨道交通投资巨大、公益性特征明显，部分城市对城市轨道交通发展的客观规律认识不足，对实际需求和自身实力把握不到位，存在规划过度超前、建设规模过于集中、资金落实不到位等问题，一定程度上加重了地方债务负担
2019年9月	中共中央、国务院	《交通强国建设纲要》	推进城市公共交通设施建设，强化城市轨道交通与其他交通方式衔接，完善快速路、主次干路、支路级配和结构合理的城市道路网，打通道路微循环，提高道路通达性
2020年3月	中国城市轨道交通协会	《中国城市轨道交通智慧城轨发展纲要》	未来将一手抓智能化，强力推进云计算、大数据等新兴信息技术和城轨交通业务深度融合，推动城轨交通数字技术应用，推进城轨信息化，发展智能系统，建设智慧城轨；一手抓自主化，增强自主技术创新能力、自主品牌创优能力，持续不断开发新技术、新产品和新品牌。预计到2025年，中国式智慧城轨特色基本形成，跻身世界先进智慧城轨国家行列。到2035年，进入世界先进智慧城轨国家前列，中国式智慧城轨乘势领跑发展潮流
2021年2月	中共中央、国务院	《国家综合立体交通网规划纲要》	到2035年，基本建成便捷顺畅、经济高效、绿色集约、智能先进、安全可靠的现代化高质量国家综合立体交通网，交通基础设施质量、智能化与绿色化水平居世界前列。交通运输全面适应人民日益增长的美好生活需要，有力保障国家安全，支撑我国基本实现社会主义现代化
2021年12月	国务院	《"十四五"现代综合交通运输体系发展规划》	围绕京津冀、长三角、粤港澳大湾区、成渝、长江中游等城市群，以轨道交通、高速公路为骨干，提升城际运输通道功能，加强核心城市快速直连，构建多节点、网络化的城际交通网；推进干线铁路、城际铁路、市域（郊）铁路、城市轨道交通融合衔接，合理推动轨道交通跨线运营
2022年6月	国家发展和改革委员会	《"十四五"新型城镇化实施方案》	统筹利用既有线与新线因地制宜发展城际铁路和市域（郊）铁路，有序发展城市轨道交通，构建高速公路环线系统，打通各类未贯通公路和"瓶颈路"，推动市内市外交通有效衔接和轨道交通"四网融合"，有序推进城际道路客运公交化运营

续表

发布时间	发布机构	文件名称	主要内容
2023 年 10 月	交通运输部、国家发展和改革委员会、公安部、财政部、人力资源和社会保障部、自然资源部、国家金融监督管理总局、中国证券监督管理委员会、中华全国总工会	关于推进城市公共交通健康可持续发展的若干意见	在不新增地方政府隐性债务的前提下，因地制宜建立并实施城市公共汽电车企业运营成本核算和补贴补偿制度，鼓励先行预拨部分资金；制定城市公共交通价格并建立动态调整机制；加快落实城市公共交通用地综合开发政策；加强从业人员权益保障

资料来源：根据公开资料，笔者整理所得。